정석
회계학원론

고 성 삼 저

- 공인회계사·세무사 각종 시험준비생과
경영학도·실무자들에게 필요한 실무서 -

법문북스

K-IFRS, 중소기업회계기준 반영

회계학원론

경영학 박사, 공인회계사

고 성 삼 저

대한민국 법률지식의 중심
법문 북스

新訂 序文

　본서가 처음 출간된 이후 그동안 여러 차례에 걸쳐 개정, 보완하여 왔으나, 2011년부터 도입된 한국채택국제회계기준(K-IFRS)과 2013년에 중소기업회계기준의 도입으로 우리나라 기업회계는 종전의 기업회계기준과 함께 세 가지 기준체계를 유지하게 되었다.

　따라서 본서는 위의 세 가지 기준들이 공통적으로 채택하고 있는 재무제표의 종류와 명칭, 관련 계정과목의 명칭과 회계처리방법의 변경내용 등을 적극 반영하여 보완하였다.

　그러나 이러한 유의점에도 불구하고, 오류·탈락 등 여러 가지 미비점이 있을 것으로 생각되며, 이러한 것들은 선배, 동학제현의 많은 지도와 편달을 바탕으로 계속 보완해 나갈 것을 약속한다.

　또한 부록으로 2013년 2월에 도입된 중소기업회계기준을 추가하였다.

　여하튼 본서가 애독자 제위께 널리 애독되어 애독자 여러분의 회계실력향상에 조금이라도 기여할 수 있다면 저자로서 더 이상의 기쁨이 없다하겠다.

2016년 2월
여의도 연구실에서
저　자

머 리 말

최근 급격한 여러 가지 기업경영환경의 변화는 회계의 사회경제적인 기능과 중요성을 크게 인식·강화시키고 있다. 특히 우리나라에 있어서 「주식회사의 외부감사에 대한 법률」에 따라 일정규모 이상의 모든 주식회사에 대한 공인회계사에 의한 강제감사의 도입은 회계의 사회적 책임과 역할을 한층 중요시하게 되었다.

이러한 환경하에서 회계학교육의 비중이 크게 증대되고 또한 회계학을 연구하는 회계학도의 수가 매년 증가하고 있음은 당연한 결과라 하지 않을 수 없다. 본인은 이러한 필요성에 따라 기초적인 이론에서 상당한 수준까지 망라한 「현대부기회계」와 「회계원리」를 이미 내 놓은 바 있다. 이는 회계학을 처음으로 배우는 초심자뿐만 아니라, 공인회계사, 세무사 등 각종 시험준비생을 위한 길잡이가 되도록 의도하였던 것이다.

그러나 그간 대학의 교재로서 활용하여 본 결과 처음으로 회계학을 배우는 초심자에 한 학기로서는 다소 무리한 것이 아니었는가 하는 의문이 제기되어 누구든지 쉽게, 또 대학의 교재로서 무리가 따르지 않도록 새로운 교재의 필요성이 제기되고, 또한 모든 기업회계의 모법인 기업회계기준이 대폭 개정되고 기업회계기준서가 제정됨에 따라 기존 회계원리를 전면 개정하여 『회계학원론』으로서 내놓는 바이다.

따라서 이러한 여러 점을 감안하고 다음 사항에 특히 유의하여 저술하였다.

첫째, 기초적인 이론에서부터 고도로 발달한 새로운 회계이론에 이르기까지 망라하여 초심자는 물론 공인회계사, 세무사 등 각종 시험준비생이나 회계실무자에게 길잡이가 될 수 있도록 하였다.

둘째, 모든 내용을 개정된 기업회계기준에 입각하여 설명하였다.

셋째, 회계라는 학문의 특성에 따라 실제 많은 연습을 할 수 있도록 가능한 기본적이면서 광범위한 응용문제를 예제로 제시하였다.

넷째, 연습문제에 있어서는 각종 자격검정고시, 한국 및 외국의 공인회계사시험 및 세무사시험 등에 기출제된 문제들 중 기초적인 것을 엄선하여 지면과 시간이 허락하는 한 많이 다루었다.

　그러나 무엇보다도 최근 학생들의 우리말인 한글의 선호도에 따라 모든 내용을 가능한 한 한글로 한 것이 본 교재의 특색이라고 할 것이다.

　이상과 같은 유의점에도 불구하고 오류, 탈락 등 여라가지 미비된 점이 있을 것으로 생각되며, 이것은 선배·동학제현의 많은 지도와 편달을 바탕으로 저자의 끊임없는 노력에 의해서 보완되어질 것을 약속한다.
　여하튼 본서가 애독자 제위께 널리 애독되어 애독자 여러분의 회계 실력 향상은 물론 나아가 우리나라 기업회계제도 향상에 조금이라도 기여할 수 있다면 저자로서 더 이상의 기쁨이 없다 하겠다.

　끝으로 본서를 출간함에 있어 끊임없는 성원과 지도편달을 해주신 은사 중앙대학교 경영대학 이상천 교수님과 서울대학교 이정호 교수님께 무한한 감사를 드리며, 또한 선배·동료교수님, 상도성결교회 당회장이신 황대식 목사님과 내자 김영희 권사님께 이 자리를 빌어 깊은 감사를 드린다. 그리고 이 책의 출판 및 교정에 노력을 아끼지 않은 본교 조교선생님들과 공인회계사 준비생 및 영문사 임직원께 깊은 사의를 드린다.
　또 본서는 저자의 오늘이 있게 한 하나님과 부모님께 헌정하며 깊은 감사를 드린다.

1991년 12월
명수대 연구실에서
저　자

차　례

제1장　회계의 본질

제1절　회계의 의의 ································· 25
제2절　회계의 목적 ································· 27
1. 관리목적　27
2. 보고목적　28
제3절　회계의 발달 ································· 29
1. 회계의 역사　29
2. 현대회계의 특징　30
제4절　회 계 공 준 ································· 31
1. 발생주의　31
2. 계속기업　32
제5절　회계원칙과 회계기준 ···················· 33
1. 회계원칙　33
2. 기업회계기준　34
3. 기업회계 일반원칙　35
4. 한국채택국제회계기준　39
5. 중소기업회계기준　40

제 6 절 회계정보의 질적특성 ………………………… 41

　　　1. 질적특성의 의의　41

　　　2. 질적특성의 종류　41

　　　3. 질적특성간의 상충관계　45

제 7 절 회계의 종류 ………………………………… 46

　　　1. 재무회계와 관리회계　46

　　　2. 영리회계와 비영리회계　46

　　　3. 미시회계와 거시회계　47

　　　4. 교과과정에 따른 분류　47

제 8 절 회계와 부기 ………………………………… 53

제 9 절 회계원리 연구의 필요성 …………………… 54

제 10 절 회계담당자의 책임과 의무 ………………… 54

◆ 연습문제 …………………………………………… 56

제 2 장　　자산 · 부채 · 자본

제 1 절 자　　　산 …………………………………… 59

　　　1. 자산의 의의　59

　　　2. 자산의 분류　60

제 2 절 부　　　채 …………………………………… 63

　　　1. 부채의 의의　63

　　　2. 부채의 분류　64

제 3 절 자　　　본 …………………………………… 66

　　　1. 자본의 의의　66

　　　2. 자본의 분류　66

제 4 절 자산 · 부채 · 자본의 관계 ………………… 68

제 5 절 재무상태표 ………………………………… 69

◆ 연습문제 …………………………………………… 71

제 **3** 장　수익 · 비용과 손익계산

제 1 절　수　　　익 ··	75
1. 수익의 의의	75
2. 수익의 분류	75
제 2 절　비　　　용 ··	76
1. 비용의 의의	76
2. 비용의 분류	77
제 3 절　순손익의 계산 ··	78
1. 재산법	78
2. 손익법	79
제 4 절　포괄손익계산서 ··	79
◆ 연습문제 ···	81

제 **4** 장　회계의 구조

제 1 절　거　　　래 ··	85
1. 거래의 의의	85
2. 거래의 종류	86
3. 거래의 이중성	88
제 2 절　계정과 분개 ··	92
1. 계　　정	92
2. 분　　개	94
3. 대차평균의 원리	96
제 3 절　장　　　부 ··	97
1. 장부의 의의	97
2. 장부의 종류	98
3. 분개장과 원장의 기입	99
◆ 연습문제 ···	111

제 5 장   결   산

제 1 절   결산의 의의 ……………………………………… 117
제 2 절   결산예비절차 …………………………………… 118
　　　　　1. 시산표의 작성　118
　　　　　2. 재고조사표의 작성　123
　　　　　3. 정산표　124
제 3 절   결산본절차 ……………………………………… 127
　　　　　1. 손익계정의 설정　127
　　　　　2. 순손익의 산정과 처리　128
　　　　　3. 자산·부채·자본계정의 마감　129
　　　　　4. 기타 장부의 마감　134
제 4 절   결산보고서의 작성 …………………………… 135
　　◆ 연습문제 ……………………………………………… 137

제 6 장   현금 및 현금성자산계정

제 1 절   현   금 ………………………………………… 143
　　　　　1. 현금계정　143
　　　　　2. 현금출납장　144
　　　　　3. 현금과부족계정　145
제 2 절   소 액 현 금 …………………………………… 146
　　　　　1. 소액현금계정　146
　　　　　2. 소액현금출납장　147
제 3 절   예   금 ………………………………………… 148
　　　　　1. 당좌예금계정　148
　　　　　2. 당좌예금출납장　149
　　　　　3. 당좌차월계정　150
　　　　　4. 은행계정조정표　151

제 4 절 기타 예금과 저금 ················· 157
　　　　　1. 제예금계정 157
　　　　　2. 대체저금계정 157
제 5 절 부 도 수 표 ················· 158
제 6 절 현금 및 현금성자산 ················· 159
제 7 절 단기금융자산 ················· 159
◆ 연습문제 ················· 160

제 7 장　채권·채무에 관한 계정

제 1 절 매출채권과 매입채무 ················· 165
　　　　　1. 외상매매와 인명계정 166
　　　　　2. 외상매매와 통제계정 169
　　　　　3. 매출채권의 평가 170
제 2 절 기타 채권·채무계정 ················· 172
　　　　　1. 미수금과 미지급금 172
　　　　　2. 선급금과 선수금 172
　　　　　3. 대여금과 차입금 173
　　　　　4. 가지급금과 가수금 174
　　　　　5. 선대금과 예수금 175
　　　　　6. 미결산계정 175
　　　　　7. 상품권 176
　　　　　8. 보증채무 177
　　　　　9. 외화자산과 외화부채 177
　　　　　10. 단기 충당부채 180
◆ 연습문제 ················· 181
◆ 보　　론 ················· 185

제 8 장 어음거래에 관한 계정

제 1 절 어음의 종류 ···································· 191

　　　　　　1. 약속어음　192

　　　　　　2. 일반(위탁)환어음　192

　　　　　　3. 자기수취환어음　193

　　　　　　4. 자기앞 환어음　193

제 2 절 받을어음과 지급어음 ···························· 193

　　　　　　1. 받을어음계정과 지급어음계정　193

　　　　　　2. 받을어음기입장과 지급어음기입장　195

제 3 절 어음의 배서 ···································· 196

　　　　　　1. 추심위임배서　197

　　　　　　2. 배서양도　197

　　　　　　3. 어음할인　199

제 4 절 부 도 어 음* ···································· 200

　　　　　　1. 자기소지어음이 부도가 된 경우　200

　　　　　　2. 배서양도한 어음이 부도가 된 경우　201

　　　　　　3. 할인어음이 부도가 된 경우　201

제 5 절 화 환 어 음 ···································· 202

제 6 절 융 통 어 음* ···································· 205

제 7 절 어음의 개서 ···································· 206

　　　　　　1. 받을어음의 경우　206

　　　　　　2. 지급어음의 경우　206

◆ 연습문제 ·· 207

제 9 장　**상품거래에 관한 계정(I)**

제 1 절　상 품 계 정 ···································· 213

　　　　　1. 분기법　213

　　　　　2. 총기법　215

　　　　　3. 분할기장법　217

제 2 절　상품계정의 기장 ···························· 217

　　　　　1. 매입장　217

　　　　　2. 매출장　218

　　　　　3. 상품재고장　219

제 3 절　상품계정의 분할 ···························· 223

　　　　　1. 3분법　223

　　　　　2. 기타 상품계정의 분할　225

제 4 절　상품계정 분할시의 매출손익계산법 ······ 228

　　　　　1. 총액법　228

　　　　　2. 순액법　230

　　　　　3. 매매계정기입법　232

제 5 절　상품거래의 특수처리 ······················ 234

　　　　　1. 매입 제부대비용과 매출 제부대비용　234

　　　　　2. 매출환입과 매입환출　235

　　　　　3. 에누리와 할인　235

　　　　　4. 매출리베이트와 매입리베이트　236

제 6 절　기말재고상품의 재고조사와 평가 ········ 237

　　　　　1. 기말재고상품의 수량계산　238

　　　　　2. 기말재고상품의 가격계산　238

　　　　　3. 재고조사차액의 처리　241

◆ 연습문제 ··· 244

제 10 장 　상품거래에 관한 계정(Ⅱ)*

제 1 절　미 착 상 품 ···································· 251

제 2 절　적　송　품 ···································· 252

제 3 절　수 탁 판 매 ···································· 254

제 4 절　위 탁 매 입 ···································· 255

제 5 절　수 탁 매 입 ···································· 256

제 6 절　할부매출과 할부매입 ······················ 257

　　　　　　　　　　　1. 할부매출　257

　　　　　　　　　　　2. 할부매입　258

제 7 절　선 물 매 매 ···································· 259

제 8 절　조 합 매 매 ···································· 260

제 9 절　시 용 매 출 ···································· 261

제10절　예 약 매 출 ···································· 262

제11절　장기도급공사 ································· 262

　　　　　　　　　　　1. 공사진행기준　262

　　　　　　　　　　　2. 공사완성기준　263

◇ 연습문제 ··· 265

제 11 장 　제품거래에 관한 계정*

제 1 절　제조업과 매매업의 비교 ·················· 271

제 2 절　원가회계의 의의와 목적 ·················· 272

　　　　　　　　　　　1. 원가회계와 원가계산　272

　　　　　　　　　　　2. 원가회계의 목적　272

제 3 절　원가의 종류 ……………………………… 274

1. 원가 3요소　274
2. 직접비와 간접비　275
3. 직접원가·제조원가·총원가　275
4. 고정원가·변동원가　276
5. 관리가능원가와 관리불능원가　278
6. 실제원가·예정원가·표준원가　278
7. 개별비와 공통비　279

제 4 절　원가계산의 기본요소와 절차 ……………… 280

1. 원가계산의 기본요소　280
2. 원가계산의 절차　281

제 5 절　원가계산의 종류 ……………………………… 283

1. 사전원가계산과 사후원가계산　283
2. 전부원가계산과 부분원가계산　283
3. 개별원가계산과 종합원가계산　284

제 6 절　원가회계처리 ………………………………… 285

1. 원가요소계정　285
2. 원가계산계정　287

◆ 연습문제 …………………………………………… 290

제 12 장　유가증권과 투자자산

제 1 절　유가증권의 의의와 분류 …………………… 295
제 2 절　유가증권의 평가 ……………………………… 297
제 3 절　투자자산과 비유동자산 ……………………… 300

1. 비유동자산의 의의와 종류　300
2. 투자자산의 의의와 종류　301

제 4 절 투자자산의 평가 ·························· 303
    1. 평가의 원칙　303
    2. 할인취득의 경우　304
제 5 절 기타 비유동자산 ························· 309
◆ 연습문제 ······································ 310

제 13 장　유형자산과 무형자산

제 1 절 유형자산과 무형자산의 의의 ················ 315
제 2 절 유형자산과 무형자산의 취득원가 ········· 315
제 3 절 유형자산의 종류 ·························· 316
    1. 토　지　316
    2. 건　물　316
    3. 구축물　317
    4. 기계장치　317
    5. 선　박　317
    6. 차량운반구　317
    7. 공구와 기구　317
    8. 비　품　318
    9. 건설중인 자산　318
    10. 기타 유형자산　318
제 4 절 무 형 자 산 ····························· 319
    1. 영업권　319
    2. 산업재산권　322
    3. 광업권　323
    4. 어업권　323
    5. 차지권　323
    6. 개발비　323

제 5 절　감 가 상 각 ································· 324
　　　　　　1. 감가상각의 의의　324
　　　　　　2. 감가의 원인　324
　　　　　　3. 감가상각의 계산요소　325
　　　　　　4. 감가상각의 계산방법　326
　　　　　　5. 감가상각의 기장법　334
　　　　　　6. 감가상각의 수정*　336
제 6 절　감 모 상 각 ································· 341
　　　　　　1. 감모상각의 계산방법　341
　　　　　　2. 감모상각의 계산요소　342
　　　　　　3. 감모상각의 회계처리　342
제 7 절　무형자산의 감가상각 ················· 343
제 8 절　자본적 지출과 수익적 지출 ·········· 343
제 9 절　유형자산의 처분 ····················· 344
◆ 연습문제 ································· 347

제 14 장　비 유동부채

제 1 절　사　　채 ································· 351
　　　　　　1. 사채의 의의와 발행　351
　　　　　　2. 사채발행차금　353
　　　　　　3. 사채이자　354
　　　　　　4. 사채상환　360
　　　　　　5. 사채의 차환과 전환　362
　　　　　　6. 자기사채　363
　　　　　　7. 감채기금과 감채적립금　364

제 2 절　장기차입금 ································· 365

제 3 절　장기성매입채무 ···························· 366

제 4 절　장기충당부채 ······························ 367

1. 퇴직급여충당부채　367

2. 하자보수충당부채　369

제 5 절　이연법인세부채 ···························· 370

◆ 연습문제 ···································· 371

제 15 장　손 익 계 정

제 1 절　손익계정의 분류 ··························· 377

제 2 절　영 업 수 익 ······························· 378

제 3 절　매 출 원 가 ······························· 378

제 4 절　판매비와 관리비 ··························· 379

제 5 절　영업외수익과 영업외비용 ·················· 382

1. 영업외수익　383

2. 영업외비용　385

제 6 절　법인세비용 ································ 387

◆ 연습문제 ···································· 389

제 16 장　자 본 회 계

제 1 절　합명회사와 합자회사* ····················· 395

1. 회사설립출자의 경우　396

2. 신규사원의 가입의 경우　398

3. 사원퇴사의 경우　399

제 2 절   주식회사의 설립과 자본금 ·················· 400
　　　　　　1. 발기설립의 경우　401
　　　　　　2. 모집설립의 경우　401

제 3 절   잉 여 금 ······································ 402
　　　　　　1. 잉여금의 의의와 종류　402
　　　　　　2. 자본잉여금　403
　　　　　　3. 이익잉여금　406
　　　　　　4. 비밀적립금　409

제 4 절   자본의 충실 ·································· 410

제 5 절   순손익의 처분 ······························ 411
　　　　　　1. 순이익의 처분　411
　　　　　　2. 결손금의 처리　413
　　　　　　3. 배당금　413

제 6 절   증자와 감자 ·································· 417
　　　　　　1. 증　자　418
　　　　　　2. 감　자　419

제 7 절   자 본 조 정 ·································· 420
　　　　　　1. 자기주식　420
　　　　　　2. 주식할인발행차금　421
　　　　　　3. 배당건설이자　422

제 8 절   기타 포괄손익누계액 ···················· 422
　　　　　　1. 매도가능증권평가손익　423
　　　　　　2. 해외사업환산손익　423

◆ 연습문제 ·· 424

제 17 장　재 무 제 표

제 1 절   재무제표의 의의 ·························· 429

제 2 절   재무제표의 종류 ·························· 430

제 3 절   재무제표작성과 표시의 일반원칙 ········· 431

제 4 절　재무상태표 ·· 432

　　　　　1. 재무상태표의 의의　432

　　　　　2. 재무상태표작성 기준　432

　　　　　3. 재무상태표의 형식　436

　　　　　4. 재무상태표의 작성방법　437

　　　　　5. 재무상태표의 종류　438

　　　　　6. 재무상태표의 과목배열　438

제 5 절　포괄손익계산서 ·· 442

　　　　　1. 포괄손익계산서의 의의　442

　　　　　2. 포괄손익계산서작성 기준　442

　　　　　3. 포괄손익계산서의 형식　448

　　　　　4. 재무상태표와 포괄손익계산서와의 관계　450

　　　　　5. 기본주당순이익　455

제 6 절　이익잉여금처분계산서와
결손금처리계산서 ···························· 456

　　　　　1. 이익잉여금처분계산서　456

　　　　　2. 결손금처리계산서　457

제 7 절　현금흐름표 ·· 461

　　　　　1. 현금흐름표의 의의　461

　　　　　2. 현금흐름표의 작성목적과 유용성　462

　　　　　3. 현금의 개념　463

　　　　　4. 현금흐름표의 구조　464

제 8 절　자본변동표 ·· 467

　　　　　1. 자본변동표의 의의와 목적　467

　　　　　2. 자본변동표의 기본구조　467

　　　　　3. 자본변동표의 구성　469

　　　　　4. 재무제표의 연계성　470

제 9 절　재무제표 부속명세서 ······································ 470

　　　　　1. 재무제표 부속명세서의 의의　470

　　　　　2. 재무제표 부속명세서의 종류　470

제 10 절　재무제표의 공개와 회계감사 ·················· 472

　　　　　1. 재무제표의 공개　472

　　　　　2. 기업공시제도　473

　　　　　3. 회계감사제도　473

제 11 절　재무제표의 유용성과 한계 ···················· 476

　　　　　1. 재무제표의 유용성　476

　　　　　2. 재무제표의 한계　478

제 12 절　시산표와 정산표의 작성사례연구 ········ 479

◆ 연습문제 ·· 488

제 18 장　재무분석과 의사결정*

제 1 절　재무분석의 개요 ································· 495

제 2 절　재무분석의 전제조건 ························· 496

　　　　　1. 분석자료에 대한 판단의 한계성　496

　　　　　2. 분석자료에 대한 통일성과 계속성　497

　　　　　3. 기업 및 경제사정에 대한 지식의 필요성　498

　　　　　4. 기타의 조건　498

제 3 절　재무분석의 한계 ······························· 499

　　　　　1. 인위적인 한계　500

　　　　　2. 본질적인 한계　500

제 4 절　재무분석방법의 분류와 체계 ··············· 500

제 5 절　백분비재무제표 분석 ························· 502

　　　　　1. 수평적 분석　502

　　　　　2. 수직적 분석　503

제 6 절 비 율 분 석 ·· 504

　　　　　　1. 유동성비율　506

　　　　　　2. 안전성비율　509

　　　　　　3. 수익성비율　510

　　　　　　4. 활동성비율　514

　　　　　　5. 성장성비율　514

　　　　　　6. 비교표준　515

제 7 절 원가－조업도－이익분석 ··························· 518

　　　　　　1. 원가－조업도－이익분석의 의의　518

　　　　　　2. 손익분기점의 계산방법　519

제 8 절 예 산 관 리 ··· 522

　　　　　　1. 예산관리의 의의　522

　　　　　　2. 예산관리의 구조와 기능　523

　　　　　　3. 예산관리의 절차　523

　　　　　　4. 기업예산의 체계　525

　◆ 연습문제 ·· 526

---

* 별표는 1주 3시간 한 학기 또는 1주 2~3시간씩 두 학기로 교과과정이 편성되어 있는 경우에는 간단한 개념설명으로만 끝내도 무방하다고 사료됨.

附 錄

Ⅰ. 현가계산표 ·· 531

Ⅱ. 중소기업회계기준 ·· 539

Ⅲ. 찾아보기 ·· 576

1

회계의 본질

제 1 절	회계의 의의
제 2 절	회계의 목적
제 3 절	회계의 발달
제 4 절	회계공준
제 5 절	회계원칙과 회계기준
제 6 절	회계정보의 질적특성
제 7 절	회계의 종류
제 8 절	회계와 부기
제 9 절	회계원리연구의 필요성
제 10 절	회계담당자의 책임과 의무

회계의 본질　제**1**장

제 1 절　회계의 의의

경제사회가 아직 발달하지 못하고 유치했던 시대에는 기록에 의하지 않고 인간의 기억만으로도 충분히 기업을 경영·관리할 수 있었다. 그러나 산업사회의 발전과 더불어 경영규모가 점차 확대됨에 따라 채권·채무, 매출·매입, 금전 및 기타 재산의 증감변화 등에 관한 사항이 복잡·다양해짐에 따라 사람의 기억에만 의존한 경영활동은 더이상 할 수 없게 되었다. 따라서 장부에 기록을 하지 않고서는 기업의 경영활동을 정확하게 파악할 수 없게 되었으며, 또한 관리가 불가능하게 되었다. 특히 기업은 공적인 기관으로서의 책임상 경영활동은 모두 빠짐없이 장부에 계상하고 경영성과와 재무상태를 나타내는 재무제표(financial statement : F/S)[1]를 작성하도록 의무화되어 있다. 이와 같은 상황 하에서 요청된 것이 이른바 회계(accounting)이다.

따라서 회계란 기업의 경영활동에 있어서 금전 및 기타 재산의 증감변화를 일

---

1) 재무제표란 기업의 경영활동을 계수적으로 파악하여 이를 기록, 계산, 정리, 종합하여 일정한 계산양식으로 표시한 것을 말한다(제18장 참조).

으키는 경제적 사건(economic essence of events)을 특수한 기장방법에 의해 장부에 기록하고 계산하여 그 결과인 경영성과와 재무상태를 다양한 정보이용자들에게 제공하는 것을 말한다.

왜냐하면, 오늘날의 기업은 소수의 자본주나 경영자의 소유물이 아니라 사회적인 존재이므로 기업의 경영성과와 재무상태는 소수의 자본주의나 경영자뿐만 아니라 기업과 이해관계가 있는 모든 사람들에게 필요한 회계정보(accounting information)를 제공해야 하기 때문이다.

최근 회계에 대한 정의로서 미국 공인회계사회(American Institute of Certified Public Accountants : AICPA)와 미국 회계학회(American Accounting Association : AAA)의 정의를 중요시하고 있다.

미국 공인회계사회의 「회계용어공보·(Accounting Terminology Bulletin : ATB)」 No.1의 회계에 대한 정의는 위에서 언급한 전통적 회계기능의 관점에서 회계란 거래·사상 (事象)을 기록·분류·요약하고 그 결과를 해석하는 기술(art)로서 주로 회계보고서의 작성에 관련된 것으로 보고 있다.

그러나 주로 각 대학의 교수들이 중심이 되어 있는 미국 회계학회는 「기초적 회계이론에 관한 보고서(A Statement of Basic Accounting Theory : ASOBAT)」에서 회계를 정보지향적 접근법에 의하여 경제적 정보를 측정하여 전달하는 과정으로서 정보이용자의 경제적 의사결정에 유용한 정보를 제공하는 것이라고 하여 회계에서 정보의 측정과 전달, 그리고 정보이용자의 의사결정에 유용한 정보의 제공을 강조하고 있다.

위에서의 정의는 서로 대조적이나 회계는 본질적으로 양면성을 갖고 있어 어느 한쪽으로만 정의될 수는 없다고 본다. 우리나라 기업회계기준에서는 재무회계의 목적을 회계정보의 이용자가 기업실체와 관련하여 합리적인 의사 결정을 할 수 있도록 재무상의 자료를 일반적으로 인정된 회계원칙에 따라 처리하여 유용하고 적정한 정보를 제공하는 것을 목적으로 한다고 규정하여 후자의 견해를 따르고 있다.

제 2 절 회계의 목적

회계가 수행하여야 할 목적은 기업의 이윤추구를 위한 경영합리화의 방안인 관리목적(관리회계적 목적)과 기업의 외부이해관계자가 의사결정을 하는데 이용되는 판단자료로써의 보고목적(재무회계적 목적)으로 크게 나눌 수 있다.

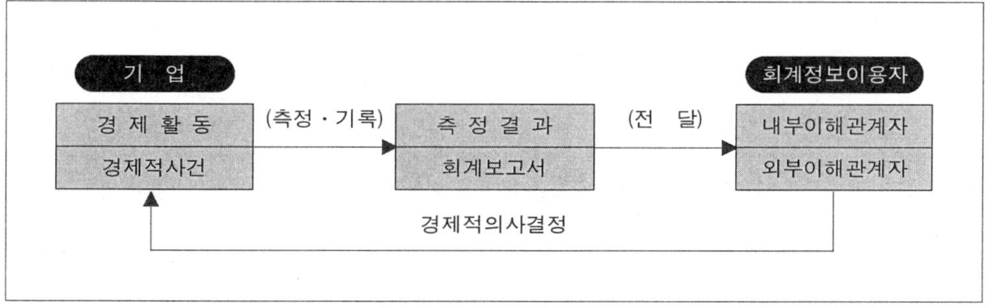

1. 관리목적

경영자는 회사의 재무상태와 경영성과를 파악하고 과거 경영활동에 대한 성과를 평가하여야만 합리적인 기업경영을 수행할 수 있다.

관리목적은 경영자가 경영활동을 합리화하여 능률(efficiency)을 향상시키는데, 즉 기업의 이익을 늘리고 기업이 가지고 있는 재산을 지키는데 필요한 회계자료를 제공하는 것이다. 기업이 더 많은 이익을 내려면 무엇을 어떻게 해야 좋을지를 명확하게 해야 된다.

요사이 기업을 둘러싼 내외정세는 험난하기만 하여 기업은 지금 사활을 걸고 밤낮을 가리지 않고 노력을 경주하고 있다. 이러한 가운데 살아남기 위하여 사장 이하 모든 종업원이 열심히 일하는 것도 중요하지만 노력만으로는 생각만큼 성과가 오르지 않을 수도 있다. 이때 회계를 무기로 무엇을 어떻게 하면 좋을지를 명확히 찾아내어 이에 근거하여 기업활동을 합리적으로 경영하면 보다 좋은 성과를 얻을 수 있다. 또한 기업의 소중한 재산을 지키기 위해서는 회계가 정확해야만 된다. 만약 회계가 정확하지 않으면 재산의 증감도 엉터리로 기장되어 오류

(error)나 도난, 사기(fraud) 또는 위법이나 부정이 만연해져 기업의 재산은 점차 없어져 버리게 된다. 따라서 기업의 이익을 늘리고, 재산을 지키기 위해서는 회계정보의 관리기능(management function)이 필요하며, 또한 다양한 회계정보가 필요하다.

이러한 관리기능은 계획(planning)과 통제(controlling)의 두개의 기능으로 구분되며, 이 기능을 수행하기 위하여 표준원가계산, 예산통제, 의사결정회계 등의 기법이 이용되고 있다.

2. 보고목적

보고목적은 외부 이해관계자가 합리적인 의사결정을 할 수 있도록 기업의 경영활동을 일반적으로 인정된 회계원칙에 따라 인식·기록·분류·정리라는 측정기능(measuring function)을 통해 유용(有用, useful)하고 적정한 회계정보를 재무제표(financial statements : F/S)의 형태로 제공하는 것이다. 기업의 외부 이해관계자 또는 정보이용자에는 투자자 및 잠재적 투자자, 채권자 및 여신희망자, 과세권자, 종업원, 노동조합, 소비자 등이 있다. 이들에게 올바른 회계정보를 알리는 것은 기업의 중요한 의무이다. 만약 정확치 않은 회계정보를 알린다면 보고를 받은 사람들의 판단을 혼란시켜 정보이용자는 물론 사회에 대해서도 커다란 피해를 끼치게 되고 만다. 재무제표로는 재무상태표, 포괄손익계산서, 이익잉여금처분계산서 또는 결손금처리계산서, 현금흐름표, 자본변동표와 주석을 포함한다. 이해관계자 또는 정보이용자들의 이용목적을 각각 열거해 보면 다음과 같다.

(1) 주주(현재 또는 잠재적인 투자자)

주주들은 그들이 투자하여 취득한 주식을 통해 많은 배당수익을 얻으려고 한다. 또한 주식값이 상승할 경우 이를 처분하여 매매차익을 얻으려고 한다. 따라서 주주들은 자신들이 가지고 있는 한정된 자원을 효율적으로 사용하기 위하여 현재 그들이 가지고 있는 주식을 처분할 것인지 아니면 계속 보유할 것인지에 대한 의사결정을 하게 되며, 앞으로 투자하려는 투자희망자들은 어느 기업에 얼마만큼을 투자해야 할 것인지를 결정해야 한다.

이러한 여러 가지 의사결정을 합리적으로 수행하기 위하여 주주 또는 잠재적인 투자자들은 기업에 관한 회계정보를 필요로 하게 된다.

(2) 채권자(여신희망자)

채권자는 기업에 자금을 빌려주고 매기 일정한 이자를 받고, 또 기간이 만료되면 원금을 상환받게 된다. 또한 자금을 빌려주려는 여신희망자들도 그들이 갖고 있는 자금을 어느 기업에 어떠한 조건으로 얼마만큼을 빌려줄 것인가를 결정해야 한다. 또 이미 빌려준 자금은 회수기간이나 이자율 등을 어떻게 조정하며, 또 그 기간을 연장할 것인가 등을 결정해야 한다. 이때 이들의 의사결정의 기초자료로서 기업이 작성한 재무제표 등의 회계정보를 활용하게 된다.

(3) 과세권자(정부·지방자치단체)

과세권자인 정부나 지방자치단체는 기업이익에 대해서 세금을 부과하고 또 각종 산업정책 및 특정정책 등의 수립 등에 대하여 기업의 경영활동과 관련된 각종 정책이나 회계정보 등을 필요로 한다.

(4) 종업원(노동조합)

종업원과 노동조합은 노동계약·근로조건 등에 대해서 회사측과 협상을 하게 된다. 또한 현재의 회사에서 계속 근무할 것인지의 여부 등을 결정하게 되는 경우도 있을 수 있다. 이때 이러한 의사결정 기초자료로서 활용되는 것이 기업이 작성한 재무제표 등의 회계정보이다.

제 3 절 회계의 발달

1. 회계의 역사

지금까지 이야기했듯이 회계란 부기(book-keeping)라고 하는 기장기술의 원리를 연구하는 것이었다. 이들의 관계부터 살펴보면, 먼저 회계라고 하는 원리가 있고 그것에 기인하여 부기라고 하는 기장기술이 생겼다라고 생각하겠지만 실은 그렇지 않고 먼저 이 세상에 태어난 것은 부기였다. 부기와 회계에 관해서는 닭이 먼저인가 알이 먼저인가라는 논쟁이 일어날 여지가 없다.

부기가 처음으로 탄생한 곳은 유럽 이탈리아의 자유도시 베니스이다. 지금부터 약 500년 전인 1494년에 승려이자 수학자였던 루카스 파치오리(Lucas Pacioli)라는 사람이 저술한 『산술, 기하, 비율 및 비례총론』이라는 책에서 부기라는 말이 쓰여지고 있다. 당시 이탈리아의 자유도시는 지중해 무역으로 대단히 번창하였고, 그 시절의 상인들은 무역거래를 기록할 필요를 느끼게 되어 장부를 쓰기 시작하였다. 15세기부터 17세기에 걸쳐 이탈리아에서 탄생한 부기는 독일, 네덜란드, 프랑스 등 유럽대륙의 여러 곳으로 전해져 갔다. 부기는 유럽대륙을 경유하여 영국에 전해져 결국에는 영국에서 처음으로 회계가 탄생하게 되었다.

영국은 산업혁명이 최초로 일어났던 나라로, 이 산업혁명으로 인해 18세기 후반에 이르러서는 수많은 주식회사가 설립되었다. 이와 함께, 기업활동을 기장하는 부기는 점점 더 복잡해져 결국에는 지금까지의 부기기술만으로는 아무리 해도 대처할 수 없게 되었다. 그 결과, 보다 적절한 처리를 하기 위한 기장원리를 연구하는 회계가 필요하게 되었고, 마침내 회계가 탄생하게 되었다. 즉 회계도 역시 부기와 마찬가지로 필요에 의해 탄생된 것이다.

영국에서 탄생한 회계는 이윽고 미국에도 전해졌다. 미국에서는 20세기로 들어서면서부터 대규모의 기업들이 나타나기 시작하였는데, 이에 따라 기업의 사회적 책임의 중요성이 강하게 요청되어졌다. 그 결과 회계의 영역도 지금까지의 기장기술의 원리를 연구하는 것만으로는 부족하게 되어 회계자료의 연구와 그 분석 또한 회계감사까지도 포함하게 되었다.

우리나라에 서양의 복식부기가 도입된 것은 대체로 구한 말에 서양의 새로운 문물이 수입되면서 비롯되었다고 하나 우리나라의 경우 이러한 복식부기가 도입되기 전부터 고구려, 신라, 고려, 조선시대에 걸친 천여년간 개성상인들 사이에 "송도사개치부법(松都四介治簿法)"이라는 우리나라 고유의 부기법이 비전(秘傳, secret)되어 왔다고 한다.

2. 현대회계의 특징

지금까지 회계의 내용이 그때 그때의 경제라든가 사회정세와 밀접하게 관련되어 발전되어 왔다는 것을 알아보았다. 현대회계 역시 오늘날의 경제사회의 움직임과 깊게 관련되어 있다.

현대회계의 특징을 보면, 먼저 그 첫번째로 회계자료를 분석하는 기능이 중시되고 있다는 것이다. 이것은 앞에서 이야기한 회계의 관리목적(이익을 늘리는 방법을 알 수 있다)에 해당하는 것이겠지만 오늘날의 험난한 경제사정을 여실히 반영하고 있음을 알 수 있다.

현대회계의 두번째 특징은 회계정보를 이해관계자에게 알린다고 하는 회계의 보고목적과 관련된 것이다. 회계자료를 작성할 때에는 어느 기업이든 모두 같은 기준으로 작성해야 한다는 소리가 높아져, 그 결과 회계자료를 만드는 기준, 다시 말해서 회계원칙을 연구하는 것이 중시되고 있다.

세번째 특징도 역시 회계자료를 이해관계자에게 알려주는 회계의 보고목적과 관련되어 있다. 단순히 회계자료라고 말하지만 이 자료의 내용에는 기업의 재무상태와 경영성과가 들어있다. 이전에는 재무상태 쪽을 더욱 중시했었으나 현대회계에서는 경영성과를 나타내는 회계자료를 보다 더 중시하게 되었다. 이것이 세번째의 특징으로, 기업이 얼마나 이익을 올렸는가에 주위의 관심이 높아지고 있다고 하는 사정을 반영하고 있다.

이상 설명한 세 가지가 현대회계의 특징이라고 할 수 있다.

제 4 절 회계공준

회계는 일반적으로 인정된 전제조건이 있으며 그 전제조건에 따라 회계이론이 전개되어 재무제표가 작성되고 있다. 이와 같은 전제조건은 회계공준(accounting postulates), 가정(assumption), 관습(convention), 기초개념(basic concept)등 여러 가지 말로 표현하며, 일반적으로 다음의 2가지를 들 수 있다.

1. 발생주의

발생주의(accrual basis)란 수익이나 비용을 현금이 유입되거나 유출되는 기간이 아니라 해당 거래나 사건이 발생한 기간에 인식하는 것을 말한다. 이는 수익과 비용을 언제 인식할 것인가와 관련된 가정으로, 수익과 비용의 인식 시점이 현금의 유입·유출 시점과 다를 수 있음을 나타낸다.

예를 들어 재화의 판매에 따른 수익은 일반적으로 그것을 판매하여 거래상대방에게 인도하는 시점에서 인식한다. 이와 같은 기준을 판매기준이라고 하며, 이는 수익의 인식에 있어서 가장 일반적으로 적용되는 기준이다. 따라서 판매 대금을 회수했다는 사실은 그 용역 제공의 완성도(진행률)에 의해 수익을 인식하는 진행기준에 따라 인식한다.

수익의 인식에 있어서 일반적인 기준은 아니지만 예외적으로 현금주의(cash basis)를 사용하는 경우도 있다. 이는 현금을 회수한 시점에서 그 금액을 수익(수입)으로 인식하고 현금을 지출한 시점에서 그 금액을 비용(지출)으로 인식하는 방법이다.

2. 계속기업

기업은 설립이 되면 해산이나 청산을 예외적으로 하는 계속적인 경영체(entity of going concern)라고 하는 가정하에 모든 회계처리를 한다. 즉 기업은 영속적으로 존재하고, 그 기업의 경영활동도 영구히 계속될 것이라고 가정하고, 이러한 전제하에 재무제표가 작성된다. 따라서 기업회계의 기본이념은 기업의 유지와 계속적인 발전에 두고, 기업회계의 기본원칙이 되고 있는 계속성의 원칙(continuity), 비교성의 원칙(comparability), 취득원가주의(cost principle)등은 계속기업공준(going concern postulate)을 전제로 하는 것이다.

기업은 일단 설립되면 그것이 해산되어 소멸될 때까지 경영활동을 계속하는 소위 계속기업(going concern)이다. 계속기업에 대한 회계의 기록·계산은 기업이 소멸될 때까지 계속될 것이기 때문에, 일정시점이나 기간에는 경영성과나 재무상태를 파악할 수 없게 된다. 그런데 기업을 보다 효율적으로 경영하기 위하여는 기업의 청산 또는 해산시의 최종시점에서의 결과보다는 일정기간마다 결산을 하여 경영성과와 재무상태의 양부(良·否)를 판단해 보는 것이 필요하다.

그러므로 회계는 기업의 존속기간 중의 일정기간을 단위로 하여 그 기간의 경영성과와 재무상태를 계산하게 된다. 이 기간을 회계기간(accounting period)이라 한다. 따라서 회계기간이란 기업의 경영활동에서 일어나는 재화의 증감 변화를 기록·계산하는 일정기간을 말하며 회계기간을 회계연도(fiscal year), 영업연도 또는 사업연도라고도 한다.

일반적으로 회계기간은 세력(歲歷 ; calendar year) 또는 정부의 예산회계에 맞추어 1월 1일부터 12월 31일까지 1년으로 하고 있으나 기업에 따라 6개월 단위로 하기도 한다.

제 5 절 회계원칙과 회계기준

1. 회계원칙

재무회계의 기본적인 목적은 외부의 이해관계자에게 올바른 의사결정을 하도록 회계정보를 제공하는데 있다. 이 경우에 이러한 회계정보가 일정한 기준에 의하지 않고 각각의 기업이 각양각색으로 회계자료를 만든다면 여러 가지 불편과 오해가 발생하기 쉽다. 예를 들면, 기업이 자신에게 유리하도록 재무제표를 제멋대로 만든다면 이를 이용하는 사람들은 불의의 손해를 입게 될 것이다. 그러므로 회계목적을 올바로 달성하기 위해서는 회계기준이 필요하게 된다. 즉, 재무제표를 작성하고 또 이것을 이해하는 경우에 그 판단기준이 되는 사회 일반에 걸쳐 공정타당하다고 인정되는 일정한 원칙이 필요하다. 이것이 바로 회계기준 (accounting standards) 또는 회계원칙(accounting principles)이다.

따라서 회계원칙 또는 회계기준은 기업이 재무제표를 작성하는데 준거해야할 기준을 표시한 것이며, 동시에 이것은 기업외부의 독립된 제 3자로서의 감사인, 특히 공인회계사(Certified Public Accountants : C.P.A)가 감사할 경우 판단의 기준이 된다.

회계원칙이란 보통 일반적으로 인정된 회계원칙을 말한다. 일반적으로 인정된 회계원칙(Generally Accepted Accounting Principles : GAAP)이란 광범위한 연구조사와 공인회계사, 회계학 교수 등 전문가의 의견을 종합하고, 회계규정 등에 의하여 일반적 지침으로 준수될 것이 요구되는 것이다.

회계기준 또는 회계원칙이 광범위한 개념인데 비하여 GAAP는 회계규정 자체, 구체적인 회계실무지침, 또는 실무로부터 발전되어 광범위하게 인정되는 회계기준을 가르키기도 한다. 우리나라의 경우 일반적으로 인정된 회계원칙으로는 「기업회계기준」을 들고 있다.

GAAP는 원래 회계실무에서 관습적으로 발달한 회계관습으로부터 생성된 것이었다. 오늘날에는 회계실무로부터 회계관습을 일반화하는 방법인 귀납적(inductive approach) 회계기준과 회계목적으로부터 규범적이고 논리정연한 회계기준을 유도하는 연역적(deductive approach) 회계기준을 적절히 조화시켜 GAAP를 정립하고 있다. GAAP의 정립기구로는, 우리나라의 경우 금융감독위원회 산하의 증권선물위원회이다. 미국은 재무회계기준심의회(FASB)이며, 일본은 대장성 기업회계심의회이다.

우리나라는「주식회사의 외부감사에 관한 법률」에 의하여 금융감독위원회, 즉 정부가 기업회계기준 제정의 주도권을 갖고 있다. 그러나 2000년 7월부터 금융감독위원회의 위탁을 받은 사단법인 한국회계기준원이 기업회계기준의 제정, 개정 및 해석에 관한 업무를 담당하고 있다. 미국의 경우에는 민간기구인 재무회계기준심의회(Financial Accounting Standards Board : FASB)가 주도권을 갖고 있다.

2. 기업회계기준

우리나라의 기업회계기준은「주식회사의 외부감사에 관한 법률」(이하「외감법」이라 한다)에 의거 1981년 12월 23일 재무부(현, 재정경제부)장관의 승인을 얻어 증권관리위원회에서 제정하였다. 이것은 1958년에 처음 제정되었던 기업회계원칙과 재무제표규칙을 계승한 것으로 볼 수 있다. 그러나 1998년도 IMF사태로 인하여 국무총리 산하에 금융감독위원회가 창설되고 산하기구인 증권선물위원회가 1998년 4월에 기업회계기준을 전면 개정하고 2000년 8월 25일 한국회계기준원이 새롭게 제정하여 오늘에 이르기까지 계속 수정 보완되고 있다.

현행 기업회계기준은「외감법」제13조에 의거 제정되어 법률의 성격을 띠고 우리나라의 중심적 회계규정으로서 일반적으로 인정된 회계원칙의 중심적 규정이 되고 있다. 이것은 다른 나라의 경우 민간기구에 의해 회계규정이 제정되어 자율적인 규제의 성격을 지니는 것과는 대조가 된다.

외감법(外監法)에 의하면 자산총액이 일정규모 이상의 모든 주식회사는 특별한 규정이 없는 한 한국채택국제회계기준에 의하여 회계처리를 하고 또한 공인회계사에 의한 회계감사를 반드시 받도록 규정하고 위반시에는 여러 가지 제재조치를 취하도록 규정하고 있다.

기업회계의 체계는 한국채택국제회계기준, 일반 기업회계기준, 특수분야회계기준, 기업회계기준서, 기업회계기준해석서의 순서로 계층적으로 되어 있다.

회계의 기본구조를 요약해 보면 ＜표 1-1＞과 같다.

<표 1-1> 회계의 기본구조

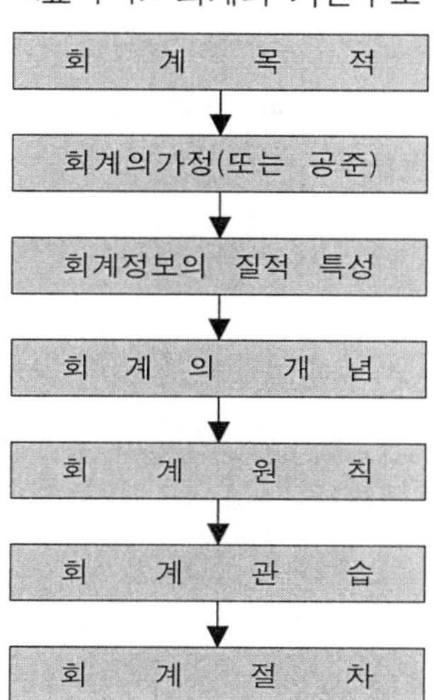

3. 기업회계 일반원칙

회계처리를 함에 있어서 반드시 준수하여야 할 일반적이며 통상적인 일반원칙으로는 신뢰성, 명료성, 충분성, 계속성, 중요성, 안정성 그리고 실질성 원칙의 일곱가지 원칙을 들 수 있다.

(1) 신뢰성의 원칙

"회계처리 및 보고는 신뢰할 수 있도록 객관적인 자료와 증거에 의하여 공정하게 처리하여야 한다"고 규정하고 있는데 이를 신뢰성의 원칙이라고 한다. 이는 재무제표가 증빙자료와 객관적 타당성에 입각하여 작성됨으로써 재무제표의 신뢰성을 높여야 한다는 원칙이다. 신뢰성(reliability)은 사실 재무제표 작성의 기본적 원칙이 되는 바, 모든 회계처리가 객관적 증빙자료에 의할 때 이는 곧 공평을 의미하게 되고 공평은 신뢰성과 유기적 관계를 갖게 된다. 만일 객관적 증빙에 의하여 뒷받침되지 않는 장부나 재무제표라면 당연히 신뢰성이 없을 것이다. 따라서 합리적이고 효율적인 회계제도 위에 상호견제된 문서와 증빙에 의한 회계기록과 재무제표만이 신뢰받을 수 있는 것이다.

일반원칙은 실질적 측면과 형식적 측면의 두 개의 측면이 있음을 설명한 바 있으나, 이와 같은 측면을 이끄는 지주는 역시 신뢰성의 원칙이다.

재무제표가 신뢰성을 잃은 자료와 정보에 의하여 작성되었다면 그것은 유용성을 잃은 것이 되어 재무제표 작성의 대명제인 이해관계자 집단에 대한 보고기능을 전면적으로 상실한 것이 되기 때문이다. 따라서 신뢰성의 원칙은 일반원칙을 대표할 수 있는 총괄원칙이라 하여도 과언이 아니다.

(2) 명료성의 원칙

"재무제표의 양식 및 과목과 회계용어는 이해하기 쉽도록 간단·명료하게 표시하여야 한다"는 것이 명료성의 원칙이며, 이해가능성원칙(understandability)이라고도 한다. 이 원칙은 재무제표 이용자가 재무제표에 의하여 의사를 결정하고 판단하는데 도움이 되도록 재무제표의 양식, 과목 및 회계용어 등을 명확히 제시·공개 하여야 한다는 것이다.

기업의 재무제표가 명료성이 유지되지 못하면 실질적으로 재무상태와 경영성과가 좋고 유망한 업종이라 하더라도 투자자가 유망한 사업임을 판단할 길이 없는 것이며, 재무제표를 공시하는 의의를 잃게 된다.

(3) 충분성의 원칙

충분성(sufficiency)의 원칙은 "중요한 회계처리기준·과목 및 금액에 관하여는 그 내용을 재무제표상에 충분히 표시해야 한다."는 것이다. 기업회계기준은 중요한 부분에 대해 보충적으로 설명할 주기(註記 ; notes)와 주석(註釋 ; comments)을 많이 요구하고 있다. 주기와 주석은 재무제표를 작성한 중요한 기준·과목과 내용에 대한 것을 기재하는 것으로, 이것이 바로 기업회계기준의 충분성의 원칙에 입각한 보조적 설명사항이 되는 것이다. 충분성의 원칙은 연결재무제표, 현금흐름표 등 기업의 내용을 설명하는 구체적인 표를 작성하도록 요구하고 있으며, 이것은 재무제표 이용자를 위해서는 매우 당연한 것이다.

(4) 계속성의 원칙

계속성(consistency)의 원칙은 "회계처리에 관한 기준 및 추정을 기간별 비교가 가능하도록 매기(每期) 계속하여 적용하고 정당한 사유없이 이를 변경하여서는 아니된다"는 것이다. 회계처리에 관한 기준을 정당한 사유없이 이를 변경하는 것은 다른 기간, 다른 재무제표와의 비교를 불가능하게 하므로 결국 재무제표의 신뢰성을 잃게 된다. 회사가 임의로 인식기준과 측정방법을 변경하는 이유는 이익의 분식(粉飾 ; manipulation)을 목적으로 하는 경우가 많으므로 결국 계속성원칙을 유지함으로써 회계보고의 기간비교와 이익조작의 배제를 가능하게 하는 것이다. 다만, 신뢰성 있는 회계정보를 이해관계자에게 제공하는데 기본적 원칙이 되는 계속성은 회계보고의 유용성을 전제로 하는 것이기 때문에 유용성 없는 계속성은 다른 측면에서 변경을 필요로 하게 된다.

인식기준과 측정방법은 변경의 적합성이 전제될 때 원칙변경의 타당성이 인정된다. 그것은 계산대상의 질적 변화를 의미하며 변경이 기간비교와 이익조정 배제효과를 실질적으로 가져오게 되는 경우이다. 계산대상의 질적 변화는 기업내외의 여러 조건의 급격한 변화로 인해 기준과 방법의 계속적용이 적합하지 못한 경우이며, 이때의 변경은 정당한 이유를 재무제표 주석으로 기재하는 것을 전제하여야 한다. 즉, 국내경제적 여건의 변화로 물가가 등귀하여 계속적인 인플레이션 상태가 될 때에, 예로서 재고자산의 평가방법[2]을 선입선출법(First-in first-out method : FIFO)을 채택한 기업은 이를 후입선출법(Last-in first-out method : LIFO)으로 변경함으로써 명목적 이익의 계상을 피해야 할 것이다. 이러한 경우에도 계속성의 원칙을 고수하여 채택한 회계기준을 계속 유지한다는 것은 오히려 회계처리가 불건전한 것이 되는 것이다.

이와 같이 계속성은 그 원칙을 변경할 정당한 이유가 있을 때는 변경할 수 있는 것이며, 회계처리의 어떠한 경우에도 동일한 의의를 지닌다. 계속성의 원칙을 준수하여야 할 사항은 기업회계기준 중 포괄손익계산서 및 재무상태표 작성기준, 자산·부채의 평가원칙의 계속성 유지를 의미한다.

(5) 중요성의 원칙

"회계처리와 재무제표의 작성에 있어서 과목과 금액은 중요성에 따라 실용적인 방법에 의하여 결정되어야 한다"는 것이 중요성(materiality)의 원칙으로 과목과 금액은 중요성의 정도에 따라 선택하여야 한다는 것이다.

---

2) 재고자산의 평가방법에는 여러 가지가 있으나, 이중 선입선출법은 먼저 구입한 것이 먼저 출고되어 판매되는 것으로 평가하는 방법을 말하고, 후입선출법은 선입선출법과는 달리 나중(가장 최근)에 구입한 것이 먼저 출고되어 판매되는 것으로 평가하는 방법을 말한다 (상세한 것은 제10장 제2절 참조).

중요성과 실용성은 서로 상반되는 개념으로서 과목과 금액이 중요한 경우에는 반드시 재무제표에 표시하여야 하나, 그와 반대로 과목과 금액의 분류 표시에 있어 경제성이나 실용적인 면에 비추어 불리하면 이를 통합하는 것이 좋다는 것이다. 계산의 정확, 그것은 계산하는 과정에서는 대단히 중요한 것이지만 일단 정확한 계산으로 입증만 되면 그 후에는 중요성의 입장에서 표시하는 것이 가능하다.

(6) 안정성의 원칙

안정성(conservation)의 원칙은 "회계처리과정에서 가능한 여러 가지 대체적인 방법이 있는 경우에는 재무적 기초를 견고히 하는 관점에 따라 처리하여야 한다"는 원칙이다. 즉, 몇개의 회계처리방법이 일반적으로 인정된 처리가능한 방법이라 하더라도 당해 기업의 여건·성격 그리고 현황에 따라 방법을 선택해야 하며, 아무리 선택한 방법이 객관적인 것이라 하더라도 당해 기업의 재무제표를 공평하고 진실되게 하지 않는 방법이라면 안전성을 해친 결과가 될 수 있을 것이다. 결국 안정성은 기업의 입장에서 보수적 회계처리를 권고하는 것이다. 보수적 회계처리는 구체적으로 모든 예상비용을 계상하고 미실현이익을 배제하는 것이나 회계처리를 지나치게 안전성의 입장에 두면 기업 내에 비밀적립금(secret reserve)이 발생되어 재무제표의 신뢰성 있는 보고가 안된다는 비판이 있게 된다.

또한 회사의 회계처리에 관하여 기업회계기준에서 정하는 것 이외에는 일반적으로 공정·타당하다고 인정되는 회계관습에 준거하도록 규정하고 있다.

회계관습의 존중에 관한 규정은 일반적으로 공정·타당하다고 인정되는 기업회계의 관습은 그것에 따라도 무관하다는 것이다. 그러나 이것은 기준의 예외사항을 정한 것이며 적어도 그 관습은 일반적으로 공정(公正 ; fair)·타당(妥當 ; validity)하다고 인정된 것이어야 한다. 그러면 이 경우 「공정·타당」의 의미를 누가, 어떻게 부여할 것인가 하는 것이 문제가 된다.

회계관습(accounting conventions)은 오랜 역사 속에서 다듬어져 내려오면서 학자 등 회계전문가에 의해 비판되고 다듬어진 결과로 인정된 통설을 의미한다.

금융감독원이나 한국공인회계사회에서는 기업회계기준 이외의 사항에 대하여는 추가로 보완하거나 또는 별도의 의견서를 발표하고 있다.

이러한 것은 한국공인회계사회내의 관련연구위원회의 신중한 토의를 거쳐 발표되는 것으로서 공인회계사가 회계감사를 수행함에 반드시 준수하여야 하는 것으로서 공정성이 유지되도록 연구된 결론이라 할 수 있다.

이와 같이 적어도 기업회계의 공정한 입장에서 검토된 회계처리방식 또는 의견은 회계관습으로서의 의미를 부여하여도 무관할 것이라 본다.

(7) 실질성의 원칙

"회계처리는 거래의 실질과 경제적 사실을 반영할 수 있어야 한다"는 것이 실질성(quality)의 원칙이다. 이것은 신뢰성의 원칙과 같이 기업에서 발생된 모든 거래는 그 실질에 따라 회계처리 하여야 하며 또한 경제적 사실도 있는 그대로 반영될 수 있도록 하여야만 한다는 것이다.

위에서 설명한 일반원칙 이외에 기업회계기준에서는 재무제표를 작성함에 있어서 작성기준을 별도로 규정하고 있다. 포괄손익계산서 작성기준에서는 기업이 포괄손익계산서를 작성할 때 회계상 판단의 근거로 해야 할 구체적인 원칙을 들고 있으며, 재무상태표 작성기준에서는 기업이 재무상태표를 만들 때 회계상 판단의 근거로 삼아야 할 구체적인 작성기준을 규정하고 있다.

4. 한국채택국제회계기준

국제회계기준(IFRS; international financial reporting standards)은 민간기구인 국제회계기준위원회(IASB)가 각국의 회계제정기구와 공동 작업을 통해 제정하고 있으며 130여 국가 이상이 도입하였거나 도입할 예정이다. 우리나라의 회계기준이 국제기준에 부합하지 않은 것으로 평가되고 국제회계기준이 글로벌 스탠더드로 정착되는 추세에서는 독자적으로 회계기준을 유지하는 것이 회계정보의 대외 신뢰도면에서 부정적이라는 판단에 따라 우리나라도 국제회계기준을 도입하여 한국채택국제회계기준(K-IFRS)을 제정하였다.

우리나라는 2011년부터 한국채택국제회계기준을 전면 채택·적용하고 있으며, 상장회사 및 선택기업에 대해서는 한국채택국제회계기준을 적용하고 중소기업 중심의 비상장회사는 일반기업회계기준과 중소기업회계기준을 적용하고 있다.

구분	~ 2008년	2009~2010년	2011~2012년	2013년이후
한국채택국제회계기준 선택기업			한국채택국제회계기준 (K-IFRS)	
상장회사	기업회계기준 (K-GAAP)			
비상장회사			일반기업 회계기준	중소기업 회계기준

한국채택국제회계기준(K-IFRS)을 기존 일반회계기준(K-GAAP)과 비교하여 주요 특징별로 살펴보면 다음 <표 1-2>와 같다.

<표 1-2> 한국채택국제회계기준의 특징

	한국채택국제회계기준(K-IFRS)	기존 일반회계기준(K-GAAP)
특징	원칙 중심	규정중심
이용자 정보	주석 중심	본문중심
기본 재무제표	연결재무제표	개별재무제표
측정	원칙적으로 공정가치	객관적으로 평가가 어려운 항목들을 취득원가로 평가
회계처리 원칙	거래의 실질에 맞는 회계처리	법률, 정책적 목적에 따라 일부 항목에 대해 특정 회계처리 요구

5. 중소기업회계기준

중소기업회계기준은 상법 제 446조의 2 및 같은 법 시행령 제15조 제3호에 따라 법무부장관이 금융위원회 및 중소기업청장과 협의하여 제정한 것으로 2013년 2월에 제정되어 2014년부터 주식회사의 회계처리에 적용한다.

다만 회사가 주식회사의 외부감사에 관한 법률 제 13조에 따라 한국채택국제회계기준이나 일반기업회계기준을 적용하는 경우를 제외하고는 중소기업은 이 기준에 따라 회계처리를 해야 한다.

중소기업회계기준은 제10장 제56조, 부칙으로 되어있고, 내용은 총칙, 대차대조표와 손익계산서, 자산·부채의 평가, 회계정책과 회계추정의 변경과 오류수정, 자본거래와 특수거래, 자본변동표, 이익잉여금처분계산서 및 결손금처리계산서와 주석 등에 관한 사항을 규정하고 있다.

제 6 절 회계정보의 질적특성

1. 질적특성의 의의

회계의 목적이 달성되기 위해서는 재무제표에 의해 제공되는 정보가 정보이용자들의 의사결정에 유용하여야 한다. 회계정보의 질적특성이란 회계정보가 유용하기 위해 갖추어야 할 주요 속성을 말하며, 회계정보의 유용성의 판단기준이 된다.

회계정보의 질적특성은 회계기준제정기구가 회계기준을 제정 또는 개정할 때 대체적 회계처리방법들을 비교 평가할 수 있는 판단기준이 된다. 또한, 회계정보의 질적특성은 경영자와 감사인이 회계정책을 선택 또는 평가하거나, 회계정보이용자가 기업실체가 사용한 회계처리방법의 적절성 여부를 평가할 때 판단기준을 제공한다.

2. 질적특성의 종류

회계정보가 갖추어야 할 가장 중요한 질적특성은 이해가능성, 목적적합성과 신뢰성, 비교가능성이다. 특정 거래를 회계처리할 때 대체적인 회계처리방법이 허용되는 경우, 목적적합성과 신뢰성이 더 높은 회계처리방법을 선택할 때에 회계정보의 유용성이 증대된다. 목적적합성의 정도가 유사하다면 신뢰성이 더 높은 회계처리방법이 선택되어야 하며 신뢰성의 정도가 유사하다면 목적적합성이 더 높은 회계처리방법이 선택되어야 한다. 목적적합성과 신뢰성 중 어느 하나가 완전히 상실된 경우 그 정보는 유용한 정보가 될 수 없다. 회계정보의 비교가능성은 목적적합성과 신뢰성만큼 중요한 질적특성은 아니나, 목적적합성과 신뢰성을 갖춘 정보가 기업실체간에 비교가능하거나 또는 기간별 비교가 가능할 경우 회계정보의 유용성이 제고될 수 있다.

회계정보의 질적특성은 비용과 효익, 그리고 중요성의 제약요인 하에서 고려되어야 한다. 회계기준제정기구가 회계기준을 제정 또는 개정할 때에는 회계정보의 제공 및 이용에 소요될 비용이 그 효익보다 작아야 한다. 회계항목의 성격과 크기의 중요성을 고려할 때 정보이용자의 의사결정에 차이를 초래하지 않을 것으로 판단되는 정보는 질적특성의 평가가 불필요할 것이다.

회계정보의 유용성은 궁극적으로 정보이용자에 의해서 판단되며, 이러한 판단은 당면한 의사결정의 성격, 의사결정의 방법, 제공되는 회계정보가 새로운 정보인지의 여부, 의사결정자의 정보처리능력 등 여러 요인에 의해 영향을 받는다. 따라서, 모든 정보이용자에게 최대의 유용성을 갖는 회계정보는 존재할 수 없으며, 회계기준제정기구는 정보이용자의 정보이해능력과 재무제표 작성자의 부담을 동시에 고려하여 다양한 정보이용자에게 유용한 정보가 제공될 수 있도록 회계기준을 제정하여야 한다. 이 때 정보이용자는 기업실체의 경제활동 및 회계에 대한 지식을 가지고 있고 회계정보를 이해하기 위한 노력을 할 것이라는 가정이 전제된다.

(1) 이해가능성

정보의 유용성은 정보 생산자인 기업 입장이 아니라 그 정보를 의사결정에 활용하는 정보이용자 입장에서 판단될 개념이다. 따라서 회계정보가 정보이용자 입장에서 이해하기 어려운 내용과 방식으로 제시된다면 그 정보는 정보이용자의 의사결정을 지원하는 데 활용될 수 없다. 유용한 정보이기 위해서 회계정보는 정보이용자 관점에서 이해하기 쉬워야 한다.

(2) 목적적합성

회계정보가 정보이용자의 의사결정에 유용하기 위해서는 그 정보가 의사결정 목적과 관련되어야 한다. 즉, 목적적합성 있는 정보는 정보이용자가 기업실체의 과거, 현재 또는 미래 사건의 결과에 대한 예측을 하는 데 도움이 되거나 또는 그 사건의 결과에 대한 정보이용자의 당초 기대치(예측치)를 확인 또는 수정할 수 있게 함으로써 의사결정에 차이를 가져올 수 있는 정보를 말한다. 여기서 사건이란 기업실체의 재무상태와 경영성과 등에 영향을 미치는 거래와 외부적 요인을 의미한다. 이러한 목적적합성은 회계정보가 의사결정 시점에 이용가능하도록 적시에 제공될 때 유효하게 확보될 수 있다.

목적적합성있는 회계정보는 예측가치 또는 피드백가치를 가져야 한다. 예측가치란 정보이용자가 기업실체의 미래 재무상태, 경영성과, 순현금흐름 등을 예측하는 데에 그 정보가 활용될 수 있는 능력을 의미한다. 예를 들어, 반기재무제표에 의해 발표되는 반기이익은 올해의 연간 이익을 예측하는 데 활용될 수 있다.

피드백가치는 제공되는 회계정보가 기업실체의 재무상태, 경영성과, 순현금흐름, 자본변동 등에 대한 정보이용자의 당초 기대치(예측치)를 확인 또는 수정되게 함으로써 의사결정에 영향을 미칠 수 있는 능력을 말한다. 예를 들어, 어떤 기업실체의 투자자가 특정 회계연도의 재무제표가 발표되기 전에 그 해와 그 다음해의 이익을 예측하였으나 재무제표가 발표된 결과 당해 연도의 이익이 자신의 이익 예측치에 미달하는 경우, 투자자는 그 다음해의 이익 예측치를 하향 수정하게 된다. 이 예에서 당해 연도의 보고이익은 피드백가치를 갖고 있는 정보이다.

회계정보가 예측가치 또는 피드백가치를 가져야 하는 것은 정보이용자의 투자 및 신용의사결정이 미래에 대한 예측에 근거하여 이루어지기 때문이다. 재무제표에 의해 제공되는 회계정보는 과거에 대한 것임에도 불구하고 정보이용자에게 유용할 수 있는 근본적 이유는 이 정보가 미래에 대한 예측의 근거로 활용될 수 있기 때문이다.

회계정보가 정보이용자에게 유용하기 위해서는 그 정보가 의사결정에 반영될 수 있도록 적시에 제공되어야 한다. 적시성 있는 정보라 하여 반드시 목적적합성을 갖는 것은 아니나, 적시에 제공되지 않은 정보는 주어진 의사결정에 이용할 수 없으므로 목적적합성을 상실하게 된다. 그러나 적시성 있는 정보를 제공하기 위해 신뢰성을 희생해야 하는 경우가 있으므로 경영자는 정보의 적시성과 신뢰성간의 균형을 고려해야 한다.

⑶ 신뢰성

회계정보가 정보이용자의 의사결정에 유용하기 위해서는 신뢰할 수 있는 정보이어야 한다. 회계정보의 신뢰성은 다음의 요소로 구성된다. 첫째 회계정보는 그 정보가 나타내고자 하는 대상을 충실히 표현하고 있어야 하고, 둘째 객관적으로 검증가능하여야 하며, 셋째 중립적이어야 한다.

회계정보가 신뢰성을 갖기 위해서는 그 정보가 나타내고자 하는 대상 즉, 기업실체의 경제적 자원과 의무, 그리고 이들의 변동을 초래하는 거래나 사건을 충실하게 표현하여야 한다. 표현의 충실성은 재무제표상의 회계수치가 회계기간말 현재 기업실체가 보유하는 자산과 부채의 크기를 충실히 나타내야 하고, 또한 자본의 변동을 충실히 나타내고 있어야 함을 의미한다. 만일 회계수치가 그 측정대상의 크기를 잘못 나타내고 있으면 그러한 측정치는 신뢰할 수 없는 정보가 된다. 예를 들어, 사실상 회수불가능한 매출채권이 회수가능한 것처럼 재무상태표에 표시('표시'란 재무제표의 본문에 해당 항목에 대한 계정과목과 금액이 기재되는 것을 의미, 이하 같음)된다면 이 매출채권 측정치는 표현의 충실성을 상실한 정보가 된다.

표현의 충실성을 확보하기 위해서는 회계처리대상이 되는 거래나 사건의 형식보다는 그 경제적 실질에 따라 회계처리하고 보고하여야 한다. 거래나 사건의 경제적 실질은 법적 형식 또는 외관상의 형식과 항상 일치하지는 않는다. 예를 들어, 리스의 법적 형식은 임차계약이지만 리스이용자가 리스자산에서 창출되는 경제적 효익의 대부분을 향유하고 당해 리스자산과 관련된 위험을 부담하는 경우가 있다. 이 경우 리스이용자는 리스자산의 경제적 효익을 향유하는 대가로 당해 자산의 공정가치 상당액 및 관련 금융비용을 지급하는 의무를 부담한다. 이와 같은 리스는 경제적 실질의 관점에서 자산과 부채의 정의를 충족하므로 리스이용자는 리스거래 관련 자산과 부채를 인식하여야 한다.

특정 거래나 사건을 충실히 표현하기 위해 필요한 중요한 정보는 누락되어서는 안된다. 수집가능한 중요한 정보가 누락될 경우 표현의 충실성을 저해할 수 있다. 예를들어, 어떤 기업실체가 지배·종속관계에 있는 다른 기업실체에 거액의 매출을 한 경우 이와 같은 거래내용이 충실히 공시되지 않는다면 개별 재무제표에 나타난 정보는 표현의 충실성이 상실된 정보일 수 있다. 당해 재고가 외부에 매출되지 않은 경우 매출이나 손익이 과대계상될 수 있으며, 특히 두 기업실체간에 책정된 가격이 공정하지 않은 경우에는 가공의 손익이 기록되기 때문이다.

회계정보가 신뢰성을 갖기 위해서는 객관적으로 검증가능하여야 한다. 검증가능성이란 동일한 경제적 사건이나 거래에 대하여 동일한 측정방법을 적용할 경우 다수의 독립적인 측정자가 유사한 결론에 도달할 수 있어야 함을 의미한다. 예를 들어, 독립된 당사자간의 시장거래에서 현금으로 구입한 자산의 취득원가는 검증가능성이 높은 측정치이다. 그러나 검증가능성이 높다는 것이 표현의 충실성을 보장하는 것은 아니며, 또한 반드시 목적적합성이 높다는 것을 의미하지도 않는다.

회계정보가 신뢰성을 갖기 위해서는 편견 없이 중립적이어야 한다. 의도된 결과를 유도할 목적으로 회계기준을 제정하거나 재무제표에 특정 정보를 표시함으로써 정보이용자의 의사결정이나 판단에 영향을 미친다면 그러한 회계정보는 중립적이라 할 수 없다. 회계기준을 제정하거나 회계처리방법을 적용함에 있어 정보의 목적적합성과 신뢰성을 우선적으로 고려하여야 하며 특정 이용자 또는 이용자 집단의 영향을 받아서는 안된다.

(4) 비교가능성

정보가 기간 간 또는 기업 간 비교가능하다면 그 정보는 유용성이 더욱 클 것이다. 작년 회계정보와 올해 회계정보가 또는 같은 업종의 갑기업의 회계정보와 을기업의 회계정보가 서로 다른 회계처리 방법에 의해 작성되었다면 두 기간 또는 두 기업의 회계정보는 비교가능하지 않을 것이다. 과거로부터의 변화 그리고 다른 기업과의 비교는 정보이용자의 의사결정에 매우 유용한 정보이다.

3. 질적특성간의 상충관계

회계정보의 질적특성은 서로 상충될 수 있다. 예를 들어, 유형자산을 역사적원가로 평가하면 일반적으로 검증가능성이 높으므로 측정의 신뢰성은 높아지나 목적적합성은 저하될 수 있다. 즉, 시장성 없는 유가증권에 대해 역사적원가를 적용하면 자산가액 측정치의 검증가능성은 높으나 유가증권의 실제 가치를 나타내지 못하여 표현의 충실성과 목적적합성이 저하될 수 있다. 또한, 정보를 적시에 제공하기 위해 거래나 사건의 모든 내용이 확정되기 전에 보고하는 경우, 목적적합성은 향상되나 신뢰성은 저하될 수 있다. 이와 같이 질적특성간의 상충관계는 목적적합성과 신뢰성간에 발생할 수 있으며 주요 질적특성의 구성요소간에도 발생할 수 있다.

상충되는 질적특성간의 선택은 재무보고의 목적을 최대한 달성할 수 있는 방향으로 이루어져야 하며, 질적특성간의 상대적 중요성은 상황에 따라 판단되어야 한다. 예를 들어, 기업실체의 재무상태에 중요한 영향을 미칠 것으로 예상되는 진행 중인 손해배상소송에 대한 정보는 목적적합성 있는 정보일 수 있다. 그러나, 소송결과를 확실히 예측할 수 없는 상황에서 손해배상청구액을 재무제표에 인식하는 것은 신뢰성을 저해할 수 있다.

제 7 절   회계의 종류

1. 재무회계와 관리회계

재무회계(financial accounting)는 기업의 경영활동을 인식·기록·분류·정리하여 재무제표라는 회계보고서를 기업 외부에 공표할 목적으로 작성하는 외부보고를 위한 회계이다. 즉, 이것은 재무제표 작성 중심의 회계로서 기업의 외부 이해관계자들이 합리적인 의사결정을 할 수 있도록 필요한 회계정보를 제공할 목적으로 행하여지는 회계이다. 따라서 외부 이해관계자들의 의사결정에 필요한 재무제표를 작성하는 것이 재무회계의 기본과제이며, 또한 재무회계에 의하여 작성된 재무제표는 모든 회계의 기본이 된다.

관리회계(managerial accounting)는 경영자가 의사결정을 하는데 필요한 회계정보를 기업내부에 제공할 목적으로 작성하는 내부보고를 위한 회계이다. 경영자는 기업의 내부 이해관계자로 관리목적을 위해, 특히 경영계획과 통제를 위해 여러 가지 회계정보를 필요로 한다. 이를 위하여 관리회계는 재무회계와는 다른 관점에서 기업의 경영활동을 인식·기록·분류·정리하여, 이들 회계정보를 경영합리화를 위한 의사결정에 이용하도록 제공하는 데 있다.

2. 영리회계와 비영리회계

영리회계(profit making accounting)는 생산경제주체인 기업의 회계를 의미하며 응용되는 기업의 종류에 따라 개인기업회계, 조합기업회계, 회사기업회계, 비영리기관의 수익사업회계 등으로 나누어진다. 우리들이 연구대상으로 하는 회계가 영리회계이며, 영리회계는 기업의 특성에 따라 다소 내용이 상이하나 계산기구는 복식부기의 원리에 따라 형성되어 있다.

비영리회계(non-profit making accounting)는 영리를 목적으로 하지 않는 소비경제주체인 가계(family book-keeping)나 비영리기관, 즉 교회, 학교, 관청 등에서 이용되는 회계이다. 이 회계는 금액의 수지계산과 물품의 관리계산을 하는데 필요할 뿐이다.

3. 미시회계와 거시회계

미시회계(micro accounting)는 국민경제를 구성하는 개별경제단위인 가계, 기업, 비영리기관의 경제활동을 다루는 회계이다. 이들 경제단위는 국민경제를 구성하는 단위가 된다.

거시회계(macro accounting)는 국민경제단위 또는 국제경제단위의 경제활동을 다루는 회계이다. 거시회계는 미시회계와 대조적인 개념으로 사회회계(social accounting), 국민소득회계(national income accounting)라고도 한다.

4. 교과과정에 따른 분류

(1) 재무회계 : 회계원리, 재무회계, 중급회계, 고급회계, 회계이론
(2) 관리회계 : 원가회계, 관리회계, 경영(재무)분석
(3) 세무회계 : 세법, 세무회계(세무조정, 세무신고서 작성 등)
(4) 회계감사 : 회계감사, 전산감사
(5) 특수회계분야 : 비영리기관회계, 사회회계, 정부회계, 국제회계,
　　　　　　　　　　회계정보 시스템 등

이것은 대학의 교과과정을 중심으로 분류한 것으로 이를 요약 설명하면 다음과 같다.

① 회계원리(principles of accounting)
　재무회계라고도 부르는 것으로, 부기원리(분개, 원장, 시산표, 결산), 회계장부, 계정과목별 회계처리, 재무제표의 작성 등을 다룬다. 회계학의 입문적 과목으로, 회계학의 기초적 개념과 이론이 함께 설명된다.

② 중급회계(intermediate accounting)
　회계원리보다 높은 수준의 과목으로, 복잡하고 상세한 회계처리의 문제를 다룬다. 회계원리보다 이론적 설명도 강화된다. 계정과목별 회계처리와 재무제표의 작성이 중심이 되고, 특수한 회계문제로 인플레이션회계(inflation accounting)·리스회계(accounting for leases)·법인세배분 등이 다루어진다.

③ 고급회계(advanced accounting)

특수회계문제 중심의 과목으로, 연결재무제표의 작성이 많은 부분을 차지하고 그 밖에 조합기업회계·합병회계·외화환산회계 등이 다루어진다.

④ 회계이론(accounting theory)

회계이론이란 회계현상을 관찰하여 얻을 수 있는 여러 원리의 논리적 지식체계라고 할 수 있는 것으로, 이론의 정립과 이론정립을 위한 회계연구의 수행을 포괄한다. 회계는 원래 실무로부터 발달한 것이지만, 최근 회계현상을 이론적으로 연구함으로써 이론을 정립하고, 나아가서 사회과학으로서의 위치를 견고히 하려는 방향으로 발전되고 있다.

회계이론에는 다음과 같은 내용이 포함된다.

가. 회계개념(자산, 부채, 자본, 수익, 비용, 이익)

나. 회계이론의 틀(공준, 목적, 회계정보의 질적 특성, 기준)

다. 자산평가와 이익측정

라. 여러 회계이론(측정이론, 의사결정이론, 자본시장연구 등)

회계이론은 재무회계·관리회계·회계감사에 모두 관련될 수 있으나, 주로 재무회계를 중심으로 한 재무회계이론을 다루고 있다.

⑤ 원가회계(cost accounting)

일반적으로 원가회계란 회계의 한 분야로서 제품의 원가를 결정하는 기술이며, 원가계산을 재무회계에 결부시킨 것으로 원가의 개념·원가계산·원가보고서의 작성 등 원가계산에 필요한 초급적 내용을 다루며, 재무회계 범위 내의 제품원가계산이 중심이 되고 있다. 나아가 원가의 관리적 이용도 다루고 수학적·계량적 기법을 이용한 원가배분·원가추정의 문제도 다룬다.

⑥ 관리회계(managerial accounting)

주로 원가회계의 다음 단계로서 원가의 관리적 이용을 주로 다루는 것으로 표준원가계산, 변동원가계산, 원가-조업도-이익분석(cost-volume-profit analysis), 예산, 특별의사결정 등이 다루어진다.

위에서 설명한 재무회계와 관리회계를 비교하면 다음 <표 1-2>와 같다.

<표 1-2> 재무회계와 관리회계의 비교

	재 무 회 계	관 리 회 계
의 의	·기업의 재무상태, 경영성과, 현금흐름등의 내용을 표시 ·외부보고	·의사결정을 위한 정보의 제공 ·경영계획·통제를 위한 회계 ·내부보고
목 적	·정보이용자의 경제적 의사결정에 유용한 정보의 제공 (투자결정, 신용결정 등)	·경영자의 관리적 의사결정에 유용한 정보의 제공
보 고 대 상	·광범위한 이해관계자 (외부이해관계자) ·투자자, 채권자, 정부기관 등	·경영자 (내부이용자)
작 성 근 거	·일반적으로 인정된 회계원칙	·경제이론, 경영과학, 행동과학, 의사결정과학 등
회 계 이 론 적 구 조	·자산 - 부채 = 자본 ·목적 - 공준 - 질적특성 - 기준 - 규칙 - 실무의 구조	·통일된 구조가 없고, 의사결정에 따라 다양
회 계 정 보 의 성 격	·과거지향적인 정보 - 과거적 정보	·미래지향적 정보 - 과거적· 미래적 정보
계 량 적 정 보 의 포 함 여 부	·계량적 정보	·비계량적 정보도 포함
정 보 의 세 부 구 분 여 부	·기업 전체로서 종합하여 요약한 정보	·부문별정보, 제품별 정보로 관리 목적에 따라 구분하여 보고할 수 있음
정 보 의 정 밀 성	·정밀·정확한 작성	·정밀한 정보보다는 정보로서의 가치와 유용성이 있으면 개략화된 정보도 받아들일 수 있음
보 고 서 : 보 고 양 식	·재무제표	·일정한 양식이 없음 (예산, 원가보고서, 성과보고서, 특별분석의 양식이 있을 수 있음.)
보 고 시 점	·보통 1년 단위 (또는 반기)	·일별, 월별, 분기별, 반기별, 연도별로 보고될 수 있음
법 적 강 제 력 유 무	·법적 강제력이 있음 ·회계처리의 자유로운 선택이 억제됨	·법적 강제력이 없음 ·회계처리의 자유로운 선택

⑦ 경영분석(business analysis)

경영분석이란 재무분석이라고도 하며, 재무제표를 비롯하여 월차포괄손익계산서, 매월의 생산판매량, 재료사용량, 원가자료 등의 여러 경영정보를 분석하여 경영내용과 경영상태를 파악하여 그 경영의 적부(適否)를 명확히하는 것으로 수익성·유동성·생산성을 중심으로 손익의 상태(수익성)와 수지의 상황(유동성)이 어떻게 되어 있고, 경영능률(생산성)이 어떤가를 분석하여 경영의사결정에 유용한 정보를 제공하는 것을 다룬다.

⑧ 세무회계(tax accounting)

세무회계는 세법의 규정에 따라 정부·지방자치단체에 대해 납부하는 조세에 관련된 회계로서 세액의 신고 및 자진납부, 세무신고서의 작성, 세무계획, 세무관리 등을 다룬다. 세무회계는 보통 기업을 대상으로 하므로 법인세의 계산이 중심이 되나, 그 외에도 개인소득세, 양도소득세, 상속세, 부가가치세, 지방세 등도 중요시된다. 기업경영에서 세무문제는 매우 중요하며, 각종 경영의사결정에 중요한 요소로 작용한다.

세무에 관한 전문가로서는 공인회계사와 세무사가 있다. 공인회계사는 회계감사를 주된 업무로 하지만 세무사는 세무에 관한 업무를 주된 업무로 하고 있다. 세무사(Tax Accounting : T.A.)는 「세무사법」에 의하면 납세자의 위임에 의하여 조세에 관한 신고, 신청, 청구 등의 대리, 세무조정계산서 및 세무관련서류의 작성, 조세에 관한 신고를 위한 장부기장의 대행, 조세에 관한 상담·자문 등을 주업무로 하는 세무에 대한 전문직업인을 말한다. 자본주의 사회에 있어서 모든 국민은 조세(세금)와 밀접한 관계가 있다. 최근 국민경제의 발전과 더불어 세무사의 역할이 더욱 증대되고 있다.

참고로 세무사 자격시험의 제1차, 2차 시험과목을 소개하면 다음과 같다.

1차	회계학개론, 재정학, 세법학개론, 상법, 영어(공인어학성적제출로 대체)
2차	세법학 1부 : 국세기본법, 소득세법, 법인세법, 상속세 및 증여세법 세법학 2부 : 부가가치세법, 개별소비세법, 지방세법, 조세특례제한법
	회계학 1부 : 재무회계, 원가관리회계 회계학 2부 : 세무회계

재무회계와 세무회계의 차이를 간단히 비교표시하면 <표 1-3>과 같다.

<표 1-3> 재무회계와 세무회계의 비교

	재 무 회 계	세 무 회 계
지 향 하 는 목 표	·기업의 건전한 발전과 유지	·국가재정의 조달, 공평과세·형평유지, 세수확보·조세의 합법적 징수
회 계 목 적	·기간손익의 산출	·과세소득의 정확한 계산
개 념 · 본 질	·경영과정의 회계적 기록·계산·정리 ·기업 재무상태와 경영성과를 파악하는 절차	·경영성적의 세법적인 평가 - 세법에 의한 계산절차 ·과세소득을 파악하는 절차
원　　　칙	·신뢰성 원칙 등 회계의 일반원칙을 따름	·세입충분성원칙, 세원최대확보주의, 과세평등성원칙 등을 따름
계 상 요 소	·경영상의 수익과 비용·원가를 이용하여 기간 손익을 산출	·세무수익(익금)과 세무손비(손금)를 이용해 과세소득을 산출
일 률 성 · 다 양 성	·다양성을 나타내는 계산과정으로, 기업회계는 기업에 따라 독자적으로 이루어지므로 세법이 제한을 가하는 항목은 기업회계에서 각양각색으로 나타난다.	·일률성을 나타내는 계산과정으로 세법은 공평과세의 견지에서 특히 손금에 관해 일률적인 제한을 가한다.

⑨ 회계감사(auditing)

　회계감사란 감사인이 회계자료의 적정성을 검토하여 의견을 표명하는 것에 관련된 문제를 다루는 것이다. 감사인은 일반적으로 공인회계사가 되나 내부감사인 또는 정부기관도 감사인이 될 수 있다. 감사인은 재무제표의 적정성을 검토할 때 ① 일반적으로 인정된 회계원칙과 ② 일반적으로 인정된 감사기준에 의거해서 감사하여 전문가의 입장에서 적정의견·한정의견·부적정의견·의견거절 등의 의견을 표명하게 된다.

　회계감사의 내용으로는 회계감사의 기초개념(독립성·적정성·중요성), 감사의견, 회계감사기준, 직업윤리와 법적 책임, 내부통제제도, 표본이론, EDPS감사, 계정과목별 감사절차 등이 다루어진다.

　공인회계사(Certified Public Accountants : C.P.A)란 다른 사람의 위촉에 의하

여 회계에 관한 각종의 업무, 즉 재무서류에 관한 감사, 감정, 증명, 재무 또는 경영에 관한 조사, 입안, 계산, 상담, 법인설립에 관한 회계와 세무대리 등을 주업무로 하는 회계에 대한 전문직업인을 말한다. 자본주의 사회에 있어서, 기업규모의 대규모화·다양화 등에 따라서 기업의 소유와 경영의 분리, 기업을 둘러싼 각종 이해관계자 집단의 이해대립 등의 현상에 따라 공인회계사의 역할이나 책임이 한층 강조되고 있다.

공인회계사는 자본주의의 파수꾼이라고도 불리워지기도 하며, 공인회계사의 자격을 얻기 위해서는 1·2차로 치루어지는 엄격한 시험에 합격을 해야만 한다. 1차시험은 객관식에 의하고, 2차시험은 주관식에 의하여 행하여진다. 참고로 공인회계사 자격시험의 제1차, 2차 시험과목을 소개하면 다음과 같다.

제 1 차 시 험 과 목	회계학 (회계원리와 회계이론 및 정부회계) 경영학 경제원론	상법(어음·수표법 포함) 세법개론 영어(공인 어학성적 제출로 대체)
제 2 차 시 험 과 목	재무회계 원가회계 회계감사	세　법 재무관리

공인회계사 시험에 응시하기 위해서는 대학 및 학점인정, 독학에 의한 학위취득에 관한 법률에 의하여 회계학 및 세무관련 과목 12학점, 경영학 과목 9학점, 경제학 과목 3학점을 이수하여야 한다. 또한, 영어과목은 시험공고일로부터 2년 이내에 실시된 토익이나 토플 등 다른 시험기관의 시험에서 취득한 성적으로 대체하도록 하고 있다.

⑩ 사회회계(social accounting)

사회회계란 국민경제 전체를 하나의 회계단위로 하고 기본적으로 이 사회 전체의 일정시점에서 스톡(stock)인 자본(國富)과 그 플로우(flow)인 일정기간의 경제활동성과(국민소득, 국민생산물)를 측정하는 계산시스템이다.

최근에 이 사회회계에 대한 관심이 증가하고 있는데 이는 공해문제와 기업의 사회적 책임이 강조되고 있기 때문이다.

⑪ 국제회계(international accounting)

기업경영의 국제화와 국제분업의 발전에 따라 국내산업에서 경험치 못한

국제적 성격의 회계문제가 전개되어 이에 대응하기 위해 등장한 국제회계는 국제적으로 영위되는 기업의 경제활동에 관한 회계정보를 인식·측정 및 전달하는 문제를 다루는 회계이다. 그 연구대상은 국가간의 회계의 상호관계, 즉 회계자료를 국경을 초월해서 작성·교환·사용 및 해석하는 데에 있다.

⑫ 회계정보시스템(Accounting Information System : AIS)

최근에 정보화사회에서 점차 그 중요성이 증대되고 있는 회계정보시스템은 회계주체의 경영활동결과를 사전·사후적으로 인식·측정하여 이해관계자, 특히 경영자가 의사결정을 하는데 필요한 회계정보를 전달하는 시스템이다. 이러한 회계정보시스템은 예산통제 및 자본투자분석정보 등 순수 재무적 차원의 정보와 관련 하위시스템(subsystem)에서 만들어지는 거래자료로 부터 산출되는 회계정보를 제공한다.

⑬ 비영리기관회계

비영리기관회계는 가계, 교회, 정부, 학교, 병원 등 비영리사업이 요구하는 회계이며, 소비경제를 중심으로 하여 소비액계산에 중점을 둔다. 따라서 예산의 집행 및 수익과 지출의 계산이 주가 된다.

제 8 절 회계와 부기

회계(accounting)와 부기(book-keeping)는 다같이 회계라고 하는 학문분야에 속하는 것으로 명확한 구분기준을 찾기는 힘들다. 부기가 단순한 기업에 관한 재산상태와 그 변화를 기록·계산하는 기술적인 면을 치중하는데 반하여 회계는 부기를 포함하면서 보다 광범위하고 이론적인 면을 강조하는 것이라고 할 수 있다.

즉, 부기는 거래의 분개, 전표의 작성, 장부의 기록, 재무제표의 작성 등 회계에 있어서 주로 회계대상의 분류와 기록에 관련된 기술을 말하는 것이다. 부기는 문자 그대로「장부기입」의 기계적·반복적 기술이라고 말할 수 있다.

이에 대하여 회계는 기계적·반복적 기술 이외에도 회계조직의 설계, 원가관리, 세무회계, 회계감사, 이익계획과 예산편성, 재무분석, 회계처리의 컴퓨터 이용 등을 포함하여 유용한 회계정보를 그의 이용자들에게 제공하는 모든 과정을 포괄하는 것이다. 유능한 기장자(記帳者 ; book keeper)가 되기에는 수주일 혹은 수

개월이면 가능하나, 전문회계인(professional accountant)이 되기 위하여는 여러 해 연구하고 경험을 쌓아야 한다.

그러나, 위에서 설명한 바와 같이 회계와 부기를 명확히 구분할 수 있는 합당한 논리적 기준이 있는 것이 아니고, 다만 강조의 측면이 다를 뿐이다. 그러나 회계발전과정으로 본다면 먼저 부기가 생성되고 산업발달에 따라 회계가 성립·발전된 것으로 본다. 회계원리에 대한 지식은 부기를 이해하고 그 기술을 습득하는데 많은 도움을 준다.

제 9 절 회계원리 연구의 필요성

회계원리는 위의 회계목적과 교과과정에서도 설명한 바와 같이 기업의 재무상태와 경영성과 등 기업의 회계정보를 올바로 제공하고, 또 이해하기 위해서는 반드시 알아야만 하는 분야이다. 즉, 회계원리를 올바로 이해해야만 인접학문인 중급회계, 고급회계, 회계이론, 원가회계, 관리회계, 세무회계, 회계감사 등 회계관련 학과목 뿐만 아니라, 재무관리, 투자론, 경영진단 및 분석론, 증권시장론 등 인접과목을 연구하는데 어려움이 없게 된다.

경영학을 전공한 학생들은 졸업후 대부분 기업의 기획관계부서, 회계부서, 감사부서, 영업부서 등 각 분야에 근무하게 된다. 각 분야에 근무하면서 기업의 경영목표를 효율적으로 달성하는데 필요한 각종 회계정보를 제공하고 또 이를 분석하여 최고경영자 및 경영관리층의 최종적인 의사결정에 기여하고 또 기여할 수 있어야만 한다. 이러한 능력은 회계원리를 올바로 이해하는데서 출발한다고 할 수 있기 때문에 회계원리의 중요성을 재삼 논의할 필요가 없다고 본다.

제 10 절 회계담당자의 책임과 의무

회계담당자는 회계관련업무에 종사하는 모든 사람들을 의미하며 일반적으로 회계인(accountant)이라고도 한다. 즉, 회계를 전공하였거나 회계에 대한 지식을 충분히 습득하여 회계업무를 주된 업무활동으로 하고 있는 사람들을 의미한다.

여기에는 회계에 대한 전문직업인인 공인회계사, 세무사와 회계학을 연구하는 회계학 교수, 각 기업의 회계담당자, 회계관련공무원(감사원, 국세청 등) 등을 포함한다.

미국의 경우 회계담당책임자를 콘트롤러(controller)라고 하며 기업의 기획업무, 성과측정 및 통제업무에 책임을 지고 있다.

최근 컴퓨터의 급속한 발달, 보급에 따라 모든 회계처리업무가 컴퓨터에 의해서 행하여 지므로 회계담당자의 역할이 최소화되는 것으로 잘못 생각하는 사람들이 많은 바 이것은 매우 잘못된 생각이라 할 수 있다. 모든 컴퓨터의 입력에 필요한 자료는 바로 회계담당자들의 손에 의하여 이루어지고, 그 결과를 분석하여 최종적으로 합리적인 의사결정을 하는 것도 회계담당자들이기 때문이다.

최근 기업의 회계에 대한 여러 가지 불법사례들이 제기되어 사회적으로 많은 문제를 야기하고 있다. 회계담당자는 기업을 둘러싸고 있는 많은 이해관계자들에게 기업회계에 대한 올바른 정보를 제공해 줄 의무가 있는 것이다. 이것은 회계담당자로서의 제1차적인 책임이라 아니할 수 없다. 따라서 회계담당자의 직업에 대한 책임과 윤리의식이 고도화되어 도덕성이 강화된다면 기업을 둘러싼 우리사회의 만연된 부정부패가 근절될 것으로 본다. 이러한 면에서도 회계담당자의 회계에 관한 전문지식도 중요하지만 회계담당자, 회계전문가로서의 책임있는 윤리의식이 더욱 중요하다고 할 수 있다.

특히 공인회계사나 세무사 등 전문직업인은 공인회계사법, 외감법, 증권거래법, 세무사법 및 관련단체인 한국공인회계사회, 한국세무사회 등의 회칙 및 윤리규정 등에 의하여 업무에 관한 엄격한 감독 및 규제를 받고 있다.

많은 재물보다 명예를 택할 것이요
은이나 금보다 은총을 더욱 택할 것이니라

연 습 문 제

[1] 회계의 의의와 목적을 설명하라.

[2] 기업의 이해관계자를 열거하라.

[3] 회계의 역사에 대하여 간단히 설명하고, 현대 회계의 특징에는 어떠한 것이 있는지 설명하라.

[4] 회계의 전제조건(공준)을 설명하라.

[5] 회계원칙의 의의를 설명하라.

[6] 회계의 종류를 들고 설명하라.

[7] 재무회계와 관리회계를 비교 설명하라.

[8] 재무회계와 세무회계를 비교 설명하라.

[9] 영리회계와 비영리회계의 차이점을 설명하라.

[10] 회계와 부기를 비교 설명하라.

[11] 최근 일간신문에 게재되는 결산공고를 보고 결산공고의 의미와 그 내용을 간단히 요약 설명하라.

[12] 회계인의 책임과 역할에 대해서 설명하라.

[13] 공인회계사의 책임과 역할에 대해서 설명하라.

[14] 세무사의 책임과 역할에 대해서 설명하라.

성공의 길 위에서 성취할 필요가 있는 많은 단기 목표들을 당신이 분명히
볼 수 있는 계획을 세우라.
계획이 효과가 없다면 필요한 만큼 자주 계획을 바꿔라.
행동이 없는 계획은 그저 종이 위에 있는 단어들 뿐이다. 이것은 지도에
불과할 수도 있지만 이것이 없다면 당신은 길을 잃을 것이다.
-타고난 승리자들(로빈 시거)중에서-

자산 · 부채

2

제 1 절	자　산
제 2 절	부　채
제 3 절	자　본
제 4 절	자산 · 부채 · 자본의 관계
제 5 절	재무상태표

자산 · 부채 · 자본   제**2**장

제1절 자 산

1. 자산의 의의

재무제표중 기업의 일정한 시점에 있어서의 재무상태를 나타내는 재무상태표 (Balance Sheet : B/S)는 크게 자산·부채 및 자본으로 구성된다.

자산은 자원(resources) 또는 경제적 자원(economic resources)이라고도 하는 것으로 특정의 기업 또는 경제적 실체가 과거의 거래나 사건 등의 결과로 획득하거나 통제하고 있는 미래의 가능한 경제적인 효익(probable future economic benefits)이라고 정의될 수 있다. 즉, 기업을 경영하기 위해서는 화폐 또는 재화를 소유해야 한다. 예를 들면, 상품매매업에서는 상품을, 제조업에서는 원재료와 기계 등을 소유하고 있어야 하며, 또 기업은 지출을 위해 현금이나 은행예금을 소유하고 경영활동이 진행됨에 따라 외상매출금, 받을어음 등의 채권이 발생한다. 이와 같이 기업이 경영활동을 위해 소유하고 있는 현금, 상품, 원재료, 기계, 건물, 토지 등의 재화와 은행예금, 매출채권(외상매출금, 받을어음) 등의 채권을 회계상 자산(assets) 또는 재산(property)이라고 한다.

일상생활에서 재산이라 하면 동산·부동산 및 채권을 말한다. 그러나 회계상의 재산에는 자산과 부채가 포함되고 자산을 적극적 재산, 부채를 소극적 재산이라고 한다.

2. 자산의 분류

자산은 분류기준에 따라 여러 가지로 분류할 수 있다. 기업회계기준에서는 유동자산과 비유동자산으로 대별하고 유동자산은 다시 당좌자산과 재고자산으로, 비유동자산은 투자자산·유형자산·무형자산·기타 비유동자산으로 분류하고 있다.

(1) 유동자산(current assets)

유동자산은 현금 및 비교적 단기에 회수 또는 판매에 의하여 현금화할 수 있는 재화로서 변동하는 속도가 빠르며, 적어도 1년에 한 번 이상 변동을 가지는 자산으로 이는 다음과 같이 구분된다.

① 당좌자산(quick assets)

현금 또는 현금으로 바꿀 수 있는 성질을 가진 것으로 판매과정을 거치지 않고, 신속히 현금화(現金化)할 수 있는 자산으로 현금, 예금, 유가증권, 매출채권(외상매출금, 받을어음), 단기대여금, 미수금, 미수수익 등이 이에 속한다.

이를 요약하면 다음과 같다.

가. 현금 : 통화(지폐, 동전), 현금으로 간주하는 현금대용증권(당좌수표 등)

나. 예금적금 : 당좌예금, 정기예금 등

　단, 결산일 다음날부터 1년 이내에 인출할 수 없는 예금적금은 제외한다.

다. 받을어음 : 후일 어음대금을 받을 수 있는 권리

　단, 돈을 빌려준 증거로서 수취한 어음을 제외한다.)

라. 외상매출금 : 후일 매출대금을 받을 수 있는 권리

마. 단기투자증권 : 주식, 국채, 사채 등의 단기금융자산

　단, 증권시장에서 유통되지 않는 것, 장기소유목적으로 보유하고 있는 것은 제외한다.

바. 어음대여금 : 후일 어음대금을 받을 수 있는 권리

단, 통상의 영업거래에서 받은 어음을 제외한다.

사. 단기대여금 : 차용증서의 금액을 받을 수 있는 권리

단, 1년 이내의 만기가 돌아오는 것.

아. 미수금 : 통상적이지 않은 거래로부터 발생한 권리

자. 선급금 : 재고자산을 구입할 권리

재고자산의 구입대금을 선불할 때

차. 지급보증금 : 계약한 자산을 구입할 권리

거래처에 보증금을 지불할 때

카. 가지급금 : 지불한 금전의 과목이나 금액이 미확정되었을 때

상대에게 돈을 빌려 준 것으로 간주한다.

타. 선급비용 : 선급보험료 등(보험금을 받을 수 있는 권리)

파. 미수수익 : 미수이자 등(이자를 받을 수 있는 권리)

② 재고자산(inventories)

유동자산 중에서 판매과정을 통하여 현금화할 수 있는 자산으로, 기말에 재고조사를 필요로 하며, 용도별로 보면 다음과 같다.

가. 일상적인 영업과정에서 판매를 목적으로 보유하는 자산(상품, 제품 등)

나. 판매되는 제품의 생산을 위해 생산과정에 있는 자산(재공품, 반제품 등)

다. 생산을 위하여 직접·간접으로 소비되는 자산(원재료, 저장품 등)

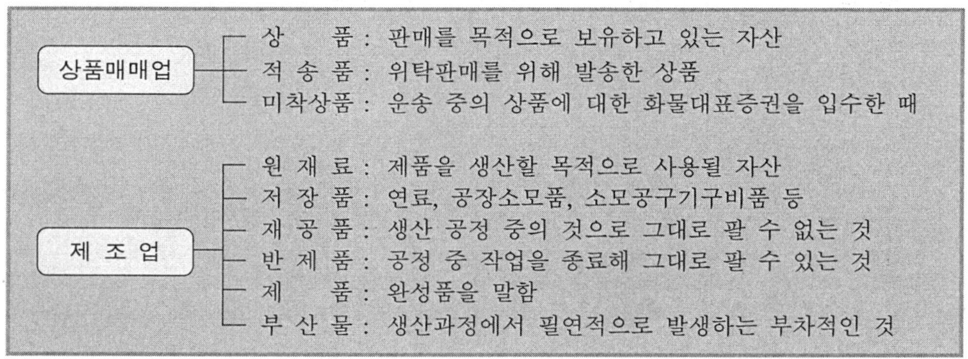

(2) 비유동자산(non-current assets)

비유동자산은 판매를 목적으로 하지 않고, 1년 이상 기업 내부에 고정화되어 다른 기업을 지배·통제하거나 여유자금의 증식을 목적으로 또는 경영수단으로

써 반복 사용되고 장기적으로 그 사용형태에 변화를 가져오지 않는 자산으로 투자자산, 유형자산과 무형자산 및 기타 비유동자산으로 구분된다.

① 투자자산(investments)

기업 본래의 사업목적이 아닌 타기업을 지배·통제하거나 유휴자금의 증식을 목적으로 1년 이상 장기간 소유하는 자산으로 장기금융상품, 장기투자증권, 투자부동산 등이 이에 속한다.

　가. 투자부동산 : 투자수익을 얻을 목적으로 토지나 건물 등을 보유하고 있는 경우
　나. 장기투자증권 : 주식이나 사채를 배당이나 이자를 얻을 목적으로 장기보유하는 경우
　다. 지분법적용투자주식 : 타기업을 지배, 통제하기 위하여 1년이상 장기간 소유하는 장기투자주식의 경우
　라. 장기대여금 : 장기에 걸쳐 돈을 빌려준 경우
　마. 장기금융상품 : 정기예금이나 정기적금 등 이자를 얻을 목적으로 투자하는 경우

② 유형자산(tangible assets)

경영목적을 달성하기 위한 경영수단으로 1년 이상 반복사용되며 구체적인 형태를 갖춘 비유동자산으로 토지, 건물, 구축물, 기계장치, 선박, 차량운반구, 건설중인 자산 등이 이에 속한다.

　가. 건　　물 : 회사에서 사용하고 있는 건물
　나. 구 축 물 : 굴뚝, 담, 가로등, 수영장 등
　다. 기계장치 : 생산이나 공작용의 기계 또는 장치
　라. 선　　박 : 기선, 거룻배, 증기선 등
　마. 차량운반구 : 자동차, 전철 등
　바. 공구·기구·비품 : 1년 이상 사용할 수 있는 상당액 이상의 것
　사. 토　　지 : 점포나 공장의 부지 등
　아. 건설중인 자산 : 건설 중의 비용을 기록해 둠

③ 무형자산(intangible assets)

구체적인 형태가 없는 비유동자산으로서 경영활동에 유효하게 작용하는 것으로 영업관계에 있어 사실상 가치가 있는 것과 법률상 특혜가 보장된 권리 등이 있다. 전자에는 영업권을, 후자에는 특허권·실용신안권·의장권·상표권 등의 산업재산권과 광업권, 어업권, 차지권, 개발비 등을 들 수 있다.

　가. 법률상의 권리
　　・특　허　권 : 생산을 독점할 권리
　　・실용신안권 : 새로운 형태를 독점할 권리
　　・의　장　권 : 새로운 디자인을 독점할 권리
　　・상　표　권 : 상표를 독점할 권리
　　・광　업　권 : 광물을 독점할 권리
　　・어　업　권 : 수산물을 독점할 권리
　나. 영업권 : 기타 수익력의 원천
　다. 기　　타 : 개발비

④ 기타 비유동자산

　위의 비유동자산에 포함되지 않는 이연법인세자산 및 전세권, 임차보증금 등이 이에 속한다.

　이상에서 설명한 자산의 분류내용을 요약하면 다음과 같다.

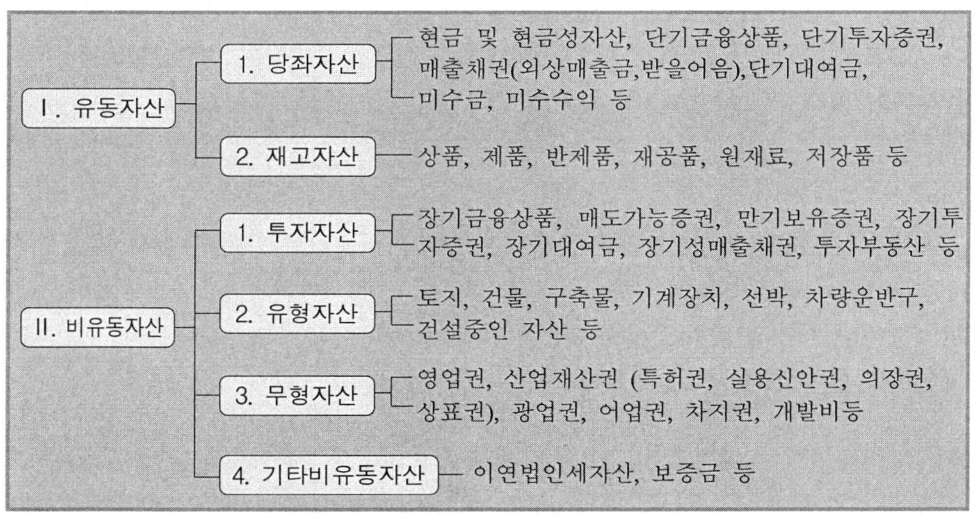

제 2 절 부 채

1. 부채의 의의

　자산과 반대의 성질을 가지고 있는 것으로서, 기업이 채권자에게 금전, 재화, 용역 등을 제공할 의무(duties) 또는 미래의 가능한 경제적 효익의 희생이 되는 매입채무, 차입금, 미지급금 등의 채무(obligations)를 부채(liabilities)라 한다. 이를 채권자 입장에서 보면 기업에 대하여 가지는 금전, 재화 또는 용역에 대한 청구권(equities)을 의미한다. 회계상의 부채는 여러 가지 원인에 의하여 발생하며, 다음과 같은 성격을 갖는다.

① 부채는 과거에 발생한 거래의 결과로 나타나지만 그 중에는 채권자와의 자발적인 계약이나 약속에 의한 것과 미지급법인세와 같이 정부의 일방적 강제에 의한 것도 있다.

② 부채는 현시점에서 미래에 지급할 금액이나 시기 등이 정해진 것이 대부분이나 퇴직급여충당부채와 같이 미래에 지급될 사실만 확실하고 금액, 시기, 채권자가 불확실한 경우도 있다.

2. 부채의 분류

부채도 자산과 마찬가지로 분류기준의 여하에 따라 여러 가지로 분류할 수 있다. 기업회계기준에서는 유동부채와 비유동부채로 상환기간의 장단(長短)에 따라 분류하고 있다.

(1) 유동부채(current liabilites)

유동부채는 재무상태표일에서 기산하여 1년 이내에 갚아야할 부채로 매입채무(외상매입금, 지급어음), 단기차입금(당좌차월 포함), 미지급금, 선수금, 예수금, 미지급비용, 미지급법인세, 유동성장기부채, 선수수익 등이 이에 속한다. 이를 요약 설명하면 다음과 같다.

① 지 급 어 음 : 후일 어음대금을 지불할 의무
　단, 돈을 차입한 증거로서 이용된 어음은 제외　┐
　　　　　　　　　　　　　　　　　　　　　　　├ 매입채무
② 외상매입금 : 후일 매입대금을 지불할 의무　┘

③ 선 수 금 : 재고자산을 매도할 의무
　판매에 앞서 대금을 받았을 때

④ 예수보증금 : 계약한 자산을 매도할 의무
　거래처로부터 계약보증금을 수취한 때

⑤ 어음차입금 : 후일 어음대금을 지불할 의무 ……단기차입금에 포함
　단, 통상의 영업거래에 이용된 어음은 제외

⑥ 단기차입금 : 차용증서의 금액을 지불할 의무

　　단, 1년 이내에 반제해야 할 것

⑦ 미 지 급 금 : 통상적이지 않은 거래로부터 발생한 채무

⑧ 예 　수 　금 : 맡아 두고 있는 금액을 반제할 의무

⑨ 가 　수 　금 : 영수한 금액의 과목이나 금액이 미확정인 때

⑩ 미지급배당금 : 주주에게 이익을 배당할 의무

⑪ 미지급임원상여금 : 대표이사 등 임원에게 상여를 지급할 의무

⑫ 미지급법인세 : 세금을 지불할 의무

⑬ 제품보증충당부채 : 애프터서비스를 해야 할 의무

⑭ 공사보증충당부채 : 하도급공사에 대해 보상해야 할 의무

⑮ 미지급비용 : 미지급이자 등(미지급분을 지불할 의무)

⑯ 선수수익 : 선수임대료 등(임차인을 살도록 허락해야 하는 의무)

(2) 비유동부채(long-term debts)

비유동부채는 재무상태표일에서 기산하여 1년 이후에 변제할 장기성부채로 사채(社債), 장기차입금, 장기성매입채무, 부채성충당부채(퇴직급여충당부채) 등이 이에 속한다.

① 사채 : 사채를 발행하여 일반대중으로부터 빌린 것

② 장기차입금 : 차용증서의 금액을 지불할 의무, 단 1년이내 상환기일이 돌아오지 않는 점이 단기차입금과 다르다.

③ 퇴직급여충당부채 : 퇴직금을 지불할 의무

이상에서 설명한 부채의 분류내용을 요약하면 다음과 같다.

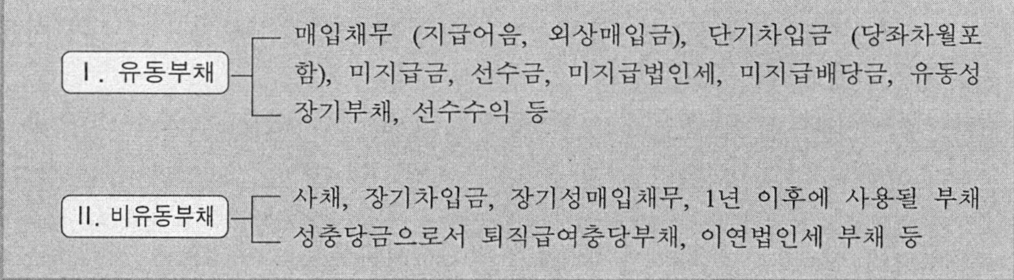

제 3 절　자　본

1. 자본의 의의

자본(capital)은 기업의 자산가치에 대한 잔여청구권으로 정의되어지며, 이것은 기업이 가지고 있는 자산에 대한 개업의 소유주 또는 주주의 청구권을 의미한다. 따라서 자본을 소유주지분(所有主持分) 또는 주주지분(株主持分)이라고도 한다. 자본은 구체적인 실체를 갖는 것이 아니고 추상적이고 계수적인 것이다. 그러나 회계에 있어서 자본이란 자산총액으로부터 부채총액을 차감한 순재산액을 말하며, 그 원천은 기업의 소유주나 주주의 출자와 기업활동의 결과로 나타나는 순이익으로 이루어지는 것이 일반적이다. 이것을 금액으로 나타냈을 때 순재산액, 자기자본 또는 자본이라 한다.

2. 자본의 분류

자본은 분류기준의 여하에 따라 여러 가지로 분류할 수 있을 뿐만 아니라, 기업의 형태에 따라서도 그 내용을 달리하고 있다. 즉, 개인·조합기업에서는 자본을 자본금항목으로 일괄 표시하지만, 주식회사에서는 여러 가지 항목으로 구성되어 있다. 기업회계기준에서는 주식회사의 자본구성내용을 자본금, 자본잉여금, 자본조정, 기타포괄손익누계액 및 이익잉여금 등으로 분류하고 있다.

(1) 자본금(capital stock)

자본금은 주주가 원시출자한 밑천금액, 즉 투자자본으로서 정관에서 발행주식의 액면총액으로 설정되어 있는 금액으로 보통주자본금, 우선주자본금 등이 이에 속한다.

① 보통주자본금 : 각 소유주식 1주당 권리·의무가 똑같은 주주로부터 받은 자본금

> 1주당 액면금액 × 발행주식수

② 우선주자본금 : 보통주주보다 배당이나 잔여재산처분에 의한 분배 등에 우선권을 주는 주주로부터 받은 자본금

(2) 자본잉여금(capital surplus)

자본잉여금은 당기의 영업활동 이외의 원천, 즉 자본거래에서 생기는 잉여금으로서, 그 성격은 자본불입, 자본수정 등에 의한 갹출(醵出 ; contribution)자본의 일부이며 기업의 이익은 아니다. 여기에는 주식발행초과금·감자차익과 기타 자본잉여금이 있으며, 기타 자본잉여금으로는 자기주식처분이익 등이 있다.

① 주식발행초과금 : 자본을 증자하는 경우에 액면가액 이상으로 발행하는 경우의 차액
② 감자차익 : 자본을 감자할 때에 주주로부터 액면 이하로 인수하는 경우 등의 차액

(3) 자본조정(capital adjusting accounts)

자본조정은 자본항목의 전체 합계액에 가산시키거나 또는 차감시키는 방법으로 표시하는 자본항목으로 위의 자본금, 자본잉여금 및 이익잉여금 중의 어느 한 가지와 특별히 결부시키지 않고 총괄적으로 표시되는 항목이다. 여기에는 주식할인발행차금, 배당건설이자, 자기주식 등이 있다.

① 주식할인발행자금 : 자본증자시 주식을 액면가 이하로 발행하는 경우의 차액
② 배당건설이자 : 회사설립이후 2년 이내에 개업을 하지 못하는 경우 법원의 승인을 얻어 미리 배당하는 경우의 배당액
③ 자기주식 : 회사가 자기가 발행한 주식, 즉 자기회사주식을 취득한 경우

(4) 기타포괄손익누계액

기타포괄손익누계액은 자본조정과 같이 자본항목의 전체합계액에서 가감하는 항목으로서 매도가능증권의 평가손익과 해외사업환산손익 등이 해당된다.

(5) 이익잉여금(earned surplus)

이익잉여금은 기업의 경상적인 영업활동, 비유동자산의 처분, 그밖의 자산의 처분 및 기타 임시적인 손익거래에서 생긴 결과로서 주주에게 배당금으로 지급하거나 자본으로 대체되지 않고 남아있는 부분을 말한다. 최근에는 유보이익(retained earnings)이라고도 불린다.

이익잉여금은 다음과 같이 분류할 수 있다.

① 상법에 의하여 순이익의 일부를 기업내부에 적립해 놓은 이익준비금

② 상법 이외의 법령에 의하여 적립되는 기타 법정적립금

③ 사업확장적립금·감채적립금·배당평균적립금·결손보전적립금 등 회사의 정관의 규정이나 주주총회의 결의에 의하여 적립되는 임의적립금.

④ 당기순이익중 주주총회의 결의에 의하여 처분후 남은 미처분이익잉여금 또는 차기 미처리결손금

위와 같은 금액은 당기의 이익잉여금처분계산서 또는 결손금처리계산서의 내용을 반영하는 것이 된다.

이상에서 설명한 자본의 분류내용을 요약하면 다음과 같다.

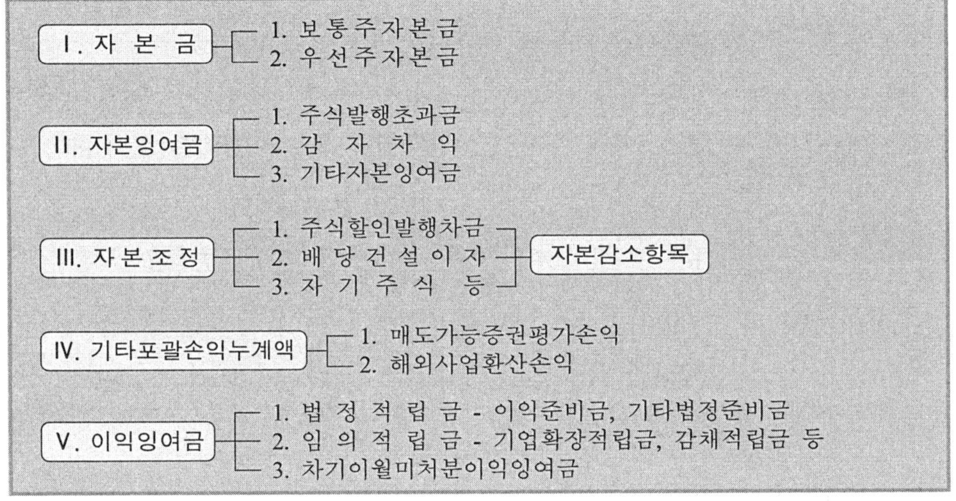

제 4 절   자산·부채·자본의 관계

자산·부채·자본의 상호관계를 식으로 표시한 것을 회계등식(accounting equation)이라 한다. 이는 회계의 기본적 원리를 도출하는 중요한 등식이다. 기업이 가지고 있는 자산총계는 그 자산에 대한 청구권의 총계와 항상 일치하여야 한다. 즉, 기업의 자산에 대하여는 누구인가 그에 대한 권리를 가진자가 있다. 이러한 권리를 흔히 청구권 또는 지분(持分 ; equity)이라 한다.

이러한 청구권과 자산의 관계는 다음 식으로 표시할 수 있다.

$$\boxed{\text{자　산 = 청구권}} \quad \cdots\cdots\cdots\cdots\cdots\cdots\cdots\cdots\cdots\cdots\cdots\cdots\cdots\cdots\cdots\cdots (1)$$

(1)식에서 청구권은 채권자청구권(creditor's equities)과 소유주청구권(owner's equities)으로 구분된다. 그래서 (1)식은 다음 식으로 변형된다.

$$\boxed{\text{자　산 = 채권자청구권(부채) +소유주청구권(자본)}} \quad \cdots\cdots\cdots\cdots\cdots\cdots\cdots (2)$$

(2)식을 재무상태표등식(balance sheet equation)이라고 한다. 이는 부채를 자본(타인자본)의 일종으로 보는, 즉 회계주체를 기업 자체로 보는 기업실체이론(entity theory)에 따른 표현방식이다.

그러나 회계주체를 자본주로 보는 자본주이론(proprietary theory)에 의하면, 부채도 일종의 자산으로 보되 소극적 자산(negative assets)이라 하여, 총자산에서 이 소극적 자산을 차감한 순자산을 소유주청구권, 즉 자본으로 보는 것이다. 따라서 다음 식으로 표시된다.

$$\boxed{\text{자　산 - 채권자청구권(부채) = 소유주청구권(자본)}} \quad \cdots\cdots\cdots\cdots\cdots\cdots (3)$$

(3)식을 자본등식(capital equation)이라고 한다.

이상의 각 식은 간단한 등식의 수학적 변형이지만, 그 이면에는 회계이론이 뒷받침되고 있음을 알 수 있다.

제 5 절　재무상태표

재무상태표(balance sheet ; position statement)는 앞의 재무상태표등식에 따라 특정회계주체가 일정시점에서 가지고 있는 자산·부채·자본에 관한 사항을 구성항목별로 정리하여 표시한 표이다.

이 표는 한쪽에는 자산에 관한 사항을 표시하고, 다른 한쪽에는 부채와 자본에 관한 사항을 표시하게 된다. 재무상태표는 일정 시점에서의 기업의 재무상태를 집약한 표로서 회계가 산출해 내는 가장 중요한 보고서 중의 하나이다.

재무상태표의 구성내용을 요약표시하면 다음과 같다.

재무상태표

자 산		부채·자본	
유동자산	당 좌 자 산 재 고 자 산	부 채	유 동 부 채 비 유 동 부 채
비유동자산	투 자 자 산 유 형 자 산 무 형 자 산 기 타 비 유 동 자 산	자 본	자 본 금 자 본 잉 여 금 자 본 조 정 기타포괄손익누계액 이 익 잉 여 금

예제 1. 다음 자료에 의하여 재무상태표등식과 자본등식을 도출하여 표시하고 재무상태표를 작성하라.

현　　　　금	₩100,000	예　　　　금	₩40,000
매 출 채 권	50,000	상　　　　품	60,000
매 입 채 무	80,000	단 기 차 입 금	20,000

해답

자산총계 : ₩100,000 + 40,000 + 50,000 + 60,000 = ₩250,000

부채총계 : ₩80,000 + 20,000 = ₩100,000

① 재무상태표등식 : 자산(₩250,000) = 부채(₩100,000) + 자본(₩150,000)

② 자 본 등 식　 : 자산(₩250,000) − 부채(₩100,000) = 자본(₩150,000)

재 무 상 태 표

자　　　산	금　액	부채 · 자본	금　액
현　　　　　금	100,000	매 입 채 무	80,000
예　　　　　금	40,000	단 기 차 입 금	20,000
매 출 채 권	50,000	자　　본　　금	150,000
상　　　　　품	60,000		
	250,000		250,000

연 습 문 제

[1] 자산·부채·자본의 의의를 설명하라.

[2] 기업실체이론과 자본주이론을 비교·설명하라.

[3] 다음과 같은 유형의 경제적 사례가 발생하면 재무상태표등식(A=L+C)의 자산(A), 부채 (L), 자본(C)에 어떤 영향을 미치는지 +(증가), 0(불변), −(감소)로 표시하라.

	경제적 사상	A(자산) = L(부채) +C(자본)
(1)	현금투자로 영업개시	+　　o　　+
(2)	임차보증금의 현금지급	
(3)	현금으로 상품구입	
(4)	종업원 급여의 현금지급	
(5)	외상대금의 현금상환	
(6)	비품의 현금구입	
(7)	자본주의 현금인출	
(8)	외상으로 상품구입	
(9)	상품의 외상매출(이익가산)	
(10)	이자의 현금지급	

[4] 다음 자료에 의하여 재무상태표등식과 자본등식을 도출하여 표시하라.

현　　　　금	₩80,000	당 좌 예 금	₩170,000
매 출 채 권	220,000	상　　　품	400,000
비　　　품	50,000	매 입 채 무	240,000
단 기 차 입 금	100,000		

[5] 다음 자료에 의하여 재무상태표를 작성하여라.

현　　　　금	₩210,000	예　　　금	₩248,000
매 출 채 권	140,000	상　　　품	264,000
비　　　품	30,000	건　　　물	600,000
매 입 채 무	190,000	단 기 차 입 금	340,000

[6] 다음 자료에 의하여 재무상태표를 작성하여라.

현　　　　금	₩22,000	상　　　품	₩45,000
예　　　금	60,000	건　　　물	235,000
단 기 차 입 금	50,000	매 입 채 무	30,000

[7] 다음 자료에 의하여 기초 및 기말 재무상태표를 작성하라.

(1) 기초

현　　　금	₩180,000	매 출 채 권	₩240,000
상　　　품	200,000	비　　　품	70,000
매 입 채 무	160,000		

(2) 기말

현　　　금	₩120,000	예　　　금	₩210,000
매 출 채 권	200,000	상　　　품	340,000
비　　　품	70,000	매 입 채 무	190,000
단 기 차 입 금	50,000		

[8] 다음은 중앙회사의 재무상태표에 나오는 항목들이다. 아래의 항목들이 유동자산(A), 유형자산(B), 유동부채(C), 비유동부채(D), 투자자산(E), 무형자산(F), 그리고 자본(G) 중 어느 것에 해당하는지 구분하라.

(1) 현금및현금성자산 (　　)	(11) 영　업　권 (　　)
(2) 기 계 장 치 (　　)	(12) 사　　채 (　　)
(3) 장 기 성 예 금 (　　)	(13) 단 기 차 입 금 (　　)
(4) 매 입 채 무 (　　)	(14) 매 출 채 권 (　　)
(5) 상　　품 (　　)	(15) 토　　지 (　　)
(6) 건　　물 (　　)	(16) 장 기 차 입 금 (　　)
(7) 자 본 금 (　　)	(17) 단 기 투 자 증 권 (　　)
(8) 장 기 투 자 증 권 (　　)	(18) 개　발　비 (　　)
(9) 제　　품 (　　)	(19) 감 자 차 익 (　　)
(10) 선 수 금 (　　)	(20) 자 본 잉 여 금 (　　)

[9] 다음 용어를 간단히 설명하라.

(1) 유 동 자 산	(6) 유 형 자 산
(2) 비유동자산	(7) 자 본 금
(3) 투 자 자 산	(8) 재무상태표등식
(4) 유 동 부 채	(9) 자 본 등 식
(5) 비유동부채	(10) 재 무 상 태 표

친구를 선택할 때는 천천히
친구를 바꿀 때는 더욱 천천히

3

수익·비용과 손익계산

제 1 절	수 익
제 2 절	비 용
제 3 절	순손익의 계산
제 4 절	포괄손익계산서

수익 · 비용과 손익계산 제3장

제1절 수 익

1. 수익의 의의

기업경영에 있어서는 어느 종류의 경제가치를 소비하고 증가된 경제가치를 획득하게 된다. 이를 상업경영에서 본다면 경영활동을 통해서 설비, 노동력, 용역 등의 가치를 소비하고 상품을 판매하여 그 대가로서 현금 또는 현금성자산을 확보한다. 전자의 경제가치의 소비분은 비용이며, 후자의 대가의 획득은 수익 (revenue)이다. 즉, 기업경영활동을 통해서 기업내로 유입되는 가치를 수익이라고 한다. 따라서 상품매매업의 상품매출가액, 운송을 해주고 받는 운송료, 인쇄를 해주고 받는 인쇄대금은 수익이 된다.

2. 수익의 분류

수익은 경영활동의 결과 자본을 증가시키는 원인이 되며 크게 영업수익과 영업외수익으로 분류할 수 있다.

(1) 영업수익(operating revenue)

영업수익은 기업의 경영활동의 본원적 수익을 말하며, 상기업(商企業) 또는 제조기업에서는 상품 또는 제품의 판매활동을 본래의 영업활동으로 하고 있기 때문에, 상품 또는 제품의 매출액이 영업수익이 된다. 또한 운송업, 전력사업, 보관업 등과 같은 용역업의 경우에는 운송료수익, 전기료수익, 보관료수익 등이 영업수익이 된다. 왜냐하면, 위의 각 업종은 용역제공을 주된 업무로 하고 있기 때문이다. 그러므로 영업수익은 기업의 주된 업무에 따라 다르게 된다.

(2) 영업외수익(non-operating revenue)

영업외수익은 영업 본래의 활동이 아닌 다른 원인에 의하여 발생하는 수익으로 이자수익, 배당금수익, 임대료, 단기매매증권처분이익, 단기매매증권평가이익, 외환차익, 투자자산처분이익, 유형자산처분이익, 잡이익 등이 이에 속한다.

이상에서 설명한 수익의 분류내용을 요약하면 다음과 같다.

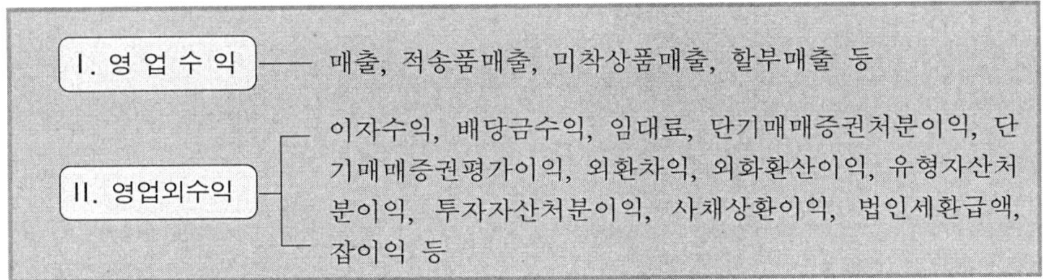

제 2 절   비 용

1. 비용의 의의

수익을 획득하기 위하여 소비된 경제가치, 즉 수익창출활동과 관련하여 발생하는 자산의 유출액 또는 부채의 증가액을 비용(expense)이라 한다. 예컨대, 상품매매업의 상품매출원가, 종업원에게 지급되는 급여, 통신비, 여비교통비, 광고선전비 등이 비용이 된다.

2. 비용의 분류

비용은 경영활동의 결과 자본을 감소시키는 원인이 되며 크게 매출원가, 판매비와 관리비, 영업외비용 및 법인세비용 등으로 분류할 수 있다.

(1) 매출원가(cost of goods sold)

매출원가는 상품매매업에서는 매출한 상품의 매입원가이며, 이는 기초상품재고액과 당기상품순매입액의 합계액에서 기말상품재고액을 차감하여 산출한다. 또한 제조업에서는 매출한 제품의 제조원가를 말한다. 이를 산식으로 표시하면 다음과 같다.

> 매출원가 = 기초상품재고액 + 당기상품순매입액 – 기말상품재고액

(2) 판매비와 관리비(seling and administrative expenses)

판매비와 관리비는 상품과 용역의 판매활동과 같은 영업의 주된 활동과 기업의 경영관리와 유지를 위하여 발생하는 일체의 비용을 말하며, 매출원가를 포함하지 않는다. 급여(임원급여, 급료와 임금, 수당 등을 포함), 퇴직급여, 복리후생비, 여비교통비, 통신비, 세금과 공과, 임차료, 감가상각비, 수선비, 보험료, 접대비, 광고선전비, 보관료, 운반비, 판매수수료, 대손상각비, 무형자산상각비, 소모품비, 잡비 등이 이에 속한다.

(3) 영업외비용(non-operating expenses)

영업외비용은 기업의 영업 본래의 활동이 아닌 다른 원인에 의하여 발생하는 비용으로 이자비용(지급이자와 할인료 및 사채이자 포함), 단기투자증권처분손실, 단기투자증권평가손실, 외환차손, 외화환산손실, 기부금, 장기투자자산손상차손, 유형자산처분손실, 사채상환손실, 잡손실 등이 이에 속한다.

(4) 법인세비용(corporation tax)

법인세는 주식회사와 같은 법인기업의 소득에 대하여 부과하는 세금을 말한다. 기업(법인)은 각 사업연도의 순손익을 기준으로 하여 소정의 세율을 곱하여 당기

에 부담하여야 할 법인세액을 계산한다. 법인세비용에는 주민세를 포함한다(상세한 내용은 제16장 손익계정 참조).

이상에서 설명한 비용의 분류내용을 요약하면 다음과 같다.

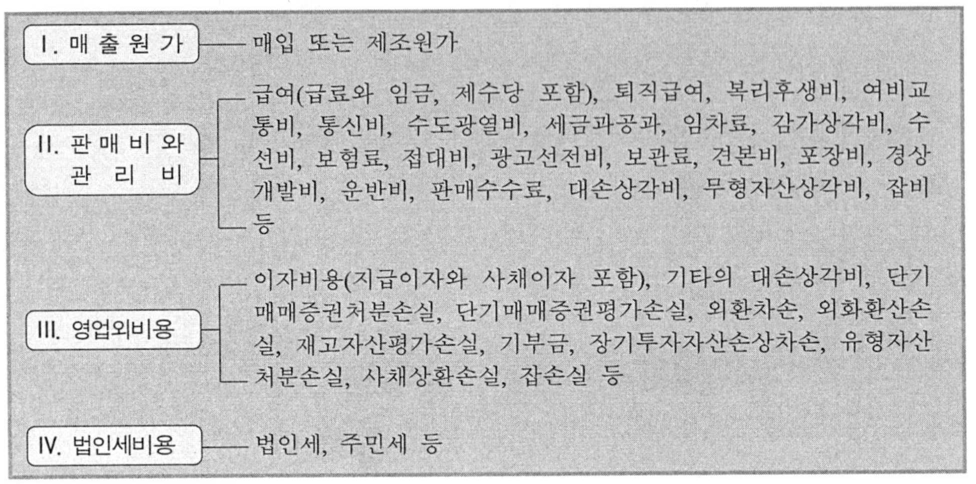

제 3 절   순손익의 계산

기업은 일정기간 발생한 수익과 비용에 의해 순손익을 산정해야 하며, 그 계산방법에는 재산법과 손익법의 두 가지 방법이 있다.

1. 재산법(inventory method)

재산법은 회계연도 끝인 기말에 이르러 기말자본과 기초자본을 비교하여 그 차액으로 순손익을 산정하는 방법이다.

$$
\begin{cases} 기초자본 < 기말자본 = 순이익 \\ 기초자본 > 기말자본 = 순손실 \end{cases}
$$

이것은 다음과 같이 재무상태표에 의하여 계산표시된다.

재무상태표

기 말 자 산 ₩350,000	기 말 부 채 ₩120,000
	기 초 자 본 ₩200,000
	당기순이익 ₩30,000

재무상태표

기 말 자 산 ₩320,000	기 말 부 채 ₩150,000
	기 초 자 본 ₩200,000
당기순손실 ₩30,000	

2. 손익법(profit and loss method)

손익법은 일정기간, 즉 회계연도 중에 발생한 수익의 합계인 총수익과 비용의 합계인 총비용을 비교하여 그 차액으로 순손익을 산정하는 방법이다.

$$\begin{cases} 총수익 > 총비용 = 순이익 \\ 총수익 < 총비용 = 순손실 \end{cases}$$

이를 포괄손익계산서에 표시해 보면 다음과 같다.

포괄손익계산서

| 비 용 ₩270,000 | 수 익 ₩300,000 |
| 당기순이익 ₩30,000 | |

포괄손익계산서

| 비 용 ₩330,000 | 수 익 ₩300,000 |
| | 당기순손실 ₩30,000 |

제 4 절 포괄손익계산서

포괄손익계산서(profit and loss statement ; income statement : P/L ; I/S)는 일정 회계기간 동안 발생한 총수익과 총비용을 각 항목별로 분류하여 대조 표시함으로써 순손익을 산정해 놓은 표이다. 포괄손익계산서는 일정기간의 기업의 경영성과를 집약한 표로서 재무상태표와 함께 회계가 산출해 내는 가장 중요한 보고서 중의 하나이다.

포괄손익계산서의 구성내용은 요약표시해 보면 다음과 같다.

포괄손익계산서

비 용	수 익
매 출 원 가	매 출 액
판 매 비 와 관 리 비	영 업 외 수 익
영 업 외 비 용	
법 인 세 비 용	
당 기 순 이 익	

예제 1. 다음 자료에 의하여 순손익을 산출하고 포괄손익계산서를 작성하라.

상품매출이익	₩100,000	이자수익	₩50,000
급 여	90,000	이자비용	20,000
잡 비	10,000		

해답

총수익 : ₩100,000 + 50,000 = ₩150,000

총비용 : ₩90,000 + 20,000 + 10,000 = ₩120,000

순이익 : ₩150,000 - 120,000 = ₩30,000

포괄손익계산서

비 용	금 액	수 익	금 액
급 여	90,000	상 품 매 출 이 익	100,000
잡 비	10,000	이 자 수 익	50,000
이 자 비 용	20,000		
당 기 순 이 익	30,000		
	150,000		150,000

내게 주어진 단 한번 뿐인 나의 생을 결코 서성거리면서 배회하도록
내버려 두고 싶지는 않다.
그것만이 지쳐가고 있는 내 영혼에게 미가 줄 수 있는 유일한 선물이다.

연 습 문 제

[1] 수익·비용의 의의를 설명하라.

[2] 다음 표의 공란에 적당한 금액을 기입하라(순손실은△로 표시할 것).

구분	기초자본	기말자산	기말부채	기말자본	총수익	총비용	순(손)익
1	250,000	680,000	①	300,000	500,000	②	③
2	①	②	60,000	95,000	③	35,000	10,000
3	①	140,000	②	70,000	③	50,000	△5,000
4	120,000	180,000	①	②	③	250,000	20,000
5	①	②	110,000	150,000	250,000	③	50,000
6	200,000	500,000	①	300,000	620,000	②	③

[3] 다음 빈칸에 알맞은 금액을 기입하라.

구분	기초재고액	매입액	기말재고액	매출원가	매출액	매출총손익	영업비	순(손)익
A	300,000	4,500,000	650,000	①	6,400,000	②	③	1,500,000
B	150,000	④	200,000	950,000	1,400,000	⑤	500,000	⑥

[4] 다음 자료에 의하여 포괄손익계산서를 작성하라.

상 품 매 출 액	₩500,000	상품매출원가	₩300,000
광 고 료	10,000	급 여	40,000
교 통 비	5,000	소 모 품 비	8,000
잡 비	2,000		

[5] 다음 자료에 의하여 재무상태표와 포괄손익계산서를 작성하라.

(1) 재무상태

현 금	₩60,000	당 좌 예 금	₩120,000
매 출 채 권	180,000	상 품	200,000
단 기 대 여 금	100,000	매 입 채 무	140,000
단 기 차 입 금	90,000	기 초 자 본 금	400,000

(2) 손익발생상태

상품매출이익	₩50,000	수 수 료 수 익	₩7,000
급 여	21,000	소 모 품 비	3,000
잡 비	1,000	이 자 비 용	2,000

[6] 다음은 포괄손익계산서에 나타나는 수익과 비용항목들이다. 이들 항목들을 영업수익
(A), 영업외수익(B), 판매비와 관리비(C), 영업외비용(D)으로 구분하라.

(1) 이 자 비 용 ( )	(11) 할 부 매 출 ( )
(2) 매 출 액 ( )	(12) 감 가 상 각 비 ( )
(3) 이 자 수 익 ( )	(13) 임 대 료 ( )
(4) 유형자산처분이익 ( )	(14) 배 당 금 수 익 ( )
(5) 급 여 ( )	(15) 외 환 차 익 ( )
(6) 세 금 과 공 과 ( )	(16) 재 해 손 실 ( )
(7) 대 손 상 각 비 ( )	(17) 기 부 금 ( )
(8) 재고자산평가손실 ( )	(18) 광 고 선 전 비 ( )
(9) 단기매매증권처분손실 ( )	(19) 복 리 후 생 비 ( )
(10) 유형자산처분손실 ( )	(20) 보 험 차 익 ( )

[7] 다음의 용어를 간단히 설명하라.

(1) 손 익 법	(7) 유형자산처분손실
(2) 재 산 법	(8) 영 업 외 비 용
(3) 매 출 원 가	(9) 매 출 총 이 익
(4) 판 매 비	(10) 영 업 이 익
(5) 관 리 비	(11) 손 익 계 산 서
(6) 대손상각비	(12) 유형자산처분이익

기회는 쉬지 않고 지나쳐 간다.

4

회계의 구조

제1절	거 래
제2절	계정과 분개
제3절	장 부

회계의 구조

제**4**장

제 1 절 거 래

1. 거래의 의의

자산·부채·자본은 기업의 경영활동에 의해서 증감변화를 일으킨다. 이와 같이 기업의 자산·부채·자본의 증감변화를 일으키는 모든 현상과 수익·비용을 발생시키는 일체의 사상을 거래(transaction)라 한다. 그리고 회계에 있어서의 거래는 법률상 또는 일반적 개념으로서의 거래와는 그 내용을 달리하는 경우가 많다.

예를 들면, 건물이나 토지의 임대차계약, 종업원고용계약에 있어서 계약 자체는, 법률상으로 보나 일반적 개념으로 보나 엄연한 거래이지만, 회계상으로는 자산·부채·자본에 아무런 증감변화를 가져오지 않으므로 거래가 아니다.

이와 반대로, 상품의 도난, 건물의 화재로 인한 손실 등은 자산이 감소되었으므로 회계상으로는 거래가 성립되나, 일반적으로는 거래라고 하지 않는다.

2. 거래의 종류

거래의 종류는 이것을 분류하는 입장에서 여러 가지로 다르다.

(1) 거래발생시의 손익관계 유무에 의한 분류

① 교환거래(exchange transaction)
② 손익거래(profit and loss transaction)
③ 혼합거래(mixed transaction)
이 분류는 가장 일반적인 분류방법이다.

교환거래란 어느 종류의 자산·부채와 그 밖의 자산·부채가 계정기록상에서 교체하는 경우로 자본의 증감에 영향이 없는 거래, 즉 손익의 발생을 가져옴이 없이 재산과 자본의 증감을 발생케 하는 거래를 말한다. 그러므로 다음의 모든 대립관계가 포함된다.

① 자산 대 자산
② 자산 대 부채
③ 자산 대 자본
④ 부채 대 부채
⑤ 부채 대 자본
⑥ 자본 대 자본

손익거래라 함은 자산 또는 부채의 증감이 비용 또는 수익이 되는 거래로 급여·광고료·수선료·운임 등을 지급(비용)하고, 수수료·이자 등을 수입(수익)하는 경우 등이 그 전형적인 거래예이다.

혼합거래라 함은 교환거래와 손익거래가 결합한 거래로서, 이를테면, 원가 ₩50,000의 상품을 ₩60,000으로 매출하는 경우이다. 즉, ₩50,000은 교환거래이고, ₩10,000은 손익거래(수익의 발생)이다.

(2) 거래의 발생장소에 의한 분류

이것은 거래가 기업의 내부에서 행하여지는가 또는 외부와의 거래에 의해 발생되는가에 의하여 분류하는 방법이다. 전자를 내부거래(internal transaction), 후자를 외부거래(external transaction)라 한다. 기업내의 제조를 위한 원재료의 소비, 각 부문간의 물품이동 등은 내부거래이고, 통상의 매매활동은 외부거래이다.

⑶ 거래의 발생시기에 의한 분류

거래가 어느 때에 발생했느냐에 의한 분류로서, 이것에는 기업이 경영활동을 개시하는 경우의 개시거래(opening transaction), 통상의 경영활동의 거래인 영업거래(business transaction) 및 결산마감을 위한 결산거래(closing transaction)의 세 가지가 있다.

⑷ 현금수지와의 관계에 의한 분류

이 분류는 은행부기에 있어서 필요하다.
이는 현금을 수반하는가의 여부에 따라서 구분하는 형식적 분류로써 실질적 의미를 갖고 있지 않다.

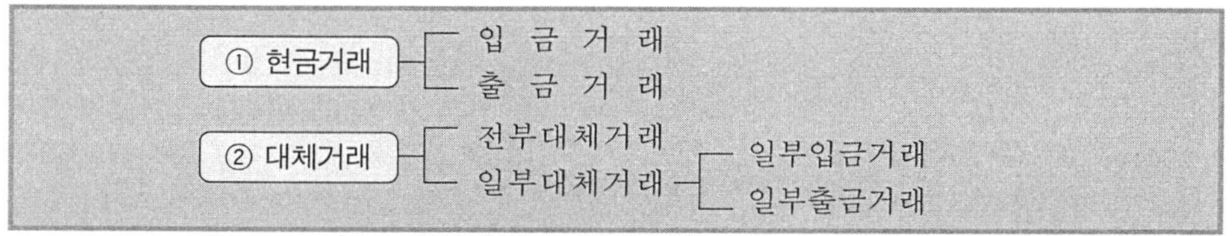

전부대체거래는 현금을 전혀 수반하지 않는 거래를 말하며, 일부대체거래는 거래금액의 일부분만이 현금의 수입과 지출이 수반되는 거래를 말한다.
예를 들면, 상품 ₩50,000을 거래처에서 전액 외상으로 매입하는 경우에는 전부대체거래가 되며, 이중 ₩20,000은 현금지급하고 나머지는 외상으로 하는 경우에는 일부대체거래가 된다.

⑸ 잉여금의 구분에 근거한 분류

잉여금에는 자본잉여금과 이익잉여금이 있다. 이들 잉여금은 각각 다음의 거래에서 출발한다.
① 자본거래
② 손익거래
자본거래라 함은 자본의 수입과 환급의 거래로 이런 거래에서 자본금(법정자본)에 포함되지 않는 잉여금은 자본잉여금의 증감으로 취급된다.

손익거래는 자본의 순환과정, 즉 자산의 운용과정으로써 표시되며, 각종 경제가치의 소비 또는 제공, 생산물의 매출에 의한 대가의 수취로써 나타난다. 따라서 일반 영업활동과정에서 발생하는 거래는 모두 손익거래에 해당한다고 볼 수 있다.

예제 1. 다음 거래 중 교환거래에 ○표, 손익거래에는 ×표, 또는 혼합거래에는 △표를 ( )안에 써넣어라.

① (   ) 임차료 ₩5,000을 현금으로 지급하다.
② (   ) 상품 ₩25,000을 외상으로 매입하다.
③ (   ) 대여금 ₩100,000과 이자 ₩2,000을 현금으로 받다.
④ (   ) 상품 ₩50,000(원가 ₩40,000)을 외상으로 매출하다.
⑤ (   ) 수입수수료 ₩7,000을 현금으로 받다.

해답

① ×   ② ○   ③ △   ④ △   ⑤ ×

①, ⑤는 비용·수익이 발생하고 있으므로 손익거래이다.

② 는 손익이 발생하지 않으므로 교환거래이다.

③ 의 대여금의 회수부분은 교환거래이며, 이자의 수입은 수익이고 그 부분은 손익거래이므로 혼합거래이다.

④ 의 상품매출은 이익이 포함되어 있으므로 혼합거래가 된다.

3. 거래의 이중성

기업의 경영활동으로 인하여 거래가 발생할 때마다 자산·부채·자본의 증감을 초래한다. 그런데 앞에서 설명한 회계등식에서 알 수 있는 바와 같이 거래로 인하여 어떠한 자산의 금액이 증감하면, 반드시 동시에 동액의 금액이 부채 또는 자본에서 증감하게 되거나 다른 자산이 증감하게 되어, 어떠한 경우에라도 회계등식이 성립된다. 즉, 거래는 항상 동일한 금액이 원인(cause)과 결과(effect)가 되어 회계등식 양쪽에 동일한 영향을 미치게 된다. 이것을 「거래의 이중성(bilateral character of transactions, duality of a transaction)」이라고 한다.

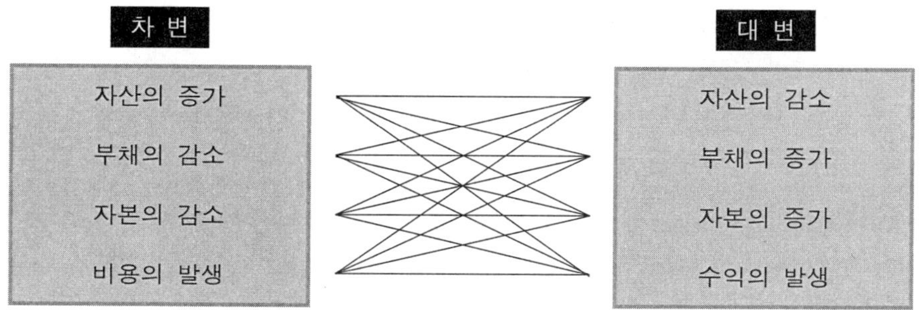

한편, 기업에서 일어나는 거래에는 여러 가지가 있는데, 결국은 자산의 증가와 감소, 부채의 증가와 감소, 자본의 증가와 감소 및 수익과 비용의 발생이 거래의 요소가 되어 이들이 여러 가지로 결합된 형태로 나타난다. 이러한 거래의 요소들을 거래의 8요소라 한다. 이와 같은 거래의 8요소를 각 거래요소로 구성된 거래의 유형별로 그 내용을 요약하면 다음과 같다.

⑴ 자산의 증가 – 자산의 감소

예를 들어, 상품이나 비품 등의 자산을 현금으로 구입하면 상품이나 비품등의 자산이 입수되어 자산이 증가하는 동시에 현금이 유출되므로 현금이라는 자산이 감소되며, 매출채권을 현금으로 회수하면 매출채권이라는 자산이 감소하고 반대로 현금이라는 자산이 증가하게 된다.

⑵ 자산의 증가 – 부채의 증가

현금을 차입하면 현금이라는 자산이 증가하는 반면, 차입금이라는 부채가 증가하게 된다. 또 상품을 외상으로 매입하면 상품이라는 자산이 증가하고 외상매입금인 매입채무라는 부채가 증가하게 된다.

⑶ 자산의 증가 – 자본의 증가

현금으로 출자를 하거나 증자를 하게 되면 현금이라는 자산이 증가하게 되고 자본이 그만큼 증가하게 된다.

⑷ 자산의 증가 – 수익의 발생

대여금에 대한 이자를 현금으로 받으면 이자라는 수익이 발생하는 동시에 현금이라는 자산이 증가하게 된다.

(5) 부채의 감소 - 자산의 감소

외상매입금이나 지급어음 등의 매입채무를 현금이나 수표를 발행하여 변제하면 외상매입금이나 지급어음 등의 매입채무라는 부채가 감소하는 동시에 현금이나 당좌예금이라는 자산이 감소하게 된다.

(6) 부채의 감소 - 부채의 증가

매입채무인 외상매입금을 약속어음을 발행하여 변제한다면 외상매입금이라는 부채가 감소하는 동시에 지급어음이라는 부채가 증가하게 된다. 또, 갑의 부채를 을로부터 차입하여 상환한다면, 부채가 감소되는 동시에 그만큼 부채가 증가하게 된다.

(7) 부채의 감소 - 자본의 증가

부채(전환사채)를 자본으로 전환하거나, 채권자에 대한 채무가 자본금으로 전환된 경우에는 부채의 감소와 자본의 증가로써 나타난다.

(8) 부채의 감소 - 수익의 발생

부채를 상환할 필요가 없게 되면 그만큼 채무면제(債務免除 ; release from debts)를 받아 이득을 본 셈이고, 따라서 부채의 감소와 채무면제이익이라는 수익의 발생으로 나타난다.

(9) 자본의 감소 - 자산의 감소

출자자가 출자한 자본의 일부를 사용(私用 ; private use)으로 사용하는 경우에는 그만큼 자본과 자산이 감소된다. 감자(減資)를 단행하여 주주에게 지분(持分)을 환급하는 경우에도 자본과 자산의 감소를 가져온다.

(10) 자본의 감소 - 부채의 증가

탈퇴한 자본주에 대한 자본금의 청산을 후일로 연기하든가, 또는 감자(減資)를 하고 지분의 환급이 안된 경우 등에는 그만큼의 자본이 감소하고 부채가 증가하게 된다.

(11) 자본의 감소 – 자본의 증가

적립금을 자본금에 전입하거나 미처분이익잉여금을 처분하여 적립금을 설정하는 경우에는 해당금액만큼의 자본이 감소하고 동시에 동액만큼의 자본이 증가하게 된다.

(12) 자본의 감소 – 수익의 발생

이것은 일반적으로 거래의 발생이 별로 없는 것으로, 예를 들면, 자본주(資本主)의 한 사람이 탈퇴하여 그 출자금을 상환하여야 될 경우에 그것을 면제받으면 그만큼 수익이 발생하고 동시에 그만큼 자본이 감소하게 된다.

(13) 비용의 발생 – 자산의 감소

종업원에 대한 급여를 현금으로 지급하거나 영업비를 현금으로 지급하는 경우에는 비용이 발생되는 동시에 자산도 그만큼 감소된다.

(14) 비용의 발생 – 부채의 증가

지급이자를 원금에 가산하여 부채를 증가시키는 경우나 또는 영업비 등을 지급하지 않고 차기로 이연처리한 경우에는 그만큼 비용이 발생하는 동시에 부채도 증가하게 된다.

(15) 비용의 발생 – 자본의 증가

이것은 일반적으로 거의 거래가 없는 것이다. 예를 들면, 종업원의 급료를 자본금으로 대체계상하는 경우 등을 들 수 있다.

(16) 비용의 발생 – 수익의 발생

이것도 일반적으로 거래의 발생이 거의 없는 것으로, 예를 들면 지급이자와 수입이자의 상계(相計 ; netting)의 경우(물론 총액주의에 위배) 또는 내용연수가 경과한 기계 등을 계속 사용하는 경우에는 과거의 감가상각비가 과대계상되었으므로 당기에 감가상각비를 계산하고 동액만큼 전기손익수정이익으로 계상하여 과거 과대계상되었던 감가상각비를 수정·처리하는 경우 등을 들 수 있다.

예제 2. 다음 거래를 거래요소의 결합관계로 표시하라.
　① 현금 ₩500,000을 출자하여 개업하다.
　② 급여 ₩20,000을 현금으로 지급하다.
　③ 외상매입금 ₩50,000을 현금으로 지급하다.
　④ 상품 ₩180,000을 현금으로 매입하다.
　⑤ 원가 ₩30,000의 상품을 ₩36,000에 매출하고, 현금을 받다.

해답
①은 「현금」이라는 자산이 ₩500,000 증가하는 동시에, 「자본금」이라는 자본이 ₩500,000 증가하는 거래이다.
②는 「급여」라는 비용이 ₩20,000 발생하는 동시에, 「현금」이라는 자산이 ₩20,000 감소하는 거래이다.
③은 「외상매입금」이라는 부채가 ₩50,000 감소하는 동시에, 「현금」이라는 자산이 ₩50,000 감소하는 거래이다.
④는 「상품」이라는 자산이 ₩180,000 증가하는 동시에, 「현금」이라는 자산이 ₩180,000 감소하는 거래이다.
⑤는 「현금」이라는 자산이 ₩36,000 증가하는 동시에, 「상품」이라는 자산이 ₩30,000 감소하고 「상품매출이익」이라는 수익이 ₩6,000 발생하는 거래이다.

① 자산의 증가 ——— 자본의 증가	④ 자산의 증가 ——— 자산의 감소
② 비용의 발생 ——— 자산의 감소	⑤ 자산의 증가 〈 자산의 감소 / 수익의 발생
③ 부채의 감소 ——— 자산의 감소	

제 2 절   계정과 분개

1. 계 정

(1) 계정의 의의

거래가 발생하면 기업의 자산·부채 및 자본에 변동이 일어난다. 이 경우에 자산·부채·자본의 증감변화 및 수익·비용의 발생을 명확히 계산하기 위하여 설정된 기록계산의 단위를 계정(account : a/c)이라 한다. 또한 계정에 부여된 명칭을 계정과목(title of account)이라 하며, 장부상에 설정되는 계정기입의 장소를 계정계좌 또는 계좌라 한다.

계정과목에 의해서 기업의 재무상태 및 손익발생의 원인과 결과를 구체적으로 파악하기 위하여서는 자산·부채·자본·수익 및 비용을 세분하여 각각 종류별로 증감계산을 하여야 한다. 그러므로 계정과목에서는 각 계정의 증가, 감소 및 잔액을 즉시 파악할 수 있어야 한다.

(2) 차변과 대변

계정의 왼쪽을 차변(debtor : Dr), 오른쪽을 대변(creditor : Cr)이라 한다. 이 용어는 회계가 발달하기 시작한 초기에 기업이 타인과의 사이에 대차관계가 생기면 이들 채권·채무를 기장하기 위하여 상대방의 인명(人名)을 과목으로 한 계정에 이 두 용어를 사용한데서 유래한다.

인명계정(人名計定)에 있어서 이들 용어는 문자 그대로 대차의 뜻을 갖는 것으로 해석될 수 있다. 그러나 오늘날에 있어서 계정과목은 비단 타인과의 대차뿐만 아니라, 사업의 모든 자산·부채·수익·비용에 대해서 설정되는 것이므로, 이 차변·대변이라는 용어는 당초에 지녔던 고유의 의미를 상실하고, 다만 왼쪽과 오른쪽을 가리키는 단순한 계정의 부호로써 사용되게 되었다.

(3) 계정기입법

회계에서는 자산·부채·자본·수익·비용에 대하여 계정계산을 하게 된다. 이들 각 항목의 증가와 감소가 각 계정의 차변과 대변에 어떻게 기입되는가를 표시하면 다음과 같으며, 이것을 「계정기입의 법칙」이라 한다.

계정기입의 법칙
(1) 자산계정 ·········· 증가를 차변에, 감소를 대변에 ┐
(2) 부채계정 ·········· 증가를 대변에, 감소를 차변에 │
(3) 자본계정 ·········· 증가를 대변에, 감소를 차변에 ├─ 기입한다.
(4) 수익계정 ·········· 발생을 대변에, 소멸을 차변에 │
(5) 비용계정 ·········· 발생을 차변에, 소멸을 대변에 ┘

위의 표에서 알 수 있는 바와 같이, 자산의 증가는 차변에, 감소는 대변에 기입하고, 부채의 증가는 대변에, 감소는 차변에 기입하고, 자본의 증가는 대변에, 감소는 차변에 기입한다. 또 수익의 발생은 대변에 기입하고, 비용의 발생은 차변에 기입한다. 그리고 수익과 비용의 소멸은 각각 반대편에 기입한다. 이와 같은 계정의 기입법을 약식계정인 T계정에 기입 표시하면 다음과 같다.

자 산 계 정

(차)	(대)
증 가(+)	감 소(-)

부 채 계 정

(차)	(대)
감 소(-)	증 가(+)

자 본 계 정

(차)	(대)
감 소(-)	증 가(+)

수 익 계 정

(차)	(대)
소 멸(-)	발 생(+)

비 용 계 정

(차)	(대)
발 생(+)	소 멸(-)

예제 3. 다음의 계정과목은 대차(貸借)의 어느 쪽에 증가(발생)액이 기입되는가? 차변의 것에는 ○표를, 대변의 것에는 X표를 (   )안에 써넣어라.

① 자 본 금 (   )   ② 이 자 수 익 (   )
③ 교 통 비 (   )   ④ 단 기 차 입 금 (   )
⑤ 매 출 채 권 (   )   ⑥ 보 험 료 (   )
⑦ 현   금 (   )   ⑧ 상품매출이익 (   )

해답

① ×   ② ×   ③ ○   ④ ×   ⑤ ○   ⑥ ○   ⑦ ○   ⑧ ×

자산계정과 비용계정은 차변에 증가(발생)액이 기입되는데 대하여, 부채계정·자본계정·수익계정은 대변에 증가(발생)액이 기입된다.

2. 분 개

(1) 분개의 의의

거래는 거래의 8요소에 의한 계정기입의 법칙에 의해서 각 계정에 기입된다. 그러나 매일 빈번하게 발생하는 거래를 직접 각 계정에 기입하면 오기(誤記 ; miswriting) 또는 누락(missing, omission)될 가능성이 있다.

그래서 계정계좌에 기입하기 전에 각 거래마다 어느 계정의 차변 또는 대변에 얼마만한 금액을 기입할 것인가 하는 것을 결정하여야 한다. 이러한 절차를 「분개」(journalizing)라 한다. 즉, 분개는 구체적인 계정과목과 금액을 정하는 것을 말하며, 거래에 대한 최초의 회계기록이기도 하다. 분개기록의 형식은 차변에 기록할 계정에 대해서는 왼쪽에, 대변에 기록할 계정에 대해서는 오른쪽에 각각 계정과목과 금액을 표시한다.

이 경우는 분개에 있어서도 거래의 이중성의 원칙에 따라 차변금액과 대변 금액은 반드시 일치해야 한다.

(2) 분개의 법칙

분개는 거래를 분해하여 계정계좌에 기입하는 준비이다. 그러므로 거래를 분개하는 데는 일정한 법칙이 있다. 이 법칙을 「분개의 법칙」이라 한다.

거래의 8요소에 대한 분개의 법칙을 표시하면 다음과 같다.

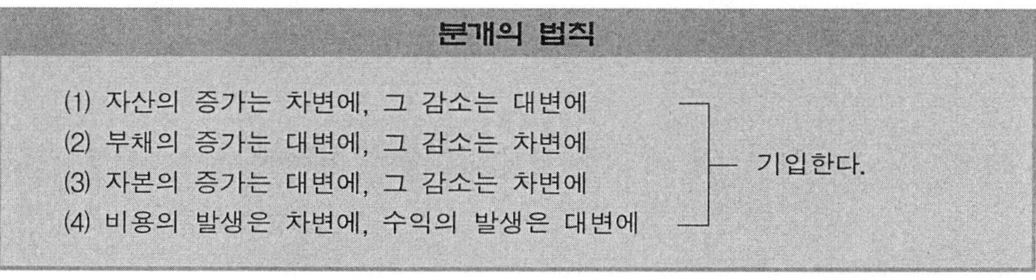

분개기입이 끝나면 분개의 차변에 있는 계정은 그 계정의 차변에 기입하고, 대변에 있는 계정은 그 계정의 대변에 기입한다. 이와 같이 분개를 계정에 옮겨 적는 것을 전기(轉記 ; posting)라 한다. 그러므로 거래는 모두 분개를 통해서 계정에 전기되는 것이다.

예제 4. 다음 거래를 분개하고 계정에 전기하라.
① 현금 ₩100,000으로 개업하다.
② 상품 ₩60,000을 현금으로 매입하다.
③ 상품 ₩40,000(원가 ₩36,000)을 현금으로 매출하다.
④ 상품 ₩20,000을 외상으로 매입하다.
⑤ 영업비 ₩1,000을 현금으로 지급하다.

해답

①	(차)	현	금	100,000	(대)	자 본 금		100,000
②	(차)	상	품	60,000	(대)	현	금	60,000

③ (차) 현   금   40,000   (대) { 상   품   36,000
                                        상품매출이익   4,000
④ (차) 상   품   20,000   (대) 매 입 채 무   20,000
⑤ (차) 영 업 비   1,000   (대) 현   금   1,000

현   금

| ①자본금 | 100,000 | ②상 품 | 60,000 |
| ③제 좌 | 40,000 | ④영업비 | 1,000 |

상   품

| ②현   금 | 60,000 | ③현   금 | 36,000 |
| ④매입채무 | 20,000 | | |

매 입 채 무

| | | ④상 품 | 20,000 |

자 본 금

| | | ①현   금 | 100,000 |

상품매출이익

| | | ③현   금 | 4,000 |

영 업 비

| ⑤현   금 | 1,000 | | |

(주) ① 계정에 전기할 때 금액 외에 상대편의 계정과목을 기입한다.
     ② 상대편 계정과목이 둘 이상일 때는 제좌라고 기입한다.

3. 대차평균의 원리

거래의 이중성과 계정기입의 법칙에 따라 거래를 계정에 기입하면 어떤 계정의 차변에 기입되는 일정한 금액은 반드시 다른 어떤 계정의 대변에도 동일한 금액이 기입되어야 한다. 그러므로 하나 하나의 거래는 계정에 기입할 때마다 다음과 같은 식이 성립된다.

> 차변기입액 = 대변기입액

하나 하나의 모든 거래를 위와 같은 식에 맞추어 계정에 기입하게 되면, 일정 회계기간에 발생한 거래에 대한 계정기입의 차변총계액과 대변 총계액이 일치하게 될 것이며, 다음과 같은 식이 성립된다.

> 각 계정의 차변합계액의 총계 = 각 계정의 대변합계액의 총계

이와 같이 계정기입의 전체적인 대차결과가 일치하는 현상을 회계에서는「대차평균의 원리」(principle of equilibrium of debit and credit)라고 한다.

복식부기에 있어서는 이 원리를 응용하여 각 계정의 차변합계액의 총계와 대변합계액의 총계가 일치되면 모든 거래의 계정기입이 정확히 이루어졌음을 입증하고, 일치되지 않으면 기장상의 오류가 있음을 의미하게 된다. 대차평균원리의 이러한 작용을 복식부기의 자기관리(自己管理) 또는 자기통제기능(self control function)이라고 한다.

앞에 예제4)의 계정기입을 대차평균의 원리에 의하여 각 계정의 합계액을 모아 시산표를 작성하면 다음과 같다.

시 산 표

차 변	계 정 과 목	대 변
140,000	현 금	61,000
80,000	상 품	36,000
	매 입 채 무	20,000
	자 본 금	100,000
	상 품 매 출 이 익	4,000
1,000	영 업 비	
221,000		221,000

제 3 절 장 부

1. 장부의 의의

재산의 증감거래를 조직적·계속적으로 기록·계산하여 기업경영활동의 내용 및 결과를 명백히 하기 위한 기록수단으로 지편(紙片)을 합철한 것을 장부(books)라 한다. 장부는 지편을 합철한 것 이외에 카드 등도 포함하며, 금액이 아닌 수량을 기록하는 것도 포함된다. 장부는 거래의 계속적인 기록수단이기 때문에 계속기록의 성격을 갖지 않는 것은 장부가 될 수 없다. 즉, 영수증철과 같이 거래 자체를 입증하기 위한 원시증빙서류는 장부가 아니다. 회계에서 사용되는 장부는 종류나 형식 등에 대하여는 일정하게 정해진 것이 없으므로 기업의 규모나 업종의 성격에 따라 편리하고, 능률적이라고 생각되는 것을 고안하여 사용할 수 있으나, 회계사무를 원활하게 꾸려나가기 위해서는 장부 상호간에 유기적인 상호관계를 갖게 하여 부정(不正 ; unfairness, injustice)·오류(誤謬 ; error, mistake)가 일어나지 않도록 조직할 필요가 있다.

2. 장부의 종류

장부의 종류는 관점에 따라 여러 가지로 구분할 수 있다. 예를 들면, 기능면에서 주요부와 보조부, 형식면에서 편철장부(bound books)와 분리식장부(card식 장부와 loose-leaf식 장부), 기록시점의 관점에서 원시기입부(book of original entry)와 전기(轉記)기입부(book of posting entry), 기입형식면에서 기입식장부(book of entry)와 계정식장부(book of account)등 다양하지만, 여기서는 기능면에서의 장부인 주요부와 보조부에 대해서 설명하고자 한다.

(1) 주요부(principal or main books)

이는 복식부기에 있어서 없어서는 안될 기본적인 장부로, 여기에는 모든 거래를 발생순서대로 분개해서 기록하는 분개장(journal) 또는 전표(slip)와 이들의 분개를 전기할 계정과목이 집합되어 그 계정의 증감을 기록하는 총계정원장(general ledger)이 있다.

(2) 보조부(auxiliary of subsidiary books)

보조부는 현금의 수익과 지출, 상품의 매입과 매출 등 어떤 특수한 거래 또는 계정에 대해서 총계정원장의 자료만으로는 모든 거래의 내용을 알 수 없기 때문에 해당 계정에 대한 내용을 보다 상세히 기록하여 주요부의 부족을 보충하는 장부이므로 주요부와 같이 필요불가결한 장부는 아니다.

기업규모의 대소, 거래의 성질, 거래의 빈도(frequency), 사무분장(allotment of work load) 등을 고려하여 필요한 계정기록, 필요한 거래에 대해서 적당히 설정되는 것이다. 보조부는 내용에 따라 보조기입장과 보조원장으로 구분된다.

① 보조기입장(subsidiary note book)
매입·매출 혹은 현금출납 등 경영에 대한 중요한 거래와 빈번히 발생하는

거래에 대해서 발생순서에 따라 그 내용을 상세히 기록하는 장부이다.

② 보조원장(subsidiary ledger)

총계정원장에 매출채권과 매입채무 등의 통제계정이 설정된 경우 그 내역으로 원장의 형식과 같이 인명마다 각 개별계정의 계좌를 개설하고 통제계정의 명세를 기록함과 동시에, 이것과 기록계산을 대조하여 그 정·부(正·否)의 검증수단이 되는 장부이다.

이상을 도표로 표시하면 다음과 같다.

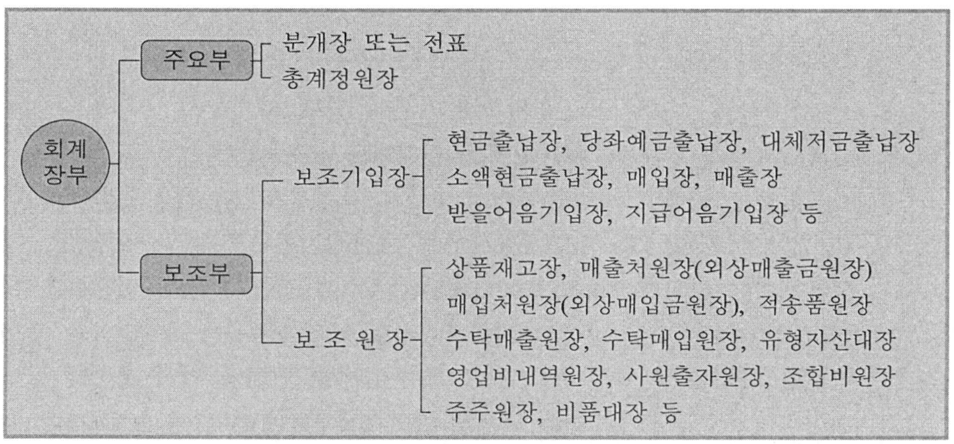

3. 분개장과 원장의 기입

(1) 분 개 장

① 분개장의 의의와 형식

거래를 발생순서에 따라 분개하여 기록하는 장부를 분개장(journal)이라 한다. 그러므로 분개장은 다음과 같은 기능을 갖고 있다.

가. 거래를 그 발생의 일자순으로 기록하므로 영업일지의 기능과,

나. 총계정원장의 각 계정기입의 준비와 이의 중개기능이다.

분개장의 형식에는 다음과 같은 표준식(분할식·쌍방식)과 병립식(일방식)의 두 가지가 있다.

분 개 장

[표준식]

차 변	원 면	적 요	원 면	대 변

분 개 장

[병립식]

일 자	적 요	원 면	차 변	대 변

② 분개장의 기입방법

병립식분개장의 기입방법을 설명하면 다음과 같다.

가. 일자란에는 거래가 발생한 날짜를 기입한다.

나. 적요란에는 분개한 계정과목을 (   )에 묶어서 기입한다. 차변계정과목은 왼쪽에 기입하고, 대변계정과목은 차변계정과목을 기입한 다음 줄의 오른쪽에 기입한다. 차변 또는 대변에 계정과목이 둘 이상 있는 경우에는 그 위에 제좌(諸座)라고 기입한다. 또 계정과목을 기입한 다음 줄에 거래의 내용을 한 난의 1/2정도의 작은 글씨로 간단히 적어 넣는다.

다. 원면란에는 원장에 전기하였을 때 그 계정계좌번호 또는 그 페이지 수를 기입한다.

라. 금액란에는 차변·대변의 각각의 금액을 기입한다.

마. 한 거래의 분개가 끝나면 적요란에 붉은 잉크로 줄을 긋고, 다음 거래의 분개를 기입한다.

바. 한 거래의 분개를 2페이지에 걸쳐서 기입해서는 안된다.

사. 각 페이지의 마지막 줄의 적요란에는 「차면에」라고 기입하고, 그 페이지 안의 차변합계액·대변합계액을 각각 금액란에 붉은 잉크로 기입한다. 그리고 다음 페이지의 첫째 줄의 적요란에 「전면(前面)에서」라고 기입하고, 금액란에 앞 페이지의 차변합계액과 대변합계액을 그대로 옮겨 적는다.

아. 일정기간에 일어난 거래의 분개에 대한 기입이 끝났을 때에는 차변·대변의 금액란의 합계액을 붉은 잉크로 기입하고, 그 난의 위쪽에 붉은 잉크로 한 줄 [단선]을 그으며, 아래쪽에는 붉은 잉크로 이중선을 긋는다.

동시에 일자란에도 붉은 잉크로 두 줄을 긋는다.

예제 5. 전표를 간단하게 설명하라.

*　　　　*　　　　*

전표(slip)는 거래가 발생할 때마다 그 내용을 기록하기 위한 일정형식의 지표(紙票)이다. 이것에 의해서 거래의 발생사실을 타인(타부서)에게 전달하고 후일에 기장상의 증거자료가 된다. 전표에는 보통 다음과 같은 사항을 기재한다.

① 거래의 발생일자
② 거래의 발생사유 또는 발생원인(간단한 적요, 계정과목 등)
③ 거래의 내용(거래된 재화 또는 급부(給付)의 명칭, 수량, 단가 등)
④ 거래의 상대방(상호·성명 또는 간단한 주소)
⑤ 거래의 금액(합계액과 내역금액)

한편, 전표는 분개장의 대용뿐만 아니라 보조부로도 대용할 수 있다. 즉, 실무에서는 분개장을 대신하여 전표를 쓰고 전표로써 분개를 행하여 이것으로부터 총계정원장의 각 계정에 전기(轉記 ; posting)하는 방법이 이용되고 있다.

(2) 총계정원장

① 총계정원장의 의의와 형식

총계정원장(general ledger ; G/L)은 기업경영상 필요한 자산·부채·자본 및 손익에 관계되는 모든 계정을 개설한다. 즉, 기업경영상 증감되는 변화가 총계정원장의 모든 계정에 총괄적으로 기입되어서, 각 계정에 기입처리된 것을 관찰함으로써, 총계정원장은 경영성과와 재무상태를 알기 위해 필요한 자료를 제공하는 것으로 복식부기의 중심이 되는 가장 중요한 장부이다. 모든 계정을 포함하기 때문에 총계정원장이라 하며, 단순히 「원장(ledger)」이라고도 한다.

그리고 제공된 자료를 기초로 하여 장부결산을 행할 수 있으며, 포괄손익계산서와 재무상태표도 작성된다.

그러므로 총계정원장은 다음과 같은 기능을 갖고 있다.

가. 재무상태와 경영성과를 표시하는 중심적 기록기능

나. 각 보조부를 총괄하는 기능

보조부는 총계정원장의 총괄적 기입의 부족을 보충하기 위하여 개별적으로 구체적 내용을 상세히 기입하는 장부인 관계상 이 장부의 기록내용으로 보아서 총계정원장은 보조부를 총괄하는 것이다.

총계정원장의 형식에는 다음과 같은 표준식과 잔액식의 두 가지가 있다.

총 계 정 원 장

[표준식]　　　　　　　　　　　　<u>× × 계 정</u>

일 자	적　　요	분면	금　액	일자	적　　요	분면	금　액

[잔액식]　　　　　　　　　　　　<u>× × 계 정</u>

일 자	적　　요	분면	차　변	대　변	차 또는 대	금　액

총계정원장에 설정되는 계정과목은 기업의 실정에 따라 여러 가지로 분류하여 사용할 수 있지만, 보편적으로 사용하고 있는 계정과목들에 대해서는 계정과목표(chart of account)를 이용하면 된다. 계정과목표란 총계정원장에 설정될 계정과목의 일람표가 되는 것으로, 이러한 계정과목표를 작성할 때에는 반드시 재무상태표와 포괄손익계산서에 표시되는 계정과목과 그 배열순서를 먼저 고려하는 것이 좋다.

다음은 우리나라 「기업회계기준」의 내용에 입각하여, 가장 일반적으로 설정되는 계정과목에 대한 계정과목표를 예시한 것이다. 계정번호란의 번호는 십진법 등을 이용하여 전산화 등에 의한 계정의 기억이나 계정체계의 이해를 돕기 위하여 임의적으로 부여한 것이다.

인간이 제일 먼저 인식해야 할 것은 두려움이 그들의 삶을 얼마나
억제시키고 있는가 하는 점이다.

계 정 과 목 분 류 표

계 정 과 목	계정번호 (부호)	계 정 과 목	계정번호 (부호)
자 산 계 정	1000	3. 구 축 물 　　감 가 상 각 누 계 액	1223
Ⅰ. 유 동 자 산	1100	4. 기 계 장 치 　　감 가 상 각 누 계 액	1224
(1) 당 좌 자 산	1110	5. 차 량 운 반 구 　　감 가 상 각 누 계 액	1225
1. 현금및현금성자산	1111	6. 건 설 중 인 자 산	1226
2. 단 기 투 자 증 권	1112	7. ·················	1227
3. 매 출 채 권 　　대 손 충 당 금	1113	(3) 무 형 자 산	1230
4. 단 기 대 여 금 　　대 손 충 당 금	1114	1. 영 업 권	1231
5. 미 수 금 　　대 손 충 당 금	1115	2. 산 업 재 산 권	1232
(2) 재 고 자 산	1120	3. 광 업 권	1233
1. 상 품	1121	4. 어 업 권	1234
2. 제 품	1122	5. 차 지 권	1235
3. 반 제 품	1123	6. 개 발 비	1236
4. 재 공 품	1124	7. ·················	1237
5. 원 재 료	1125	(4) 기 타 비 유 동 자 산	1240
6. 저 장 품	1126	1. 이 연 법 인 세 자 산	1241
7. ·················	1127	2. 보 증 금	1242
Ⅱ. 비 유 동 자 산	1200	3. ·················	1243
(1) 투 자 자 산	1210	부 채 계 정	2000
1. 장 기 금 융 상 품	1211	Ⅰ. 유 동 부 채	2100
2. 장 기 투 자 증 권	1212	1. 매 입 채 무	2101
3. 장 기 대 여 금 　　대 손 충 당 금	1213	2. 단 기 차 입 금	2102
4. 장 기 성 매 출 채 권 　　현 재 가 치 할 인 차 금 　　대 손 충 당 금	1214	3. 미 지 급 금	2103
		4. 선 수 금	2104
		5. 예 수 금	2105
5. 투 자 부 동 산	1215	6. 미 지 급 비 용	2106
6. ·················	1216	7. 유 동 성 장 기 부 채	2107
(2) 유 형 자 산	1220	8. 미 지 급 법 인 세	2108
1. 토 지	1221	Ⅱ. 비 유 동 부 채	2200
2. 건 물 　　감 가 상 각 누 계 액	1222	1. 사 채 　　사 채 할 인 (증) 발 행 차 금	2201
		2. 장 기 차 입 금	2202
		3. 외 화 장 기 차 입 금	2203

계 정 과 목	계정번호 (부호)	계 정 과 목	계정번호 (부호)
4. 장 기 성 매 입 채 무	2204	8. 감 가 상 각 비	4208
현 재 가 치 할 인 차 금		9. 보 험 료	4209
5. 퇴 직 급 여 충 당 부 채	2205	10. 광 고 선 전 비	4210
자 본 계 정	3000	11. 보 관 료	4211
Ⅰ. 자 본 금	3100	12. 경 상 개 발 비	4212
1. 보 통 주 자 본 금	3101	13. 운 반 비	4213
2. 우 선 주 자 본 금	3102	14. 대 손 상 각 비	4214
Ⅱ. 자 본 잉 여 금	3200	15. 무 형 자 산 상 각 비	4215
1. 주 식 발 행 초 과 금	3211	16. 잡 비	4216
2. 감 자 차 익	3212	17. ………………………	4217
3. 기 타 자 본 잉 여 금	3213	Ⅲ. 영 업 외 비 용	4300
Ⅲ. 자 본 조 정	3300	1. 이 자 비 용	4301
1. 주 식 할 인 발 행 차 금	3301	2. 기 타 의 대 손 상 각 비	4302
2. 배 당 건 설 이 자	3302	3. 단 기 투 자 증 권 처 분 손 실	4305
3. 자 기 주 식	3303	4. 단 기 투 자 증 권 평 가 손 실	4304
Ⅳ. 기 타 포 괄 손 익 누 계 액	3400	5. 원 가 차 손	4305
1. 매 도 가 능 증 권 평 가 손 익	3401	6. 매 출 할 인	4306
2. 해 외 사 업 환 산 손 익	3402	수 익 계 정	5000
Ⅴ. 이 익 잉 여 금	3500	Ⅰ. 매 출 액	5100
(또 는 결 손 금)		1. 총 매 출 액	5101
1. 이 익 준 비 금	3501	2. 매 출 에 누 리 와 환 입	5102
2. 재 무 구 조 개 선 적 립 금	3502	Ⅱ. 영 업 외 수 익	5200
3. × × 적 립 금	3503	1. 이 자 수 익	5201
4. 차 기 이 월 미 처 분 이 익 잉 여 금	3504	2. 배 당 금 수 익	5202
비 용 계 정	4000	3. 임 대 료	5203
Ⅰ. 매 출 원 가	4100	4. 단 기 투 자 증 권 처 분 이 익	5204
1. 기 초 상 품 (또 는 제 품) 재 고 액	4101	5. 단 기 투 자 증 권 평 가 이 익	5205
2. 당 기 매 입 액 (또 는 당 기 제 품 제 조 원 가)	4102	6. 외 환 차 익	5206
3. 기 말 상 품 (또 는 제 품) 재 고 액	4103	7. 외 환 환 산 이 익	5207
Ⅱ. 판 매 비 와 관 리 비	4200	8. 대 손 충 당 금 환 입	5208
1. 급 여	4201	9. 유 형 자 산 처 분 이 익	5209
2. 퇴 직 급 여	4202	10. 투 자 자 산 처 분 이 익	5210
3. 복 리 후 생 비	4203	11. 상 각 채 권 추 심 이 익	5211
4. 임 차 료	4204	12. 사 채 상 환 이 익	5212
5. 접 대 비	4205	13. 잡 이 익	5213
6. 여 비 교 통 비	4206	14. 자 산 수 증 이 익	5214
7. 세 금 과 공 과	4207	15. 채 무 면 제 이 익	5215
		16. 보 험 차 익	5216
		17. ………………………	5217

거래가 발생하였을 때 분개, 즉 어떤 회계요소의 어떤 구체적인 항목이 증감변동하였는가를 파악하기 위해서는, 위의 계정과목의 개별적인 성격을 파악하고 있어야 한다.

회계기록의 출발점이 되는 분개는 이러한 계정과목의 이해가 전제되지 않고서는 불가능하며, 분개과정이 잘못 이루어지면 결국 재무제표의 왜곡을 초래하게 된다.

② 총계정원장의 기장방법

가. 일자란의 기입은 분개장의 경우와 같다.

나. 적요란에는 차변기입이면 상대계정인 대변과목을, 대변기입이면 상대계정인 차변과목을 기입한다. 상대계정이 둘 이상이면 제좌라 기입한다.

다. 분면란에는 전기한 분개가 기입되어 있는 분개장의 페이지 수를 기입한다.

라. 차변금액란에는 분개장의 차변금액을, 대변금액란에는 그 대변금액을 기입한다.

마. 잔액식원장에서 대차잔액을 잔액란에 기입하고, 차변금액이 대변금액보다 많은 경우에는 「차 또는 대」란에 「차」라고 적고, 이와 반대로 대변금액이 차변금액보다 많은 경우에는 「대」라고 기입한다.

③ 장부기입상의 일반적 주의사항

가. 문자의 크기는 행간의 1/2정도, 숫자의 크기는 1/3정도로 한다.

나. 문자나 숫자는 하부선에 접하도록 쓰고 알아보기 쉽도록 정자(正字)로 깨끗이 적는다.

다. 오자(誤字)를 정정할 때에는 붉은 잉크나 붉은 볼펜으로 두 줄을 긋고 그 위쪽의 여백에 맞는 것을 기입하고, 문자는 오자만 정정하면 되고 숫자는 한 자만 틀려도 전부 수정해야 되며, 그 정정한 부분에는 수정자의 도장을 찍어 책임소재를 밝혀둔다.

라. 숫자는 원 이상 3단위까지 콤마(comma)를 찍고(예, ₩7,249,836.45), 1자리·10자리·100자리 등이 위에서 밑으로 나란히 되게 하여 계산이 편리하게 한다.

마. 장부기입을 간략하게 하기 위하여 다음과 같은 부호를 사용한다.

a/c ·············· account(계정)	@ ···················· at(단가)
No. 또는 # ··· Number(번호)	√ ······ check mark(대조표)
〃 ··············· ditto(위와 같음)	% ············· percent(백분비)
₩ ······················· won(원)		

예제 6. 다음과 같은 원주상점의 8월 중의 거래를 분개장에 기입하고, 총계정원장에 전기하라.

8월 1일 현금 ₩450,000(차입액 포함), 상품 ₩180,000, 단기차입금 ₩130,000을 원입하여 개업하다.

 2일 영업용 건물 ₩200,000과 비품 ₩60,000을 구입하고 대금은 현금으로 지급하다.

 4일 전주상점으로부터 상품 ₩120,000을 현금으로 매입하다.

 6일 수원상점으로부터 상품 ₩240,000을 매입하고 대금 중 ₩40,000은 현금지급하고, 잔액은 외상으로 하다.

 8일 대구상점에 상품 ₩300,000(원가 ₩250,000)을 매출하고, 대금은 현금으로 받다.

10일 제일은행에 당좌거래를 개설하고 현금 ₩210,000을 예금하다.

12일 김철수에게 현금 ₩50,000을 단기대여하다.

16일 수원상점에 대한 외상매입금 중 ₩110,000을 수표로 발행하여 지급하다.

18일 전주상점으로부터 상품 ₩240,000을 매입하고 대금 중 ₩40,000은 수표로 발행하여 지급하고, 잔액은 외상으로 하다.

21일 서울상점에 상품 ₩420,000(원가 ₩340,000)을 매출하고 대금 중 ₩270,000은 현금으로 받고, 잔액은 외상으로 하다.

23일 김철수로부터 대여금 중 ₩40,000과 이자 ₩5,000을 현금으로 받다.

25일 8월분 급료 ₩16,000을 현금으로 지급하다.

26일 서울상점에 대한 외상매출금 중 ₩100,000을 회수하여 즉시 당좌예금하다.

29일 차입금 일부인 ₩70,000과 이자 ₩6,000을 현금으로 지급하다.

31일 8월분 잡비 ₩2,200을 현금으로 지급하다.

분 개 장

1

일 자		적 요	원 면	차 변	대 변
8	1	제 좌			
		(현 금)	1	450,000	
		(상 품) 제 좌	4	180,000	
		(단기 차입금)	9		130,000
		(자 본 금)	10		500,000
		현금·상품·차입금을 원입하여 개업			
	2	제 좌			
		(건 물)	7	200,000	
		(비 품)	6	60,000	
		(현 금)	1		260,000
		영업용 건물·비품 구입			
	4	(상 품)	4	120,000	
		(현 금)	1		120,000
		전주상점으로부터 상품매입			
	6	(상 품) 제 좌	4	240,000	
		(현 금)	1		40,000
		(매 입 채 무)	8		200,000
		수원상점으로부터 상품매입하고,			
		대금중 일부는 현금, 잔액은 외상			
	8	(현 금) 제 좌	1	300,000	
		(상 품)	4		250,000
		(상품매출이익)	11		50,000
		대구상점에 상품 매출			
	10	(당 좌 예 금)	2	210,000	
		(현 금)	1		210,000
		제일은행에 현금 예금			
	12	(단기 대여금)	5	50,000	
		(현 금)	1		50,000
		김철수에게 현금 대여			
	16	(매 입 채 무)	8	110,000	
		(당 좌 예 금)	2		110,000
		수원상점의 외상매입금 중 일부지급			
		차면에		1,920,000	1,920,000

일 자		적 요	원 면	차 변	대 변
		전면에서		1,920,000	1,920,000
8	18	(상 품) 제 좌	4	240,000	
		(당 좌 예 금)	2		40,000
		(매 입 채 무)	8		200,000
		전주상점으로부터 상품매입,			
		대금중 일부 외상			
	21	제 좌	1		
		(현 금)	3	270,000	
		(매 출 채 권) 제 좌	4	150,000	
		(상 품)	11		340,000
		(상품매출이익)			80,000
		서울상점에서 상품매출, 대금중 일부외상			
	23	(현 금) 제 좌	1	45,000	
		(단기 대여금)	5		40,000
		(이 자 수 익)	12		5,000
		김철수로부터 대여금 · 이자 회수			
	25	(급 여)	13	16,000	
		(현 금)	1		16,000
		8월분 급여 지급			
	26	(당 좌 예 금)	2	100,000	
		(매 출 채 권)	3		100,000
		서울상점의 외상매출금중 일부회수			
	29	제 좌			
		(단기 차입금)	9	70,000	
		(이 자 비 용)	14	6,000	
		(현 금)	1		76,000
		차입금 · 지급이자 지급			
	31	(잡 비)	15	2,200	
		(현 금)	1		2,200
		8월분 잡비 지급			
				2,819,200	2,819,200

총 계 정 원 장

현   금

1

일 자		적 요	분면	금 액	일 자		적 요	분면	금 액
8	1	제 좌	1	450,000	8	2	제 좌	1	260,000
	8	제 좌	〃	300,000		4	상 품	〃	120,000
	21	제 좌	2	270,000		6	상 품	〃	40,000
	23	제 좌	〃	45,000		10	당좌 예금	〃	210,000
						12	단기대여금	2	50,000
						25	급 여	〃	16,000
						29	제 좌	〃	76,000
						31	잡 비	〃	2,200

당 좌 예 금

2

일 자		적 요	분면	금 액	일 자		적 요	분면	금 액
8	10	현 금	1	210,000	8	16	매입 채무	2	110,000
	26	매 출 채 권	2	100,000		18	상 품	〃	40,000

매 출 채 권

3

일 자		적 요	분면	금 액	일 자		적 요	분면	금 액
8	21	제 좌	2	150,000	8	26	당좌 예금	2	100,000

상   품

4

일 자		적 요	분면	금 액	일 자		적 요	분면	금 액
8	1	제 좌	1	180,000	8	8	현 금	1	250,000
	4	현 금	〃	120,000		21	제 좌	2	340,000
	6	제 좌	〃	240,000					
	18	제 좌	2	240,000					

단 기 대 여 금

5

일 자		적 요	분면	금 액	일 자		적 요	분면	금 액
8	12	현 금	2	50,000	8	23	현 금	2	40,000

비   품

6

일 자		적 요	분면	금 액	일 자		적 요	분면	금 액
8	2	현 금	1	60,000					

건   물

7

일 자	적 요	분면	금 액	일 자	적 요	분면	금 액
8 2	현 금	1	200,000				

매 입 채 무

8

일 자	적 요	분면	금 액	일 자	적 요	분면	금 액
8 16	당 좌 예 금	2	110,000	8 6	상 품	1	200,000
				18	상 품	2	200,000

단 기 차 입 금

9

일 자	적 요	분면	금 액	일 자	적 요	분면	금 액
8 29	현 금	2	70,000	8 1	제 좌	1	130,000

자 본 금

10

일 자	적 요	분면	금 액	일 자	적 요	분면	금 액
				8 1	제 좌	1	500,000

상품매출이익

11

일 자	적 요	분면	금 액	일 자	적 요	분면	금 액
				8 8	현 금	1	50,000
				21	제 좌	2	80,000

이 자 수 익

12

일 자	적 요	분면	금 액	일 자	적 요	분면	금 액
				8 23	현 금	2	5,000

급   여

13

일 자	적 요	분면	금 액	일 자	적 요	분면	금 액
8 25	현 금	2	16,000				

이 자 비 용

14

일 자	적 요	분면	금 액	일 자	적 요	분면	금 액
8 29	현 금	2	6,000				

잡   비

15

일 자	적 요	분면	금 액	일 자	적 요	분면	금 액
8 31	현 금	2	2,200				

연 습 문 제

[1] 다음 사항 중 회계상의 거래를 골라라.
　① 은행에서 현금 ₩80,000을 인출하다.
　② 점원을 월급 ₩50,000의 조건으로 채용하다.
　③ 건물을 빌리기로 임차계약을 체결하다.
　④ 상품 ₩150,000을 분실 도난당하다.

[2] 다음의 사항 중 부기상의 거래인 것에 ○표를, 그렇지 않는 것에 ×표를 ( )안에 써 넣어라.
　① ( ) 화재로 점포가 소실(燒失)되다.
　② ( ) 부동산의 매매계약을 맺다.
　③ ( ) 택시 안에서 ₩100,000짜리 자기앞수표를 분실하다.
　④ ( ) 저축예금에 이자가 가산되었다는 통지를 받다.
　⑤ ( ) 중앙상점으로부터 갑상품의 판매위탁을 받다.
　⑥ ( ) 건물이 헐어서 가치가 감소되다.
　⑦ ( ) 자기의 상품을 창고회사에 보관하다.
　⑧ ( ) 집세 6개월분을 미리 지급하다.
　⑨ ( ) 보험료 1년분을 미리 지급하다.
　⑩ ( ) 창고에 도둑이 들어 ₩50,000의 상품을 도난당하다.

[3] 다음의 사항 중 회계상의 거래가 되는 것의 번호를 열거하라.
　① 은행에서 현금 ₩500,000을 빌리기로 하다.
　② 소유하고 있는 유가증권의 가격이 떨어지다.
　③ 점원 1명을 월급 ₩500,000의 약속으로 채용하다.
　④ 거래처의 파산으로 외상매출금 ₩200,000의 회수가 가망이 없어지다.
　⑤ ₩100,000의 기계를 3주일후 지급할 약속하에 구입하였다.
　⑥ 상품 ₩50,000을 전화로 주문하다.

[4] 다음의 거래 중 교환거래에는 ○, 손익거래에는 ×표, 혼합거래에는 △표를 ( )에 써 넣어라.
　① ( ) 차입금 ₩300,000과 이자 ₩3,000을 현금으로 지급하다.
　② ( ) 은행에 현금 ₩40,000을 예입하다.
　③ ( ) 원가 ₩50,000의 상품을 ₩60,000에 매출하고 대금은 현금으로 받다.
　④ ( ) 집세 ₩30,000중 ₩20,000은 수표로, ₩10,000은 현금으로 받다.
　⑤ ( ) 기업주가 자녀의 수업료 ₩15,000을 회사의 돈으로 지급하다.
　⑥ ( ) 현금 ₩5,000을 분실하다.
　⑦ ( ) 외상매출금 ₩70,000을 현금으로 회수하다.
　⑧ ( ) 은행으로부터 정기예금에 대한 이자 ₩30,000을 현금으로 받다.

[5] 다음 거래를 거래 8요소에 따라 분류하고 거래의 종류별로 나누어라.
① 현금 ₩300,000을 출자하여 영업을 개시하다.
② 현금 ₩200,000을 당좌예금하다.
③ 영업용 비품을 ₩50,000에 구입하고 대금은 20일후에 지급하기로 하다.
④ 상품 ₩230,000을 매입하고 이 중 ₩50,000은 수표를 발행하여 지급하고, 잔액은 외상으로 하다.
⑤ 상품 ₩100,000(원가 ₩80,000)을 현금으로 매출하다.
⑥ 종업원 급여 ₩20,000을 현금으로 지급하다.
⑦ 거래처로부터 ₩150,000을 차입하여 곧 당좌예금하다.
⑧ 상품 외상매입대금 중 ₩100,000을 수표를 발행하여 지급하다.
⑨ 상품 ₩5,000을 점원의 실수로 분실하다.
⑩ 현금 ₩200,000으로 자본을 증자하다.

[6] 다음의 (   )안에 알맞은 말을 써 넣어라.
① 현금계정은 증가를 (   )에, 감소를 (   )에 기입한다.
② 외상매입금(또는 매입채무) 계정은 증가를 (   )에. 감소를 (   )에 기입한다.
③ 자본금 계정은 증가를 (   )에, 감소를 (   )에 기입한다.
④ 영업비 계정은 발생을 (   )에 기입한다.
⑤ 수수료수익 계정은 발생을 (   )에 기입한다.
⑥ 외상매출금(또는 매출채권) 계정은 증가를 (   )에, 감소를 (   )에 기입한다.

[7] 다음의 (   )안에 "차변" 또는 "대변"중 알맞은 것을 기입하라.
① 상품을 매출한 경우에는, 상품계정의 (   )에 기입한다.
② 외상매입금(또는 매입채무)을 갚았을 경우에는, 외상매입금계정의 (   )에 기입한다.
③ 급여를 지급한 경우에는, 급여계정의 (   )에 기입한다.
④ 외상매출금을 회수한 경우에는, 외상매출금(또는 매출채권) 계정의 (   )에 기입한다.
⑤ 자본을 인출한 경우에는, 자본금 계정의 (   )에 기입한다.

[8] 다음 표의 (   )에 적당한 금액을 기입하라.

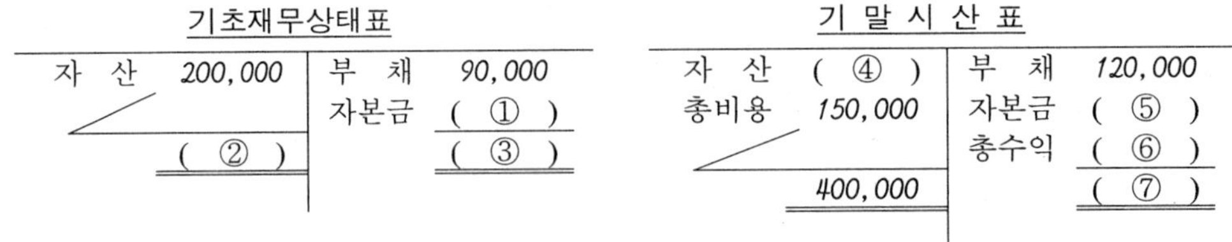

기초재무상태표		
자 산 200,000	부 채	90,000
	자본금	(①)
(②)		(③)

기 말 시 산 표		
자 산 (④)	부 채	120,000
총비용 150,000	자본금	(⑤)
	총수익	(⑥)
400,000		(⑦)

기말재무상태표

자 산 (⑧)	부 채 (⑨)
	자본금 (⑩)
	당기순이익 (⑪)
(⑫)	(⑬)

참고 : 자본금은 기초, 기말 변동이 없음.

[9] 다음 분개로서 거래를 추정하라.

① (차) 현　　　금　100,000　　　(대) 단 기 차 입 금　100,000
② (차) 상　　　품　 50,000　　　(대) 현　　　금　 50,000
③ (차) 현　　　금　 30,000　　　(대) 매 출 채 권　 30,000
④ (차) 매출채권　 60,000　　　(대) {상　　　품　 50,000 / 상품매출이익　 10,000}
⑤ (차) 상　　　품　 40,000　　　(대) {현　　　금　 20,000 / 매 입 채 무　 20,000}

[10] 서울상점의 10월 중 거래를 분개장과 원장에 기장하라.

10월　1일 현금 ₩4,000,000을 출자하여 영업을 시작하다.
　　　2일 책상·의자 등 사무용 비품 ₩250,000을 현금구입하다.
　　　4일 A상점에서 상품 ₩400,000을 현금매입하다.
　　　5일 B상점에서 상품 ₩700,000을 외상매입하다.
　　　6일 C상점에 원가 ₩300,000의 상품을 ₩360,000에 현금매출하다.
　　　8일 서울은행에서 당좌거래를 개설하고, 현금 ₩2,000,000을 예입하다.
　　　9일 D상점에 원가 ₩500,000의 상품을 ₩700,000에 현금매출하다.
　　10일 D상점에 원가 ₩200,000의 상품을 ₩250,000에 외상매출하다.
　　12일 B상점에 대한 외상매입금 중 ₩400,000을 수표발행 지급하다.
　　14일 김갑동에게 현금 ₩500,000을 대여하다.
　　16일 D상점에 대한 외상매출금 중 ₩200,000을 현금회수하여 곧 당좌예금하다.
　　18일 E상점에서 상품 ₩550,000을 매입하고 그 대금중 ₩300,000은 수표를 발행하여 지급하고 잔액은 외상으로 한다.
　　30일 당월분 점원급여 ₩60,000, 영업비 ₩50,000을 현금지급하다.
　　31일 김갑동으로부터 대여금이자 ₩15,000을 현금으로 받다.

[11] 다음의 문장에 (　)안에 적당한 말을 넣어라.
① 분개를 기입하는 장부를 (　　)이라고 한다.
② 거래를 계정마다 기록하기 위한 장부를 (　　)이라고 한다.
③ 주요부의 기입 부족을 보충하기 위하여 사용되는 장부를 (　　)라고 한다.

④ 분개장에서 분개한 것을 총계정 원장에 옮겨 기록하는 일을 (　　)라고 한다.
⑤ 분개장과 총계정 원장을 (　　)라고 한다.

[12] 다음 용어를 간단히 설명하라.

(1) 거래	(7) 대차평균의 원리
(2) 교환거래	(8) 주요부
(3) 손익거래	(9) 총계정 원장
(4) 거래의 이중성	(10) 분개장
(5) 계정기입법	(11) 거래의 8요소
(6) 분개의 법칙	(12) 차변과 대변

지금 당신 내부에는 불가능할 것이라고 단념했던 일들을 할 수 있는 힘이
있다. 이 힘은 당신의 믿음들을 바꿀 수 있을때 바로 사용가능하게 된다.

5

결 산

제 1 절	결산의 의의
제 2 절	결산예비절차
제 3 절	결산본절차
제 4 절	결산보고서의 작성

결 산

제5장

제1절 결산의 의의

기업은 반영구적으로 계속적인 경영활동을 하는 조직체이다. 따라서 기업은 자체의 경영활동의 성과를 알기 위해서 일정기간을 정하고, 그리고 일정기간의 기업자산의 증감변동을 계산하고 경영성과를 평가한다. 이와 같은 일정기간을 회계기간(accounting period)이라 하며, 회계기간을 회계연도(fiscal year) 또는 사업연도라고도 한다.

결산이란 기업이 회계연도 말에 이르러 그 기간에 발생한 비용·수익을 대응계산한 경영성과와 일정시점의 재무상태를 명백히하기 위한 계산절차를 말한다.

결산은 그것을 행하는 시점(時點)과 목적에 따라, 기말결산과 중간결산으로 구분하는 것이 보통이다. 기말결산은 회계연도 말에 하는 결산이고, 중간결산은 경영관리나 특정목적에 따라 회계연도 중간에 하는 결산을 말한다. 결산의 순서를 결산절차(closing procedures)라 하는데, 이는 다음과 같이 3단계로 구분된다.

(1) 결산예비절차

① 시산표(수정前)를 작성한다.

② 재고조사표의 작성과 원장 각 계정을 정리 · 기입한다.

③ 정산표를 작성한다.

(2) 결산본절차

① 수익 · 비용계정의 잔액을 손익계정(집합계정)에 대체한다.

② 손익계정에서 순손익을 산출하여 자본금계정(개인기업) 또는 미처분이익 잉여금계정(주식회사)에 대체한다.

③ 원장 각 계정을 마감한다.

④ 분개장과 기타 장부(보조부)를 마감한다.

⑤ 이월시산표를 작성한다(영미식결산법).

(3) 결산보고서 작성

① 재무상태표를 작성한다.

② 포괄손익계산서를 작성한다.

③ 이익잉여금처분계산서 또는 결손금처리계산서를 작성한다.

④ 현금흐름표를 작성한다.

⑤ 자본변동표를 작성한다.

⑥ 기타 부속명세서를 작성한다.

제 2 절 결산예비절차

1. 시산표의 작성

(1) 시산표의 의의

시산표(trial balance : T/B)는 총계정원장의 기록계산의 결과를 집합한 일람표로서 대차평균의 원리에 의하여 차변합계와 대변합계가 일치하게 된다. 시산표를 작성하는 첫째의 목적은 분개장에서 원장으로 전기할 때의 오류유무를 검토하는 데 있다. 시산표의 의의는 본래 검산표를 의미한다. 시산표의 두 번째의 목적은 영업개황을 계수적으로 파악하려는 경영자료의 제공이란 점이다.

시산표의 기능 내지 이용방법은 다음과 같다.

① 원장계정기록이 잘못없이 전기되었는가를 검사하기 위하여 이용된다.

② 영업의 전반적인 상태를 알고, 경영방침을 결정하기 위하여 이용된다.

③ 포괄손익계산서와 재무상태표를 작성하기 위한 기초자료로써 이용된다.

④ 감독관청의 어떤 사업에 대한 감독자료로써 이용된다.

(2) 시산표의 종류

시산표는 그 내용에 따라 다음의 세 가지로 분류된다.

① 잔액시산표(trial balance of balances)

② 합계시산표(trial balance of totals)

③ 합계잔액시산표(trial balance of totals and balances)

잔액시산표는 총계정원장의 각 계정계좌의 잔액만을 집계하여 만들고, 합계시산표는 총계정원장의 각 계정계좌의 차변과 대변의 합계액을 수집하여 작성한다. 합계잔액시산표는 양자를 병합한 것이다.

시산표의 작성을 시기적으로 구분하면 일계표, 주계표, 월계표, 결산시산표, 수정시산표, 이월시산표가 된다. 일반적으로 일계표, 주계표는 잔액시산표이고, 월계표는 합계잔액시산표이다. 결산시산표에는 월계표가 충당되고, 수정시산표는 결산수정기입을 행한 직후의 원장계정에서 작성하며, 이월시산표는 비용과 수익의 계정을 손익계정에 대체한 후의 나머지 계정으로 작성한다(상세한 것은 제17장 제12절 시산표와 정산표의 작성사례연구 참조).

합 계 잔 액 시 산 표

차 변		원 면	계 정 과 목	대 변	
잔 액	합 계			합 계	잔 액

합 계 잔 액 시 산 표

원 면	계 정 과 목	합 계		잔 액	
		차 변	대 변	차 변	대 변

양식(樣式 ; form)으로서는 위와 같이 양측으로 나누는 방법과 한쪽만 표시하는 방법이 쓰여진다. 위의 양식은 합계잔액시산표이므로 기타 종류의 시산표는 각기 불필요한 난을 제거하면 된다.

앞장 [예제 6]에서 예시한 원주상점의 총계정원장을 자료로 하여 시산표를 작성하면 다음과 같다.

(1) 합 계 잔 액 시 산 표

20×6년 8월 31일

차 변		원 면	계 정 과 목		대 변	
잔 액	합 계				합 계	잔 액
290,800	1,065,000	1	현	금	774,200	
160,000	310,000	2	당 좌 예 금		150,000	
50,000	150,000	3	매 출 채 권		100,000	
190,000	780,000	4	상	품	590,000	
10,000	50,000	5	단 기 대 여 금		40,000	
60,000	60,000	6	비	품		
200,000	200,000	7	건	물		
	110,000	8	매 입 채 무		400,000	290,000
	70,000	9	단 기 차 입 금		130,000	60,000
		10	자 본 금		500,000	500,000
		11	상 품 매 출 이 익		130,000	130,000
		12	이 자 수 익		5,000	5,000
16,000	16,000	13	급	여		
6,000	6,000	14	이 자 비 용			
2,200	2,200	15	잡	비		
985,000	2,819,200				2,819,200	985,000

[주] 합계잔액시산표의 합계란에 있는 금액은 거래의 총액을 나타내며, 또 이 합계란에 있는 금액은 분개장의 총합계금액과도 일치한다.

(2) 합 계 시 산 표

20×6년 8월 31일

차 변	원 면	계 정 과 목		대 변
1,065,000	1	현	금	774,200
310,000	2	당 좌 예 금		150,000
150,000	3	매 출 채 권		100,000
780,000	4	상	품	590,000
50,000	5	단 기 대 여 금		40,000
60,000	6	비	품	
200,000	7	건	물	
110,000	8	매 입 채 무		400,000
70,000	9	단 기 차 입 금		130,000
	10	자 본 금		500,000
	11	상 품 매 출 이 익		130,000
	12	이 자 수 익		5,000
16,000	13	급	여	
6,000	14	이 자 비 용		
2,200	15	잡	비	
2,819,200				2,819,200

(3) 잔 액 시 산 표

20×6년 8월 31일

차 변	원 면	계 정 과 목	대 변
290,800	1	현　　　　　　　　금	
160,000	2	당　좌　예　금	
50,000	3	매　출　채　권	
190,000	4	상　　　　품	
10,000	5	단　기　대　여　금	
60,000	6	비　　　품	
200,000	7	건　　　　물	
	8	매　입　채　무	290,000
	9	단　기　차　입　금	60,000
	10	자　　본　　금	500,000
	11	상　품　매　출　이　익	130,000
	12	이　자　수　익	5,000
16,000	13	급　　　　여	
6,000	14	이　자　비　용	
2,200	15	잡　　　　비	
985,000			985,000

(3) 시산표의 오류검출

시산표의 차변합계와 대변합계가 일치하지 않을 때에는 기록계산의 어딘가에 잘못이 있음을 입증하는 것이므로 그 원인을 조사하여 정정하지 않으면 안된다. 시산표의 대차(貸借)를 불일치하게 하는 오류에는 다음과 같은 것이 있다.

① 분개장에 있어 그 금액에 잘못이 있는 경우

② 원장기입에 있어서의 오류

　가. 어느 계정의 전기(轉記)를 탈루하고, 또는 그 금액을 오기했을 경우

　나. 전기(轉記)에 있어 대차를 잘못 기입했을 때, 즉 차변을 대변으로 혹은 대변을 차변으로 전기한 경우

　다. 동일계정을 두 번 전기했을 경우

　라. 원장계산상의 오류

③ 시산표 작성상에 있어서의 오류

　가. 원장 각 계정의 이기(移記)에 있어서 어느 계정을 탈루한 경우

　나. 차변·대변을 잘못 옮긴 경우, 즉 대변금액을 차변에 옮기고 또는 차변

　금액을 대변에 옮긴 경우
다. 시산표에 있어서의 계산상의 오류

이상의 오류를 발견한 경우에 이것을 정정하려면 다음과 같은 방법이 있다.
① 시산표에의 계정 전기(轉記)에 있어 오류는 그대로 정정하고, 누락분은 추가한다.
② 원장 각 계정의 계산에 있어서의 오류는 그대로 정정한다.
③ 원장 전기(轉記)에 있어서의 오기 또는 누락은 정확한 금액에 달할 수 있도록 당해계정에 추가 또는 공제금액을 부기(附記)한다. 즉, 차변금액이 바른 금액보다 적을 때는 차변에 추가하고, 만일 차변이 많을 때는 대변에 부기(附記)하여 공제를 표시한다.

(4) 시산표에 의해 발견할 수 없는 오류

시산표의 작성목적은 대차를 평균케 하고, 원장전기의 올바름을 증명함에 있으므로 이 대차평균을 해치지 않는 오류는 시산표에서도 발견할 수 없다. 이는 시산표와 복식부기의 자체검증기능에도 한계가 있음을 뜻한다.
① 시산표에 의해 발견할수 없는 오류
가. 거래가 분개장에 오기·탈루(脫漏) 또는 이중기록이 행해져 있는 경우
나. 분개장에서 원장으로의 전기에 있어 차변·대변 양쪽을 탈루한 경우
다. 동일거래의 분개가 이중으로 전기되었을 때, 예를 들어 특수분개장 사용시 2개의 분개장에 기입되는 거래에 있어 중복전기를 방지하기 위하여 (√)를 붙이지 않고, 쌍방에서 전기한 때.
라. 원장전기상 서로 상쇄보상(相殺補償)하는 오기가 있을 때, 예를 들어 어느 계정의 차변(혹은 대변)에 ₩10을 많게 전기하고 다른 계정의 차변(혹은 대변)에 ₩10을 적게 전기한 경우
마. 계정을 잘못 잡아 다른 계정에 전기한 때, 예를 들어 매출채권계정의 차변(혹은 대변)에 전기해야 할 것을 매입채무계정의 차변(혹은 대변)에 전기하였을 때
바. 같은 분개의 차변과 대변을 잘못해서 반대 전기한 때, 예를 들어 차변의 현금, 대변의 상품의 분개를 상품계정 차변과 현금계정 대변에 전기한 때
사. 같은 금액의 오류숫자가 차변과 대변에 전기된 경우

② 발견방법

가. 상기 나, 다, 사와 같이 단일분개장인 경우에는 합계시산표에 의해서 분개장합계와 시산표합계를 대조함으로써 발견된다. 단, 분개장을 분할해서 특수분개장제도를 취하고 있는 경우에는 이 방법은 불가능하다.

나. 보조기입장은 각기 대응하는 계정기록의 합계 또는 잔액과 대조하여 계정기록의 오류·탈루를 발견하고, 거기에 관련된 상대계정의 오류도 발견할 수 있다. 예를 들면, 현금계정과 현금출납장, 매입계정과 매입장 등.

다. 보조원장의 합계잔액집계표의 숫자는 그 원장에 대응하는 계정기록의 대차합계 및 잔액과 대조하여 오류를 발견한다. 예를 들면, 매출채권계정과 매출처원장, 매입채무계정과 매입처원장 등.

라. 비용계정의 대변, 수익계정의 차변 등과 같이 통상 기입이 없는 거래에 대하여는 간단한 주의에 의해서 오류를 발견할 수도 있다.

마. 외상매출금 등의 매출채권에 대하여는 상대방에 확인을 하여 오류를 발견한다.

2. 재고조사표의 작성

시산표에 의하여 원장의 기록이 정확하다고 인정되더라도 원장의 계정계좌에 있는 기록상의 금액이 실제와 일치하지 않는 경우가 생기에 된다. 예를 들면, 상품계정의 잔액은 결산일의 상품재고액을 표시하는 것이지만, 실제로 조사하여 보면 도난·분실·부패 등으로 부족액이 발생할 수 있으므로 실제가액과 일치되지 않을 경우도 생긴다. 또, 영업용 건물·기계장치·비품 등도 사용기간이 경과함에 따라 마멸·노후화 같은 감가(減價)의 원인으로 구입한 때보다는 그 가치가 감소되어 간다. 따라서, 결산일의 건물·기계장치·비품 등의 계정계좌잔액은 당시의 실제가액보다 높은 가액으로 표시되고 있는 셈이다. 이와 같이 장부가액과 실제가액이 다르면 장부가액을 실제가액과 일치시켜서 결산을 하여야 정확한 결산의 결과를 얻을 수 있는 것이다. 원장의 각 계정계좌의 금액을 수정하기 위하여 실제로 상품·건물·기계장치·비품 등의 가치·수량 등을 조사하는 것을 재고조사 또는 실사(inventory)라고 하다. 그리고 조사한 결과를 한 표에 집합시킨 것을 재고조사표 또는 실사표(實査表)라고 한다.

예제 1. 다음 자료에 의하여 재고조사표를 작성하라.

① 상품의 기말재고액

    갑 상품 200개   @₩500

    을 상품 200개   @₩450

② 건물의 취득원가 ₩200,000에 대하여 10%의 감가상각을 하다.

③ 비품의 장부가액 ₩60,000에 대하여 20%의 감가상각을 하다.

해답

재 고 조 사 표

20×6년 8월 31일

계 정 과 목	적 요		금 액
상 품	갑 상품 200개 @₩500	100,000	
	을 상품 200개 @₩450	90,000	190,000
건 물	취득원가	200,000	
	감가상각액(취득원가의 10%)	(20,000)	180,000
비 품	장부가액	60,000	
	감가상각액(장부가액의 20%)	(12,000)	48,000
			418,000

3. 정 산 표

(1) 정산표의 의의와 종류

결산시에 작성해야할 시산표, 결산정리기입, 포괄손익계산서 및 재무상태표를 한곳에 모은 것이 정산표(working sheet or work sheet ; W/S)이다. 정산표에는 시산표를 결산정리기입에 의하여 수정하고, 총계정원장의 계정계산과는 별도로 재무상태표와 포괄손익계산서를 작성할 수가 있다.

정산표에는 6위식, 8위식, 10위식 등의 정산표가 있는데, 6위식 정산표는 대차 2란을 갖는 (수정후)시산표, 포괄손익계산서 및 재무상태표의 6란으로 되고, 8위식 정산표는 6위식 정산표에 결산정리기입(수정기입)의 2란을 추가한 것이고, 10위식 정산표는 보다 정밀한 정산표로 8위식 정산표의 「수정기입」란의 다음에 「수정후 시산표」를 추가한 것이다.

앞의 원주상점의 잔액시산표를 기초로 하여 위 예제의 기말정리사항을 반영하여 결산수정분개를 한 후 정산표를 작성하면 다음과 같다.

정 산 표

20 × 6년 8월 31일

계정과목	원면	잔액시산표		정리기입		포괄손익계산서		재무상태표	
		차 변	대 변	차 변	대 변	차 변	대 변	차 변	대 변
현　　　　금	1	290,800						290,800	
당 좌 예 금	2	160,000						160,000	
매 출 채 권	3	50,000						50,000	
상　　　　품	4	190,000						190,000	
단 기 대 여 금	5	10,000						10,000	
비　　　　품	6	60,000			12,000			48,000	
건　　　　물	7	200,000			20,000			180,000	
매 입 채 무	8		290,000						290,000
단 기 차 입 금	9		60,000						60,000
자 본 금	10		500,000						500,000
상품매출이익	11		130,000				130,000		
이 자 수 익	12		5,000				5,000		
급　　　　여	13	16,000				16,000			
이 자 비 용	14	6,000				6,000			
잡　　　　비	15	2,200				2,200			
감 가 상 각 비	16			{20,000　12,000}		32,000			
당 기 순 이 익						78,800			78,800
		985,000	985,000	32,000	32,000	135,000	135,000	928,800	928,800

(2) 정산표의 목적과 성질

① 정산표 작성의 목적

정산표 작성의 목적은 다음과 같다.

가. 결산마감 전에 미리 장부 밖에서 결산정리와 각종 보고서의 계산을 행하고, 원장계정기입의 정확을 기하기 위한 기초가 된다.

나. 포괄손익계산서와 재무상태표 작성의 기초자료가 된다.

다. 정산표는 결산기장의 정부(正否)를 음미하는 데 필요하다.

라. 여기에는 결산절차 전체를 한 곳에 망라한 것이므로 결산의 의미를 총괄적으로 이해하는 데 필요하다.

② 정산표의 성질

정산표는 한 곳에 결산절차 전체를 망라한 것으로 총계정원장의 각 계정잔액을 표시하는 잔액시산표, 결산정리사항인 수정기입, 이에 따라 변경된 당기의 순수한 잔액(수정후 시산표 금액)과 그후에 당기의 비용과 수익을 비교해서 순손익을 계산하는 포괄손익계산서와 자산·부채 및 자본을 표시하는 재무상태표의 모든 것을 포함하는 것이다. 그리고 정산표의 각 표는 계산상 서로 관련을 갖는다. 즉,

　가. 시산표 기타 각 표의 대차 양란의 합계는 서로 일치한다.

　나. 수정후 시산표의 차변합계는, 포괄손익계산서의 차변합계와 재무상태표의 차변합계의 합과 일치하고 또한 수정후 시산표의 대변합계는 포괄손익계산서의 대변합계와 재무상태표의 대변합계의 합과 일치한다. 단, 이것은 포괄손익계산서와 재무상태표의 잔액, 즉 당기순손익을 제외하고서의 일이다.

　다. 포괄손익계산서의 잔액과 재무상태표의 잔액은 순손익에서 일치한다. 그러나 잔액은 항상 대·차(貸·借) 반대로 나타난다.

⑶ 정산표의 작성방법

정산표의 작성방법을 설명하면 다음과 같다.

① 잔액시산표의 각 계정과목과 원면을 정산표에 옮겨쓰고, 각 계정과목의 잔액은 「수정전 시산표」란의 해당 난에 기재한다.

② 재고조사표에 의한 결산수정분개 내용은 분개요령에 준거하여 「수정분개」란의 해당 과목을 찾아 기입한다. 이때 수정전 시산표란에 설정되어 있는 계정과목 이외의 별도 계정과목이 추가될 때에는, 이를 「수정분개」란 하단에 신규로 설정한다.

③ 「수정전 시산표」와 「수정분개」란의 기입내용을 참조로 하여 수정후 시산표를 작성한다. 즉 동일한 계정과목의 같은 변에 기재된 금액은 서로 합계하여 표시하고, 반대 변에 기재된 금액끼리는 서로 상계시킨 잔액만을 기재한다. 이때 「수정후 시산표」란의 계정과목이 비록 자산·부채·자본·수익·비용의 일반적인 순으로 배열되지 않는다 하더라도 전혀 개의할 필요가 없다.

④ 「수정후 시산표」란의 잔액을 근거로 재무상태표와 포괄손익계산서를 작성한다. 이때는 「수정후 시산표」란의 각 계정과목을 재무상태표계정(자산·부채·자본계정)과 포괄손익계산서계정(수익·비용계정)으로 구별하여 단순히 옮겨쓰기만 해 주면 된다. 결과적으로 포괄손익계산서와 재무상태표

상에는 동일한 당기순손익 금액이 계산되어 대차평균이 이루어지게 된다. 8위식 정산표의 경우에는 수정전 시산표와 수정분개란의 분개내용을 참고로 재무상태표와 포괄손익계산서에 바로 옮겨 작성한다(상세한 작성과정은 제17장 제12절을 참조하기 바람).

제 3 절   결산본절차

결산예비절차가 종료되면 본절차가 행하여진다. 결산본절차에서는 총계정원장을 중심으로 하여 수익·비용에 속하는 계정을 손익계정에 집계하여 순손익을 산출한다.

또한 자산·부채·자본에 속하는 계정은 잔액을 차기회계연도에 이월함과 동시에 원장을 마감한다.

1. 손익계정의 설정

기말에 순손익을 산출하기 위하여 수익·비용에 속하는 계정을 집합시킨 것을 손익계정(profit and loss a/c) 또는 집합손익계정(profit and loss summary a/c)이라 한다. 즉, 수익에 속하는 계정의 잔액을 당해계정의 차변에 기입하여 마감함과 동시에 손익계정의 대변에 대체하고, 비용에 속하는 계정의 잔액을 당해계정의 대변에 기입하여 마감함과 동시에 손익계정의 차변에 대체(對替)한다.

이와 같이 한 계정에서 다른 계정으로 금액을 옮겨 기록하는 것을 대체(transfer)라고 한다.

앞장(제 4 장) [예제 6]의 원주상점 총계정원장의 수익·비용계정의 잔액을 손익계정에 대체하면 다음과 같다.

(차)	상품매출이익	130,000	(대)	손 익	130,000
(차)	이 자 수 익	5,000	(대)	손 익	5,000
(차)	손 익	16,000	(대)	급 여	16,000
(차)	손 익	32,000	(대)	감 가 상 각 비	32,000
(차)	손 익	6,000	(대)	이 자 비 용	6,000
(차)	손 익	2,200	(대)	잡 비	2,200

손   익

8/31	급　여	16,000	8/31	상품매출이익	130,000
〃	감가상각비	32,000	〃	이 자 수 익	5,000
〃	이 자 비 용	6,000			
〃	잡　비	2,200			

2. 순손익의 산정과 처리

손익계정의 차변합계는 급여, 이자비용, 잡비 등의 총비용의 합계를 나타내며, 대변합계는 매출총이익, 이자수익, 배당수익 등의 총수익의 합계를 의미한다. 그러므로 대변합계가 차변합계보다 클 때에는 그 차액은 순이익이 되고, 반대로 차변합계가 대변합계보다 클때에는 그 차액은 순손실이 된다.

앞의 손익계정의 차변합계는 ₩56,200이며, 대변합계는 ₩135,000이므로 순이익은 ₩78,800이다. 이 순이익의 회계처리는 개인기업과 주식회사의 경우 다음과 같이 다르다.

(1) 개인기업

개인기업에 있어서 순손익은 자본금의 증감이라 하여 손익계정에서 곧 자본금계정으로 대체되는 것이 보통이다.

(차) 손　익　78,800　　　(대) 자 본 금　78,800

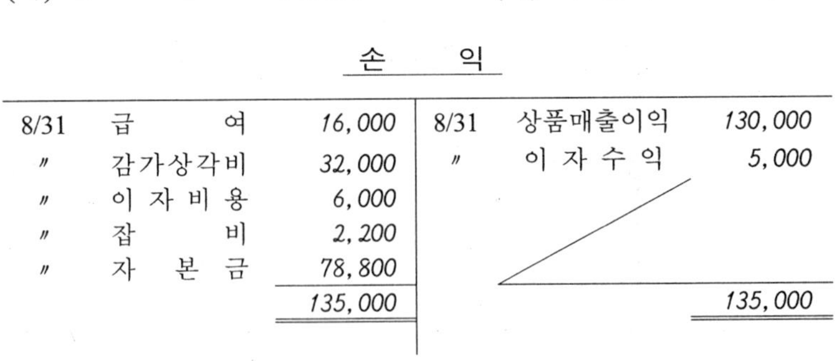

손   익

8/31	급　여	16,000	8/31	상품매출이익	130,000
〃	감가상각비	32,000	〃	이 자 수 익	5,000
〃	이 자 비 용	6,000			
〃	잡　비	2,200			
〃	자 본 금	78,800			
		135,000			135,000

자 본 금

8/1	제	좌	500,000
8/31	손	익	78,800

만일, 반대로 손익계정의 차변잔액, 즉 손실이라 하면 다음과 같은 분개가 된다.

    (차) 자 본 금　　×××　　(대) 손　　　익　　×××

(2) 주식회사

주식회사에서 자본금계정은 법정자본금을 표시하도록 되어 있으므로 손익계정의 잔액을 자본금계정에 직접 대체하는 것은 허락되지 않는다. 더구나, 주주총회가 있을 때까지 그 처분도 확정되어 있지 아니하므로 미처분이익잉여금계정이나 미처리결손금계정으로 대체한다.

    (차) 손　　　익　78,800　　(대) 미처분이익잉여금　78,800

만일, 반대로 손익계정의 잔액이 차변에 있는 경우에는 다음과 같은 분개가 이루어진다.

    (차) 미처리결손금　×××　　(대) 손　　　익　　×××

주식회사의 순손익처리에 관한 상세한 내용은 제16장에서 설명하기로 한다.

3. 자산·부채·자본계정의 마감

수익·비용의 계정을 마감하고 손익계정에서 산정된 순이익(또는 순손실)을 자본금계정에 대체기입한 다음에, 자산·부채·자본의 계정을 마감하여야 한다. 이 마감에는 영미식결산법(English closing account method)과 대륙식결산법(Continental closing account method)의 두가지 방법이 있으나 본 교재에서는 영미식결산법에 대해서만 설명한다.

(1) 영미식결산법

① 원장의 마감

자산·부채·자본계정은 대차금액을 비교하여 잔액의 반대쪽의 적요란에 적색(赤色 ; red)으로 「차기이월」이라 기입하고, 대차금액을 합계하여 마감한다. 그리고 이월액을 마감한 다음 날짜(차기 초일)로 「차기이월」의 반대쪽의 적요란에 「전기이월」로 하여 기입한다.

차기이월과 전기이월의 기입은 분개장의 기입에 의하지 않고 원장에서 이루어지므로 원장의 분면란에 (√)를 기입한다.

이 방법은 우리나라 회계실무에서 가장 많이 사용하는 방법이다.

앞장 [예제 6]에서 예시한 원주상점의 총계정원장을 영미식결산법으로 마감하면 다음과 같다.

분 개 장

일 자		적 요	원 면	차 변	대 변
		결 산 분 개			
8	31	제　　좌　　　　(손　　　익)	16		135,000
		(상품매출이익)	11	130,000	
		(이자수익)	12	5,000	
		수익계정잔액을 손익계정에 대체			
	〃	(손　　　익)　　제　　좌	16	24,200	
		(급　　　여)	13		16,000
		(감가상각비)			32,000
		(이자 비용)	14		6,000
		(잡　　　비)	15		2,200
		비용계정잔액을 손익계정에 대체			
	〃	(손　　　익)	16	110,800	
		(자 본 금)	10		110,800
		당기순이익을 자본금계정에 대체			
				270,000	270,000

2

총 계 정 원 장

현   금

일 자		적 요	분면	금 액	일 자		적 요	분면	금 액
8	1	제 좌	1	450,000	8	2	제 좌	1	260,000
	8	제 좌	〃	300,000		4	상 품	〃	120,000
	21	제 좌	2	270,000		6	상 품	〃	40,000
	23	제 좌	〃	45,000		10	당 좌 예 금	〃	210,000
						12	단기대여금	2	50,000
						25	급 여	〃	16,000
						29	제 좌	〃	76,000
						31	잡 비	〃	2,200
						〃	차 기 이 월		290,800
				1,065,000					1,065,000
9	1	전 기 이 월	√	290,800					

당 좌 예 금

일 자		적 요	분면	금 액	일 자		적 요	분면	금 액
8	10	현 금	1	210,000	8	16	매 입 채 무	2	110,000
	26	매 출 채 권	2	100,000		18	상 품	〃	40,000
						31	차 기 이 월	√	160,000
				310,000					310,000
9	1	전 기 이 월	√	160,000					

매 출 채 권

일 자		적 요	분면	금 액	일 자		적 요	분면	금 액
8	21	제 좌	2	150,000	8	26	당 좌 예 금	2	100,000
						31	차 기 이 월	√	50,000
				150,000					150,000
9	1	전 기 이 월	√	50,000					

상   품

일 자		적 요	분면	금 액	일 자		적 요	분면	금 액
8	1	제 좌	1	180,000	8	8	현 금	1	250,000
	4	제 좌	〃	120,000		21	제 좌	2	340,000
	6	제 좌	〃	240,000		31	차 기 이 월	√	190,000
	18	제 좌	2	240,000					
				780,000					780,000
9	1	전 기 이 월	√	190,000					

단 기 대 여 금 8

일자	적요	분면	금액	일자	적요	분면	금액
8 12	현 금	2	50,000	8 23	현 금	2	40,000
				31	차 기 이 월	√	10,000
			50,000				50,000
9 1	전 기 이 월	√	10,000				

비 품 9

일자	적요	분면	금액	일자	적요	분면	금액
8 2	현 금	1	48,000	8 31	차 기 이 월	√	48,000
9 1	전 기 이 월	√	48,000				

건 물 10

일자	적요	분면	금액	일자	적요	분면	금액
8 2	현 금	1	180,000	8 31	차 기 이 월	√	180,000
9 1	전 기 이 월	√	180,000				

매 입 채 무 11

일자	적요	분면	금액	일자	적요	분면	금액
8 16	당 좌 예 금	2	110,000	8 6	상 품	1	200,000
31	차 기 이 월	√	290,000	18	상 품	2	200,000
			400,000				400,000
				9 1	전 기 이 월	√	290,000

단 기 차 입 금 12

일자	적요	분면	금액	일자	적요	분면	금액
8 29	현 금	2	70,000	8 1	제 좌	1	130,000
31	차 기 이 월	√	60,000				
			130,000				130,000
				9 1	전 기 이 월	√	60,000

자 본 금 13

일자	적요	분면	금액	일자	적요	분면	금액
8 31	차 기 이 월	√	578,800	8 1	제 좌	1	500,000
				31	손 익	3	78,800
			578,800				578,800
					전 기 이 월	√	578,800

상품매출이익 14

일자	적요	분면	금액	일자	적요	분면	금액
8 31	손 익	3	130,000	8 8	현 금	1	50,000
				21	제 좌	2	80,000
			130,000				130,000

이 자 수 익

16

일 자	적 요	분면	금 액	일 자	적 요	분면	금 액
8 31	손　　익	3	5,000	8 23	현　　금	2	5,000

급 여

일 자	적 요	분면	금 액	일 자	적 요	분면	금 액
8 25	현　　금	2	16,000	8 31	손　　익	3	16,000

17

이 자 비 용

일 자	적 요	분면	금 액	일 자	적 요	분면	금 액
8 29	현　　금	2	6,000	8 31	손　　익	3	6,000

감가상각비

일 자	적 요	분면	금 액	일 자	적 요	원면	금 액
8 31	제　　좌		32,000	8 31	손　　익	3	32,000

잡 비

일 자	적 요	분면	금 액	일 자	적 요	분면	금 액
8 31	현　　금	2	2,200	8 31	손　　익	3	2,200

손 익

일 자	적 요	분면	금 액	일 자	적 요	분면	금 액
8 31	급　　여	3	16,000	8 31	상품매출이익	3	130,000
	감가상각비	〃	32,000	〃	이 자 수 익	〃	5,000
〃	이자 비용	〃	6,000				
〃	잡　　비	〃	2,200				
〃	자 본 금	〃	78,800				
			135,000				135,000

② 이월시산표의 작성

　자산·부채·자본의 계정은 각각 대차평균이 되어 마감된다. 이때 이월기입이 정확하게 되었는가를 검산하기 위하여 대차평균의 원리에 따라 자산·부채·자본계정의 이월액을 모아서 작성하는 시산표를 이월시산표(post closing trial balance)라 하고, 원칙적으로 총계정원장의 이월기입이 끝난 후에 작성한다.

앞장 [예제 6]에서 예시한 원주상점의 이월시산표를 작성하면 다음과 같다.

이 월 시 산 표

20 ×6년 8월 31일

차 변	원 면	계 정 과 목	대 변
290,800	1	현　　　금	
160,000	2	당 좌 예 금	
50,000	3	매 출 채 권	
190,000	4	상　　　품	
10,000	5	단 기 대 여 금	
48,000	6	비　　　품	
180,000	7	건　　　물	
	8	매 입 채 무	290,000
	9	단 기 차 입 금	60,000
	10	자 본 금	578,800
928,800			928,800

4. 기타 장부의 마감

(1) 분개장의 마감

원장의 각 계정을 마감한 다음에는 분개장의 마감을 행하여야 한다. 분개장은 ① 영업거래의 기입을 마친데서 일단 마감하여 차변·대변의 합계금액이 평균하는가를 확인하고, ② 결산분개의 기입을 마친데서 다시 마감한다. 그 방법은 차변·대변금액란에 각각 합계를 기입하고 대차가 일치하는가 확인한 다음 그 밑에 두 줄을 긋는다. 다음에 결산을 위한 손익계정의 대체분개를 한 후에 합계를 하여 마감한다.

(2) 보조부의 마감

이 밖에 현금출납장·매입장·매출장·상품재고장 등의 보조장부는 각각 그 특수성에 따라 마감한다.

제 4 절   결산보고서의 작성

결산본절차가 끝나면 그 결과를 보고하기 위하여 재무상태표와 포괄손익계산서등을 작성하여야 한다. 이들을 결산보고서 또는 재무제표(financial statement)라 한다.

재무상태표는 기말결산일의 자산·부채 및 자본의 현재액을 대조표시한 재무일람표로써 자산 = 부채 + 자본의 등식에 의하여 작성된다. 정산표와 결산일의 총계정원장의 자산·부채·자본계정의 이월기입액을 자료로 하여 작성한다.

포괄손익계산서는 일정회계기간 중에 발생한 수익·비용의 내용을 기록한 일람표로써 총비용 + 순이익 = 총수익의 등식에 의하여 작성된다(순이익 발생의 경우). 정산표와 결산일의 수익·비용계정이나 손익계정을 자료로 하여 작성한다.

이와 같이 재무상태표는 일정시점에 있어서의 재무상태를, 포괄손익계산서는 일정기간의 경영성과를 표시해 주는 재무보고서로서 중요한 역할을 한다.

앞장 [예제 6]에서 예시한 원주상점의 재무상태표와 포괄손익계산서를 작성하면 다음과 같다.

재 무 상 태 표

20×6년 8월 31일 현재

자 산	금 액	부채 · 자본	금 액
현 금	290,800	매 입 채 무	290,000
당 좌 예 금	160,000	단 기 차 입 금	60,000
매 출 채 권	50,000	자 본 금	500,000
상 품	190,000	당 기 순 이 익	78,800
단 기 대 여 금	10,000		
비 품	48,000		
건 물	180,000		
	928,800		928,800

포 괄 손 익 계 산 서

20×6년 8월 1일 부터
20×6년 8월 31일 까지

비 용	금 액	수 익	금 액
급 여	16,000	상 품 매 출 이 익	130,000
감 가 상 각 비	32,000	이 자 수 익	5,000
이 자 비 용	6,000		
잡 비	2,200		
당 기 순 이 익	78,800		
	135,000		135,000

자신을 버리는 삶은 영생을 추수한다.

연 습 문 제

[1] 다음은 회계처리의 과정을 도표로 나타낸 것이다. 적당한 용어를 빈칸에 채워라.

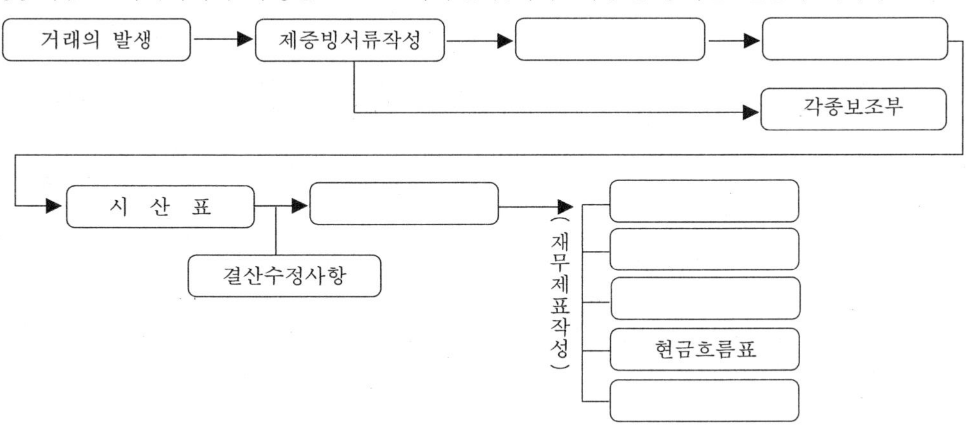

[2] 다음의 공란에 알맞는 금액을 기입하라.

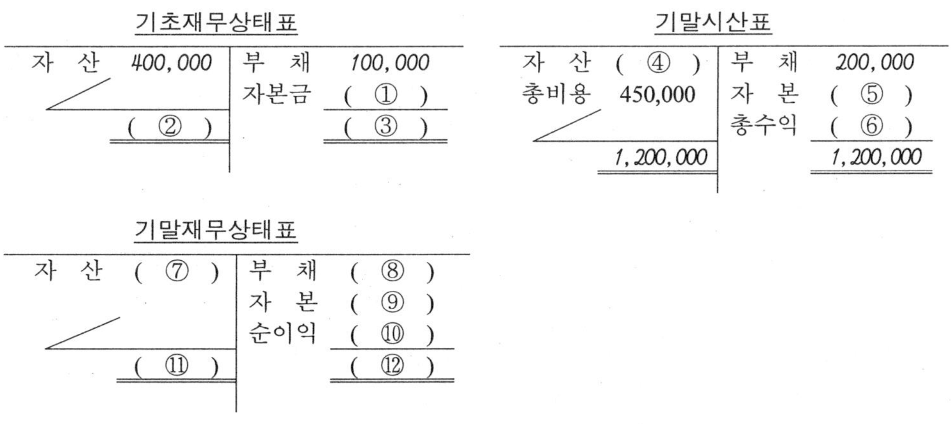

[3] 회계기록에는 오류가 포함되지 않았는데도 시산표(잔액시산표)를 작성해 보니 다음과 같이 차·대변합계가 일치하지 않았다. 그 원인을 찾아 올바른 시산표를 작성하라.

시 산 표

차 변	원 면	계 정 과 목	대 변
1,286,000		현　　　　　금	
1,387,000		당 좌 예 금	
		비　　　　　품	800,000
		매 입 채 무	468,000

차　　　변	원 면	계 정 과 목	대　　　변
854,000		매 출 채 권	
49,000		예 　 수 　 금	
		자 　 본 　 금	2,800,000
		단 기 차 입 금	750,000
420,000		급 　　　　 여	
		상 품 매 매 이 익	1,050,000
50,000		이 　 자 　 수 　 익	
380,000		영 　　 업 　　 비	
		이 　 자 　 비 　 용	40,000
4,426,000			5,908,000

[4] 다음 중앙상점의 6월중의 거래를 분개하여 분개장에 기입한 뒤, 원장에 전기하고, 영미식에 의하여 결산 마감하라.

6월 1일　현금 ₩2,000,000을 자본으로 하여 상품매매업을 개시하다.
　　2일　영업용 건물 한 채를 ₩800,000으로 구입하고 현금으로 지급하다.
　　4일　영업용 비품을 구입하고 대금 ₩20,000을 현금으로 지급하다.
　　6일　성동상점으로부터 A상품 ₩500,000을 매입하고, 대금 ₩300,000은 현금으로 지급하고 나머지는 외상으로 하다.
　10일　동아상점에 A상품 ₩400,000(원가 ₩300,000)을 매출하고 대금은 현금으로 받다.
　11일　서울상점으로부터 B상품 ₩450,000을 외상으로 매입하다.
　14일　A상점에 A상품 ₩200,000(원가 ₩150,000), B상품 ₩350,000(원가 ₩250,000)을 외상으로 매출하다.
　16일　서울상점의 외상매입금 ₩450,000을 현금으로 지급하다.
　19일　A상점으로부터 외상매출금 중 ₩420,000을 현금으로 받다.
　21일　B상점에 B상품 ₩180,000(원가 ₩150,000)을 매출하고, 대금 중 ₩120,000은 현금으로 받고 잔액은 외상으로 하다.
　24일　당월분 급여 ₩50,000을 현금으로 지급하다.
　30일　당월분 잡비 ₩8,000을 현금으로 지급하다.

[5] 다음과 같은 잔액이 있는 원장의 각 계정을 영미식결산법에 의하여 마감하고, 결산에 필요한 분개를 표시하라. 단, 결산일은 20×7년 3월 31일이다.

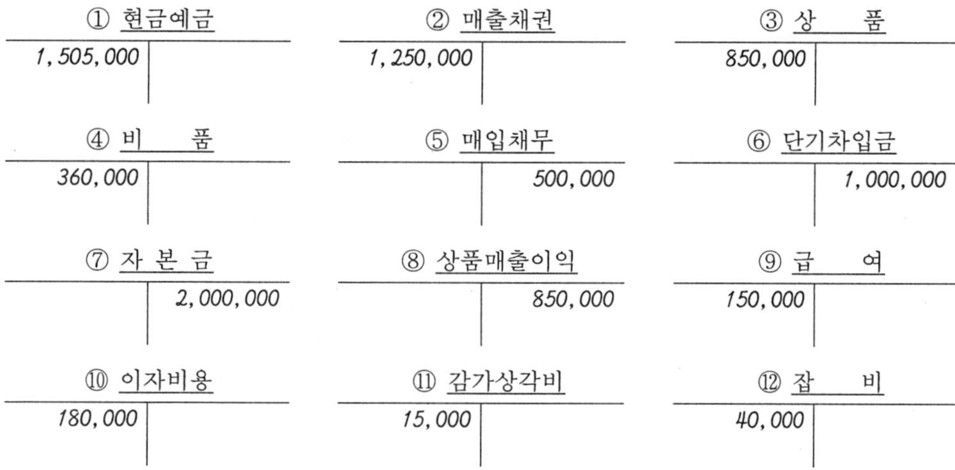

[6] 서울상점의 6월 1일과 30일의 재무상태와 6월중의 영업성과는 다음과 같다. 다음 자료에 의하여 6월 1일과 6월 30일 현재의 재무상태표와 6월중의 포괄손익계산서를 작성하라.

6월 1일의 자산·부채

현 금 예 금	₩300,000	단 기 대 여 금	₩240,000	상 품	₩500,000
매 출 채 권	1,810,000	단 기 차 입 금	500,000	매 입 채 무	1,150,000
비 품	100,000				

6월중에 발생한 비용·수익

상품매출이익	₩450,000	수 수 료 수 익	₩15,000	급 여	₩80,000
교 통 비	72,000	이 자 비 용	30,000	소 모 품 비	14,000
광 고 선 전 비	45,000	이 자 수 익	20,000	잡 비	35,000

6월 30일의 자산·부채

현 금 예 금	₩520,000	단 기 대 여 금	₩300,000	상 품	₩650,000
매 출 채 권	1,779,000	단 기 차 입 금	500,000	매 입 채 무	1,352,500
선 급 비 용	12,000	비 품	100,000		

[7] 20×7년 12월 31일 현재 서울상점의 총계정원장계정잔액은 다음과 같다. 이에 의하여 잔액시산표를 작성하고 영미식결산법에 의하여 장부를 마감한 후 재무상태표와 손익계산서를 작성하라.

총 계 정 원 장

① 현　　금

590,000 |

② 당좌예금

1,250,000 |

③ 매출채권

1,310,000 |

④ 유가증권

100,000 |

⑤ 단기대여금

500,000 |

⑥ 상　　품

700,000 |

⑦ 비　　품

200,000 |

⑧ 매입채무

| 1,100,000

⑨ 미지급금

| 267,000

⑩ 단기차입금

| 500,000

⑪ 자　본　금

| ?

⑫ 상품매출이익

| 560,000

⑬ 급　　여

120,000 |

⑭ 이자비용

42,000 |

⑮ 영　업　비

115,000 |

[8] 다음 용어를 간단히 설명하라.

(1) 결산
(2) 시산표
(3) 정산표
(4) 손익계정
(5) 영미식결산법

(6) 결산보고서
(7) 재무제표
(8) 결산절차
(9) 이월시산표
(10) 계정

계속하라. 그 어떤 것도 끈기를 대신할 것은 없다. 재능이 대신하지 못할
것이다. 세상에는 재능은 있으나 성공하지 못한 사람으로 가득하다.
천재들이 대신하지 못할 것이다. 보상받지 못한 천재들의 이야기는
널려있다. 교육만으로는 대신하지 못할 것이다. 세상은 교육받은
낙오자들로 가득하다. 끈기와 결단력이 전지전능하다.

－타고난 승려자들(로빈시거)중에서

6

현금 및 현금성자산계정

제 1 절	현 금
제 2 절	소액현금
제 3 절	예 금
제 4 절	기타 예금과 저금
제 5 절	부도수표
제 6 절	현금 및 현금성자산
제 7 절	단기 투자자산

현금 및 현금성자산계정 제**6**장

제1절 현 금

1. 현금계정(cash a/c)

현금계정은 현금의 수입과 지출을 처리하는 계정으로서 현금의 수입액은 차변에, 지출액은 대변에 기입한다. 따라서 잔액은 항상 차변에 생기며 현금 시재액을 표시한다.

회계에서 현금계정으로 처리되는 것에는 은행권과 같은 법정통화뿐만 아니라, 타인발행수표, 자기앞수표, 송금수표, 우편환증서, 대체저금출급증서, 공·사채의 만기이자표 등 언제나 현금과 교환할 수 있는 것을 포함한다. 이와 같은 증권을 통화대용증권 또는 현금대용증권이라 한다.

현 금

수 입 액	지 출 액
	현 재 액

예제 1. 다음 거래를 분개하고 현금계정에 전기하라.

12월 1일   현금 ₩1,000,000으로 개업하다.

   8일   우리은행에 현금 ₩900,000을 당좌예금하다.

   16일   서울상점에서 상품 ₩600,000을 매입하고 이 중 ₩50,000을 현금으로 지급하다.

   22일   중앙상점에 상품 ₩200,000(원가 ₩180,000)을 매출하고 대금으로 동상점이 발행한 수표를 받다.

   30일   앞의 중앙상점의 수표 ₩200,000을 당좌예금하다.

해답

12/ 1	(차) 현　　　금	1,000,000	(대) 자　본　금	1,000,000			
12/ 8	(차) 당 좌 예 금	900,000	(대) 현　　　금	900,000			
12/16	(차) 상　　　품	600,000	(대) { 현　　　금 / 매 입 채 무	50,000 / 550,000			
12/22	(차) 현　　　금	200,000	(대) { 상　　　품 / 상품매출이익	180,000 / 20,000			
12/30	(차) 당 좌 예 금	200,000	(대) 현　　　금	200,000			

현　　금

12/ 1	자 본 금	1,000,000	12/ 8	당 좌 예 금	900,000
12/22	제　　좌	200,000	12/16	상　　품	50,000
			12/30	당 좌 예 금	200,000
			12/31	**차 기 이 월**	50,000
		1,200,000			1,200,000
1/1	전 기 이 월	50,000			

2. 현금출납장(cash book)

현금의 수입과 지출의 내용을 상세히 기록하는 보조부를 현금출납장이라 한다. 이 장부의 잔액은 현금의 현재액과 항상 일치하여야 하며, 총계정원장의 현금계정을 보조하는 기입이므로 이 계정의 잔액과도 반드시 일치하여야 한다.

현금출납장은 일자(日字)란·적요란·금액란으로 되어 있으며, 일자란은 거래의 일자를, 적요란에는 거래의 내용을 간명하게 기입하고, 금액란에는 현금의 수입액과 지출액을 기입하여 가감한 차액이 잔액이 되어 현금의 시재액을 표시한다.

예제 2. 위의 예시 [예제 1]에 의하여 현금출납장을 작성하라.

현 금 출 납 장

일	자	적 요	수 입	지 출	잔 액
12	1	현금출자로 개업	1,000,000		1,000,000
	8	우리은행에 당좌예금함		900,000	100,000
	16	서울상점에서 매입한 상품대금의			
		일부를 지급함		50,000	50,000
	22	중앙상점에 매출한 상품대금을			
		수표로 영수함	200,000		250,000
	30	수표를 당좌예금함		200,000	50,000
	31	**차기이월**		50,000	0
			1,200,000	1,200,000	
1	1	전기이월	50,000		50,000

3. 현금과부족계정(cash over or short a/c)

장부상 현금계정의 차변잔액과 현금실제시재액은 일치해야 하나 오기·부정·누락 등의 원인으로 일치하지 않는 경우가 있다. 만약 일치하지 않는 경우에는 현금과부족계정이란 가계정(假計定)을 두어 처리하며, 실제 시재액이 장부잔액보다 적으면 부족액을 차변에, 많으면 과대액을 대변에 기입한다. 또한, 후일 그 원인이 판명되면 해당계정에 대체하고 결산일까지 원인이 판명되지 않으면 잡이익 또는 잡손실로 처리한다.

예제 3. 다음 거래를 분개하라.
　① 현금시재액이 장부잔액보다 ₩4,500 부족하다.
　② 위의 부족원인을 조사한 바 출장사원의 교통비지급을 기장누락하였음이 판명되었다.

해답
　① (차) 현금과부족　　4,500　　(대) 현　　　금　　4,500
　② (차) 교 통 비　　4,500　　(대) 현금과부족　　4,500

예제 4. 다음 거래를 분개하라.
　① 현금시재액이 장부잔액보다 ₩6,000이 많다.
　② 위의 과대원인이 결산시까지도 판명되지 않아 잡이익으로 처리하다.

해답
　① (차) 현　　　금　　6,000　　(대) 현금과부족　　6,000
　② (차) 현금과부족　　6,000　　(대) 잡 이 익　　6,000

제 2 절 소 액 현 금

1. 소액현금계정(petty cash a/c)

지급을 위하여 현금을 다액으로 소유하는 것은 도난·분실 등의 위험이 있고, 계산·정리의 수고가 크고, 불편을 수반하므로 일반적으로 은행에 당좌예금계좌를 개설하여, 타인에게 받은 현금은 곧 거래은행에 예입하고, 지급은 모두 수표로 하는 것이 가장 편리하다.

그러나 일상의 소액경비(우편료, 엽서대, 교통비, 잡비 등)는 현금으로 지급하여야 한다. 그래서 이 소액현금지급을 위하여 총무계 또는 서무계 등 필요부서에 약간의 현금을 전도(前渡)하고, 지급을 취급케 하면 능률적이다. 이러한 경우에 전도한 금액을 처리하는 계정이 소액현금계정 또는 소액자금계정이다.

이 계정의 차변에는 서무계에 지급한 금액을 기입하고, 대변에는 그 지급에 대한 보고를 받은 금액을 기입한다. 서무계에 소액현금을 전도함에 있어서 필요에 따라 수시로 보충·지급하는 방법도 있으나, 가장 좋은 방법은 1개월 또는 일정기간의 지급에 충분하다고 인정되는 일정금액을 수표로 서무계에 전도하고, 서무계로 하여금 소액의 지급에 충당하도록 하고, 월말 또는 기말에 소액현금지급액을 보고하게 하여 그와 동액의 금액을 수표로 지급하는 방법이다. 이런 방법을 정액자금전도법(imprest system)이라 한다.

이와 같은 정액자금전도법을 채용함으로써 서무계에서 지급한 소액자금에 대한 자금관리와 처리가 편리하고, 서무계의 책임이 한정되며 지급내용을 정기적으로 보고받으므로 장부정리의 지연을 방지하는 이점이 있다.

예제 5. 다음 거래를 분개하라.
① 정액자금전도법을 채용하고 있는 중앙상점은 소액자금으로 ₩50,000을 서무계에 수표로 지급하다.
② 월말에 서무계로부터 본월분의 소액현금지급액을 다음과 같이 보고받고 곧 동액을 수표로 발행하여 보급해 주다.

| 교 통 비 | ₩14,000 | 통 신 비 | ₩16,500 |
| 소모품비 | ₩10,000 | 잡   비 | ₩8,000 |

해답

① (차) 소 액 현 금   50,000   (대) 당 좌 예 금   50,000

② (차) { 교 통 비   14,000
　　　　통 신 비   16,500   (대) 당 좌 예 금   48,500
　　　　소 모 품 비   10,000
　　　　잡　　　비   8,000 }

2. 소액현금출납장(petty cash book)

소액현금을 전도받은 총무계 또는 서무계에서는 소액현금의 출납내용을 명백히 하기 위하여 보조부인 소액현금출납장을 사용하여 기장하고 동 소액현금을 다 사용한 다음에는 지급에 관계되는 영수증을 첨부하여 회계과 또는 출납계에 소액현금 지급액을 보고한다. 그러면 지급액과 같은 금액을 수표로 보충받게 된다.

예제 6. 중앙상점은 정액자금전도법을 채용하기로 하고, 10월 1일 ₩100,000을 소액지급자금으로써 서무계에 수표를 발행하여 지급하다. 다음 자료에 의하여 10월중의 거래를 분개하고 소액현금출납장을 작성하여 마감 표시하라.

　　10월 1일 볼펜 등 소모품을 구입하고 ₩14,500을 지급하다.
　　　 4일 택시요금 ₩2,600을 지급하다.
　　　 8일 접대용 담배, 다과 ₩9,800을 구입하다.
　　　15일 전화요금과 전보료 ₩42,000을 지급하다.
　　　18일 우표대 ₩5,000을 지급하다.
　　　20일 당월분 연료대 ₩8,600을 지급하다.
　　　24일 당월분 신문잡지대 ₩7,500을 지급하다.
　　　25일 당월분 전기료 ₩6,400을 지급하다.
　　　31일 당월분 지급액을 보고받고 수표로 보급하다.

해답

10/1　(차) 소 액 현 금   100,000   (대) 당 좌 예 금   100,000

10/31　(차) { 통 신 비   47,000
　　　　　　교 통 비   2,600
　　　　　　수 도 광 열 비   15,000   (대) 당 좌 예 금   96,400
　　　　　　소 모 품 비   14,500
　　　　　　잡　　　비   17,300 }

<h2 align="center">소 액 현 금 출 납 장</h2>

수입액	일	자	적　요	지급액	통신비	교통비	수　도 광열비	소모품비	잡　비
100,000	10	1	자 금 수 입						
		2	볼 펜 등 소 모 품 대	14,500				14,500	
		4	교 통 비 (택 시 료)	2,600		2,600			
		8	접대용담배·다과대	9,800					9,800
		15	전 화 · 전 보 료	42,000	42,000				
		18	우 표 대	5,000	5,000				
		20	연 료 대	8,600			8,600		
		24	신 문 · 잡 지 대	7,500					7,500
		25	전 기 료	6,400			6,400		
			합 계	96,400	47,000	2,600	15,000	14,500	17,300
96,400		31	자 금 수 입						
		〃	**차 월 이 월**	100,000					
196,400				196,400					
100,000	11	1	전 월 이 월						

제 3 절　예　금

1. 당좌예금계정(current deposit a/c)

　당좌예금계정은 현금이나 타인으로부터 받은 수표로 예금은 할 수 있으나 예금의 인출은 반드시 수표의 발행에 의하여서만 할 수 있는 요구불예금인 당좌예금의 예입과 인출을 처리하는 계정이다.

　기장방법에 있어서 은행예입금은 이 계정 차변에, 인출하기 위하여 수표를 발행하였을 때에는 대변에 기입한다. 따라서 잔액이 차변에 있게 되면 예금의 시재액을 표시한다.

　자기가 발행한 수표를 받으면 당좌예금이 감소하지 않게 되므로 이 계정 차변에 기입한다.

　타인으로부터 받은 타인 발행의 수표는 현금의 수입이므로 현금계정의 차변에 기입하는 것이 일반적이나 이 수표를 받은 즉시 은행에 예입하였을 때에는 당좌예금계정의 차변에 기입한다.

　또한 선일자(先日字)수표를 발행하거나 거래처로부터 받았을 경우에는 지급어음이나 받을어음으로 보아 회계처리하여야 한다.

당 좌 예 금

예 입 액	인 출 액
	현 재 액

예제 7. 다음 거래를 분개하라.

   4월 1일 거래은행과 당좌계약을 체결하고 현금 ₩2,000,000을 예입하다.

      8일 서울상점에서 상품 ₩1,500,000을 매입하고 대금은 수표를 발행하여 지급하다.

   13일 중앙상점에 상품 ₩650,000(원가 ₩600,000)을 매출하고 대금은 동점이 발행한 수표로 받아 곧 당좌예금하다.

   24일 한강상점에 상품 ₩800,000(원가 ₩700,000)을 매출하고 목포상점이 발행한 수표로 받다.

   25일 인천상점에서 상품 ₩1,450,000을 매입하고 대금중 ₩800,000은 목포상점에서 받은 수표로 지급하고 잔액은 외상으로 하다.

해답

4/ 1	(차)	당 좌 예 금	2,000,000	(대)	현 금	2,000,000	
4/ 8	(차)	상 품	1,500,000	(대)	당 좌 예 금	1,500,000	
4/13	(차)	당 좌 예 금	650,000	(대)	{ 상 품	600,000	
					상품매출이익	50,000	
4/24	(차)	현 금	800,000	(대)	{ 상 품	700,000	
					상품매출이익	100,000	
4/25	(차)	상 품	1,450,000	(대)	{ 매 입 채 무	650,000	
					현 금	800,000	

2. 당좌예금출납장

당좌예금의 예입과 인출의 내용을 상세히 기입하기 위한 보조부를 당좌예금출납장이라 하며, 이 장부의 형식과 기장방법은 현금출납장과 같다. 그리고 현금출납장과 합쳐 현금·당좌예금출납장을 사용하기도 하는데, 그 형식은 당좌예금출납장의 예입과 인출의 금액란에 특별란인 현금과 당좌예금란을 설정하여 기입한다.

예제 8. 다음 거래를 당좌예금출납장과 현금·당좌예금출납장에 기장하라.

   3월 1일 현금 ₩3,000,000으로 개업하다.
      7일 현금 ₩2,500,000을 당좌예금하다.
    13일 상품 ₩1,500,000을 매입하고 수표를 발행하여 지급하다.
    24일 상품 ₩800,000을 매출하고 대금은 반액만 현금으로 받고, 나머지는 외상으로 하다.
    25일 수표 ₩200,000을 발행하여 현금으로 바꾸다.

해답

당 좌 예 금 출 납 장

일	자	적 요	예 입	인 출	차 또는 대	잔 액
3	7	현 금 예 입	2,500,000		차	2,500,000
	13	상품매입대금		1,500,000	〃	1,000,000
	25	현 금 인 출		200,000	〃	800,000
	31	**차 월 이 월**		800,000		
			2,500,000	2,500,000		
4	1	전 월 이 월	800,000			

현금·당좌예금출납장

일	자	적 요	현 금	예 금	일	자	적 요	현 금	예 금
3	1	개 업	3,000,000		3	7	현 금 예 입	2,500,000	
	7	현 금 예 입		2,500,000		13	상품매입대금		1,500,000
	24	상품매출대금	400,000			25	현 금 인 출		200,000
	25	현 금 인 출	200,000			31	**차 월 이 월**	1,100,000	800,000
			3,600,000	2,500,000				3,600,000	2,500,000
4	1	전 월 이 월	1,100,000	800,000					

3. 당좌차월계정

   수표의 발행은 원래 당좌예금잔액의 한도내에서 발행하여야 하며, 그렇지 않으면 지급거절이 되어 부도가 된다. 그러나 미리 은행과 일정한도액, 기간 및 이자율을 약정하는 당좌차월계약을 체결하면 계약의 한도내에서는 예금잔액을 초과하여 수표를 발행할 수 있다. 이렇게 예금잔액을 초과해서 지급되는 부분을 당좌차월(bank overdraft)이라 하고, 이 당좌차월액을 처리하는 방법에는 1계정제와 2계정제가 있다.

   1계정제는 당좌예금과 당좌차월액을 하나의 당좌예금계정에서 처리하는 방법이다. 이 경우에 차변잔액은 당좌예금시재액을 의미하고 잔액이 대변에 있으면 당좌차월액을 의미한다. 1계정제에 의하여 회계처리를 할 경우 대변잔액이 발생한 대로 결산을 하게 되는 경우에는 초과되는 금액을 단기차입금계정으로 대체하여야 한다.

2계정제는 당좌예금과 당좌차월의 2계정을 두고 예금잔액 이상의 수표발행액은 당좌차월이란 부채계정에서 처리하고 차후 현금 또는 타점발행수표를 예입하여 차월액을 상환하여야 한다.

당좌차월은 기말결산시에는 단기차입금계정으로 대체하여 재무상태표에는 단기차입금에 합산 표시한다.

예제 9. 다음 거래를 분개하라.
① 상품 ₩450,000을 매입하고 대금은 수표를 발행하여 지급하다. 단, 당좌예금잔액은 ₩100,000, 차월한도액은 ₩1,500,000이다.
② 서울상점에 상품 ₩400,000(원가 ₩300,000)을 매출하고 대금은 동점발행수표로 받아 즉시 당좌예입하다.

해답

(1) 1계정제

①	(차) 상 품	450,000	(대) 당 좌 예 금		450,000
②	(차) 당 좌 예 금	400,000	(대) { 상 품		300,000
			상품매출이익		100,000

(2) 2계정제

①	(차) 상 품	450,000	(대) { 당 좌 예 금		100,000
			당 좌 차 월		350,000
②	(차) { 당 좌 예 금	50,000	(대) { 상 품		300,000
	당 좌 차 월	350,000	상품매출이익		100,000

4. 은행계정조정표

당좌예금거래에 있어 회사의 당좌예금장부잔액은 은행장부잔액과는 일정시점에서 일치하는 것이 원칙이나 다음과 같이 예입한 수표(타인발행)가 아직 추심되지 않았다든가 발행한 수표가 아직 은행에서 지급되지 않은 원인 등으로 인하여 일치하지 않을 때가 있다.

(1) 기업측의 원인

① 당좌대체입금의 통지의 미달(가산)
② 받을어음결제의 통지의 미달(가산)
③ 어음추심수수료, 송금수수료, 당좌차월이자의 공제 통지의 미달(차감)
④ 지급어음결제의 통지의 미달(차감)
⑤ 출장점원발행의 미기입수표의 결제(차감)
⑥ 예입한 타인발행수표의 부도통지의 미달(차감)
⑦ 기타 기장상의 오류(가산 또는 차감) 등

(2) 은행측의 원인

① 통화대용증권의 수입이 기업측에서 당좌예입으로 처리되었으나, 아직 은행에 예입되지 않은 경우(가산)
② 당좌대체입금 통지가 기업측에 도착했으나, 은행측에 미달인 경우(가산)
③ 기업측에서 발행수표를 교부하지 않은 경우(차감)
④ 발행교부한 수표가 소지인의 불참으로 은행에서 미지급인 경우(차감)
⑤ 기타 기장상의 오류(가산 또는 차감)

따라서, 기업은 월말 또는 결산일에 은행으로부터 당좌예금잔액증명서를 받아, 기업측의 장부잔액과 일치하는 지를 확인하고, 양자가 일치하지 않을 경우에는 은행계정조정표를 작성하여 그 원인을 밝히고 기업측의 원인에 의하여 발생한 차이는 수정분개를 하여 회사의 정확한 장부잔액을 나타내도록 회계처리하여야 한다.

(3) 은행계정조정표 작성방법

은행계정조정표를 작성하는 방법으로는 다음의 세가지 방법이 있다.
① 은행의 당좌계정잔액(은행의 잔액증명서상의 금액)을 기준으로 회사의 당좌예금잔액에 일치시키는 방법
② 회사의 당좌예금계정으로부터 출발하여 은행의 당좌계정잔액에 일치시키는 방법
③ 은행의 당좌계정잔액과 회사의 당좌예금잔액을 각각 수정하여 양쪽의 잔액을 일치시키는 방법

　은행조정표의 양식에는 통일화된 것이 없으므로 담당자의 입장에서 편리하게 작성·이용하여 양쪽의 잔액이 일치한다는 것을 명료하게 나타내면 된다. 그러나 일반적으로 위 ③의 방법이 예금의 정확한 잔액을 알 수 있게 되므로 많이 사용된다.

예제 10. 다음 자료에 의하여 은행계정조정표를 작성하고 필요한 수정분개를 표시하라.

　(1) 6월 30일 현재 당좌예금의 장부잔액은 ₩1,510,000이나 은행의 잔액증명서상 잔액은 ₩2,227,000이다.

　(2) 위 불일치의 원인을 조사한 결과 다음 사실이 확인되었다.

　　① 6월 30일 A회사에 발행교부한 수표 ₩350,000이 아직 은행에서 지급되지 않았다.

　　② 6월 29일 B회사에서 받아 예입한 수표 ₩500,000을 은행에서 기입되지 않고 누락되었음이 판명되었다.

　　③ 거래처 C회사로부터의 외상매출금 ₩850,000이 은행의 당점계정에 대체기입되었으나 통지를 받지 못하여 회사장부에 기입되지 않았다.

　　④ 당좌차월에 대한 이자 ₩10,000이 은행의 당점계정에서 차감되었지만 회사장부에 기입되지 않았다.

　　⑤ 거래처에서 받아 예입한 수표 ₩185,000이 회사장부에 ₩158,000으로 잘못 기입 되었다.

해답

수정분개

①번　분개 필요없음
②번　분개 필요없음
③번　(차) 당　좌　예　금　850,000　　(대) 매　출　채　권　850,000
④번　(차) 이　자　비　용　10,000　　(대) 당　좌　예　금　10,000
⑤번　(차) 당　좌　예　금　27,000　　(대) 매　출　채　권　27,000
또는　(차) { 당　좌　예　금　185,000 / 매　출　채　권　158,000 }　　(대) { 매　출　채　권　185,000 / 당　좌　예　금　158,000 }

은 행 계 정 조 정 표

회 사 측 장 부 잔 액	₩1,510,000	은 행 측 잔 액	₩2,227,000
예 입 액 당 점 미 기 입	(+) 850,000	발 행 수 표 미 지 급 액	(−) 350,000
당 좌 차 월 이 자 미 기 입	(−) 10,000	예 입 수 표 미 기 입	(+) 500,000
장 부 오 기 분	(+) 27,000		
	₩2,377,000		₩2,377,000

예제 11. 수원상사가 받은 20×7년 8월 31일자의 은행계산서는 다음과 같다.

우 리 은 행	인 출	예 입	잔 액
8월 1일 잔액			₩8,600
8월중의 예입액		₩28,000	36,600
어음추심액(이자 ₩24 포함)		924	37,524
8월중 수표결제액	₩32,000		5,324
은행수수료	8		5,316
8월 31일 잔액			5,316

8월중의 원장현금계정에는 다음과 같이 기록되었다.

현 금 예 금

8월 1일 잔액	8,200	8월중의 지급액	32,500
8월중의 입금액	31,000		

　8월 31일 마감 후 예입액은 ₩3,000이며 기발행미지급수표는 ₩900이다. 월말 현금시재는 ₩190이다. 소모품을 매입하고 발행한 수표 ₩165을 장부상 ₩155으로 기입했다. 이 수표는 8월중 은행에서 지급되었다.

(1) 20×7년 8월 31일의 은행계정조정표를 작성하라.

(2) 필요한 수정분개를 하라.

(3) 8월 31일자 재무상태표에 표시될 현금예금의 잔액은 얼마인가?

해답

(1) 은행계정조정표

은 행 계 정 조 정 표

수원상사	20×7년 8월 31일		우리은행
은행계산서상의 잔액			₩5,316
가 산 :			
현금시재		₩190	
마감후 예입액		3,000	3,190
			8,506
차 감 :			
기발행 미지급수표			(900)
수정후 잔액			₩7,606
장부상의 잔액			₩6,700
가산 : 어음 및 이자추심액			924
차감 :			7,624
은행수수료		8	
기장오류		10	(18)
수정후 잔액			₩7,606

(2) 수정분개

(차)	현금예금	924	(대)	{ 매 출 채 권	900
				이 자 수 익	24
	(받을어음 및 수입이자 추심)				
(차)	영업비-은행수수료	8	(대)	현 금 예 금	8
	(8월중의 은행수수료)				
(차)	소 모 품 비	10	(대)	현 금 예 금	10
	(기장오류의 수정)				

(3) 재무상태표에 표시될 현금예금은 ₩7,606 이다.

예제 12. 다음의 정보를 참고하여 제1법, 제2법, 제3법에 의한 은행계정조정표를 작성하라.

① 은행계산서 잔액   ₩143,000

② 당좌예금출납장 잔액   ₩72,500

③ 회사측에 기장되지 않은 어음추심액   ₩20,000

④ 위 추심수수료   ₩500

⑤ 기발행미지급수표 :

  #0018   ₩15,000,   #0021   ₩23,000,   #0022   ₩60,000

⑥ 미예입현금   ₩47,000

해답

은행계정조정표(제1법)

은행계산서 잔액		₩143,000
어음추심액(−)		(20,000)
위추심수수료(+)		500
		123,500
기발행미지급수표(−)		
#0018	₩15,000	
#0021	23,000	
#0022	60,000	(98,000)
미예입현금(+)		47,000
당좌예금출납장잔액		₩72,500

은행계정조정표(제2법)

당좌예금출납장잔액		₩72,500
어음추심액(+)		20,000
위추심수수료(-)		(500)
		92,000
기발행미지급수표(+)		
#0018	₩15,000	
#0021	23,000	
#0022	60,000	98,000
미예입현금(-)		(47,000)
은행계산서잔액		₩143,000

은행계정조정표(제3법)

은행계산서 잔액		₩143,000
기발행미지급수표(-)		
#0018	₩15,000	
#0021	23,000	
#0022	60,000	(98,000)
미예입현금(+)		47,000
조정후 잔액		₩92,000
당좌예금출납장잔액		₩72,500
어음추심액(+)		20,000
위추심수수료(-)		(500)
조정후 잔액		₩92,000

　　다음의 표는 제 1 법과 제 2 법의 경우에 있어서 은행계정조정표를 작성하기 위한 작성원칙을 요약한 것이다.

은행계정조정표의 작성원칙

은행잔액을 회사잔액에 일치시키는 방법(제1법)			회사잔액을 은행잔액에 일치시키는 방법(제2법)		
은행측에서만 이미 {	(+)된 것 ⟶	(-)	회사측에서만 이미 {	(+)된 것 ⟶	(-)
	(-)된 것 ⟶	(+)		(-)된 것 ⟶	(+)
회사측에서만 이미 {	(+)된 것 ⟶	(+)	은행측에서만 이미 {	(+)된 것 ⟶	(+)
	(-)된 것 ⟶	(-)		(-)된 것 ⟶	(-)

제 4 절 기타 예금과 저금

1. 제예금계정(sundry deposits a/c)

당좌예금 외에 정기예금, 정기적금, 통지예금, 보통예금 등 각종 예금의 예입과 인출은 각 예금의 종류별로 각각 계정을 설정하여 처리하는 것이 원칙이나 예금액이 많지 않을 때에는 제예금계정을 설정하여 함께 처리하고 보조부에서 상세히 기록함이 편리하다.

제예금 중 재무상태표 작성일로부터 1년 이내에 만기가 도래하는 것은 유동자산 중 제예금계정에서 처리하고, 1년 이후에 만기가 도래하는 것은 투자자산으로 분류·처리하여야 한다.

이들 예금을 예입하면 해당 계정의 차변에 기입하고 인출시에는 해당 계정의 대변에 기입한다. 따라서 잔액은 항상 차변에 있게 되어 예금의 현재액을 표시한다.

예제 13. 다음 거래를 분개하라.

① 우리은행에 6개월 만기의 정기예금으로 현금 ₩500,000을 예금하다.

② 위의 정기예금이 만기가 되어 원금 ₩500,000과 그 이자 ₩30,000을 받아 곧 당좌예입하다.

해답

①	(차) 제 예 금	500,000	(대) 현 금	500,000
②	(차) 당 좌 예 금	530,000	(대) { 제 예 금	500,000
			이 자 수 익	30,000

2. 대체저금계정

대체저금(post office saving transfer)은 우체국에서 취급하는 저금의 일종인데 그 목적은 저금에 있는 것이 아니라 소액의 지급수단으로, 그리고 또한 은행이 없는 격지간의 상거래에서 발생하는 채권·채무의 결제수단으로 이용된다.

대체저금의 기입방법은 당좌예금의 경우와 같으며 우체국에 대체저금계좌를 개설하고 예입액과 불입액을 대체저금계정의 차변에 기입하고 저금을 인출하거나 우편수표를 발행하여 인출(引出)하였을 때에는 이 계정의 대변에 기입한다.

　대체저금을 이용함으로써 발생하는 대체요금은 취급액에 따라 부과되는데, 요금이 소액일 때는 월말에 합계하여 잡비계정으로 처리할 수 있으며 다액일 경우에는 대체저금 요금계정을 설정하여 처리한다.

　그리고 대체저금거래의 명세를 기입하는 보조부로써 대체저금출납장이 있으며 그 형식과 기장법은 당좌예금출납장의 경우와 같다.

예제 14. 다음 거래를 분개하라.

① 원주상점에의 외상매출금 ₩10,000에 대하여 동점이 당점대체저금계좌에 불입(입금)하였음을 우체국으로부터 통지받다.

② 춘천상점에 대한 외상매입금 ₩18,000을 지급하기 위하여 당점대체저금계좌에서 동점계좌에 대체하다.

③ 당월분 대체저금 요금합계액 ₩400을 잡비로 처리하였다.

해답

①	(차) 대 체 저 금	10,000		(대) 매 출 채 권	10,000
②	(차) 매 입 채 무	18,000		(대) 대 체 저 금	18,000
③	(차) 잡　　비	400		(대) 대 체 저 금	400

제 5 절　부 도 수 표

　부도수표(dishonored check)란 금융기관과 당좌차월의 약정없이 당좌예금잔액을 초과하여 발행한 수표, 또는 당좌차월약정을 체결하고 있다고 하더라도 그 차월한도를 초과하여 발행한 수표를 말한다. 이와 같은 수표는 원칙적으로 부정수표의 일종으로 간주하여 금융기관에서는 그 지급을 거절한다.

　타인으로부터 수취하여 금융기관에 예입한 수표가 부도가 되었을 때에는 별도 부도수표계정을 설정하여 회계처리하는 것이 바람직하다. 즉, 수표의 부도사실이 판명되면 일단 당좌예금계정에서 부도수표계정으로 대체시킨다. 거래처에서 수표대금을 다시 회수하게 되면 해당계정에 정리하지만 회수불능시에는 대손으로 처리한다.

예제 15. 다음 거래를 분개하라.

① 상품의 판매대금(원가 ₩800,000)으로 수취한 수표 ₩1,000,000을 은행에 당좌예입 하다.

② 은행으로부터 상기 수표가 부도가 되었다는 통지를 받다.

해답

① (차) 당 좌 예 금 1,000,000 (대) { 상   품 800,000 / 상품매출이익 200,000

② (차) 부 도 수 표 1,000,000 (대) 당 좌 예 금 1,000,000

제 6 절 현금 및 현금성자산

이상 위에서 설명한 현금, 당좌예금, 보통예금 및 현금성자산은 기말 재무상태표 작성시 현금 및 현금성자산계정으로 합산하여 표시하게 된다. 이때 현금성자산이라 함은 큰 거래비용이나 이자 없이 현금으로 전환이 용이하고, 이자율 변동에 따른 가치변동의 위험이 중요하지 않은 유가증권과 단기금융상품으로서 취득 당시 만기(또는 상환일)가 3개월 이내에 도래하는 것을 말한다.

제 7 절 단기금융자산

단기금융자산은 기업이 여유자금의 활용을 목적으로 보유하는 보통예금 등의 단기예금과 단기매매증권, 단기대여금 및 유동자산으로 분류되는 매도가능증권과 기한이 1년이내에 도래하는 만기보유증권 등의 자산을 포함한다.

단기금융자산은 현금 및 현금성자산과 함께 기업의 단기지급능력을 나타내는 단기 유동성을 파악하는데 매우 중요한 정보가 된다.

오늘의 괴로움이 어제의 축복을 잊어버리지 않게 하라

연 습 문 제

[1] 다음 각 거래를 분개하라.
   ① 우리은행과 당좌계약을 맺고 현금 ₩800,000을 예입하다.
   ② 전북상점에서 상품 ₩500,000을 매입하고, 대금 중 ₩200,000은 수표를 발행하여 지급하고 잔액은 외상으로 한다.
   ③ 중앙상점에 상품 ₩300,000(원가 ₩200,000)을 매출하고, 대금은 동점이 발행한 수표로 받다.
   ④ 수원상점에 상품 ₩70,000(원가 ₩50,000)을 매출하고, 대금 중 ₩30,000은 앞서 당점이 발행한 수표로 받고 잔액은 동점발행수표로 받다.
   ⑤ 현금 시재액을 조사해 보니 장부잔액보다 ₩4,000이 적음을 발견하다.
   ⑥ 위의 원인을 조사한 바 ₩2,000은 외상매출금 ₩12,000의 회수가 ₩14,000으로 오기되었음이 판명되고, 잔액 ₩2,000은 불명인 채 결산일을 맞다.

[2] (1) 회계상 현금계정에서 처리되는 것 5가지만 열거하라.
   (2) Imprest System을 간단히 설명하라.

[3] 다음 자료로 은행계정조정표를 작성하고, 필요한 수정분개를 표시하라.
   6월 30일 중앙상점의 총계정원장 당좌예금잔액은 ₩258,040이었으나 은행잔액증명서는 ₩290,600이었다. 그 원인을 조사한 결과 다음 사실이 판명되었다.
   ① 발행수표 중 은행에서 미지급한 것(매입처 갑에 발행한 것 ₩26,000과 매입처 을에 발행한 것 ₩50,000)
   ② 6월 30일 회사에서는 예입으로 기장하였으나 다음날에 예입된 것 ₩43,080
   ③ 예입한 수표(거래처 병으로부터 수취한 것) ₩15,040이 회사장부에는 ₩15,400으로 기입되었다.

[4] 다음 거래를 분개하라.
   ① 월초에 서무계에 소액현금으로 ₩20,000을 수표로 발행하여 전도하여 주다.
   ② 월말에 서무계로부터 다음과 같은 소액현금지급명세서를 받고 지급액 ₩18,200을 수표로 발행하여 보급하여 주다.

<table>
<tr><td colspan="3" align="center"><u>소액현금지급명세서</u></td></tr>
<tr><td></td><td align="right">20×7년 3월31일</td><td></td></tr>
<tr><td>전 도 액</td><td></td><td align="right">₩20,000</td></tr>
<tr><td>지 급 액</td><td></td><td></td></tr>
<tr><td>소모품비</td><td align="right">₩4,800</td><td></td></tr>
<tr><td>교 통 비</td><td align="right">3,400</td><td></td></tr>
<tr><td>통 신 비</td><td align="right">6,700</td><td></td></tr>
<tr><td>잡   비</td><td align="right">3,300</td><td align="right">18,200</td></tr>
<tr><td>잔   액</td><td></td><td align="right">₩1,800</td></tr>
</table>

[5] 다음 거래를 1계정제와 2계정제로 구분하여 분개하라.
　① 중앙상점은 상품 ₩140,000을 매입하고, 그 대금 중 ₩100,000은 수표를 발행하여 지급하고 나머지는 외상으로 하다. 단, 당좌예금잔액은 ₩60,000이고 당좌차월계약 한도액은 ₩150,000이다.
　② 위 중앙상점은 거래처의 외상매출금 ₩150,000을 수표로 받아 곧 당좌예입하다.
　③ 서울상점은 상품 ₩200,000(원가 ₩160,000)을 매출하고, 대금은 수표로 받아 곧 당좌예입하다. 단, 당좌차월 ₩100,000이 있다.

[6] 다음 분개에 대한 거래를 추정하라.

①	(차)	상　　품	60,000	(대)	{	당 좌 예 금		40,000
						당 좌 차 월		20,000
②	(차)	{ 당 좌 예 금	70,000	(대)		받 을 어 음		90,000
		당 좌 차 월	20,000					
③	(차)	현　　금	8,000	(대)		현금과부족		8,000
④	(차)	소 액 현 금	20,000	(대)		당 좌 예 금		20,000

[7] 다음 거래를 분개하라.
　① 국민은행에 2년 만기로 현금 ₩1,000,000을 정기예금하다.
　② 외상매입금을 지급하기 위하여 수표 ₩100,000을 발행하여 주다.
　③ 외상매출금 중 ₩700,000을 수표로 받다.
　④ 상품 ₩1,500,000을 매입하고 그 대금 중 ₩700,000은 ③의 수입수표로 지급하고, 나머지는 외상으로 하다.

[8] 다음 용어를 간단히 설명하라.
　(1) 현금대용증권　　　　(6) 은행계정조정표
　(2) 정액자금전도법　　　(7) 부도수표
　(3) 현금과부족계정　　　(8) 소액현금계정
　(4) 당좌차월　　　　　　(9) 현금출납장
　(5) 현금성자산　　　　　(10) 단기금융자산

7

채권·채무에 관한 계정

제 1 절	매출채권과 매입채무
제 2 절	기타 채권·채무계정
-·-	보 론

채권·채무에 관한 계정　제7장

제1절　매출채권과 매입채무

거래에서 매매계약이 성립되어 상품이 인도되었지만, 그에 대한 대금은 일정 기간이 지난 후에 결제되는 거래를 외상거래, 외상매매 또는 신용거래(credit transaction)라 한다. 이러한 신용거래는 신용을 믿음으로써 장래 채무를 지급하는 대차관계가 발생한다. 이러한 대차관계가 어음이나 기타 증서의 수수가 없이 순전히 장부상의 기록상태로 존재할 때, 이를 가리켜 장부상의 대차 (book credit and debit)라고 한다.

영업의 주목적인 일반적 상거래에서 발생한 매출채권을 외상매출금(accounts receivable, trade debtors)이라 하고, 매입채무를 외상매입금(accounts payable, trade craditors)이라 한다. 외상매출금은 일반상공업에 있어서 일반적 상거래에서 발생하는 각종 채권 중 가장 중요한 것이며, 또한 회사의 재무상에 있어서도 유동자산의 대표적 항목의 하나로써 거래처와의 보통의 거래에 의하여 발생한 영업상의 미수채권을 말한다. 즉, 그것은 상품, 제품, 원재료, 그 밖의 영업의 주목적인 물품 또는 이에 준하는 것을 계속하여 신용판매함으로써 발생하는 매출대금의 미수액과 가공료·용역제공에 의한 영업수익의 미수액이다. 외상매입금은 매입처에 대한 상품·원재료 등의 매입대금의 미지급액이며 용역과 가공료의 미지급액도 포함되며 유동부채의 대표적 항목의 하나이다.

기업회계기준에서는 외상매출금과 받을어음을 합하여 매출채권계정으로, 외상매입금과 지급어음을 합하여 매입채무계정으로 처리하여 재무상태표에 표시하도록 하고 있다.

본서에서는 받을어음과 지급어음을 장(章)을 달리하여 다음 장에서 설명하기로 한다.

1. 외상매매와 인명계정

외상으로 거래를 하였을 때에 각 거래처와의 대차관계를 명확히 하기 위하여 상대편의 상호나 성명을 계정과목으로 하여 채권·채무의 발생과 소멸을 기장·처리하는 계정을 인명계정(personal a/c)이라 한다.

인명계정은 매입처 인명계정과 매출처 인명계정으로 나누어지며, 매출처를 표시하는 인명계정의 차변에는 외상매출금의 증가액을, 대변에는 그 회수액을 기입한다. 또 거래처가 부담할 운임 등을 대신 지급한 때에는 그 차변에 기입하고, 외상매출상품이 불량으로 반품되거나 그것을 에누리하여 준 때에는 대변에 기입한다. 또한 매입처를 표시하는 인명계정의 대변에는 외상매입금의 증가액과 상대편에서 대신 지급하여 준 운임 등을 기입하고, 차변에는 외상매입금의 지급액과 외상매입상품의 환출과 에누리액을 기입한다. 그러므로, 인명계정 사용시는 매출처나 매입처에 대한 채권·채무의 발생이나 소멸을 직접적으로 알 수 있는 장점이 있으나, 거래처의 수가 많을 때에는 총계정원장이 복잡해지고 채권·채무의 총액을 파악하는데 불편한 단점이 있다.

매 출 처 인 명 계 정

(채권의 발생)	(채권의 소멸)
1. 전 기 이 월 액	5. 외 상 매 출 금 회 수 액
2. 외 상 매 출 액	6. 매 출 환 입 액
3. 선 급 액	7. 매 출 에 누 리 액
4. 대 신 지 급 액	

매 입 처 인 명 계 정

(채무의 소멸)	(채무의 발생)
5. 외상매입금지급액	1. 전 기 이 월 액
6. 매 입 환 입 액	2. 외 상 매 입 액
7. 매 입 에 누 리 액	3. 선 수 액
	4. 대 신 지 급 받 은 액

이와 같은 인명계정을 사용하는 경우 그 계정과목만으로서는 자산과 부채의 구분이 곤란할 것이나, 이 계정의 차변에 잔액이 있으면 외상매출금의 미회수액인 채권(자산)을 표시하고, 대변에 잔액이 있으면 외상매입금의 미지급액인 채무(부채)를 표시한다.

예제 1. 다음 거래를 인명계정에 의한 분개를 하고, 관계계정에 전기하여 마감하라.

8월 1일　　영신상점으로부터 갑상품 ₩60,000을 외상매입하다.

　4일　　위의 갑상품 중 불량품 ₩4,000을 반송하다.

　10일　　중앙상점에 갑상품 ₩21,000(원가 ₩15,000)을 외상매출하다.

　15일　　위의 갑상품 중 불량품이 있어 ₩2,000의 에누리를 해주다.

　18일　　평화상점으로부터 을상품 ₩80,000을 외상매입하다.

　20일　　위의 을상품 중 불량품이 있어 ₩7,000의 에누리를 받다.

　24일　　청주상점에 을상품 ₩50,000(원가 ₩40,000)을 외상매출하고, 발송운임 ₩1,500은 당점부담으로서 현금으로 지급하다.

　28일　　외상매출금을 다음과 같이 회수하여 곧 당좌예금하다.

　　　　　중앙상점 ₩14,000　　　　　　　청주상점 ₩28,000

　30일　　외상매입금을 다음과 같이 수표를 발행하여 지급하다.

　　　　　영신상점 ₩35,000　　　　　　　평화상점 ₩50,000

해답

8/ 1	(차)	상　　　품	60,000	(대)	영 신 상 점	60,000
8/ 4	(차)	영 신 상 점	4,000	(대)	상　　　품	4,000
8/ 10	(차)	중 앙 상 점	21,000	(대)	{ 상　　　품	15,000
					상품매출이익	6,000
8/ 15	(차)	상품매출이익	2,000	(대)	중 앙 상 점	2,000
8/ 18	(차)	상　　　품	80,000	(대)	평 화 상 점	80,000
8/ 20	(차)	평 화 상 점	7,000	(대)	상　　　품	7,000
8/ 24	(차)	{ 청 주 상 점	50,000	(대)	{ 상　　　품	40,000
		운　　　임	1,500		상품매출이익	10,000
					현　　　금	1,500

8/ 28　(차)　당 좌 예 금　42,000　(대) { 중 앙 상 점　14,000 / 청 주 상 점　28,000

8/ 30　(차) { 영 신 상 점　35,000 / 평 화 상 점　50,000　(대)　당 좌 예 금　85,000

총 계 정 원 장

중 앙 상 점

8/10	제　　　좌	21,000	8/15	상 품 매 출 이 익	2,000
			8/28	당 좌 예 금	14,000
			8/31	**차 월 이 월**	5,000
		21,000			21,000
9/ 1	전 월 이 월	5,000			

청 주 상 점

8/24	제　　　좌	50,000	8/28	당 좌 예 금	28,000
			8/31	**차 월 이 월**	22,000
		50,000			50,000
9/1	전 월 이 월	22,000			

영 신 상 점

8/ 4	상　　　품	4,000	8/ 1	상　　　품	60,000
8/30	당 좌 예 금	35,000			
8/31	**차 월 이 월**	21,000			
		60,000			60,000
			9/ 1	전 월 이 월	21,000

평 화 상 점

8/10	상　　　품	7,000	8/18	상　　　품	80,000
8/30	당 좌 예 금	50,000			
8/31	**차 월 이 월**	23,000			
		80,000			80,000
			9/ 1	전 월 이 월	23,000

2. 외상매매와 통제계정

거래처의 수가 많을 때에 인명계정을 사용하게 되면 총계정원장의 계좌수가 많아질 뿐만 아니라 매출채권, 매입채무의 총액을 알기도 불편하다.

그런 불편을 덜기 위하여 인명계정이 많은 경우에는 이를 통제하기 위하여 총계원장에 매출채권계정과 매입채무계정을 설정하여 거래처를 무시한 총액을 표시하고, 각 거래처(인명계정)마다의 명세는 보조원장인 매출처원장(customers ledger). 외상매출금원장 또는 매입처원장(creditors ledger, bought ledger)·외상매입금원장을 만들어 대차관계를 표시한다.

이와 같이 하면 매출채권계정의 대차금액이나 잔액은 매출처원장의 각 계좌의 금액을 집계한 것과 일치하며, 또 매입채무계정의 대차금액이나 잔액도 매입처원장의 각 계좌의 금액을 집계한 것과 일치하게 된다.

이와 같은 매출채권계정이나 매입채무계정처럼 한 계정이 보조부를 가지며, 이 보조부에 설정된 많은 인명계정을 통제하는 구실을 하는 계정을 통제계정(controlling a/c) 또는 통괄계정이라 한다.

통제계정을 설정하여 사용하면 다음과 같은 효과가 있다.

① 통제계정과 보조원장을 대조함으로써 상호 기록의 정부(正否)가 용이하게 검증된다.

② 총계정원장의 계좌수가 줄어들기 때문에 시산표 작성이 간단하게 되어 편리하다.

③ 기장사무를 여러 사람에 분담시켜 처리하므로 사무능률을 높일 수 있을 뿐만 아니라, 부정이나 오류를 방지할 수 있다.

이러한 통제계정은 단순히 여러 계정을 통합한 대(大)과목이라는 것이 아니라, 보조원장의 각 계정에 기입되는 금액이 모두 기록되어 그 합계가 보조원장의 각 계정과 대조되는 관계가 있는 것을 특색으로 하고 있다.

예제 2. 앞의 [예제 1]의 거래를 통제계정에 의하여 분개하고 전기하여 마감하라.

해답

[예제 1]의 분개에서 영신상점·평화상점계정 대신에 매입채무계정, 중앙상점·청주상점계정 대신에 매출채권계정이 되며, 기타의 계정은 변동이 없다.

총 계 정 원 장

매 출 채 권

8/10	제 좌	21,000	8/15	상품매출이익	2,000
8/24	제 좌	50,000	8/28	당 좌 예 금	42,000
			8/31	**차 월 이 월**	*27,000*
		71,000			71,000
9/ 1	전 월 이 월	27,000			

매 입 채 무

8/ 4	상 품	4,000	8/ 1	상 품	60,000
8/20	상 품	7,000	8/18	상 품	80,000
8/30	당 좌 예 금	85,000			
8/31	**차 월 이 월**	44,000			
		140,000			140,000
			9/ 1	전 월 이 월	44,000

3. 매출채권의 평가

외상매출금과 받을어음 등의 매출채권은 장부가액 그대로 재무상태표에 표시하는 것은 옳지 않다. 왜냐하면 거래의 상대방이 있기 때문에 반드시 예정대로 회수할 수 있다고 단정할 수는 없기 때문이다. 즉 대손(貸損)이 발생할 수 있는 가능성은 늘 있기 때문이다. 따라서 부도나 대손을 예상하여 확실하게 회수할 수 있는 금액으로 평가하여 재무상태표에 표시하여야 한다. 이때 대손추산액은 회수가 불확실한 채권에 대하여 합리적이고 객관적인 기준에 따라 산출하여야 한다. 대손추산액은 개별적으로 채권마다 대손추산액을 산출하거나 또는 과거의 대손경험률에 의하여 산출하거나 일정한 산정기준을 정하고 이 기준을 매기 계속하여 적용하도록 해야 한다.

따라서 결산시에 매출채권 잔액에 대한 대손액이 추산되면 대손상각비계정 차변에 기입하고 대손충당금계정 대변에 기입한다. 즉 매출채권에서 직접 차감하지 않고 간접적으로 차감하는 형식을 취하는 것이다. 여기에서 대손상각비는 당기의 비용에 속하는 계정이고, 대손충당금은 수취계정에 대한 차감적 평가계정이 된다.

예 1. 1차 연도 말 결산시에 매출채권 잔액 ₩5,000,000에 대하여 2%의 대손충당금을 설정한다고 하면 다음과 같이 처리한다.

(차) 대 손 상 각 비   100,000   (대) 대 손 충 당 금   100,000

예 2. ① 다음 연도에 실제로 매출채권이 대손되었을 경우, 예를 들어 거래처 병상점이 파산하여 동점의 매출채권 ₩35,000이 회수불능이 되었다면 다음과 같이 처리하여 대손을 충당금으로 보전한다.

(차) 대 손 충 당 금   35,000   (대) 매 출 채 권   35,000

② ①과는 반대로 다음 연도에 발생한 대손이 전기에 설정된 충당금보다 많은 경우, 예를 들어 정상점의 매출채권 ₩150,000이 회수불능이 되었다면 다음과 같이 처리하여 대손을 충당금으로 보전하고, 그 부족액은 대손상각으로 하여 당기의 비용에 계상한다.

$$(차)\begin{cases} 대\ 손\ 충\ 당\ 금 & 100,000 \\ 대\ 손\ 상\ 각\ 비 & 50,000 \end{cases}\quad (대)\quad 매\ 출\ 채\ 권\quad 150,000$$

예 3. 다음 연도 결산시에는 매출채권, 기타의 채권에 대하여 동일한 형태의 대손충당금의 설정이 필요하다. 그러나, 전기말에 설정한 대손충당금이 전부 이용되지 않고 잔액이 있을 때에는 전년도잔액은 그대로 두고 당해연도에 계상될 대손충당금에서 전년도잔액을 차감한 잔액만을 대손충당금으로 설정하여야 한다. 예를 들어, 결산시에 대손충당금잔액 ₩25,000이 있는 경우, 매출채권 ₩6,000,000에 대하여 2%의 대손충당금 ₩120,000을 설정한다고 하면 다음과 같이 처리하여 그 차액만 당기의 비용에 계상한다.

(차) 대 손 상 각 비   95,000   (대) 대 손 충 당 금   95,000

만약에 위의 예에서 대손충당금잔액이 ₩150,000인 경우, 즉 새로이 설정해야하는 대손충당금이 대손충당금 잔액보다 적을 경우에는 다음과 같이 처리하여 그 차액을 대손충당금환입으로 하여 당기의 영업외수익에 계상한다.

(차) 대 손 충 당 금   30,000   (대) 대손충당금환입   30,000

예제 3. 다음 연도에 이르러 전년도에 대손처리된 거래처 정상점의 매출채권이 ₩50,000이 회수되었다면 다음과 같이 처리한다.

(차) 현 금 예 금   50,000   (대) 대 손 충 당 금   50,000

제 2 절   기타 채권·채무계정

기업의 주요 영업활동 이외의 임시적 거래에서 발생하는 채권·채무는 매출채권·매입채무계정에서 처리하지 않고 그 거래의 성질에 따라 각 계정과목을 설정하여 처리하여야 한다.

1. 미수금과 미지급금

미수금 (accounts receivable)은 일반적 상거래 이외에서 발생한 미수액, 즉 불필요한 비품이나 토지·건물 또는 투자증권 등을 매출처 이외에 처분한 경우의 미수액으로서 유동자산에 속하는 항목이다.

미지급금(accounts payable)은 일반적 상거래 이외에서 발생한 채무, 즉 설비의 건설, 유형자산 또는 투자증권의 구입, 기타 일반적 상거래에 부수하여 발생한 미지급액으로서 유동부채에 속하는 항목이다.

그리고 청구기간이 도래된 이자·수수료 등 수익의 미수분과 지급기일이 경과한 세금·배당금·미상환사채 등의 미지급액도 역시 미수금계정과 미지급금계정에서 처리된다.

예제 4. 다음 거래를 분개하라.
　① 비품 ₩80,000을 처분하고 그 대금은 월말에 받기로 하다.
　② 단기매매증권(액면가액 ₩50,000)을 ₩60,000에 구입하고 ₩20,000은 수표를 발행하여 지급하고, 잔액은 월말에 지급하기로 하다.

해답

①	(차) 미 수 금	80,000	(대) 비　　품	80,000		
②	(차) 단기매매증권	60,000	(대) { 당 좌 예 금	20,000		
			미 지 급 금	40,000		

2. 선급금과 선수금

선급금(prepayments)은 상품·원재료 등의 매입을 위하여 선급한 금액, 즉 매입처에 대하여 상품·원재료의 매입을 위하여 또는 제품의 외주가공을 위하여 선급한 금액으로서 유동자산에 속하는 항목이다.

선수금(advances received)은 수주품(受注品) . 수주공사 및 기타 일반적 상거래에서 발생한 금액, 즉 거래처로부터 주문된 상품·제품 혹은 수주품 이나 수주공사에 대한 착수금, 그 밖의 선수금액으로서 유동부채에 속하는 항목이다.

예제 5. 다음 거래를 분개하라.
　① 상품 ₩500,000을 인영상점에 주문하고, 그 대금의 일부로써 ₩100,000을 수표를 발행하여 지급하다.
　② 위의 상품을 인수하고, 잔액은 외상으로 하다.

해답

① (차) 선　급　금　　100,000　　(대) 당　좌　예　금　　100,000
② (차) 상　　　품　　500,000　　(대) { 선　급　금　　100,000
　　　　　　　　　　　　　　　　　　　　매　입　채　무　　400,000

예제 6. [예제 5]의 인영상점의 분개를 표시하라.

해답

① (차) 현　　　금　　100,000　　(대) 선　수　금　　100,000
② (차) { 선　수　금　　100,000　　(대) 상　　　품　　500,000
　　　　 매　출　채　권　　400,000

3. 대여금과 차입금

대여금(loan receivable)은 차용증서를 받고 현금을 대여한 채권이며 1년내에 회수기간이 도래하는 것, 또는 보통의 상태에서 1년내에 확실히 회수될 수 있다고 확정되는 것은 단기대여금으로서 유동자산에 속하는 항목이고, 1년을 초과하여 도래하는 것은 장기대여금으로서 투자자산에 속하는 항목이다. 차입금(loan payable)은 현금을 차입한 채무로서 대여금과 마찬가지로 1년 기준(one year rule)에 의하여 단기차입금과 장기차입금으로 구분된다. 그리고, 대여금과 차입금에 따르는 이자는 따로 이자수익·이자비용계정으로 처리한다.

대여금은 매출채권과 마찬가지로 부도나 대손을 예상하여 확실하게 회수할 수 있는 금액으로 평가하여 재무상태표에 표시하여야 한다.

또한 장기대여금과 장기차입급 중 물가의 변동 등 화폐가치의 변동에 따라 명

목상의 금액과 현재가치와의 차이가 중요한 경우에는 장기대여금과 장기차입금
을 현재가치로 평가하여야 한다. 이때 명목상의 금액과 현재가치와의 차액은 현
재가치할인차금계정으로 하여 당해 장기대여금과 장기차입금에서 차감하는 형식
으로 기재하여야 한다.

예제 7. 다음 거래를 분개하라.
　① 김홍상점에 1년내의 상환조건으로 ₩70,000을 대여하고 수표를 발행하여 지급하다.
　② 위의 대여금 기일이 되어 이자 ₩3,500과 함께 현금으로 회수하다.
　③ 홍길동으로부터 2년후에 변제하기로 하고 ₩90,000을 차입하다.

해답

①	(차)	단 기 대 여 금	70,000	(대)	당 좌 예 금	70,000
②	(차)	현　　　　금	73,500	(대) {	단 기 대 여 금	70,000
					이 자 수 익	3,500
③	(차)	현　　　　금	90,000	(대)	장 기 차 입 금	90,000

4. 가지급금과 가수금

　가지급금(suspence payment)은 실제로 현금의 지급은 있었으나 그것을 처리할
계정과목이나 금액이 미확정인 경우, 그것이 판명될 때까지 일시적으로 처리하는
계정으로 유동자산에 속하는 항목이다. 가수금(suspence received)은 현금의 수입
은 있었으나 계정과목이나 금액이 확정되지 않은 경우에 일시적으로 처리하는
계정으로 유동부채에 속하는 항목이다. 그리고 과목이나 금액이 확정되면 각기
확정계정에 대체한다.

예제 8. 다음 거래를 분개하라.
　① 부산에 출장가는 사원에게 여비 개산액 ₩100,000을 현금으로 지급하다.
　② 출장 중의 사원으로부터 ₩400,000의 송금이 있었으나, 그 내용은 현재 불명이다.
　③ 출장사원이 귀점하여 여비잔액 ₩10,000을 반환하다. 또 송금액 ₩400,000은 거
　　 래처 부산상점으로부터의 외상매출금의 회수로 판명되다.

해답

①	(차)	가 지 급 금	100,000	(대)	현　　　　금	100,000
②	(차)	현　　　　금	400,000	(대)	가 수 금	400,000

③ (차) { 여　　　　비　　90,000   (대) 가 지 급 금　　100,000
　　　　{ 현　　　　금　　10,000
　　(차) 가　수　금　　400,000   매 출 채 권　　400,000

5. 선대금과 예수금

선대금은 거래처 또는 종업원·임원에게 일시적으로 대여한 채권으로서 유동
자산에 속하는 항목이고, 예수금(deposit received)은 거래처 또는 종업원·임원들
로부터 일시적으로 받은 신원보증금·퇴직금 및 매월 지급되는 급료에서 공제된
예수금(원천세·보험료·국민연금 등의 보관액)으로서 유동부채에 속하는 항목이
다. 그리하여, 선대금은 급여 등을 지급할 때 공제하며, 신원보증금을 반환한다든
가 예수했던 퇴직적금이나 세금 또는 연금이나 보험금을 관계기관에 납부한 때
에는 각각 반대 기입한다. 예수금은 그 내용에 따라 금액이 큰 때에는 종업원예
수금·임원예수금·신원보증예수금·보험료예수금 등으로 세분하여 기입한다.

예제 9. 다음 거래를 분개하라.
　　① 사원 이갑동 외 10명의 건강보험료 ₩30,000을 현금으로 선급하다.
　　② 이달분 종업원 급여 ₩980,000을 지급함에 있어 위의 건강보험료 ₩30,000이외
　　　에 원천소득세(갑근세) ₩25,000, 국민복지연금 ₩25,000, 퇴직적립금 ₩50,000
　　　을 공제하고 잔액은 현금으로 지급하다.
　　③ 위의 갑근세와 국민복지연금을 세무서와 연금공단에 현금으로 지급하다.

해답

① (차) 종 업 원 선 대 금　　30,000   (대) 현　　　　　금　　　30,000
② (차) 급　　　　여　　980,000   (대) { 종 업 원 선 대 금　　30,000
　　　　　　　　　　　　　　　　　　　　{ 소 득 세 예 수 금　　25,000
　　　　　　　　　　　　　　　　　　　　{ 연 금 예 수 금　　　25,000
　　　　　　　　　　　　　　　　　　　　{ 퇴 직 적 립 예 수 금　50,000
　　　　　　　　　　　　　　　　　　　　{ 현　　　　　금　　850,000
③ (차) { 소 득 세 예 수 금　　25,000   (대) 현　　　　　금　　50,000
　　　　{ 연 금 예 수 금　　　25,000

6. 미결산계정

미결산계정(unsettled a/c)은 재산의 증감사유가 발생하였으나 내용이 아직 확정

되지 않고, 또한 현금의 수지가 없는 거래를 일시적으로 처리하는 계정으로서 유동자산이나 유동부채에 속하는 항목으로, 그 거래가 확정되면 당해계정에 대체한다. 예를 들면, 비유동자산의 멸실(화재, 천재지변 등)에 대해서 보험금을 청구했거나, 소송 중의 채권·채무로서 판결이 미정이거나 그에 대한 소송비용의 미정 등은 이 계정에서 처리한다. 따라서 그 잔액이 차변에 있으면 채권(자산)을, 대변에 있으면 채무(부채)를 나타낸다.

예제 10. 다음 거래를 분개하라.
① 화재로 건물이 소실되다. 단, 건물의 장부가액은 ₩600,000이고 보험금액은 ₩400,000이다.
② 보험회사에서 소실건물을 실지 조사한 결과 손해보전액을 ₩400,000으로 결정하였다는 통지를 받다.

해답

①	(차)	화 재 미 결 산	600,000	(대)	건 물	600,000
②	(차) {	미 수 금	400,000	(대)	화 재 미 결 산	600,000
		화 재 손 실	200,000			

7. 상 품 권

상품권(exchange ticket, merchandise coupon)은 상품을 인도하기 전에 대금을 받고, 후일에 상품을 인도한다는 증서이므로 현금을 받고 상품권을 발행하였을 때에는 이 계정 대변에 기입한다. 후일에 상품권과 교환으로 상품을 인도한 때를 매출로 보고 이 계정 차변에 기입하고, 상품계정의 대변에 기입한다. 기업회계기준에서는 상품권계정 대신 선수금으로 처리하도록 하고 있다.

예제 11. 다음 거래를 분개하라.
① 흑석상점은 현금 ₩20,000을 받고 상품권을 발행하다.
② 위의 상품권과 교환으로 상품을 교환하다. 단, 교환된 상품의 가격은 ₩24,000 (원가 ₩18,000)이기에 잔금은 현금으로 받다.

해답

①	(차)	현 금	20,000	(대)	상 품 권	20,000
②	(차) {	상 품 권	20,000	(대) {	상 품	18,000
		현 금	4,000		상 품 매 매 이 익	6,000

8. 보증채무

보증채무(liabilities of guarantes)는 타인의 채무를 보증할 목적으로 보증인이 지는 채무를 말한다. 보증인이 되면 주채무자의 채무불이행으로 인하여 발생하는 의무를 지는 동시에 주채무자에 대한 구상권(소구권)이 발생한다. 이때의 의무는 보증채무계정의 대변에 기입하고, 구상권 (求償權, a right to indemnity)은 보증채무대충계정의 차변에 기입하였다가 주채무자가 그 채무를 이행하게 되면 각각 반대로 기입한다. 따라서 이 계정들은 발생과 소멸을 함께하는 대조계정 (per contra a/c)이다.

예제 12. 다음거래를 분개하라.
　① 강릉상점의 차입금 ₩500,000에대하여 지급보증을 하다.
　② 강릉상점의 파산으로 반제불능이 되어, 원금과 이자 ₩40,000과 함께 수표를
　　발행하여 지급하다.

해답

①	(차)	보증채무대충	500,000	(대)	보 증 채 무	500,000
②	(차) {	미　수　금	540,000	(대) {	당 좌 예 금	540,000
		보 증 채 무	500,000		보 증 채 무 대 충	500,000

9. 외화자산과 외화부채

현대의 기업은 국내에 국한된 거래뿐만 아니라 외국과의 교역 또는 자금거래 등을 행하게 됨으로써 모든 거래의 결제수단이 원화는 물론 외화로도 표시되어 행하여지게 된다.

이처럼 거래금액이 외화로 표시된 채권·채무를 외화자산 또는 외화부채라고 한다. 이 외화자산과 외화부채는 화폐성과 비화폐성으로 구분되며, 화폐성 외화자산과 화폐성 외화부채 (monetary assets and liablities denominated in foreign curency)는 현금과 예금·매출채권·매입채무 등과 같이 화폐가치의 변동과 상관없이 자산과 부채의 금액이 계약 등에 의하여 일정한 화폐액으로 고정되어 있는 경우의 당해 자산과 부채를 말한다.

외화표시란 그 당시 (거래당시)의 환율에 의하여 해당 외화를 원화로 환산한 것이다. 이때의 환율변동으로 인하여 외화표시의 채권·채무가 변동되어 당초 회

계처리 하였을 때의 환율과 그후에 채권·채무를 결제할 때의 환율이 다르다면 장부상에 기입된 원화금액과 결제되는 원화금액(원화로 환산된 금액) 사이에 차이가 있기 마련이다. 이를 환율차이라 하며, 이의 회계처리에는 다음과 같은 방법이 있다.

(1) 외환차익과 외환차손

외환차익(foreign exchange gain)은 외화자산을 회수할 때, 원화회수금액이 그 외화자산의 장부가액보다 큰 경우 및 외화부채를 상환할 때 원화상환금액이 그 장부가액보다 낮은 경우에 발생한다. 반대로 외환차손(foreign exchange loss)은 외화자산을 회수할 때 원화금액이 그 외화자산의 장부가액보다 낮은 경우 또는 외화부채를 상환할 때 원화상환금액이 그 장부가액보다 큰 경우에 발생하는 것이다.

외환차손익은 영업외비용 또는 영업외수익으로 처리한다.

예제 13. 다음 거래를 분개하라.
① 외화단기차입금 중 원화장부가액 ₩10,000,000을 상환하다. 이때 환율에 의한 상환액은 ₩9,500,000으로 동액을 수표로 발행하여 지급하다.
② 외화단기차입금 중 원화장부가액 ₩10,000,000을 상환하다. 이때의 환율에 의하여 상환액은 ₩10,500,000으로 동액을 수표로 발행하여 지급하다.

해답

① (차) 외화단기차입금 10,000,000　(대) { 당 좌 예 금　9,500,000 / 외 환 차 익　500,000 }

② (차) { 외화단기차입금 10,000,000 / 외 환 차 손　500,000 }　(대) 당 좌 예 금　10,500,000

(2) 외화환산이익과 외화환산손실

외화환산이익 또는 손실 (foreign currency translation gain and loss)은 기말에 화폐성 외화자산과 부채를 적절한 환율로 평가하였을 때의 원화금액과 장부상에 기입되어 있는 원화금액과의 사이에 발생하는 차액을 말한다. 이의 처리는 포괄손익계산서상 영업외수익 또는 비용으로 처리한다.

예제 14. 다음의 거래를 분개하라.

① 외국환은행에 $10,000를 정기예금으로 예입하다. (환율 $1: ₩1,100).

② 위의 외화자산에 대한 결산일 현재의 환율은 $1: ₩1,150이다.

③ ①의 외화자산에 대한 결산일 현재의 환율이 $$1: ₩1,080이다.

해답

①	(차)	외 화 정 기 예 금	11,000,000	(대)	현 금	11,000,000
②	(차)	외 화 정 기 예 금	500,000	(대)	외 화 환 산 이 익	500,000
③	(차)	외 화 환 산 손 실	200,000	(대)	외 화 정 기 예 금	200,000

예제 15. 다음 거래를 분개하라.

① 20×6년 1월 31일 장기차입금(차관) $100,000를 조달하다(환율 $1: ₩1,200).

② 20×6년 12월 31일 환율은 $1: ₩1,250이다.

③ 20×8년 6월 30일 위의 부채 중 $50,000을 상환하다 (환율 $1: ₩1,250).

④ 20×8년 12월 31일 결산일 현재환율은 $1: ₩1,100이다.

해답

①	(차)	현 금 예 금	120,000,000	(대)	외 화 장 기 차 입 금	120,000,000
②	(차)	외 화 환 산 손 실	5,000,000	(대)	외 화 장 기 차 입 금	5,000,000

$100,000 × (₩1,250-1,200)=₩5,000,000

③	(차)	외 화 장 기 차 입 금	62.500,000	(대)	현 금 예 금	62,500,000

$50,000 × ₩1,250=₩62,500,000

④	(차)	외 화 장 기 차 입 금	7,500,000	(대)	외 화 환 산 이 익	7,500,000

$(100,000-50,000) × (₩1,250-1,100)=₩7,500,000

예제 16. 다음 거래를 분개하라.

① 중앙상사는 20×8년 11월 초에 A제품 $50,000을 수출하고, 그 대금을 20×8년 12월 31일에 받았다. 수출시의 환율은 $1: ₩1,200이었고, 20×8년 12월 31일 현재의 환율은 $1: ₩1,250이었다.

② 위에서 20×8년 12월 31일 현재의 환율이 $1: ₩1,100이었다고 하면 이때의 분개는?

해답

① 수 출 시 : (차) 외화매출채권 60,000,000 (대) 상   품 60,000,000

  대금회수시 : (차) 현 금 예 금 62,500,000 (대) { 외 화 매 출 채 권 60,000,000 / 외 환 차 익 2,500,000 }

② 수 출 시 : 앞의 ①과 동일함

  대금회수시 : (차) { 현 금 예 금 55,000,000 / 외 환 차 손 5,000,000 } (대) 외화매출채권 60,000,000

10. 단기 충당부채

이것은 1년 이내에 특정비용인 지출의 발생이 확실히 예상되는 경우에 설정되는 충당부채로 판매보증충당부채 등이 이에 속한다.

(1) 판매보증충당부채(allowance for product warranties)

판매보증충당부채는 일정기간의 무료수선, 현품인환 등의 조건에 의하여 상품을 판매할 경우, 이로부터 발생하는 장래의 손실에 관한 충당부채이다. 따라서 이의 회계처리방법을 예시하면 다음과 같다.

① 설 정 시
   (차) 판 매 보 증 비　　×××　　(대)　판매보증충당부채　　×××

② 수 선 시
   (차) 판매보증충당부채　　×××　　(대)　현　　　　　금　　×××

연 습 문 제

[1] 다음 거래를 분개하라. 단, 외상매매에 대하여는 통제계정과 인명계정을 사용하는 경우로 구분하라.
  ① 인천상점에 상품 ₩500,000을 매출하고 대금은 외상으로 하다.
  ② 위의 외상매출금 중 ₩100,000을 현금으로 회수하다.
  ③ 청주상점에 상품 ₩80,000을 매출하고 대금은 외상으로 하다.
  ④ 위의 외상매출한 상품 중 손상품이 있어 ₩5.000이 반품되다.
  ⑤ 서강상점에서 상품 ₩24,000을 매입하고 대금은 외상으로 하다.
  ⑥ 위의 외상매입금을 어음으로 발행하여 지급하다.
  ⑦ 대구상점에서 상품 ₩60,000을 매입하고 대금은 외상으로 하다.
  ⑧ 위의 대구상점으로부터의 매입품 중 ₩4,000의 불량품이 있어 반품하다.

[2] 다음 거래를 분개하고, 대손충당금계정의 기입면을 표시하라.
  20×4년   12월 31일   결산시 매출채권 잔액 ₩1,000,000에 대하여 3%의 대손충당금을 설정하다.
  20×5년   4월 2일   외상매출금 중 ₩14,000은 회수가 불가능하여 대손처리하다.
          7월 21일   전기에 대손된 것 중 ₩4,000이 현금으로 회수되다.
          12월 31일   결산시 매출채권 잔액 ₩900,000에 대하여 3%의 대손충당금을 설정하다.
  20×6년   1월 5일   전기 외상매출금 중 ₩20,000이 회수가 불가능하여 대손처리하다.
          6월 16일   외상매출금 중 ₩10,000이 회수가 불가능하여 대손처리하다.
          12월 31일   결산시 매출채권 잔액 ₩2,000,000에 대하여 3%의 대손충당금을 설정하다.

[3] 다음 거래의 분개로서 옳은 것을 골라 (   ) 안에 ○표를 하라.
  (1) 대손충당금 ₩120,000이 설정되어 있는데, 거래처 갑상점이 파산하였으므로 외상매출금 ₩100,000을 대손처리하다.
      ① ( ) (차) 대 손 상 각 비 100,000   (대) 매 출 채 권 100,000
      ② ( ) (차) 대 손 상 각 비 100,000   (대) 대 손 충 당 금 100,000
      ③ ( ) (차) 대 손 충 당 금 100,000   (대) 매 출 채 권 100,000

  (2) 결산 때에, 대손예상액을 외상매출금 잔액 ₩1,000,000에 대하여 4%로 정하다. 단, 대손충당금의 잔액은 ₩15,000이다.
      ① ( ) (차) 대 손 상 각 비 40,000   (대) 대 손 충 당 금 40,000
      ② ( ) (차) 대 손 충 당 금 25,000   (대) 대 손 상 각 비 25,000
      ③ ( ) (차) 대 손 상 각 비 25,000   (대) 대 손 충 당 금 25,000

[4] 아래의 각 경우에 있어서 분개를 표시하라.

"거래처 파산으로 인하여 외상매출금 ₩250,000이 대손되다"

① 대손충당금 잔액이 없는경우
② 대손충당금 잔액이 ₩300,000 있는경우
③ 대손충당금 잔액이 ₩100,000 있는 경우

[5] 다음 거래를 분개하라.
① 사무용 계산기를 인천상점에서 구입하고 대금 ₩250,000 중 ₩50,000은 수표를 발행하여 지급하고 잔액은 월말에 지급하기로 하다.
② 장부가액 ₩40,000인 기계를 ₩25,000에 처분하고 ₩20,000은 현금으로 받고, 잔액은 월말에 받기로 하다.
③ 수원상점에서 상품 ₩400,000을 매입계약하고 계약금으로 ₩40,000을 현금으로 지급하다.
④ 위의 주문품이 도착하다. 인수운임 ₩20,000을 현금으로 지급하다.
⑤ 원주상점에 상품 ₩300,000을 매출계약하고 계약보증금으로 ₩50,000의 송금수표를 받다.
⑥ 위 ⑤의 상품을 인도하고 잔액은 어음으로 받다.
⑦ 김철수로부터 차용증서를 받고 현금 ₩60,000을 1년 기한으로 대여하다.
⑧ 위의 대여금과 이자 ₩2,000을 현금으로 회수하다.
⑨ 홍길동으로부터 현금 ₩100,000을 1년 기한으로 차입하다.
⑩ 사원 병에게 다음 달 급여에서 공제할 것을 약속하고 현금 ₩10,000을 대여하다.
⑪ 사원 병의 급여 ₩80,000중 선대한 ₩10,000을 공제한 잔액을 현금으로 지급하다.
⑫ 사원전원의 당월분 급여 ₩4,000,000중 원천소득세 ₩400,000을 공제하고, 잔액은 현금으로 지급하다.
⑬ 위 사원의 원천소득세 ₩400,000을 세무서에 수표를 발행하여 납부하다.

[6] 다음 분개를 보고 거래를 추정하라.

①	(차)	매 입 채 무	18,000	(대)	상 품	18,000
②	(차)	단 기 차 입 금 이 자 비 용	300,000 10,000	(대)	현 금	310,000
③	(차)	가 수 금	190,000	(대)	매 출 채 권 단 기 대 여 금	150,000 40,000
④	(차)	미 결 산	1,800,000	(대)	건 물 상 품	1,000,000 800,000
⑤	(차)	선 급 금	30,000	(대)	당 좌 예 금	30,000
⑥	(차)	가 지 급 금	10,000	(대)	현 금	10,000
⑦	(차)	비 품	400,000	(대)	당 좌 예 금 미 지 급 금	250,000 150,000

[7] 다음의 사항중 옳은 것을 골라 (   ) 안에   ○표를 하라.
 ① (   ) 가수금 계정은 대변 잔액의 계정이다.
 ② (   ) 가지급금 계정은 비용에 속하는 계정이다.
 ③ (   ) 선급금 계정은 차변 잔액의 계정이다.
 ④ (   ) 예수금 계정의 잔액은 대변에 생긴다.
 ⑤ (   ) 상품권 계정은 채권 계정이다.

[8] 다음 거래를 분개하라.
 ① 화재로 장부가액 ₩4,000,000인 회사건물이 소실되다.(단 보험금액 ₩5,000,000이다.).
 ② 보험회사로부터 ₩5,000,000을 수표로 받아 당좌예입하다.
 ③ 장부가액 ₩300,000의 비품이 소실되다. 이것에 대하여 보험금이 ₩500,000으로 계약되어 있다.
 ④ 위 ③의 보험금을 현금으로 받다.
 ⑤ 사원 갑에게 전주지방 출장을 명하고 여비 ₩50,000을 우선 현금으로 지급하다.
 ⑥ 출장중인 사원 갑으로부터 송금수표 ₩800,000이 왔다. 그러나 그 회수처는 불명이다.
 ⑦ 사원 갑이 돌아와서 송금내용에 대하여 다음과 같은 보고가 있었다.
   전주상점 외상매출금 회수 ₩600,000
   광주상점 신거래의 계약보증금 ₩200,000
 ⑧ 여비를 정산한 결과 ₩4,000이 부족되었으므로 이것을 현금으로 지급하다.
 ⑨ 거래처인 인천상점에 상품 ₩90,000을 외상으로 매출하다.
 ⑩ 거래처인 중앙상점에서 상품 ₩100,000을 외상으로 매입하다.
 ⑪ 강릉상점은 현금 ₩50,000을 받고 상품권을 발행하다.
 ⑫ 상품 ₩70,000(원가 ₩60,000)을 매출하고 대금으로서 위의 상품권 ₩50,000과 현금 ₩20,000을 받다.

[9] 다음 각각의 경우를 분개하라.
 ① 20×7년 7월 1일, 서울상사는 폴란드기업에 대하여 $100,000을 대여해 주다. 대여당일의 환율은 $1:₩1,000이고, 대여기간은 1년이다.
 ② 20×7년 12월 31일, 결산일의 환율이 $1:₩,1,050으로 상승하여 상기의 외화채권을 재평가하다.
 ③ 동 결산일의 환율이 $1:₩980이라면 재평가와 관련되 회계처리는?
 ④ 20×8년 10월 1일, 중앙상사는 외국은행으로부터 $100,000(환율$1:₩1,100)을 현금 차입하다. 차입기간은 1년이고 이자율은 연 10%로서, 이자는 3.31과 9.30에 지급하

기로 하다.

⑤ 결산일인 20×8. 12. 31 의 환율이 $1: ₩*1,080*으로 하락하다 (이자도 고려함).

⑥ 결산일인 20×8. 12. 31 의 환율이 $1: ₩*1,140*으로 상승하다.(이자도 고려함).

[10] K회사는 20×7. 5. 1 에 장기성 외화차입금 $*100,000*을 현금으로 차입하였다.
차입시점에서의 환율은 $1: ₩*1,020*이었고 이자율은 연 6 %로 하여 연 1회
(4월 30일) 이자를 지급하기로 하였다.
결산시점인 12월 31일의 환율이 $1: ₩*950*이라고 할 때
(1) 20×7. 5. 1 및
(2) 20×7. 12. 31. 의 분개를 전부 표시하라.

[11] 매출채권회수 담당자가 행방을 감추었으므로, 총계정원장에 기장되어 있는 외상매출
금잔액 ₩*15,800,000*의 정확성을 확인하기로 하였다. 이용할 수 있는 자료는 다음과
같다.

① 매출상품에 대한 입금액 (회수액)　　₩*62,500,000*

② 매　입　상　품　　₩*80,000,000*

③ 기말재고상품　　₩*20,000,000*

④ 상품의 매출가격은 원가에 40%의 이익을 가산하고 전액 외상매출임.

질문

총계정원장에 표시되어야 할 (1) 정확한 기말외상매출금잔액과, (2) 부족액 (차액)은
얼마인가? (계산과정을 표시할 것) 단, 매출은 모두 정상적으로 기장되었다고 가정
하고, 기초재고는 없는 것으로 간주한다.

[12] 다음 용어를 간단히 설명하라.

(1) 매출채권	(8) 상품권
(2) 인명계정	(9) 미결산계정
(3) 매입채무	(10) 미지급금
(4) 통제계정	(11) 외환차손익
(5) 선수금	(12) 외화환산손익
(6) 가지급금	(13) 대손상각비
(7) 예수금	(14) 대손충당금

보　론

1. 화폐의 시간가치(time value of money)

어떤 한 단위의 화폐가치가 시간적 요인에 따라 다른 가치를 가지게 되는 것을 화폐의 시간적 가치라 한다. 이러한 화폐의 시간적 가치는 비유동부채, 할부매매, 사채, 영업권, 감가상각방법, 유효이자율, 기업가치평가 및 의사결정 등에 매우 유용하게 활용이 되기 때문에 그 기본원리를 간단히 살펴보고자 한다. 기업회계기준에서는 현가개념을 도입하여 회계처리하도록 하였기 때문에 이를 충분히 이해하여야 한다.

화폐의 존재로 인하여 한 상품을 다른 상품으로 자유로이 교환할 수 있다. 마찬가지로 이자율의 존재로 인하여 의사결정자들은 현재와 미래라는 서로 상이한 시점에서 현재가치와 미래가치를 서로 교환할 수 있다. 즉, 이자율은 현재가치와 미래가치의 교환가격이라 할 수 있다. 따라서 시간적 요인에 따라 서로 그 가치를 달리하는 화폐도 이자율을 이용하여 언제든지(미래 또는 현재 시점에서) 그 가치를 평가할 수 있고 또한 교환될 수 있는 것이다.

예를 들어 20×7년 3월 1일에 한 투자자가 1년에 8%의 이자를 지급하는 저축계정에 ₩1,000을 저축한다고 가정하자.

첫해의 연말에 ₩80(8% × ₩1000)의 이자가 투자자의 계정에 가산되어 총 ₩1,080의 잔고를 기록하게 될 것이고, 2차년도 말에는 ₩86.40(8% × ₩1,080)이 가산되어 잔고가 ₩1,116.40이 된다. 3차년도 말에는 ₩93.31(8% × ₩1,166.40)의 이자가 발생하게 되어 잔고가 ₩1,259.71이 된다. 이와 같이 이자가 원리금(원금과 이자)에 가산하여 지급될 때 그 이자를 복리(compound interest)라고 한다.

복리의 반대개념을 단순이자(simple interest)라 하고 이때 이자는 원금에만 한정된다. 위의 예를 이용해 보면 단순이자는 매년 ₩80(8% × ₩1,000)이 되어 3년동안 총 ₩240이 계산될 것이다.

이자는 대개 1년기준하에 표시되고 본 교재에서도 다른 언급이 없다면 1년기준으로 간주한다.

2. 미래가치(furure value)

현재의 일정한 금액이 어떤 일정기간 후에 그 가치가 얼마나 될 것인가를 알아보는 계산을 미래가치계산이라 한다.

₩1,000을 8%의 이자율로 저축할 때 그 ₩1,000에 대한 미래가치를 계산하여 보자.

연 도	연 이 자	복 리	매년말의 원리금
0	—	—	₩1,000.00
1	80.00	80.00	1,080.00
2	86.40	166.40	1,166.40
3	93.31	259.71	1,259.71

위의 미래가치를 공식을 이용하여 풀어보면 다음과 같다.

$$
\begin{aligned}
\text{미래가치 } P_n &= P\,(1+i)^n \\
&= ₩1,000(1+0.08)^3 \\
&= ₩1,259.71
\end{aligned}
$$

　위의 계산을 쉽게 하기 위하여 복리표(compound value table)를 미래가치를 결정하는데 사용할 수 있다. 표를 이용하기 위해, 먼저 복리기간의 수를 결정하여야 한다.

　예를 들어, 3년 동안에 6개월씩 복리화된 이자는 6복리기간을 가질 것이고 복리화기간 당 이자율은 그때 결정된다.

　만일 연간 12%의 이자가 반년씩 복리화된다면, 사용될 반년간의 이자율은 6%(12%/2)이다. 미래가치를 결정하기 위해 먼저 표의 좌측열에 적절한 복리기간의 수를 확인하고 다음에 횡으로 적절한 이자율 열을 읽은 후 여기에 투자액을 곱하여 계산한다.

　예를 들어, 매년 복리로 8% 이자율에 3년간 투자된 ₩1,000의 미래가치를 계산하면 다음과 같다.

복 리 기 간 수	3
이　자　율	8%
복리이자요소	1.2597
미　래　가　치(₩1,000×1.2597)	₩1,259.70

예제 1. 원금 ₩*10,000*을 연이자 10%로 5년간 정기예금하였을 경우 5년후의 미래가치는 얼마인가?

해답

$$P_5 = ₩10,000\,(1+0.1)^5$$
$$= ₩1,000 \times 1.6105^{\#}$$
$$= ₩16,105$$

#는 복리표에서 구한 복리이자요소

3. 현재가치(present value)

현재가치는 미래가치개념의 반대개념으로서, 특정이자율로 특정미래일에 특정액을 이루기 위해 현재 투자하여야 하는 금액이다.

현재가치는 다음과 같은 산식을 이용하여 계산된다.

$$현재가치 = \frac{미래가치}{(1+i)^n}$$

매년 8% 이자에 복리계산이 있다고 가정할 때, 지금부터 3년동안 ₩*1,000*을 모으기 위해 투자하여야 될 금액을 결정하기 위해 산식을 이용하여 풀어보면 다음과 같다.

$$P = \frac{₩1,000}{(1+0.08)^3}$$

$$= ₩793.80$$

현재가치의 직접계산을 위해 현가표를 이용하면 그 계산을 쉽게 할 수 있다. 즉, 현재가치를 결정하기 위해 현가표에서 구한 해당요소를 미래금액에 곱한다.

현재가치표에 기초한 계산은 다음과 같다.

복 리 기 간 수	3
이 자 율	8%
현가이자요소	0.7938
현가 (₩*1,000* × *0.7983*)	₩*793.80*

이것은 위의 산식을 이용해 얻은 수치와 같다.

예제 2. 5년후에 ₩*1,000*을 받을 수 있는 채권의 현재가치는 얼마인가? 단, 이자율은 연 20%로 가정한다.

해답

$$P_0 = \frac{P_n}{(1+i)^5} = \frac{\text{₩}1,000}{(1+0.2)^5}$$

$$= \text{₩}1,000 \times 0.4019^{\#}$$

$$= \text{₩}401.90$$

\#는 현가표에서 구한 현가이자요소

4. 연금의 현가(present value of annuity)

연금(annuity)이란 특정기간동안 일정금액을 계속적으로 지급하는 것을 말하며, 이 미래금액들의 전체적인 현재가치를 연금의 현가라고 한다. 연속되는 동 기간의 말에 지불 혹은 수령되는 연금의 현가는 연금현가를 이용하면 쉽게 계산될 수 있다. 예를 들어, 이자가 매년 8% 지급될 때 2007년 1월 1일에 투자하여 3년 동안 매년 ₩1,000의 이자를 벌어들인다고 가정할 경우 이자의 연금지급의 현가는 다음과 같이 계산된다.

미래이자지급 (12/31)

2007	2008	2009	연금현가이자요소	현 가
₩1,000			×0.9259	=₩925.90
	₩1,000		×0.8573	= 857.30
		₩1,000	×0.7938	= 793.80
				₩2,577.00

이것을 계산하는 공식은 다음과 같지만 보통은 연금현가표를 이용하여 계산하고 있다.

$$S_o = P \left\{ \frac{(1+i)^n - 1}{i(1-i)^n} \right\}$$

예제 3. 매년 말에 ₩100,000씩 5년간 지급되는 연금을 일시불로 받으려고 한다면 얼마를 받을 수 있을까? 단, 할인율은 15%이다.

해답

$$S_o = \text{₩}100,000 \times \frac{(1+0.15)^5 - 1}{0.15(1-0.15)^5}$$

$$= \text{₩}100,000 \times 3.3522^{\#}$$

$$= \text{₩}335,220$$

\#는 현가표에서 구한 연금현가이자요소

8

어음거래에 관한 계정

제 1 절	어음의 종류
제 2 절	받을어음과 지급어음
제 3 절	어음의 배서
제 4 절	부도어음
제 5 절	화환어음
제 6 절	융통어음
제 7 절	어음의 개서

어음거래에 관한 계정

제 1 절   어음의 종류

상품의 매매, 용역의 제공 등 거래의 대금결제에는 현금 또는 수표외에 어음도 널리 이용되고 있다.

어음의 종류는 실제 상품(제품)의 매매와 관련하여 발행하는 상업어음(commercial bills)과, 단순히 자금을 융통하는 과정(소비대차)에서 차용증서 대신 발행하는 금융어음 또는 융통어음(accommodation bills)의 두 가지로 구분할 수 있으며 이중 어음거래의 주(主)대상은 상업어음이 되며 이를 진성(眞性)어음이라고도 한다.

상업어음에는 다음과 같은 것이 있다.

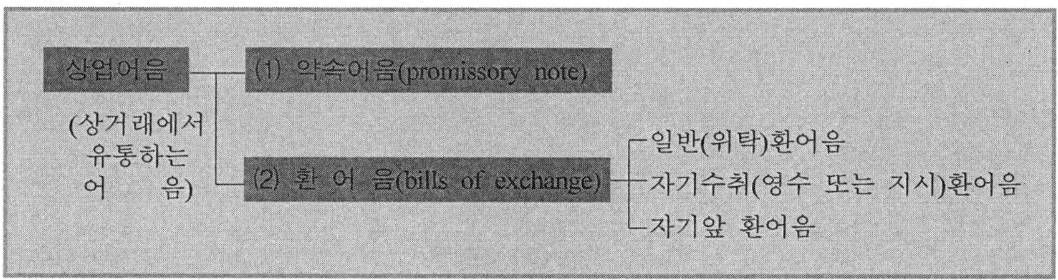

1. 약속 어음

발행인 자신이 일정기간에 일정금액을 수취인 또는 그 지시인에게 지급하겠다는 것을 약속하는 증서이다.

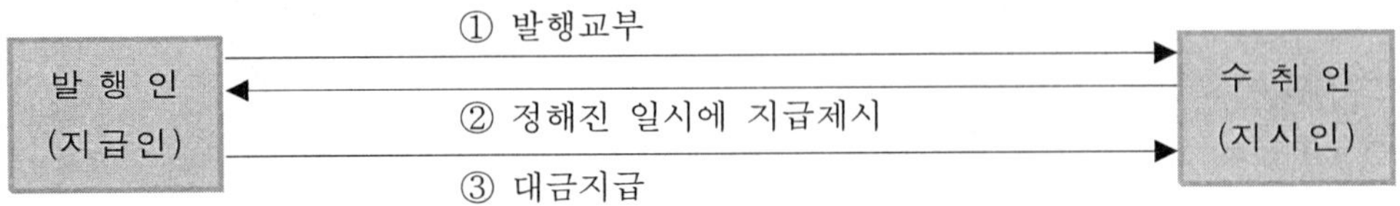

이는 모든 어음거래 중에서 가장 보편적이고 간단한 형태이다. 따라서 이에 대한 회계처리도 가장 간단하다.

2. 일반(위탁)환어음

발행인이 지급인(지명인)으로 하여금 일정기일에 일정한 금액을 발행인이 지정한 수취인(영수인)에게 지급할 것을 위탁하는 증서이다.

이와 같은 일반환어음거래는 반드시 세 사람 사이에서 이루어지는 것이기 때문에, 어음의 수취인은 지급인으로부터 인수승낙을 받는 것이 필요하게 된다. 이때의 인수(acceptance)란 지급인이 환어음상의 기재내용대로 어음대금을 지급하겠다는 의사를 밝히는 절차로서 「지급의 승낙」이다. 이에 따르는 절차는 어음권면에 지급인이 서명·날인만 하면 된다.

그러나 실제로는 발행인이 지명인에게 어음을 제시하여 인수절차를 받은뒤 어음을 수취인에게 인도하는 것이 보통이다.

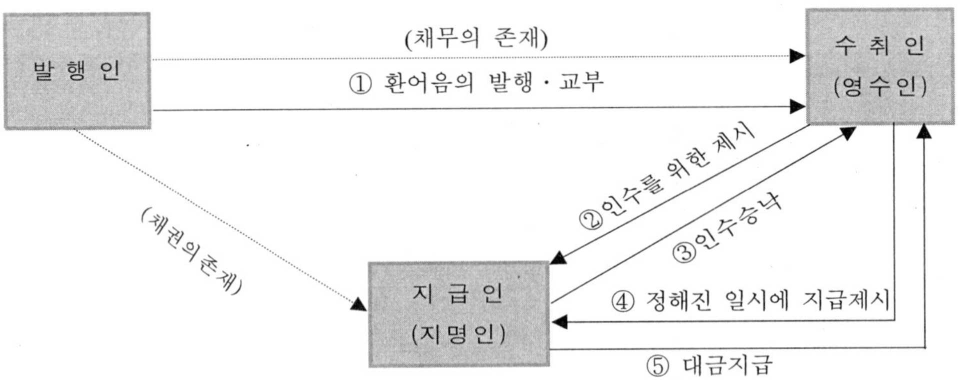

3. 자기수취환어음

특수한 환어음의 발행형태로서, 발행인이 자기자신을 수취인으로 하여 발행한 환어음이다. 따라서 비록 환어음이기는 하지만, 일반적인 위탁환어음과는 달리 어음거래의 상대자는 두 사람에게 국한된다. 이를 자기수취환어음 또는 자기지시 환어음이라고 한다.

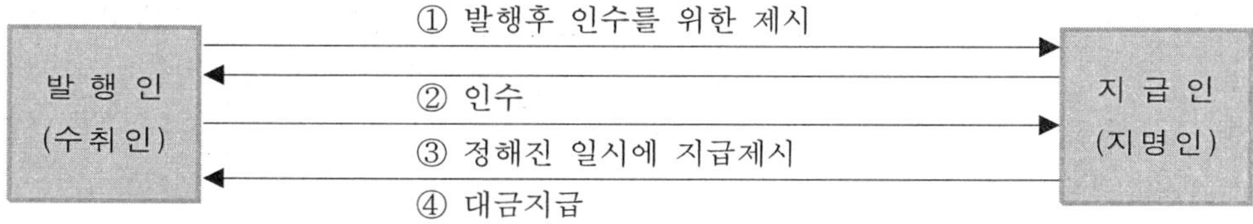

4. 자기앞 환어음

발행인이 자기자신을 지급인으로 하여 발행한 특수한 형태의 환어음으로서 이 경우에도 거래당사자는 두 사람에 국한된다. 결국 앞에서 설명한 약속어음의 내용과 동일한 환어음인 셈이다.

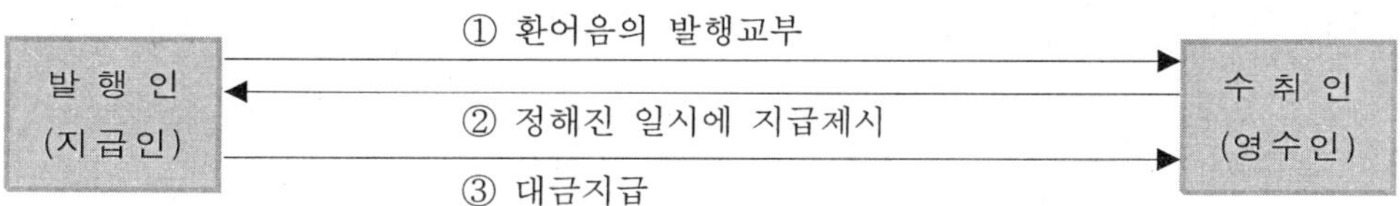

제 2 절 받을어음과 지급어음

1. 받을어음계정과 지급어음계정

어음상의 채권은 약속어음과 환어음의 영수에 의하여, 어음상의 채무는 약속 어음의 발행과 환어음의 인수로써 발생하는데. 회계상 어음상의 채권은 받을어음 계정으로, 어음상의 채무는 지급어음계정으로 처리된다.

받을어음 또는 지급어음은 각각 거래처 또는 매입처와의 사이에 통상의 영업 거래에 의하여 발행한 어음만을 처리하는 것이 보통이다. 따라서 유형자산 또는 투자증권, 기타비유동자산의 구입과 관련해서 발행되는 어음은 원칙적으로 지급어음에 포함해서는 안된다. 그러나 그 금액이 그렇게 크지 않은 경우에는 지급어음에 포함해서 처리할 수도 있다.

어음상의 채권·채무는 법률상의 구분(약속어음과 환어음)에 관계없이 모든 어음상의 채권은 받을어음계정(bill or notes receivable a/c)에, 모든 어음상의 채무는 지급어음계정(bill or notes payable a/c)에서 처리한다. 그러나 기말결산시에는 기업회계기준에 맞추어 1년 이내에 만기가 도래되는 어음의 경우에는 매출채권계정과 매입채무계정으로 대체하여 외상매출금이나 외상매입금과 합산하여 각각 매출채권과 매입채무로 표시하게 된다. 이것을 받을어음계정과 지급어음계정면에서 표시해 보면 다음과 같다.

그러나 1년 이후에 만기 또는 상환기간이 도래되는 어음은 투자자산중 장기성 매출채권과 비유동부채중 장기성 매입채무계정으로 대체한다.

받 을 어 음

1. 타인발행의 약속어음의 수령	1. 어음금액의 회수
2. 타인지급의 환어음의 수령	2. 어음의 배서양도(대조계정에 의한 경우)
3. 자기수취 환어음의 발행	3. 어음의 할인(대조계정에 의한 경우)
4. 약속어음·환어음의 양수	4. 어음의 부도
5. 어음개서에 의한 신(新)어음의 수령	5. 어음개서에 의한 구(舊)어음의 반환

지 급 어 음

1. 어음금액의 지급	1. 약속어음의 발행
2. 자기발행 약속어음의 수령	2. 환어음의 인수
3. 어음개서에 의한 구(舊)어음의 수령	3. 자기앞환어음의 발행
	4. 어음개서에 의한 신(新)어음의 발행

예제 1. 다음 거래를 분개하고 받을어음계정과 지급어음계정에 전기하라.

6월 2일   중앙상점에서 상품 ₩80,000을 매입하고, 대금은 동점앞 약속어음(발행일 6월 2일, 만기일 6월 30일, 지급장소 우리은행 남산지점) #6을 발행하다.

　　 9일   전주상점에 상품 ₩40,000을 매출하고, 대금은 동점발행 당점앞 약속어음(발행일 6월 9일, 만기일 6월 28일, 지급장소 국민은행 용산지점) #12를 받다

　　16일   평화상점의 외상매출금 ₩100,000에 대하여 동점발행 인천상점앞 당점 수

취의 환어음(발행인 6월 16일, 만기일 9월 16일, 지급장소 우리은행 종로지점) #14를 받고 곧 인천상점의 인수를 얻다.

24일   광주상점으로부터 매입처 삼성상점 발행, 당점앞 광주상점 영수 액면 ₩60,000 환어음(발행일 6월 20일, 만기일 8월 30일, 지급장소 우리은행 남산지점) #7의 제시가 있어 인수하다.

25일   수원상점의 외상매출금 ₩50,000을 동점발행 당점앞 약속어음(발행일 6월 25일, 만기일 8월 25일, 지급장소 하나은행 명동지점) #10을 받다.

28일   앞서 전주상점에서 받은 약속어음 ₩40,000이 만기일에 입금되었다는 통지를 은행으로부터 받다.

30일   앞서 중앙상점 앞으로 발행한 약속어음이 만기되어 ₩80,000을 현금으로 지급하다.

해답

6/ 2	(차) 상 품	80,000	(대) 지 급 어 음	80,000
6/ 9	(차) 받 을 어 음	40,000	(대) 상 품	40,000
6/16	(차) 받 을 어 음	100,000	(대) 매 출 채 권	100,000
6/24	(차) 매 입 채 무	60,000	(대) 지 급 어 음	60,000
6/25	(차) 받 을 어 음	50,000	(대) 매 출 채 권	50,000
6/28	(차) 당 좌 예 금	40,000	(대) 받 을 어 음	40,000
6/30	(차) 지 급 어 음	80,000	(대) 현 금	80,000

받 을 어 음

6/ 9	상 품	40,000	6/29	당 좌 예 금	40,000
6/16	매 출 채 권	100,000	6/30	차 기 이 월	150,000
6/25	매 출 채 권	50,000			
		190,000			190,000
7/ 1	전 기 이 월	150,000			

지 급 어 음

6/30	현 금	80,000	6/ 2	상 품	80,000
6/30	차 기 이 월	60,000	6/24	매 입 채 무	60,000
		140,000			140,000
			7/ 1	전 기 이 월	60,000

2. 받을어음기입장과 지급어음기입장

어음상의 채권·채무를 상세히 기입하기 위한 보조부를 어음기입장이라 하고,

이것을 받을어음기입장(notes receivable book)과 지급어음기입장(notes payable book)으로 분류한다. 어음기입장을 보조부로 이용할 때 어음상의 채권·채무의 명세에 의한 어음대금의 지급일 또는 입금일을 파악하는데 편리하다. 또한 자금 관리의 목적에서 만기일자별로 구분하여 정리하는 보조부를 사용하기도 한다.

받을어음기입장은 매출채권(받을어음)계정, 지급어음기입장은 매입채무(지급어음)계정의 보조부로, 기입방법은 다르나 내용적으로는 같다.

예제 2. 위의 예시 [예제 1]에 의해 받을어음기입장과 지급어음기입장을 작성하라.

해답

받 을 어 음 기 입 장

일자		적 요	금 액	어음종류	어음번호	지 급 인	발행인 또는 배서인	발행일		만기일		지급장소	비 고	
													월일	적요
6	9	상품매출대 금	40,000	약	12	전주상점	전주상점	6	9	6	28	국민은행용산지점	6	28	입금
	16	외상매출금 회 수	100,000	환	14	인천상점	평화상점	6	16	9	16	우리은행종로지점		
	25	〃	50,000	약	10	수원상점	수원상점	6	25	8	25	하나은행명동지점		

지 급 어 음 기 입 장

일자		적 요	금 액	어음종류	어음번호	지 급 인	발행인 또는 배서인	발행일		만기일		지급장소	비 고	
													월일	적요
6	2	상품매입대 금	80,000	약	6	중앙상점	당 점	6	2	6	30	우리은행남산지점	6	30	지급
	24	외상매입금 지급	60,000	환	7	광주상점	삼성상점	6	20	8	30	〃		

제 3 절 어음의 배서

어음소지인은 어음기일 전에 어음상의 채권을 자유로이 타인에게 양도할 수 있다. 어음을 양도할 경우에는 어음의 뒷면에 양도의 의사를 표시하고 기명날인하여 양수인에게 교부한다. 이것을 어음의 배서(endorsement)라 하며 양도인을 배서인,

양수인을 피배서인이라 부른다. 어음의 배서에는 그 목적에 따라 추심위임배서, 배서양도, 어음할인의 세 가지가 있으며, 어음의 배서양도·할인의 경우에는 그 금액을 받을어음계정에서 직접 차감하고 그 내용을 주석으로 기재하여야 한다.

1. 추심위임배서

소유하고 있는 어음의 대금추심을 거래은행에 의뢰하는 경우가 있다. 이때 어음 뒷면에 배서하여 추심의뢰를 하는 것을 추심위임배서라 한다.

이 경우에는 대금추심을 의뢰하였을 뿐, 어음상의 채권은 소멸된 것이 아니므로 어음계정에 기입해서는 안된다. 그러나 만기일에 은행으로부터 추심완료의 통지를 받았을 때에는 받을어음계정 대변에 기입하여 감소시켜야 한다.

예제 3. 다음 거래를 분개하라.
① 전에 안동상점으로부터 양수한 약속어음(지급장소 신한은행 남산지점)₩60,000을 거래은행에 추심위임을 위하여 배서양도하고, 추심수수료 ₩1.000을 현금 지급하다.
② 위의 어음이 만기일에 추심되었다는 통지를 은행으로부터 받다.

해답

① (차) 지급수수료	1,000	(대) 현 금	1,000
② (차) 당좌예금	60,000	(대) 받을어음	60,000

2. 배서양도

어음소지인이 어음만기일 전에 상품대금이나 외상매입금을 지급하기 위하여 타인에게 어음을 배서양도하면, 어음상의 채권이 양수인에게 이전되므로 받을어음계정 대변에 기입하여 감소시켜야 한다.

예제 4. 다음 거래를 분개하라.
청주상점에서 상품 ₩200,000을 매입하고 그 대금은 앞서 수원상점에서 받은 약속어음을 배서양도하다.

해답

(차) 상 품	200,000	(대) 받을어음	200,000

이와 같이 받을어음을 배서양도하면 어음상의 채권은 소멸되지만, 만기일이

되어도 어음지급인이 어음금액을 지급하지 않을 때에는 배서인이 지급인대신 그 어음금액을 피배서인에게 상환할 의무를 지게 된다. 이것은 현재에는 채무가 아니나 장차 어떤 특정한 사태로 말미암아 발생하게 될지 모르는 불확실한 채무이다. 이러한 채무를 우발채무(contingent liablities)라고 한다.

　한편, 어음의 배서양도에 있어서 직접 받을어음계정 대변에 기입하는 [예제 4]의 회계처리방법으로는 받을어음에 대한 채권의 소멸은 표시되나 이러한 우발채무가 명백히 표시되지 않는 단점이 있다. 따라서 이것을 명백히 밝히기 위한 회계처리방법에는 다음의 두 가지가 있다.

　(1) 평가계정(valuation a/c)을 사용하는 방법

　　　(차)　　상　　　품　　200,000　　(대)　　배 서 어 음　　200,000

이 경우에 배서어음계정은 상환의무를 표시하는 동시에 받을어음의 감소를 표시한다. 따라서, 받을어음의 현재액을 파악하기 위해서는 받을어음계정의 차변잔액에서 배서어음계정의 대변잔액을 차감하면 된다. 여기서 배서어음계정은 받을어음계정에 대한 상대적 평가계정인 동시에 우발채무를 표시하는 계정이다. 따라서 만기일에 어음금액이 무사히 지급되면 다음과 같이 분개한다.

　　　(차)　　배 서 어 음　　200,000　　(대)　　받 을 어 음　　200,000

　(2) 대조계정(per contra a/c)을 사용하는 방법

　　　(차)　$\begin{cases} \text{상　　　품} & 200,000 \\ \text{어음배서의무대충} & 200,000 \end{cases}$　(대)　$\begin{cases} \text{받 을 어 음} & 200,000 \\ \text{어음배서의무} & 200,000 \end{cases}$

이 경우에 어음배서의무계정은 장차 어음금액이 지급되지 않은 경우의 상환의무를 표시하는 의무계정이고, 어음배서의무대충계정은 그 상환금액을 어음의 발행인 또는 배서인에게 청구할 수 있는 소구권을 표시하는 권리계정이다.

　여기서, 어음배서의무계정 및 어음배서의무대충계정과 같이 성질이 상반되는 두 개의 계정이 동일금액으로 동시에 발생·소멸하고, 각각 독립하여서는 성립할 수 없을 때에 이것을 대조계정이라 한다. 따라서, 만기일에 어음금액이 무사히 지급되면 다음과 같이 분개한다.

　　　(차)　　어음배서의무　　200,000　　(대)　　어음배서의무대충　　200,000

3. 어음할인

어음소지인이 어음만기일 전에 자금을 얻을 목적으로 은행, 기타 금융업자에게 어음을 배서양도하여 만기일까지의 이자를 차감하여 실수금을 수취하는 것을 어음의 할인이라 한다. 이 때에도 어음상의 채권이 은행 기타 금융업자에게 이전되므로 받을어음계정 대변에 기입하여 감소시켜야 한다.

예제 5. 다음 거래를 분개하라.
소유어음 ₩200,000을 거래은행에서 할인하고 할인료 ₩6,000을 차감한 실수금은 당좌예금하다.

해답

(차)	당 좌 예 금	194,000	(대)	받 을 어 음	200,000
	이 자 비 용	6,000			

어음할인의 경우에도 배서양도의 경우와 같이 우발채무에 대하여는 다음의 두 가지 회계처리방법이 있다.

(1) 평가계정을 사용하는 방법

(차)	당 좌 예 금	194,000	(대)	할 인 어 음	200,000
	이 자 비 용	6,000			

이 경우에 할인어음계정(bills receivable discounted a/c)은 상환의무를 표시하는 동시에 받을어음의 할인액을 표시한다. 따라서 받을어음의 현재액의 산정은 앞에서 설명한 배서어음계정과 같다. 여기서 할인어음계정은 배서어음과 같이 받을어음계정에 대한 상대적 평가계정인 동시에 우발채무를 표시하는 계정이다. 따라서 만기일에 어음금액이 무사히 지급되면 다음과 같이 분개한다.

(차)	할 인 어 음	200,000	(대)	받 을 어 음	200,000

(2) 대조계정을 사용하는 방법

(차)	상　　　품	194,000	(대)	받 을 어 음	200,000
	이 자 비 용	6,000		어 음 배 서 의 무	200,000
	어음배서의무대충	200,000		(또는 할인어음의무)	
	(또는 할인어음대충)				

이 경우에도 배서양도의 경우와 같으며, 만기일에 어음금액이 무사히 지급 되면 다음과 같이 분개한다.

| (차) | 어 음 배 서 의 무
(또는 할인어음의무) | 200,000 | (대) | 어음배서의무대충
(또는 할인어음대충) | 200,000 |

제 4 절 부도어음*

부도어음(dishonored notes receivable)은 부도어음계정으로 하여 투자자산 중 기타자산으로 처리하는 것을 원칙으로 한다. 또, 받을어음계정에 포함시켜 그 취지와 금액을 주석으로 표시할 수도 있다.

어음소지인이 어음지급인에게 지급을 청구했을 때 그 지급이 거절당한 경우 이것을 어음의 부도라 한다. 이때 소지인은 어음발행인 또는 배서양도인에 대하여 상환청구를 행한다. 이를 소구(遡求 ; recourse)라고도 한다. 이 상환청구를 표시하기 위하여 설정하는 계정이 부도어음계정이다. 어음발행인 또는 배서양도인에게 청구할 때 지급인이 지급을 거절하는 것을 증명하는 증서로서 지급거절증서를 공증인에게 작성해 받아야 하며, 이때의 지급거절증서 작성비용과 어음만기일에서 상환받는 날까지의 법정이자를 가산해서 청구할 수가 있다. 이때 청구한 비용은 전액 부도어음계정에 포함하여 처리한다.

1. 자기소지어음이 부도가 된 경우

예제 6. 다음 거래를 분개하라.
① 소유어음 ₩400,000이 부도가 되어 지급거절증서를 작성하고, 발행인에게 상환청구를 하고 지급거절증서 작성비용과 기타 비용 합계 ₩5,000을 현금으로 지급하다.
② 위의 어음액면 ₩400,000, 제비용 ₩5,000, 법정이자 ₩3,000, 합계 ₩408,000을 발행인으로 부터 현금으로 받다.

해답

| ① (차) | 부 도 어 음 | 405,000 | (대) | 받 을 어 음
현   금 | 400,000
5,000 |
| ② (차) | 현   금 | 408,000 | (대) | 부 도 어 음
이 자 수 익 | 405,000
3,000 |

2. 배서양도한 어음이 부도가 된 경우

예제 7. 다음 거래를 분개하라.
① 갑상점에 배서양도한 을상점 발행 병상점 환어음(#7)₩800,000이 부도되어 갑상점으로부터 상환청구를 받다. 따라서 어음액면금액과 기타 제비용합계 ₩806,000을 수표를 발행하여 지급하다.
② 위 어음의 발행인인 을상점에 대하여 부도어음 상환청구를 하는 동시에 청구제비용 ₩5,000을 현금으로 지급하다.

해답

① 제1법(평가계정을 사용한 경우)

(차)	배 서 어 음	800,000	(대)	받 을 어 음	800,000
	부 도 어 음	806,000		당 좌 예 금	806,000

제2법(대조계정을 사용한 경우)

(차)	어음배서의무	800,000	(대)	어음배서의무대충	800,000
	부 도 어 음	806,000		당 좌 예 금	806,000

② (차) 부 도 어 음   5,000   (대) 현   금   5,000

3. 할인어음이 부도가 된 경우

예제 8. 다음 거래를 분개하라.
① 은행할인어음 ₩2,000,000이 부도가 되어, 할인은행에서 상환청구를 받아 현금으로 지급하고 만기일후 이자 ₩6,000을 추가지급하다.
② 부도어음은 전액 회수가 불가능하다. 당점에는 ₩1,400,000의 대손충당금이 있다.

해답

① 제1법(평가계정을 사용한 경우)

(차)	부 도 어 음	2,006,000	(대)	현 금	2,006,000
	할 인 어 음	2,000,000		받 을 어 음	2,000,000

제2법(대조계정을 사용한 경우)

(차)	부 도 어 음	2,006,000	(대)	현 금	2,006,000
	할인어음의무	2,000,000		할인어음대충	2,000,000

②	(차)	대 손 상 각 비	606,000	(대)	부 도 어 음	2,006,000
		대 손 충 당 금	1,400,000			

제 5 절 화 환 어 음

원격지에 상품을 보내는 경우 운송중에 있는 화물의 대표증권인 선하증권 또는 화물상환증에 송장과 보험증권을 첨부하고 이것을 담보로 해서 매수인을 지급인으로 하는 환어음을 발행하여 은행에서 할인받는다. 이것을 화환취결이라 하며, 이러한 어음을 화환어음(documentary draft)이라 한다. 이를 도표로 표시해 보면 다음과 같다.

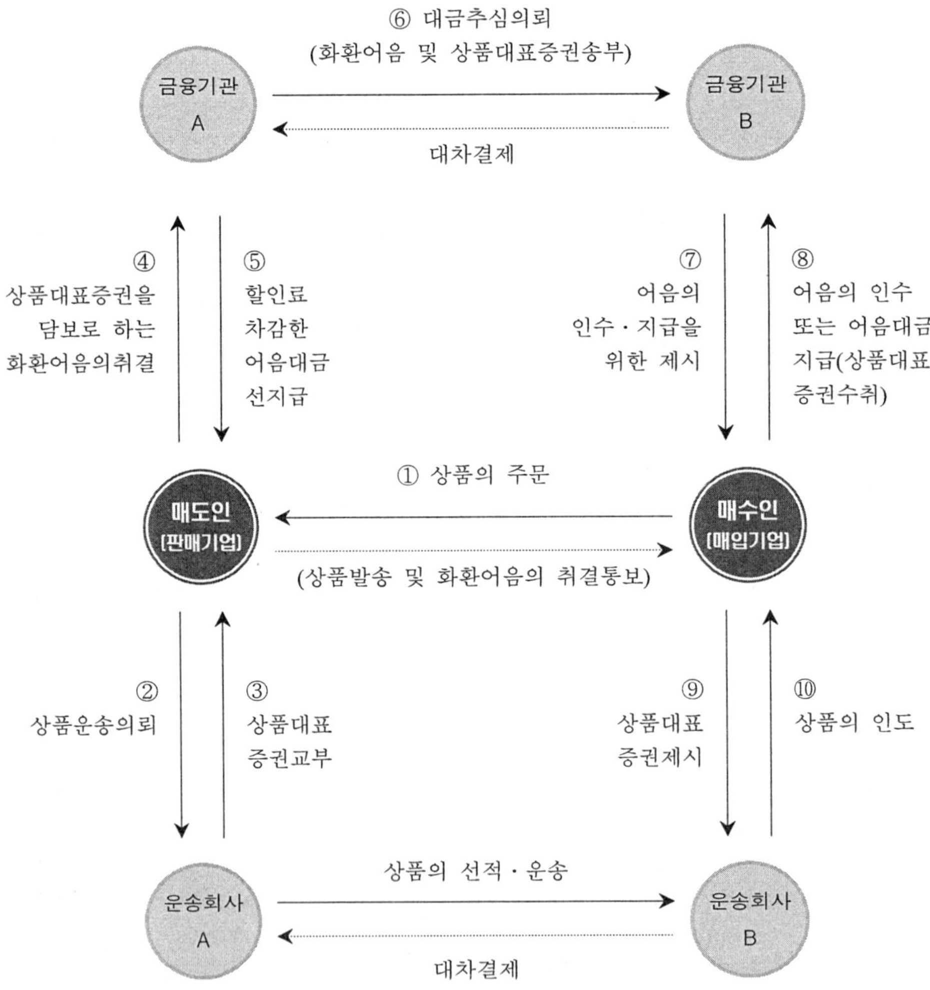

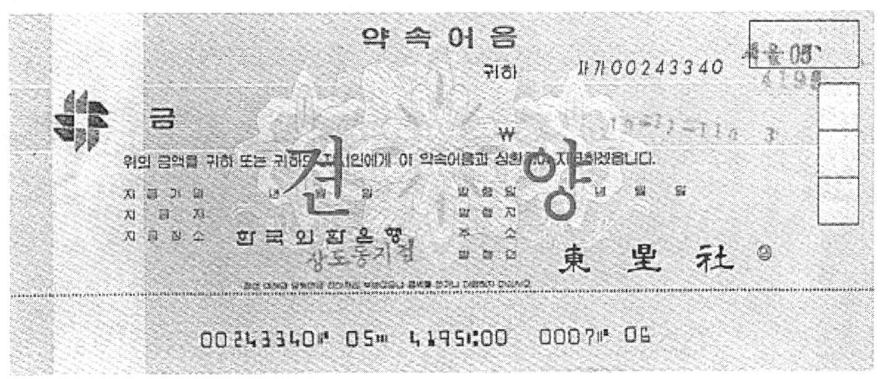

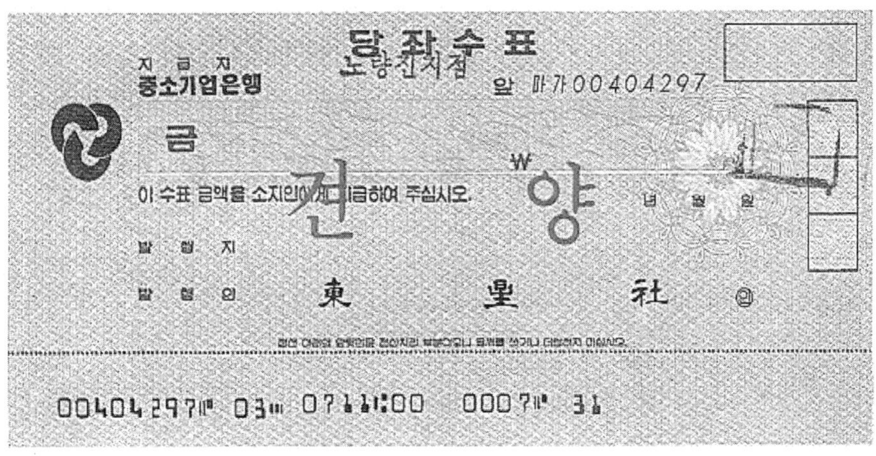

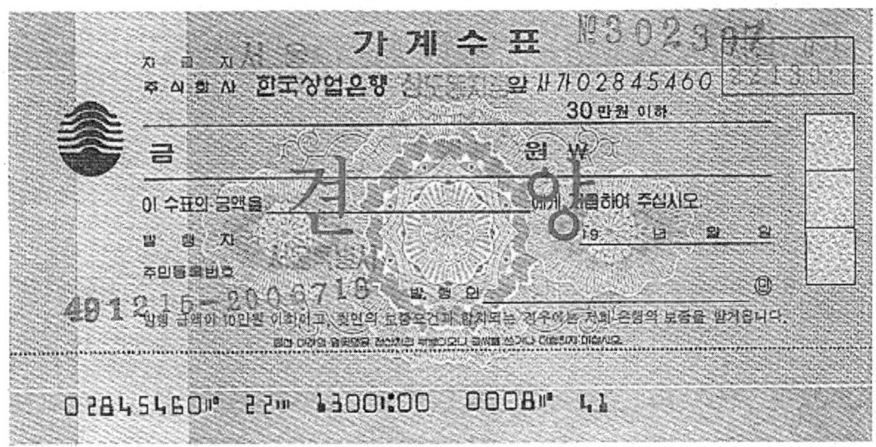

위면에 적은 금액을
그 지시인에게 지급하여 주십시오.
(목적 또는 두기)
거절증서 작성을 면제함.
어　음
발　행　인　(인)

위면에 적은 금액을
그 지시인에게 지급하여 주십시오.
(목적 또는 두기)
거절증서 작성을 면제함.
어　음
발　행　인　(인)

위면에 적은 금액을
그 지시인에게 지급하여 주십시오.
(목적 또는 두기)
거절증서 작성을 면제함.
어　음
발　행　인　(인)

발행한도 금액을 초과한 수표는

점선 아래 부분은 글씨를 쓰거나 더럽히지 마십시오.

보 증 요 건

1. 발행 금액은 10만원 이하 이어야 합니다.
2. 보증카드 유효기간내의 일자로 발행되고, 발행일로부터 10일
   이내에 지급 제시하여야 합니다.
3. 보증카드상의 성명, 인감, 보증카드 번호와 일치하여야 합니다.
4. 금액, 주민등록번호 및 발행일의 정정이 없어야 합니다.

가계수표보증카드번호
(수 취 인 기 재 란)

발행한도 금액을 초과한 수표는 발행인이 직접 은행에 제시하는 경우에
한하여 수납합니다.

예제 9. 다음 거래를 분개하라
① 갑상점은 을상점의 주문에 의해 상품 ₩200,000(원가 ₩160,000)을 매출하고 은행에서 발송상품가격의 8할인 ₩160,000을 액면으로 화환을 취결하다. 할인료 ₩10,000을 공제한 실수금은 당좌예금하다.
② 을상점은 어음의 인수를 하고 화물상환증을 교부받아 상품을 인수하다.

해답

	(차)			(대)		
①		이 자 비 용	10,000		상 품	160,000
		당 좌 예 금	150,000		상 품 매 출 이 익	40,000
		매 출 채 권	40,000			
②	(차)	상 품	200,000	(대)	지 급 어 음	160,000
					매 입 채 무	40,000

제 6 절 융 통 어 음*

융통어음은 상거래의 배경없이 단순히 금융을 도모하기 위해 발행하는 어음으로 공(空)어음이라고도 한다. 즉, 금융을 얻고자 하는 양자가 합의해서 서로 어음을 발행, 교환하여 은행에 할인을 의뢰하든가 또는 타인에게 배서 양도하여 금융을 받는 것이다. 받을어음 및 지급어음은 거래처와의 통상의 상거래에 따라 발생하여야 하므로 재고자산의 매출 또는 매입에 따라 발행하는 상업어음에 한한다. 또 현금의 대차에 근거하여 수수된 어음은 그것을 금융어음이라 하며, 단기대여금(어음대여금) 또는 단기차입금(어음차입금)으로 처리하여야 한다.

융통어음은 공(空)어음이므로 은행은 원칙적으로 그 할인에 응하지 않는다. 따라서 실제상 그것을 융통어음으로 표시하지 않고 받을어음과 지급어음으로 처리할지도 모르나 잘못된 처리이며, 이것은 어음대여금 또는 어음차입금으로 처리하여야 한다.

예제 10. 다음 거래를 분개하라.
대진상점과 청산상점은 만기일을 3개월로 하여 액면 ₩200,000의 어음을 발행하여 상호 교환하였다. 양 상점은 인수 즉시 거래은행에서 할인받고 ₩5,000의 할인료를 공제한 실수금을 당좌예금하였다.
만기일에 쌍방이 수표를 발행하여 지급완료하다.

해답

① 어음을 발행하여 서로 인수한 경우

(차)	융 통 어 음 (받을융통어음)	200,000	(대)	어 음 차 입 금 (지급융통어음)	200,000

② 어음을 할인하는 경우

(차)	이 자 비 용 당 좌 예 금 할 인 어 음 대 충	5,000 195,000 200,000	(대)	융 통 어 음 (또는 받을융통어음) 할 인 어 음 의 무	200,000 200,000

③ 만기일에 지급완료를 한 경우

(차)	어 음 차 입 금 (지급융통어음) 할 인 어 음 의 무	200,000 200,000	(대)	당 좌 예 금 할 인 어 음 대 충	200,000 200,000

제 7 절   어음의 개서

1. 받을어음의 경우

어음채무자에게서 재무상의 형편으로 지급기일의 연기를 요청받고, 어음을 다시 작성 교부받은 경우에는 장부상에 구(舊)어음채권이 소멸하고 신(新)어음채권이 성립한 것을 표시한다.

예제 11. 거래처 A상점 발행의 약속어음 ₩100,000이 만기일이 되어 그 지급의 연기를 요청해와 신어음을 받고 신어음기간에 대한 이자 ₩4,000은 현금으로 받다. 이때의 분개를 표시하라.

해답

(차)	받을어음(신어음) 현 금	100,000 4,000	(대)	받을어음(구어음) 이 자 수 익	100,000 4,000

2. 지급어음의 경우

어음채권자에게 지급어음의 만기일을 연기받아서 만기일에 어음을 다시 작성 교부해준 경우에는 장부상 구어음채무가 소멸하고 신어음채무가 성립한 것이 되므로 다음과 같이 회계처리한다.

> (차) 지 급 어 음 (구)   × × ×   (대) 지 급 어 음 (신)   × × ×

연 습 문 제

[1] 다음 거래를 분개하라.
  ① 서울상점에 상품 ₩200,000(원가 ₩150,000)을 매출하고, 대금은 동점 발행의 약속어음을 받다.
  ② 상도상점의 외상매출금 ₩250,000을 회수하기 위하여 상도상점 앞 당점영수의 환어음(#15)을 발행하여 동점으로부터 인수를 받다.
  ③ 서울상점 발행 약속어음이 금일 만기가 되어 현금으로 받아 곧 당좌예금하다.

[2] 다음 거래를 분개하라
  ① A상점에서 상품 ₩150,000을 매입하고 대금은 1개월 후 만기 약속어음을 발행 지급하다.
  ② 위의 어음이 만기가 되어 수표를 발행하여 지급하다.

[3] 다음 거래를 각 상점의 입장에서 분개하라.
  ① 중앙상점은 수원상점의 외상매출금 중 ₩80,000을 수원상점 발행 서울상점 지급의 환어음을 받아, 서울상점에 인수 제시하여 지급 승낙을 받았다. 서울상점은 수원상점에 ₩100,000의 외상매입금이 있다.
  ② 중앙상점은 전주상점으로부터 상품 ₩180,000을 매입하고, 대금은 전주상점을 수취인으로하여, 거래처 수원상점을 지급인으로 하는 환어음을 발행하여 지급하다.
  ③ 전주상점은 중앙상점에 대한 외상매출금 ₩250,000에 대하여 자기수취환어음을 발행하여 중앙상점의 승인을 받았다.
  ④ 수원상점은 전주상점에 상품 ₩120,000을 매출하고, 대금은 전주상점을 지급인, 수원상점을 수취인으로 하는 환어음을 발행하여 전주상점의 승인을 받았다.

[4] 다음 거래를 대조계정과 평가계정에 의하여 분개하라.
  ① 서울상점에 상품 ₩180,000을 매출하고, 대금 중 ₩80,000은 20일 후 지급의 전주상점 발행의 약속어음을 배서양수하고 잔액은 현금으로 받다.
  ② 수원상점으로부터 상품 ₩80,000을 매입하고, 그 대금으로 위의 약속어음을 배서양도하다.
  ③ 만기일에 이르러 위의 어음이 무사히 결제되었음을 수원상점으로부터 통지받다.

[5] 다음 일련의 거래를 분개하라.
  ① 소유하고 있던 인천상점 발행, 광주상점 배서의 약속어음 ₩200,000이 만기일에 이르러 거래은행에 동어음의 추심을 의뢰한 바 추심불능이라는 통지를 받다.
  ② 위의 어음에 대하여 광주상점에 상환을 청구하고 지급거절증서작성비용을 비롯한 청구비용 ₩1,800은 현금으로 지급하다.
  ③ 위의 청구액과 만기일 이후에 법정이자 ₩1,400을 수표로 받다.

[6] 다음 거래를 대조계정과 평가계정에 의하여 분개하라.
① 거래은행에 소유하고 있던 약속어음 ₩2,800,000을 할인하고, 할인료 ₩40,000을 차감한 실수금은 당좌예금하다.
② 위의 어음이 부도되어 은행으로부터 상환청구를 받고 이자 ₩6,000과 함께 수표를 발행하여 지급하다.

[7] 다음 분개에서 거래를 추정하라.

① (차) { 부 도 어 음 62,400 / 할 인 어 음 의 무 60,000 }　(대) { 당 좌 예 금 61,000 / 현　　　금 1,400 / 할 인 어 음 대 충 60,000 }

② (차) { 지 급 어 음 85,000 / 이 자 비 용 2,000 }　(대) { 지 급 어 음 80,000 / 현　　　금 7,000 }

③ (차) { 상　　　품 20,000 / 어음배서의무대충 20,000 }　(대) { 받 을 어 음 20,000 / 어 음 배 서 의 무 20,000 }

④ (차) 할 인 어 음 50,000　(대) 받 을 어 음 50,000

⑤ (차) { 당 좌 예 금 38,800 / 이 자 비 용 1,200 / 할 인 어 음 대 충 40,000 }　(대) { 받 을 어 음 40,000 / 할 인 어 음 의 무 40,000 }

[8] 다음 거래를 평가계정과 대조계정에 의하여 분개하라.
① 중앙상점에서 동점에 대한 외상매출금 ₩200,000의 지급으로써 동점발행 당점앞의 약속어음을 받고, 당점에서는 이 어음을 거래은행에서 할인하여 할인료 ₩3,000을 제외한 실수금은 당좌예금하다.
② 위 어음이 무사히 지급되었음을 거래은행에서 통지를 받다.
③ 불행히도 ①의 어음이 부도가 되어 거래은행으로부터 청구를 받아 현금으로 지급하다. 만기일후 이자 ₩600을 추가 지급하다.
④ 위의 부도어음은 전액회수의 가능성이 전혀 없는 것으로 밝혀지다. 당점에는 ₩80,000의 대손충당금이 있다.

[9] 다음 거래를 분개하라.
① 춘천상점은 전일 주문받은 상품 ₩1,200,000을 중앙상점에 발송하고 운임 ₩30,000을 현금으로 지급하다. 그리고, 발송상품에 대하여는 ₩900,000의 화환을 취결하고 할인료 ₩10,000을 차감한 실수금은 당좌예금하다.
② 중앙상점은 위의 화환어음을 인수하고 은행으로부터 화물상환증을 받다.
③ 중앙상점은 위 상품의 화물상환증을 ₩1,600,000에 거래처에 매출하고 대금은 1개월 후 지급의 거래처 발행 약속어음으로 받다.

[10] 다음 용어를 간단히 설명하라.

(1) 약속어음	(6) 어음할인
(2) 환어음	(7) 부도어음
(3) 받을어음	(8) 대조계정
(4) 지급어음	(9) 화환어음
(5) 어음배서의 의무	(10) 융통어음

당신에 대한 혹독한 비판은 당신안에 있는
최상의 것을 이끌어 낼 수 있다.

9

상품거래에 관한 계정(Ⅰ)

제 1 절	상품계정
제 2 절	상품거래의 기장
제 3 절	상품계정의 분할
제 4 절	상품계정 분할시의 매출손익계산법
제 5 절	상품거래의 특수처리
제 6 절	기말재고상품의 재고조사와 평가

상품거래에 관한 계정(Ⅰ) 제**9**장

제1절 상 품 계 정

상품계정(merchandise or goods a/c)은 상품의 매입과 매출, 그리고 매입환출과 매출환입 등에 의한 상품의 증감·변동을 기록하는 계정으로서 그 증가를 차변에, 그 감소를 대변에 기입한다. 상품에 관한 처리방법에는 상품계정을 단일계정으로 사용하여 처리하는 분기법(순수계정법)과 총기법(혼합계정법)이 있고, 상품계정을 여러 가지로 분할하여 처리하는 분할기장법(분할계정법)이 있다.

1. 분 기 법

분기법은 상품을 매입한 때 상품매입가액에 인수운임이나 수수료 등의 매입제부대비용을 포함한 매입원가를 상품계정 차변에 기입하고 매출한 때에도 매입원가로 이 계정 대변에 기입하고, 매출가액과 매입원가의 차이인 매출손익을 상품매출이익계정 또는 손실계정에 따로 기입한다. 이와 같이 상품을 매출할 때마다 상품매입원가와 상품매출손익을 분리하여 계산·기장하는 방법을 분기법 또는 손익분기법이라 한다. 상품계정은 순수한 자산계정으로 되어 이 계정의 잔액은 상품의 재고액을 나타내고, 손익관계는 손익계정에서 따로 처리하게 되는 것이다. 이런 이유로 분기법에 의한 상품계정을 순수계정(pure a/c)이라 한다.

그러나 이 방법은 다음과 같은 이유로 실무에 적합하지 않다.

① 상품의 종류가 많고 매출건수가 많은 때에는 매출할 때마다 일일이 매입원가와 매출가액을 비교하여 손익을 산정하여야 하므로 일부 업종을 제외하고는 적용이 불가능하다.

② 상품계정의 대변합계액은 매출상품의 매입원가로서 매출가격이 아니므로 매출장합계액과 일치하지 않아서 대조기능이 없다.

<table>
<tr><td colspan="2" align="center">상   품</td><td colspan="2" align="center">상품매출손익</td></tr>
<tr><td align="center">전 기 이 월
(매 입 원 가)
당 기 매 입
(매 입 원 가)</td><td align="center">매   출
(매 입 원 가)
차 기 이 월
(매 입 원 가)</td><td align="center">손   실</td><td align="center">이   익</td></tr>
</table>

예제 1. 다음 거래를 분기법에 의하여 분개하고 계정에 기입하라(단, 기초상품재고액 ₩26,000).

6월   4일   상품 ₩40,000을 외상매입하고 매입수수료 ₩800과 인수운임 ₩500은 현금으로 지급하다.

9일   위의 상품 ₩28,000(원가 ₩23,000)을 매출하고 대금은 약속어음으로 받다.

16일   상품 ₩25,000을 매입하고 대금은 수표를 발행하여 지급하다.

28일   상품 ₩20,000(원가 ₩17,000)을 외상으로 매출하다.

30일   상품매출이익 ₩8,000을 손익계정에 대체하다.
상품실제재고액은 장부잔액과 일치함.

해답

6/ 4 (차)	상 품	41,300	(대) {	매 입 채 무	40,000
				현 금	1,300

매입수수료와 인수운임을 매입부대비용으로서 취득원가에 산입함.

6/ 9 (차)	받 을 어 음	28,000	(대) {	상 품	23,000
				상 품 매 출 이 익	5,000
6/16 (차)	상 품	25,000	(대)	당 좌 예 금	25,000
6/28 (차)	매 출 채 권	20,000	(대) {	상 품	17,000
				상 품 매 출 이 익	3,000
6/30 (차)	상 품 매 출 이 익	8,000	(대)	손 익	8,000

상   품

6/ 1	전 기 이 월	26,000	6/ 9	받 을 어 음	23,000
6/ 4	제 좌	41,300	6/28	매 출 채 권	17,000
6/16	당 좌 예 금	25,000	6/30	**차 기 이 월**	52,300
		92,300			92,300
7/ 1	전 기 이 월	52,300			

상품매출이익

6/30	손 익	8,000	6/ 9	받 을 어 음	5,000
			6/28	매 출 채 권	3,000
		8,000			8,000

손   익

		6/30	상품매출이익	8,000

2. 총 기 법

분기법에 의한 상품계정의 기장은 매매거래의 발생수가 적을 때에는 적용할 수 있으나, 거래발생이 빈번할 때에는 거래가 발생할 때마다 앞에서 설명한 바와 같이 매입원가를 확인하고 매출손익을 산정해야 하므로 적용하기가 곤란하다.

이와 같은 단점을 피하기 위하여 상품계정의 차변에는 매입원가를 기입하고, 대변에는 매출액을 기입하여 처리한다. 여기서 매출액이라 함은 상품의 매입원가에다 매출이익을 가산(또는 매출손실을 차감)한 금액이다. 따라서 상품계정에는 자산과 손익이 혼합되어 있으므로 혼합계정(mixed a/c)이라 하고, 이런 처리방법을 총기법이라고 한다.

총기법, 즉 혼합계정의 경우 상품계정의 잔액은 매입원가와 매출손익이 혼합되어 있으므로 재고액을 표시하지 못하게 된다. 따라서 결산시에는 기말상품재고액을 조사하여 일괄적으로 매출손익을 산정한다.

> 매출원가 = 전기이월액 + 당기순매입액 - 기말재고액(기말재고조사액)
> 매출손익 = 순매출액 - 매출원가

위의 매출손익산식을 상품계정에 표시하면 다음과 같다.

상   품

전기이월액(기초재고액) 순 매 입 액 <매 출 이 익>	순 매 출 액 차기이월액(기말재고액) <매 출 손 실>

그리고, 혼합계정을 이용하는 경우에는 반품이나 환입 또는 에누리가 있으면 실제의 매입액 또는 매출액은 그만큼 감소되는 것이므로 상품계정에서 매입 또는 는 매출의 반대편에 기입한다. 이를 표시하면 다음과 같다.

상   품

전 기 이 월 액(원가) (기 초 재 고 액) 순 매 입 액(원가) 매입제부대비용(원가) 매 출 환 입 액(賣價) 매출에 누 리 액(賣價) <매 출 이 익>	순 매 출 액(賣價) 매 입 환 출 액(원가) 매입에누리액(원가) 차 기 이 월 액(원가) (기 말 재 고 액) <매 출 손 실>

예제 2. [예제 1]의 거래를 총기법에 의하여 분개하고 계정에 기입하라(단, 상품기말재고액은 ₩52,300원임).

해답

6/ 4 (차)	상 품	41,300	(대)	{ 매 입 채 무		40,000
				현 금		1,300
6/ 9 (차)	받 을 어 음	28,000	(대)	상 품		28,000
6/16 (차)	상 품	25,000	(대)	당 좌 예 금		25,000
6/28 (차)	매 출 채 권	20,000	(대)	상 품		20,000
6/30 (차)	상 품	8,000	(대)	손 익		8,000

상   품

6/ 1	전 기 이 월	26,000	6/ 9	받 을 어 음	28,000
6/ 4	제 좌	41,300	6/28	매 출 채 권	20,000
6/16	당 좌 예 금	25,000	6/30	**차 기 이 월**	52,300
6/30	손 익	8,000			
		100,300			100,300

<u>손   익</u>

6/30	상 품	8,000

3. 분할기장법

앞에서 설명한 상품계정을 단일계정으로 사용하는 분기법과 총기법에 의한 경우 상품매매거래를 단순히 매입과 매출로 2분(二分)하여 회계처리하였으나 거래가 복잡하여짐에 따라 매입·매출 이외에도 환입·환출·매입에누리 및 매입할인, 매출에누리 및 매출할인 등의 복잡한 거래가 따르게 된다.

따라서 기업경영활동의 중요한 자료인 ① 순매입액, ② 순매출액, ③ 매출원가, ④ 매입에누리액과 환출액, ⑤ 매출에누리액과 환입액 등을 명백히 하기 위해서 소규모경영인 경우를 제외하고는 몇 개의 계정으로 분할하여 기장할 필요가 있다. 이를 분할기장법 또는 상품계정의 분할이라 한다. 자세한 것은 제 3 절에서 설명하기로 한다.

제 2 절 상품거래의 기장

1. 매입장(purchases book)

이것은 매입상품에 관한 명세를 기입하기 위한 보조기입장이다. 매입장에는 매입대금 외에 매입제부대비용도 함께 기입한다.

매입품의 환출(반품)에 대해서는 별도로 환출품기입장을 설정하든가, 혹은 매입장에 주기(朱記 ; 붉은 색 잉크)해 두었다가 장부를 마감할 때 총매입액에서 차감하여 순매입액을 계산한다. 매입에누리에 대해서도 매입품환출의 경우와 마찬가지로 처리한다.

매입장의 합계는 매입계정 차변합계와 같고, 매입품환출액이나 매입에누리액의 합계는 매입계정 대변합계와 일치한다.

매입장의 기입은 구매부서에서 거래처로부터 받은 「송품장」(invoice)에 의하여 기입하며, 이 송품장은 증빙서류로써 보관해야 한다.

예제 3. 다음 거래를 매입장에 기입하라.

8월   2일   광주상점에서 A상품 200개 @₩200, B상품 300개 @₩150을 외상매입
하다(송품장번호 #9).
9일   대구상점에서 C상품 400개 @₩250을 매입하고 대금은 약속어음을 발행
하여 지급하고, 매입제비용 ₩4,000을 현금으로 지급하다(송품장번호 #18).
16일   광주상점으로부터 매입한 A상품 중 불량품이 있어 ₩3,000의 에누리를
받다.
27일   대구상점으로부터 매입한 C상품 중 견본품과 상이하여 40개(@₩250,
₩10,000)를 반품하다(송품장 반 #1).

해답

매   입   장

일 자		송품장 번호	적 요	내 역	금 액
8	2	#9	광주상점 외 상		
			A상점 200개 @₩200	40,000	
			B상점 300개 @₩150	45,000	85,000
	9	#18	대구상점 약 속 어 음		
			C상점 400개 @₩250	100,000	
			매입 제비용 현금 지급	4,000	104,000
	16	에누리	광주상점 외상에누리		
			A상품 일부 불량품에 대해		(3,000)
			에누리 받음		
	27	반 1	대구상점 외 상 환 출		
			C상품 40개 @ ₩250		(10,000)
			총 매 입 액		189,000
			매입에누리 및 환출		(13,000)
			순 매 입 액		176,000

2. 매출장(sales book)

이것은 매출상품에 관한 명세를 기입하기 위한 보조기입장이다. 매출장의 기입
방법은 매입장과 거의 같으며, 금액은 모두 매출가액으로 기입한다. 매출품의 환입
과 매출에누리에 대해서는 환입품기입장을 사용하든가 혹은 매출장에 붉은색으로
기록한다.

매출장의 합계는 매출계정의 대변합계와 일치한다. 그리고 상품종류별로 혹은
부문별로 계산하기 위해서 내역금액란을 여러 개로 하는 것은 매입장의 경우와
같다.

예제 4. 다음 거래를 매출장에 기입하라.

8월 4일 전주상점에 A상품 100개 @₩250, B상품 200개 @₩200을 매출하고 대금은 현금으로 받다(송품장번호 #12).

8일 전주상점으로부터 B상품 10개(@₩200, ₩2,000)가 견본품과 상이하여 반품되다(송품장 반 #1).

15일 군산상점에 C상품 250개 @₩280을 외상매출하다(송품장번호 #16).

24일 군산상점으로부터 매출한 C상품 일부에 불량품이 있어 ₩8,000을 에누리해 주다.

해답

매   출   장

일자		송품장 번호	적 요			내 역	금 액
8	4	#12	전주상점		현 금		
			A상점	100개	@₩250	25,000	
			B상점	200개	@₩200	40,000	65,000
	9	반 1	전주상점		환 입		
			B상점	10개	@₩200		(2,000)
	15	#16	군산상점		외 상		
			C상품	250개	@₩280		70,000
	24	에누리	군산상점		매출에누리		
			C상품 일부 불량품에 대해 에누리해줌				(8,000)
				총 매 출 액			135,000
				매출에누리 및 환입			(10,000)
				순 매 출 액			125,000

3. 상품재고장(stock ledger)

상품재고장이란 상품을 상품종류별로 구분하여 계속적으로 기입함으로써 항상 특정상품의 시재액(時在額)을 파악하기 위한 장부이다. 특히 주의해야 할 것은 수입(受入)이나 출고에는 언제나 매입원가로 기입한다는 것이다.

기말에 장부잔액은 당연히 있어야 할 실제재고액과 일치하여야 한다. 그러나 도난·분실·파손 등의 원인으로 인하여 장부잔액과 실제재고액이 일치하지 않을 경우가 있다.

상품재고장에는 상품의 수불시마다 그 수량·단가·금액 등을 기입하며, 일반적으로는 매입시마다 매입단가가 반드시 일정하지 않고 상이한 경우가 대부분이다. 그래서 기말상품재고액을 산정해야 하며, 그 계산방법(출고단가의 결정방법)에도 다음의 여러 가지 방법이 있다.

(1) 선입선출법(first in first out method : fifo, FIFO)

선입선출법은 매입순법(買入順法)이라고도 하며, 먼저 매입한 것부터 먼저 출고한다는 기장법으로 기말재고액은 최근에 구입한 상품의 단가로 계산되는 결과가 된다. 따라서 인플레이션하에서 기말재고액은 시가에 가까운 결과를 나타내며 매출원가가 적게 계상되므로 매출이익이 크게 산정된다.

(2) 후입선출법(last in first out method : lifo, LIFO)

후입선출법은 나중에 매입한 것부터 먼저 출고한 것으로 기장하는 방법으로 기말재고액은 가장 오래 전에 구입한 단가로 계산되는 결과가 된다. 따라서 인플레이션하에서 기말재고액은 적게 계산되어 매출원가가 크게 계상됨으로써 결과적으로 매출이익이 적게 산정된다. 국제회계기준에서는 일반적인 물량흐름에 역행하기 때문에 이 방법을 허용하지 않는다.

(3) 이동평균법(moving average method)

이동평균법은 매입시마다 그 구입수량과 금액을 앞의 잔액에 가산해서 새로운 평균단가를 산정하고, 이것에 의해서 출고단가를 계산하여 기장하는 방법이다. 이 방법에 의하면 재고품의 가액이 평균화되기 때문에, 매출원가가 매입가액이 달라짐에 따라서 받는 영향은 적으나, 많은 경우 평균단가를 산출함에 있어서 단수(端數)가 생기며 그 처리가 번잡하다는 불편이 있다.

(4) 총평균법(total average method)

총평균법은 일정기간의 매입합계액을 동일기간의 매입수량의 합계로 나누어서 단가를 계산하는 방법으로 평소의 매출시에는 단지 수량만을 기록하여 두었다가 기말에 평균단가를 인도란에 추기(追記)한다.

이 방법에 의하면 극단적인 매입가액의 차이를 적게 하며, 그 계산이 간편하다는 장점이 있으나, 일정기간이 경과하지 않으면 평균단가의 계산이 불가능하므로 단지 재고품의 기말재고가액을 결정하는 데 기여한다는 것 뿐이다. 기말의 실제재고조사에 의한 단가계산은 사실상 이 방법에 의하는 것과 같다.

예제 5. 다음 거래를 상품재고장에 (1) 선입선출법, (2) 후입선출법, (3) 이동평균법, (4) 총평균법에 의하여 기입하라.

8월 1일	전기이월액	A상품	100개	@₩200	₩20,000
2일	매 입	A상품	200개	@₩210	₩42,000
10일	매 출	A상품	100개	@₩250	₩25,000
19일	매 입	A상품	150개	@₩240	₩36,000
28일	매 출	A상품	250개	@₩280	₩70,000

해답

상 품 재 고 장

(1) 선입선출법   A 상 품

일자	적요	수입 수량	수입 단가	수입 금액	인도 수량	인도 단가	인도 금액	잔액 수량	잔액 단가	잔액 금액
8 1	전기이월	100	200	20,000				100	200	20,000
2	매 입	200	210	42,000				{ 100	200	20,000
								200	210	42,000
10	매 출				100	200	20,000	200	210	42,000
19	매 입	150	240	36,000				{ 200	210	42,000
								150	240	36,000
28	매 출				{ 200	210	42,000	100	240	24,000
					50	240	12,000			
31	차기이월				100	240	24,000			
		450		98,000	450		98,000			
9 1	전기이월	100	240	24,000				100	240	24,000

(2) 후입선출법   A 상 품

일자	적요	수입 수량	수입 단가	수입 금액	인도 수량	인도 단가	인도 금액	잔액 수량	잔액 단가	잔액 금액
8 1	전기이월	100	200	20,000				100	200	20,000
2	매 입	200	210	42,000				{ 100	200	20,000
								200	210	42,000
10	매 출				100	210	21,000	{ 100	200	20,000
								100	210	21,000
19	매 입	150	240	36,000				{ 100	200	20,000
								100	210	21,000
								150	240	36,000
28	매 출				{ 100	210	21,000	100	200	20,000
					150	240	36,000			
31	차기이월				100	200	20,000			
		450		98,000	450		98,000			
9 1	전기이월	100	200	20,000				100	200	20,000

(3) 이동평균법

A 상 품

일자		적 요	수 입			인 도			잔 액		
			수 량	단 가	금 액	수 량	단 가	금 액	수 량	단 가	금 액
8	1	전기이월	100	200	20,000				100	200	20,000
	2	매 입	200	210	42,000				300	206.67	62,000
	10	매 출				100	206.67	20,667	200	206.67	41,333
	19	매 입	150	240	36,000				350	220.95	77,333
	28	매 출				250	220.95	55,237	100	220.95	22,096
	31	차기이월				100	220.95	22,096			
			450		98,000	450		98,000			
9	1	전기이월	100	220.95	22,096				100	220.95	22,096

(주) 단수에 의한 차이는 직전일 잔액을 기초로 인도란의 금액과 당일 잔액란의 금액을 적절히 조정하여 계상한다.

(4) 총평균법

A 상 품

일자		적 요	수 입			인 도			잔 액		
			수 량	단 가	금 액	수 량	단 가	금 액	수 량	단 가	금 액
8	1	전기이월	100	200	20,000				100	200	20,000
	2	매 입	200	210	42,000				300		
	10	매 출				100	217.78	21,778	200		
	19	매 입	150	240	36,000				350		
	28	매 출				250	217.78	54,444	100	217.78	21,778
	31	차기이월				100	217.78	21,778			
			450	217.78	98,000	450	217.78	98,000			
9	1	전기이월	100	217.78	21,778				100	217.78	21,778

(주) 단수에 의한 차이는 인도란의 금액과 월말 잔액란(기말재고액)의 금액을 적절히 조정하여 계상한다.

위 여러 가지 방법에 의하여 계산 표시된 월말잔액 또는 차기이월액은 바로 해당 상품의 월말(기말)재고를 표시하게 된다.

참고로 위 4가지 방법에 의한 매출총손익과 매출원가 및 기말재고액을 비교 표시하면 다음과 같다.

	①매출액	②기초 재고액	③당기 매입액	④기말 재고액	매출원가 ⑤=②+③-④	매출총이익 ⑥=①-⑤
선입선출법	₩95,000	₩20,000	₩78,000	₩24,000	₩74,000	₩21,000
후입선출법	₩95,000	₩20,000	₩78,000	₩20,000	₩78,000	₩17,000
이동평균법	₩95,000	₩20,000	₩78,000	₩22,096	₩75,904	₩19,096
총 평 균 법	₩95,000	₩20,000	₩78,000	₩21,778	₩76,222	₩18,778

제 3 절 상품계정의 분할

혼합계정으로서의 상품계정을 사용해서 상품의 매입과 매출 및 매입 제부대비용과 에누리·반품 등을 기록하면, 상품계정의 기입이 복잡하여 져서 이 계정으로는 경영상 중요한 자료인 순매입액·순매출액 및 매출원가를 쉽게 알수가 없을 뿐 아니라, 보조부인 매입장·매출장 등과 대조해 보기도 불편하다.

그러므로 소규모경영인 경우를 제외하고는 일반적으로 1개의 상품계정을 다음과 같이 2개 이상의 계정으로 분할처리하고 있으며, 그 중에서도 3분법이 널리 채용되고 있다. 물론 어느 정도로 분할할 것인가는 기업의 규모와 조직 및 거래수 등을 고려하여야 한다.

분할방법은 일반적으로 다음과 같다.

① 2분법 : 매입계정 · 매출계정
② 3분법 : 이월상품계정 · 매입계정 · 매출계정
③ 4분법 : 이월상품계정 · 매입계정 · 매출계정 · 매출원가계정
④ 5분법 : 이월상품계정 · 매입계정 · 매출계정 · 매입에누리 및 환출품계정 · 매출에누리 및 환입품계정

1. 3 분 법

상품계정을 이월상품계정·매입계정·매출계정의 3계정으로 분할하여 처리하는 방법이다. 이월상품계정은 차변에 전기이월액을 기입하고, 대변에는 차변잔액(전기이월액)을 매입계정에 대체하기 위하여 기입한다. 그리고 기말상품재고액을 차변에 기입하여 차기이월액을 표시한다.

매입계정은 차변에 매입액을, 대변에는 매입환출 및 에누리액을 각각 기입하며 전기이월액은 이월상품계정에서 차변에 대체 기입하고 기말상품재고액을 대변에 대체 기입하여 매출원가(차변잔액)를 산정하게 된다. 매출계정은 대변에 매출액을, 차변에는 매출환입 및 에누리액을 기입하여 순매출액(대변잔액)을 표시한다.

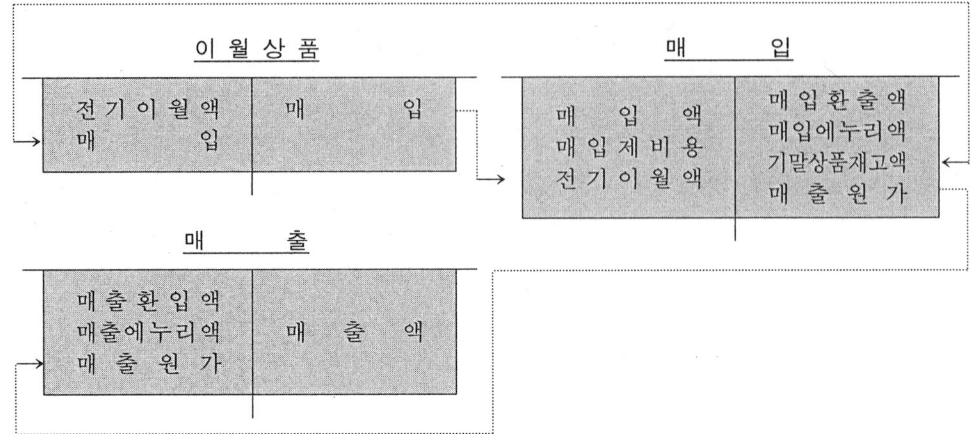

(주) 매입계정의 차변잔액은 순매입액을, 매출계정의 대변잔액은 순매출액을 표시하고, 이들 금액은 매입장과 매출장의 금액과 일치한다. 그리고 3분법에 있어서 이월상품계정은 상품의 기초재고 액과 기말재고액을 기입하는 자산계정, 매입계정은 비용계정, 매출계정은 수익계정의 성질을 갖는 것으로 볼 수 있다.

예제 6. 다음 거래를 3분법에 의하여 분개하고 관계계정에 전기하라.

7월   1일   전기이월액 ₩60,000
　　4일   수원상점으로부터 상품 ₩116,000을 외상매입하고, 인수운임 ₩4,000을 현금으로 지급하다.
　　12일   위의 상품 중 불량품이 있어 ₩15,000을 환출하다.
　　18일   인천상점에 상품 ₩180,000을 외상매출하다.
　　29일   위의 상품 중 불량품이 있어 ₩20,000을 에누리해 주다.
　　31일   기말재고액 ₩40,000

해답

일자	구분	차변	금액	구분	대변	금액
7/ 4	(차)	매 입	120,000	(대)	매 입 채 무 / 현 금	116,000 / 4,000
7/12	(차)	매 입 채 무	15,000	(대)	매 입	15,000
7/18	(차)	매 출 채 권	180,000	(대)	매 출	180,000
7/29	(차)	매 출	20,000	(대)	매 출 채 권	20,000

이 월 상 품

7/1 전기이월 60,000	

매   입

7/4 제 좌 120,000	7/12 매입채무 15,000

매   출

7/29 매출채권 20,000	7/18 매출채권 180,000

2. 기타 상품계정의 분할

(1) 2 분 법

이것은 상품계정을 매입계정(purchases a/c)과 매출계정(sales a/c)의 2개로 분할하는 방법이다. 이 경우에 양 계정에 기입되는 사항은 다음과 같다.

<table>
<tr><td colspan="2" align="center">매　　　입</td><td colspan="2" align="center">매　　　출</td></tr>
<tr><td>전 기 이 월 액
총　매　입　액
매입제부대비용</td><td>매 입 환 출 액
매 입 에 누 리
기 말 재 고 액
(차기이월액)</td><td>매 출 환 입 액
매 출 에 누 리</td><td>총　매　출　액</td></tr>
</table>

따라서 매입계정 차변잔액은 전기이월액과 순매입액과의 합계를 표시하며, 매출계정 대변잔액은 순매출액을 표시한다. 그러므로 매입계정의 대변에 기말재고액을 기입하면, 전기이월액 및 순매입액에서 기말재고액을 차감하는 셈이 되어 그 잔액은 매출원가를 표시한다.

이것을 매출계정의 잔액과 비교하여 매출손익이 산정된다. 그 계산방법은 앞에서 설명한 3분법과 비슷하다.

그런데 2분법에 있어서의 매입계정은 자산과 비용을 겸한 혼합계정이며, 매출계정은 수익계정이라고 할 수 있다.

예제 7. 다음 자료로써 상품계정을 2분법(매입계정과 매출계정)으로 기입하고 총액법으로 마감하라(필요한 대체분개를 표시할 것).

① 전 기 이 월 액	₩60,000	② 당 기 매 입 액	₩120,000
③ 매 입 환 출 액	10,000	④ 매 입 에 누 리 액	5,000
⑤ 당 기 매 출 액	180,000	⑥ 매 출 환 입 액	16,000
⑦ 매 출 에 누 리 액	4,000	⑧ 기 말 재 고 액	40,000

해답

매   입

전 기 이 월	60,000		매 입 환 출 액	10,000
당 기 매 입 액	120,000		매 입 에 누 리	5,000
			① 손 익	125,000
			차 기 이 월	**40,000**
	180,000			180,000
전 기 이 월	40,000			

매   출

매 출 환 입 액	16,000		당 기 매 출 액	180,000
매 출 에 누 리	4,000			
② 손 익	160,000			
	180,000			180,000

손   익

① 매 입	125,000		② 매 출	160,000
매 출 이 익	35,000			
	160,000			160,000

대체분개

①	(차) 손 익	125,000		(대) 매 입	125,000
②	(차) 매 출	160,000		(대) 손 익	160,000

(2) 4 분 법

3분법에다 매출원가계정을 별도로 세워 상품거래를 분할·처리하는 방법으로 그 계산방법은 3분법과 거의 동일하다.

다만, 3분법(총액법)이 매입계정에서 산출된 매출원가를 손익계정 차변에 대체하는데 대하여, 4분법은 매출원가계정에서 매출원가를 산정하여 이를 손익계정의 차변에 대체하는데 그 차이가 있다.

예제 8. [예제 7]의 자료로써 4분법에 의하여 기입하고 마감하라(필요한 대체분개를 표시할 것).

해답

이 　월 　상 　품

전　기　이　월	60,000	① 매　출　원　가	60,000
② 매　출　원　가	40,000	차　기　이　월	40,000
	100,000		100,000
전　기　이　월	40,000		

매　　　　　입

당　기　매　입　액	120,000	매　입　환　출　액	10,000
		매　입　에　누　리	5,000
		② 매　출　원　가	105,000
	120,000		120,000

매　　　　　출

매　출　환　입　액	16,000	당　기　매　출　액	180,000
매　출　에　누　리	4,000		
⑤ 손　　　　　익	160,000		
	180,000		180,000

매　출　원　가

① 이　월　상　품	60,000	③ 이　월　상　품	40,000
② 매　　　　　입	105,000	④ 손　　　　　익	125,000
	165,000		165,000

손　　　　　익

④ 매　출　원　가	125,000	⑤ 매　　　　　출	160,000
매　출　이　익	35,000		
	160,000		160,000
		매　출　이　익	35,000

대체분개

①	(차)	매　출　원　가	60,000	(대)	이　월　상　품	60,000
②	(차)	매　출　원　가	105,000	(대)	매　　　　　입	105,000
③	(차)	이　월　상　품	40,000	(대)	매　출　원　가	40,000
④	(차)	손　　　　　익	125,000	(대)	매　출　원　가	125,000
⑤	(차)	매　　　　　출	160,000	(대)	손　　　　　익	160,000

(3) 5 분 법

3분법에다 매입에누리 및 환출품계정·매출에누리 및 환입품계정을 별도로 세워 상품거래를 분할 처리하는 방법이다. 3분법에 있어서는 매입액 중 매입에누리와 환출액은 매입계정 대변에, 매출액 중 매출에누리와 환입액은 매출계정 차변에 기입하여 처리하는데, 매입·매출에누리와 환입·환출거래가 빈번히 발생할 경우에는 이와 같은 별도의 계정에서 처리한다. 매입에누리 및 환출품계정과 매출에누리 및 환입품계정은 각각 매입계정과 매출계정의 평가계정이므로 마감할 때에는 매입계정과 매출계정에 대체하여야 한다. 그 밖에 절차는 3분법이나 4분법과 비슷하므로 여기서는 생략한다.

(4) 기　　　타

5분법에 매출원가계정을 더하면 6분법, 5분법에서 매입에누리 및 환출품계정을 매입에누리계정과 환출품계정으로, 또 매출에누리 및 환입품계정을 매출에누리계정과 환입품계정으로 독립시켜 7분법, 7분법의 매입계정에서 매입제비용계정을 독립시켜 8분법으로 하는 수도 있다. 그러나 이들의 경우에도 기말에 이르러 매입에누리·환출품·매입 제부대비용계정의 잔액은 매입계정에, 매출에누리·환입품계정의 잔액은 매출계정에 대체하게 되므로 결국은 3분법의 경우와 같이 된다. 그리고 위의 8분법에 매출원가계정을 추가 설정해서 9분법으로 처리하는 수가 있다.

제 4 절　　상품계정분할시의 매출손익계산법

한편, 상품계정 분할시의 상품매출손익은 다음과 같이 세 가지 방법에 의하여 계산된다.

1. 총 액 법

총액법은 손익계정에서 매출손익을 산정하는 방법으로, 그 절차는 ① 기초상품재고액을 이월상품계정으로 부터 매입계정에, ② 기말상품재고액을 매입계정에서 이월상품계정에 대체함으로써 매입계정에서 매출원가(전기이월액＋당기순매입액-기말상품재고액=매출원가)를 계산한다. 다음으로 ③ 매입계정으로부터 매출원가를 손익계정 차변에, ④ 매출계정으로부터 순매출액을 손익계정 대변에 대체하여, 매출원가와 매출액을 대응시킨다. 이월상품계정은 자산계정으로 차기이월액(기말재고액)이 기입된다. 이 관계를 도표로 표시하면 다음과 같다.

3분법에 의한 총액법

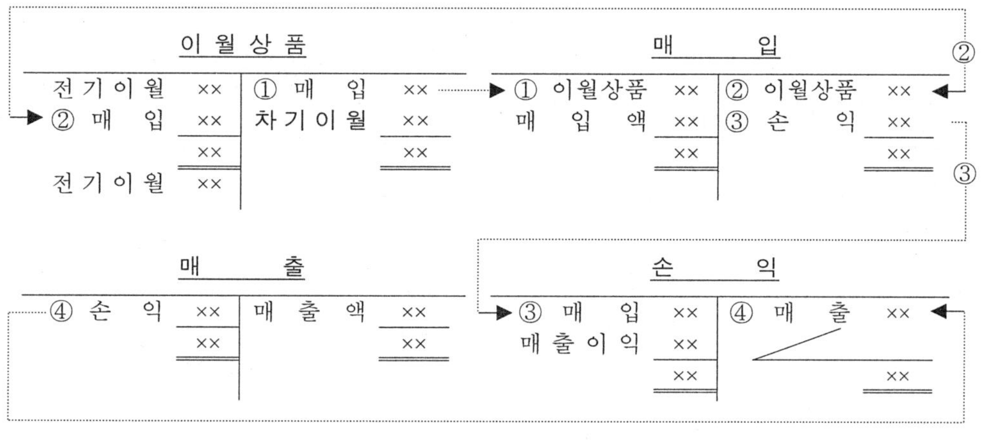

5분법에 의한 총액법

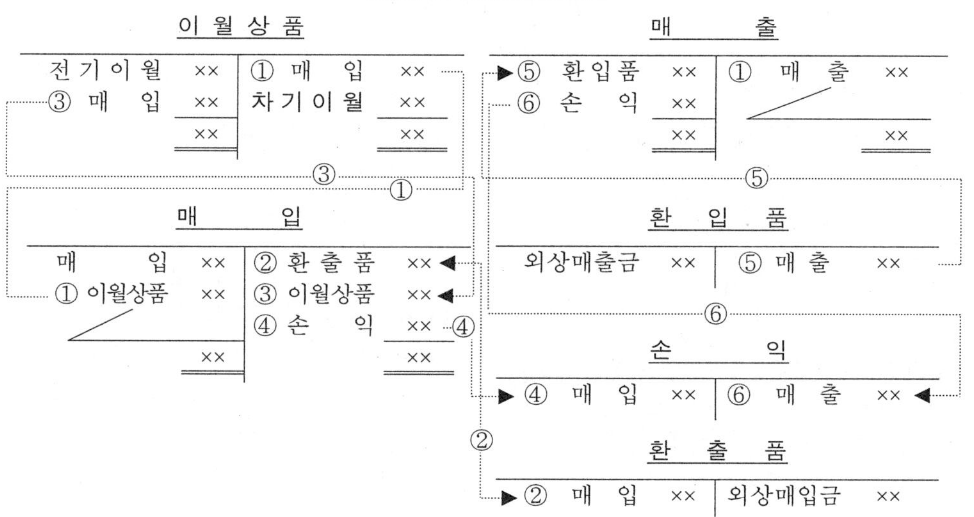

(주) 매입에누리를 환출품계정에, 매출에누리는 환입품계정에 포함시켜야 하나 지면 관계상 생략하였다.

2. 순 액 법

매출계정에서 매출손익을 산출하는 방법인데, 그 절차는 총액법과 비슷하다.
다만, 총액법이 매출손익을 손익계정에서 산출하는데 대해서, 순액법은 매출계
정에서 산출함이 다르다. 이를 도표로 표시하면 다음과 같다.

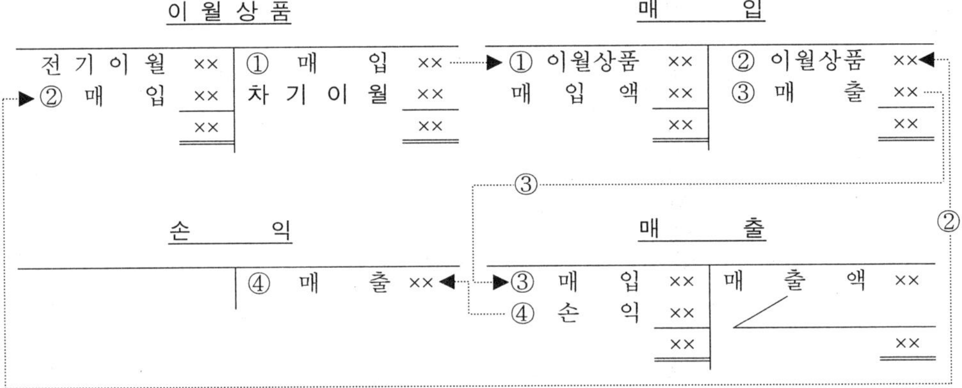

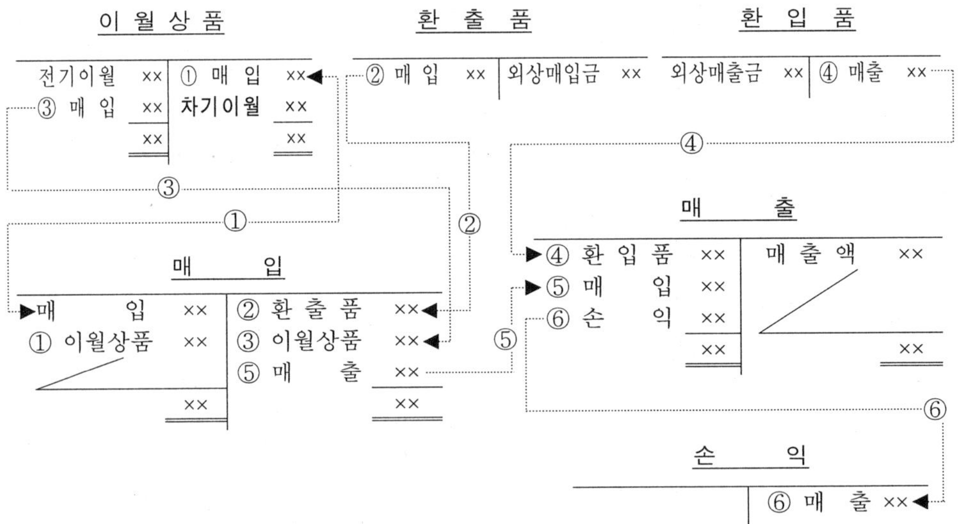

예제 9. [예제 6]의 거래를 총액법과 순액법으로 전기(轉記)하고 영미식결산법으로 마감하라(필요한 대체분개를 표시할 것).

해답

(1) 총 액 법

이 월 상 품

7/ 1	전 기 이 월	60,000		7/31	① 매 입	60,000	
7/31	② 매 입	40,000		7/31	**차 기 이 월**	40,000	
		100,000				100,000	
8/ 1	전 기 이 월	40,000					

매   입

7/ 4	제 좌	120,000		7/12	매 입 채 무	15,000	
7/31	① 이 월 상 품	60,000		7/31	② 이 월 상 품	40,000	
				7/31	③ 손 익	125,000	
		180,000				180,000	

매   출

7/26	매 출 채 권	20,000		7/18	당 기 매 출 액	180,000	
7/31	① 손 익	160,000					
		180,000				180,000	

손   익

7/31	③ 매 입	125,000		7/31	④ 매 출	160,000	
7/31	매 출 이 익	35,000					
		160,000				160,000	

대체분개

7/31   ① 전기이월액을 이월상품계정에서 매입계정에 대체
          (차) 매   입   60,000   (대) 이 월 상 품   60,000
          ② 기말재고액을 이월상품계정과 매입계정에 기입
          (차) 이 월 상 품   40,000   (대) 매   입   40,000
          위 ① ② 매출원가를 계산하기 위한 분개임.
          ③ 매입계정의 차변잔액(매출원가)을 손익계정에 대체
          (차) 손   익   125,000   (대) 매   입   125,000
          ④ 매출계정의 대변잔액(순매출액)을 손익계정에 대체
          (차) 매   출   160,000   (대) 손   익   160,000

(2) 순 액 법

이 월 상 품

7/ 1	전 기 이 월	60,000	7/31	① 매 입	60,000
7/31	② 매 입	40,000	7/31	차 기 이 월	40,000
		100,000			100,000
8/ 1	전 기 이 월	40,000			

매 입

7/ 4	제 좌	120,000	7/12	매 입 채 무	15,000
7/31	① 이 월 상 품	60,000	7/31	② 이 월 상 품	40,000
			7/31	③ 매 출	125,000
		180,000			180,000

매 출

7/26	매 출 채 권	20,000	7/18	매 출 채 권	180,000
7/31	③ 매 입	125,000			
7/31	④ 손 익	35,000			
		180,000			180,000

손 익

		7/31	④ 매 출	35,000

대체분개

7/31   ①, ②는 총액법과 동일
③ 매입계정의 차변잔액(매출원가)을 매출계정에 대체
(차) 매 출 125,000   (대) 매 입 125,000
④ 매출계정의 대변잔액(매출이익)을 손익계정에 대체
(차) 매 출 35,000   (대) 손 익 35,000

3. 매매계정기입법

이것은 총액법과 순액법 외에 주로 영국에서 이용하는 방법으로서 이월상품·
매입·매출의 각 계정잔액을 매매계정(trading a/c)에 대체하고, 기말재고액을 이
월상품계정 차변과 매매계정 대변에 기입하여 매출손익을 매매계정에서 산출하
는 방법이다. 이를 도표로 표시하면 다음과 같다.

3분법에 의한 매매계정기입법

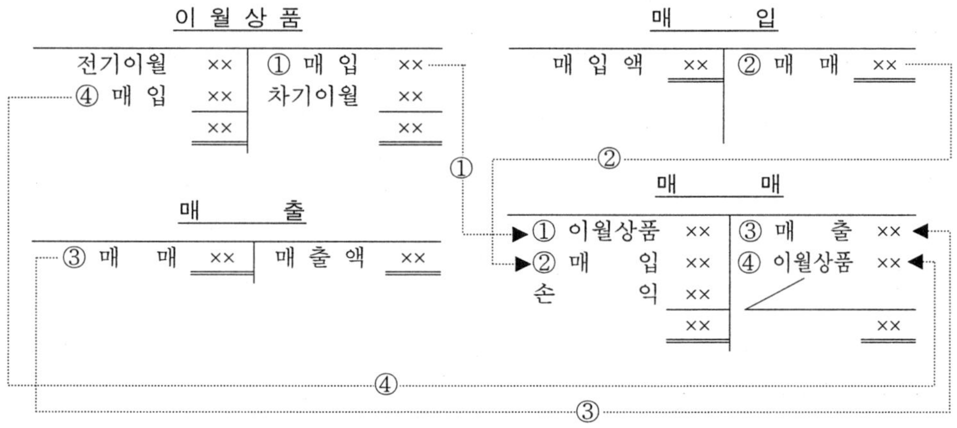

예제 10. 다음 자료로써 매매계정기입법으로 상품매출손익을 계산하기까지 분개하고 계정에 전기하라.

① 전 기 이 월 액	₩60,000		② 당 기 매 입 액	₩120,000
③ 매 입 환 출 액	15,000		④ 당 기 매 출 액	180,000
⑤ 매 출 환 입 액	20,000		⑥ 기 말 재 고 액	40,000

해답

이 월 상 품

전 기 이 월	60,000	① 매 매	60,000
④ 매 매	40,000	**차 기 이 월**	40,000
	100,000		100,000

매 입

매 입 액	120,000	환 출 액	15,000
		② 매 매	105,000
	120,000		120,000

매 매 계 정

① 이 월 상 품	60,000	③ 매 출	160,000
② 매 입	105,000	④ 이 월 상 품	40,000
⑤ 손 익	35,000		
	200,000		200,000

매   출

환 입 액	20,000	매 출 액	180,000
③ 매 매	160,000		
	180,000		180,000

손   익

		⑤ 매 매	35,000

대체분개

7/31   ① 전기이월액을 이월상품계정에서 매매계정에 대체
       (차) 매   매   60,000   (대) 이 월 상 품   60,000
② 매입계정의 차변잔액(순매입액)을 매매계정에 대체
       (차) 매   매   105,000   (대) 매   입   105,000
③ 매출계정의 대변잔액(순매출액)을 매매계정에 대체
       (차) 매   출   160,000   (대) 매   매   160,000
④ 기말재고액을 이월상품계정과 매매계정에 기입
       (차) 이 월 상 품   40,000   (대) 매   매   40,000
⑤ 매출이익을 손익계정에 대체
       (차) 매   매   35,000   (대) 손   익   35,000

제 5 절   상품거래의 특수처리

1. 매입 제부대비용과 매출 제부대비용

(1) 매입 제부대비용

매입 제부대비용은 상품을 매입하는데 소요되는 모든 경비로서 이것은 두 가지로 나눈다. 즉, 매입상품별로 구분할 수 있는 매입 제부대비용(매입수수료·수입관세·매입운임·매입보관비 등)과 매입상품별로 구분할 수 없는 매입제 부대비용(여러 가지 상품에 일괄하여 소요된 매입운임·매입품보관비 등)으로 구분하기도 한다.

한편, 매입 제부대비용은 상품 매입시에 매입대금과 함께 매입상품에 가산하여 당기의 매입원가에 부담시키는 것이 일반적인 방법이다.

그리고 상대방이 대신 지급한 당사부담의 인수운임 등은 채무로서 매입채무계정에서 처리한다. 또 매입환출운임은 상품매입원가가 아니므로 당사가 부담하기로 한 경우에는 운반비계정에, 상대방이 부담하기로 약속된 경우에는 미수금으로 처리하나, 일반적으로는 매입채무의 감소로 처리한다.

(2) 매출 제부대비용

상품매출에 수반하여 발생한 운임·판매수수료 등 당사 부담분은 운반비계정에서, 상대방 부담분으로서 대신 지급한 것은 미수금계정에서 처리하나, 일반적으로는 상대방 부담분은 매출채권계정에서 처리하기도 한다. 매출품환입의 반송운임은 일반적으로 당사가 부담하며 운반비계정에서 처리한다. 그리고 상대방 부담분은 매출채권계정의 증가로 처리한다.

2. 매출환입과 매입환출

매출환입(sales returns)이란 매출한 상품이 구매자의 요구에 맞지 않기 때문에 되돌아 온 것을 말하고, 매입환출(purchases returns)은 매입한 상품이 요구에 맞지 않기 때문에 되돌려 보낸 것을 말한다.

한편 매출환입이나 매입환출이 많은 금액으로 발생한 때에는 매출환입계정과 매입환출계정을 매출계정과 매입계정에서 분리하여 각각 독립 계정에서 처리한다. 매출환입계정은 매출계정의 차변을 대표하고, 매입환출계정은 매입계정의 대변을 대표하는 평가계정으로서, 양 계정은 기말에 주계정에 각각 대체되어 순매출액과 순매입액이 산정된다. 만일 양 계정으로 분리하지 않는 경우에는 매출채권계정과 매입채무계정의 수정거래로써 처리한다.

3. 에누리와 할인

(1) 에 누 리

매입에누리나 매출에누리는 불량품이나 수량의 부족, 견본품과의 상이로 인하여 매입원가나 매출액에서 공제되는 금액을 말하며, 매입품의 에누리는 매입에누리계정(purchases allowance a/c)에서, 매출품의 에누리는 매출에누리계정(sales allowance a/c)에서 처리한다. 다같이 매입계정과 매출계정에 대한 차감계정이다.

이 계정들을 설정하지 않았을 경우에는 매입채무와 매출채권의 수정(취소)거래로 처리하는데, 이는 앞의 매출환입과 매입환출의 경우와 같다.

(2) 할 인

할인은 외상매입금이나 외상매출금을 기일내에 지급 또는 영수함으로써 지급 또는 영수일로부터 만기일까지의 일수(日數)에 따라 일정액을 할인받은것, 다시 말하면 외상매입금이나 외상매출금의 일부를 면제받는 금액을 말한다. 따라서, 이것은 매입액이나 매출액에서 공제되는 에누리와는 그 성격이 다르다. 따라서 할인은 매매거래와는 관계없는 금융상의 손익이지만 에누리와 같이 매출액이나 매입액에서 차감한다.

예제 11. 다음 거래를 분개하라.
① 중앙상점으로부터 외상매입한 상품 중 불량품이 있어 ₩6,000의 에누리를 받다.
② 평화상점에 외상매출한 상품 중 불량품이 있어 ₩4,000 에누리해 주다.
③ 중앙상점에 대한 외상매입금 ₩300,000을 기일전에 지급함으로써 5%의 할인을 받고 잔액은 현금으로 지급하다.
④ 평화상점으로부터의 외상매출금 ₩200,000을 기일전에 회수함으로써 5%를 할인하여 주고 잔액은 현금으로 받다.

해답

① (차)	매 입 채 무	6,000	(대)	매 입	6,000
				(또는 매입에누리)	
② (차)	매 출	4,000	(대)	매 출 채 권	4,000
	(또는 매출에누리)				
③ (차)	매 입 채 무	300,000	(대) {	현 금	285,000
				매 입	15,000
				(또는 매입할인)	
④ (차) {	현 금	190,000	(대)	매 출 채 권	200,000
	매 출	10,000			
	(또는 매출할인)				

4. 매출리베이트와 매입리베이트

매출리베이트(rebate)라 함은 「보금(步金)」 또는 「매출장려금」이라고도 한다. 이것은 일정기간에 걸친 다액·다량의 거래를 한 거래처에 대한 매출대금의 환급액을 말한다. 그 성격은 판매촉진을 도모하기 위해 행해지는 영업이익의 분배액으로서 총매출액의 차감항목에 해당한다. 따라서 이것은 매출에누리나 매출할인과는 성격이 다르다.

즉, 에누리는 상품거래에 있어서 수량부족·품질불량·파손 등의 이유로 인하여 매매대금에서 차감되는 액수이며, 할인은 대금지급기일 전의 지급(청산)에 대한 외상대금의 일부 면제액으로서 영업외손익에 속한다.

이에 대하여 리베이트는 위의 에누리와 같이 총매출액의 차감항목이기는 하나 처음부터 계약에 따라 상품을 인도하고 대금을 지급한 경우에 일종의 매출사례금, 또는 「매출감사금」으로서 매출대금의 일부 차감액이라는 점에 그 특색이 있다.

회계처리는 매출리베이트의 경우에는 매출에누리에 준해서 총매출액에서 차감하여 계산하고, 매입리베이트의 경우에는 역시 매입에누리에 준해서 처리한다.

예제 12. 다음 거래를 분개하라.

　　① 거래처 A상사에게 과거 6개월간의 매출액이 ₩5,000,000에 달하였으므로, 계약에 따라 매출리베이트로서 ₩50,000을 수표를 발행하여 지급하다.

　　② A상사는 이를 받아 곧 당좌예금하다.

해답

①	(차)	매　　　출	50,000	(대)	당 좌 예 금	50,000
		(또는 매출에누리)				
②	(차)	당 좌 예 금	50,000	(대)	매　　　입	50,000
					(또는 매입에누리)	

제 6 절　기말재고상품의 재고조사와 평가

앞에서 설명한 바와 같이 상품매출손익을 계산하기 위해서는 기말에 상품의 현재액을 파악해야 하는데, 일정시점에 있어서 남아 있는 상품을 조사하여 그 현재액을 명백히 하는 일을 재고조사(inventory)라 한다. 이 재고조사에는 기말상품의 수량계산과 가격계산을 병행하여야 명실공히 정확한 기말재고액을 계산할 수 있다. 기말재고자산의 평가는 기업의 손익계산에 바로 직접적인 영향을 끼치게 되므로 매우 중요하다. 즉, 재고자산의 평가액은 매출원가 산정에 직접 영향을 끼치게 되고, 매출원가는 매출이익계산에 직접 관계되기 때문이다.

따라서 재고자산을 어떻게 평가하여 계산하는가 하는 것은 매우 중요한 것이며, 세법에서도 재고자산의 평가방법을 세무당국에 신고하도록 규정하고 있다.

1. 기말재고상품의 수량계산

기말재고상품의 수량계산에는 대개 다음과 같은 두 가지 방법이 있으며 사정에 따라 그 중 어떠한 방법 한 가지를 선정하여 사용하나, 일반적으로 두가지 방법을 병행 사용하고 있다.

(1) 계속기록법(perpetual inventory method)

이는 출입계산법·항구재고조사법 또는 장부재고조사법(book inventory method)이라고도 하며, 상품을 같은 종류로 분류하고, 출입이 있을 때마다 그 수불수량을 기록·계산함으로써, 장부상으로 재고량을 파악할 수 있도록 하는 방법이다.

(2) 실제재고조사법(periodic inventory system)

이는 기말 또는 일정한 기간마다 실제재고상품을 종류별로 재고조사를 하여 보관 중의 손실, 즉 수량부족이나 품질저하 등을 파악하여 정상적인 재고량을 파악하는 방법이다.

2. 기말재고상품의 가격계산

동일한 상품을 항상 동일한 가격으로 매입할 수는 없다. 이것은 항상 매입가격이 변동하고 있는 것이 현실이기 때문이다. 즉, 매출된 상품이나 기말재고상품의 단위당 매입가격이 같지 않은 경우가 많다. 따라서 매출되는 상품단위당의 가격을 결정하는 것이 여기에서 취급하는 기말재고상품의 가격계산이다.

(1) 원가법(cost basis)

이는 매입대가와 매입제부대비용으로 구성되는 취득원가(acquisition cost)로써 계산하는 방법이다. 취득원가를 역사적 원가(historical cost)라고도 하는데, 이 방

법에는 개별법 (① 개별원가법, ② 선입선출법, ③ 후입선출법)과 평균법(① 이동
평균법, ② 총평균법)이 있다.

(2) 시가법(market value basis)

이는 재고조사시점의 매입시가에 의하여 재고상품을 계산하는 방법이다. 매입
시가는 재조달원가를 말하는 것이다. 그 차액은 재고자산평가손실계정에서 처리
한다. 그리고 이 방법은 인플레이션시에 있어서 자본유지를 목적으로 적용된다.

(3) 저가법(valuation at cost or market)

원가법에 의한 계산액과 시가법에 의한 계산액을 대비하여 그 중 낮은 가액을
재고상품가액으로 계산하는 방법으로서 평가손실은 계상하나 평가이익은 계상치
않는다는 회계보수주의에 의한 평가방법이다. 기업회계기준과 상법에서는 저가기
준에 의할 것을 규정하고 있다.

(4) 매출가격환원법(selling price method)

이는 취급상품이 매우 많은 백화점이나 연쇄점 혹은 상품소매업과 같이 기말
재고품의 원가를 항상 명백히 해 두기가 곤란한 업종의 기업에서 채용되는 것으
로서 소매재고조사법(retail inventory method) 또는 매가재고조사법이라고도 한다.
   이 방법은 기말재고상품을 몇 개의 종류별로 구분하여 매가재고조사액을 파악
하고 이를 기초로 원가재고조사액을 계산하는 방법이다. 이 방법을 사용하기 위
하여는 다음과 같은 절차가 필요하다.
   이 방법은 원가율(1-매출액 총이익률)을 이용하므로 원칙적으로 원가법에 속한
다고 볼 수 있다.
   ① 전기이월재고액과 당기순매입액을 매출가격으로 환산한다.
   ② ①에서 매출원가율을 다음과 같이 계산한다.

$$\text{매출원가율} = \frac{\text{전기이월재고액(원가)} + \text{당기순매입액(원가)}}{\text{전기이월재고환산액(매가)} + \text{당기순매입환산액(매가)}}$$

   ③ ①에서의 매가환산액합계에서 당기매출액을 차감한 잔액(매가에 의한 기말
      재고액)에 ②에서의 매출원가율을 곱하여 원가로 평가한 기말상품재고액을

계산한다. 기업회계기준에서는 매출가격환원법을 적용하는 경우에는 회사의 업종이나 재고자산의 특성에 비추어 다른 방법보다 합리적이라고 인정되는 경우에만 적용하도록 한정하고 있다.

예제 13. 다음 자료로써 매가환원법에 의한 기말재고상품의 원가를 계산하라.

	원　　　가	매　　　가
기초상품재고액	₩700,000	₩900,000
당 기 매 입 액	2,800,000	4,100,000
계	₩3,500,000	₩5,000,000
당 기 매 출 액		4,200,000

해답

매가에 의한 기말재고액 : (₩5,000,000 − ₩4,200,000) = ₩800,000

원가로 평가한 기말상품재고액 : ₩800,000 × 70% = ₩560,000

매출원가율 :

$$\frac{700,000 + 2,800,000}{900,000 + 4,100,000} = 70\%$$

기중에 가격의 인상이나 인하가 생기는 경우에는 원가율계산시 가격인상만을 포함시키는 전통적인 소매재고법(conventional retail method ; 저가법에 의한 소매재고법이라고도 함)과 가격인상과 인하를 모두 포함시키는 평균법에 의한 소매재고법(average cost retail method)의 두 가지 방법이 있다.

(5) 기준재고조사법(base-stock method)

기업이 경영활동을 원활히 수행하자면 상품 등의 재고자산을 어느 정도의 수량만큼 언제든지 보유하고 있어야 한다. 이 보유량은 기초재고량이라 한다. 따라서, 이 부분에 투하된 자금은 고정되어 있으며 기초재고상품은 비유동자산과 같은 성질을 갖고 있는 것으로 생각할 수 있다. 이 기초재고상품에 대해서 항상 동일한 가액으로 평가하는 방법을 기준재고조사법 또는 기초재고법이나 정상재고법(normal stock method)이라 한다. 즉, 이 방법은 재고상품에 미리 기준량을 정하고, 그 부분은 기준량을 설정한 당시의 원가로 계속 평가하되 기말재고량이 기준재고량을 초과한 경우에는 그 초과분만을 선입선출법·후입선출법 등에 의하여 평가하고, 시가가 낮은 때에는 시가로 평가하여 이것을 기준가액과 합계하여 평가액으로 한다. 반대로 기준수량에 미달한 경우에는 그 부족량을 시가에 의하여 평가하여 기준가액에서 차감하여 평가액으로 한다.

예제 14. 원주상점은 기준재고조사법을 사용하고 있다. 다음 자료에 의하여 기말재고액을 산출하라.

기말재고량 1,500개, 기준재고량 1,200개, 기준량의 계산가액 @₩300, 선입선출법에 의한 원가 @₩280, 시가 @₩330, 단, 기준량초과분에 대해서는 저가기준에 의하여 평가한다.

해답

기 준 재 고 액	1,200개	@₩300	₩360,000
초 과 분 평 가 액	300	@₩280	84,000
기 말 재 고 액	1,500개		444,000

3. 재고조사차액의 처리

기말재고상품을 실지로 조사해서 얻은 실제재고액과 상품재고장에 기록되어 있는 장부상의 재고액과의 차액, 즉 재고조사차액에는 상품재고손실과 상품평가손실이 있다.

(1) 상품재고손실

이제까지 배운 예에서는 기말상품재고액이 상품재고장의 잔액(장부재고액)과 일치하고 있는 것으로 간주하여 상품매출손익을 계산하여 왔으나, 만일 보관 중 누손·파손·분실·도난 등의 원인으로 실제 상품재고액이 장부상의 재고액보다 적은 경우, 즉 그 차액인 상품재고손실 또는 재고감모손실이 발생한 경우에는 그에 따라 장부잔액(상품재고장과 상품계정)을 수정해야 하며 상품매출손익과도 구별해서 처리한다.

수량부족에 의한 재고손실 중에 미곡상의 경우 수분증발 등에 의한 수량감소 등 경상적으로 발생하는 것은 상품재고감모손실로서 매출원가로, 비경상적인 것은 영업외비용으로 계상한다.

(2) 상품평가손실

결산 때의 상품의 재고수량이 실제조사로써 확인되면, 다음에 이에 단가를 곱하여 상품가액을 결정해야 한다. 이것을 상품의 평가라 한다.

상품의 평가는 취득원가에 의하여 결정하는 것이 원칙이지만, 만일 시가가 취득원가보다 하락한 경우에는 시가로 평가할 수가 있다. 또한 품질저하, 진부화, 손상 등의 경우에는 적절한 가액을 평가하여 감액하여야 한다. 이때, 상품평가에 있어서 시가로 평가한다면 취득원가와의 차액인 평가손실(가격저하손실과 품질저하손실)이 생기는데 이것은 재고손실의 경우와 마찬가지로 상품매출손익과 구별해서 처리해야 함은 물론, 장부잔액도 평가액대로 직접 차감하여 수정하여야 한다.

또한 경상적으로 발생한 평가손실은 상품재고손실의 경우와 같이 매출원가에 산입하고, 비경상적인 것은 영업외비용으로 처리한다.

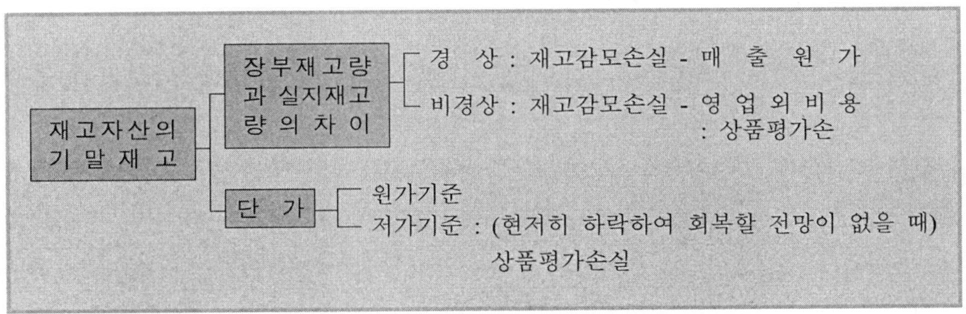

예제 15. 다음의 경우 각각의 분개를 표시하라. 단, 모든 차이는 비경상적인 원인에 의하여 발생한 것으로 한다.

① 결산을 맞이하여 상품재고액을 조사한 바, 다음과 같았다.

장부재고액	40개	원가	@₩1,000
실제재고액	35개		

② 결산을 맞이하여 상품재고액을 조사한 바 다음과 같았다.

장부재고액	50개	원가	@₩10,000
실제재고액	50개		
결산일현재		시가	@₩9,000

해답

① 상품재고감모손실	5,000	상	품	5,000
② 상품재고평가손실	50,000	상	품	50,000

예제 16. [예제 5]에서 예시한 선입선출법, 후입선출법, 이동평균법 및 총평균법에 의하여 상품재고장을 각각 기록한 경우, 기말 현재 재고자산의 순실현가능가액(시가)이 ₩22,000일 경우의 회계처리는 어떻게 될 것인가?

해답

	장부가액	순실현가능가액	차 이
선입선출법	₩24,000	₩22,000	△ ₩2,000
후입선출법	20,000	22,000	+ 2,000
이동평균법	22,096	22,000	△ 96
총 평 균 법	21,778	22,000	+ 228

재고자산의 경우 평가손실은 계상하되 평가이익은 계상하지 않는다. 따라서 위의 경우 선입선출법과 이동평균법에 의한 경우에만 평가손실을 계상하게 된다.

① 선입선출법의 경우
　　(차) 상품평가손실　2,000　　　(대) 상　품　2,000

② 이동평균법의 경우
　　(차) 상품평가손실　96　　　(대) 상　품　96

불행은 행복이라는 이름의 나무밑에 드리워져 있는 그 나무만한 크기의
그늘이다. 인간이 불행한 이유는 그 그늘까지를 나무로 생각하지 않기
때문이다.

연 습 문 제

[1] 다음 공란에 적당한 숫자를 기입하라.

구분	매 출 액	전 기 이월액	매 입 액	기 말 재고액	매출원가	매 출 총이익	영 업 비	순(손)익
A	700,000	50,000	600,000	100,000	①	②	③	7,000
B	300,000	30,000	④	40,000	195,000	⑤	125,000	⑥
C	⑧	⑦	1,750,000	450,000	1,500,000	200,000	40,000	⑨
D	840,000	68,000	600,000	⑩	650,000	⑪	30,000	⑫

[2] 다음 문장의 ( )안에 알맞은 말을 써넣어라.

　(1) 상품을 매출할 때마다 상품의 (　)와 (　)을 포함한 매출가액을 상품계정에 기입
　　하는 방법을 (　)이라 한다.

　(2) 매입상품의 환출 및 매입에누리는 상품계정의 (　)에 기입한다.

　(3) (　)법은 (　)법과는 반대로, 최근에 매입한 것부터 순차로 매출되는 것으로 간주
　　해서 기입하는 방법이다.

[3] 다음 자료에 의하여 매출액을 산출하라.

전 기 이 월 액	₩50,000	환　출　액	₩9,000
매　입　액	120,000	환　입　액	12,000
매 입 부 대 비 용	4,000	기 말 재 고 액	30,000
매　출　액	(　　　)	상 품 매 출 이 익	10,000

[4] 다음 자료에 의한 기말상품재고액 중 옳은 답을 골라 (　)안에 ○표를 하라.

　① 기초상품재고액　　₩60,000　　② 당기상품매입액　　₩100,000
　③ 당기상품매출액　　₩120,000　　④ 매출이익은 매출액의 25%
　　(1) (　)　₩40,000　　　　(2) (　)　₩50,000
　　(3) (　)　₩70,000　　　　(4) (　)　₩80,000

[5] 다음 등식의 (　)안에 적당한 말을 넣어라.

　(1) 매 출 이 익 = 순매출액 − {(　) + 순매입액 − (　)}
　(2) 전기이월액 + 순매입액 + (　) = 순매출액 + (　)
　(3) 매 출 원 가 = 전기이월액 + (　) − (　)

[6] 다음 자료에 의하여 상품계정을 3계정(이월상품, 매입 및 매출계정)으로 분할하여 총
　액법과 순액법으로 각각 상품매출손익을 산출하는 데 필요한 수정분개를 하고 관계계
　정에 기입하라.

기 초 재 고 액   ₩76,000   당기매입액   ₩1,280,000 (전액외상매입)
당기매입운임   24,000 (현금지급)   당기매입에누리액   18,000
당 기 매 출 액 1,570,000 (전액외상매출)   당기매출환입액   12,000
기 말 재 고 액   50,000

[7] 다음 자료에 의하여 손익계정에서 상품매매손익을 계산하기까지 필요한 분개와 각 계
정의 마감을 표시하라(3분법과 총액법에 의함).

① 이 월 상 품   ₩28,000   ② 매   입   ₩70,000
③ 매 입 운 임   2,600   ④ 환   출   품   1,000
⑤ 매입에누리   900   ⑥ 매   출   82,000
⑦ 환   입   품   400   ⑧ 매출에누리   600
⑨ 기말재고액   26,600

[8] 중앙상점은 갑 상품을 매매하고 이것을 상품재고장에 의해서 기장하고 있다.
8월 중의 상품매매에 관한 거래는 다음과 같다.

8월 1일   월초재고조사액
              200개   @₩100 (7월 25일 매입분)
              500개   @₩120 (7월 30일 매입분)
    7일   월초재고상품 중 불량품이 있어 100개 (@₩120)를 매입처에 반송하다.
   14일   매입 400개   @₩130
   20일   매출 400개
   23일   매입 800개   @₩140
   26일   매출 500개

질문

(1) 위의 거래를 상품재고장에 선입선출법과 후입선출법에 따라 기입하고 마감하라.
(2) 월말에 있어서 장부가액과 실제재고조사액이 같다고 가정하고 손익계정과 잔액계정의
    기입을 완전하게 하라(단, 선입선출법과 후입선출법의 경우로 구분할 것).

손   익

매 출 원 가	?	매 출	180,000
판 매 비 와 관 리 비	12,000		
기타제비용	15,000		

잔   액

현금예금	198,000	매 입 채 무	207,000
매 출 채 권	220,000	자 본 금	500,000
상 품	?		
비 품	210,000		

[9] 상품계정을 3분법에 의할 때, 다음 자료로 상품매매손익을 산출하는 데 필요한 분개와
　　각 계정의 마감을 표시하라(단, 총액법에 의할 것).

① 기초상품재고액	₩200,000		② 당기매입총액	₩2,240,000
③ 매입환출액	40,000		④ 매입에누리액	8,000
⑤ 당기총매출액	2,760,000		⑥ 매출환입액	29,000
⑦ 매출에누리액	7,000		⑧ 매입제비용	60,000
⑨ 기말상품재고액	420,000			

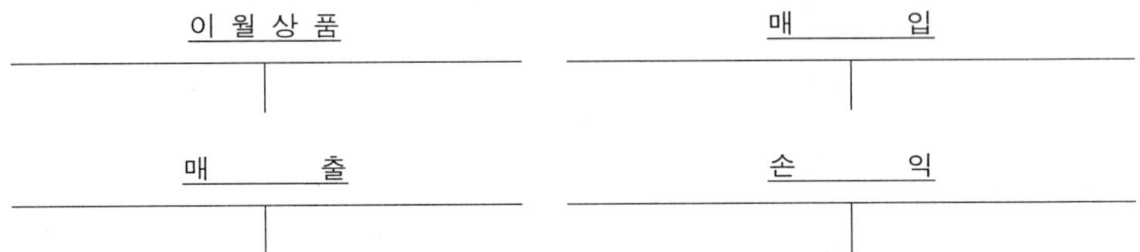

[10] 다음 상품계정을 3계정으로 분할기입하고 또 손익산출에

.필요한 분개를 표시하라
　　(단, 분개에는 간단한 적요를 기입하라).

상　　품

① 전 기 이 월	800,000	④ 매 입 채 무	11,000
② 매 입 채 무	110,000	⑤ 매 출 채 권	260,000
③ 당 좌 예 금	4,000	⑧ 매 입 채 무	25,000
⑥ 매 출 채 권	20,000	⑨ 매 출 채 권	450,000
⑦ 매 입 채 무	250,000	⑫ 받 을 어 음	850,000
⑩ 매 출 채 권	45,000		
⑪ 지 급 어 음	480,000		

기말재고조사액　₩320,000

[11] 광주상점은 의류소매업을 하고 있다. 다음 자료에 따라 평균법에 의한 소매재고법에
　　의한 매출손익을 계산하라(단, 재고감모손실은 없는 것으로 한다).

	원　가	매　가
기 초 재 고 조 사 액	₩237,000	₩330,000
당 기 매 입 액	756,000	1,080,000
가 격 인 상 액		30,000
가 격 하 락 액		60,000
기말상품의 매가재고조사액		₩360,000

[12] 다음의 거래를 선입선출법에 의하여 상품재고장에 기입하여 마감하고, 또 이를 후입
선출법, 총평균법, 이동평균법에 의한 경우의 기말상품재고액을 각각 계산하라.

6월 1일　서울상점으로부터 다음 상품을 외상으로 매입하다.
A상품　　　1,000개　　@₩1,200　　₩1,200,000
5일　중앙서점에 다음과 같이 매출하고 대금은 동점 발행 수표로 받다.
A상품　　　500개　　@₩1,500　　₩750,000
10일　동대문상점으로부터 다음과 같이 매입하고 대금은 수표를 발행하여 지급
하다.
A상품　　　600개　　@₩1,300　　₩780,000
15일　상도상점에 다음과 같이 매출하고 대금은 월말에 받기로 하다.
A상품　　　700개　　@₩1,600　　₩1,120,000
20일　서울상점으로부터 다음과 같이 외상으로 매입하다.
A상품　　　1,000개　　@₩1,400　　₩1,400,000
22일　6월 20일 서울상점에서 매입한 상품중 불량품 10개를 반납 환출하다.
28일　마포상점에 다음과 같이 현금매출하다.
A상품　　　800개　　@₩2,000　　₩1,600,000

[13] 다음 자료로 기준재고조사법에 의하여 기초와 기말상품재고액을 계산하라.

(1) 기준량과 기준가격

A상품 : 15,000개　　@₩20　　₩300,000

B상품 : 20,000개　　@₩30　　₩600,000

(2) 기초재고량

A상품 : 12,000개 (시가 @₩25)

B상품 : 24,000개 (시가 @₩28)

(3) 기말재고량

A상품 : 17,000개 (시가 @₩18)

B상품 : 18,000개 (시가 @₩32)

단, 기준량초과분에 대해서는 저가기준에 의하여 평가한다.

[14] 중앙서점은 20×7년 12월 30일 발생한 화재로 인하여 재고자산의 대부분이 소실되었
다. 화재로 인하여 손상되지 않은 상품의 매가는 ₩20,000이며, 손상된 상품 중 원래
의 매가 ₩15,000인 상품이 불량품으로 매각가능한데 그 매각가치는 ₩3,000이다. 추
가자료가 다음과 같을 때 화재로 인한 손실액을 계산하라.

<추가자료>

기 초 재 고	180,000
매 입	510,000
매 입 환 출	40,500
매 출	670,000
매 출 환 입	15,000
매 출 총 이 익 률	30%

[15] 다음 자료를 이용하여 소매재고법에 의한 기말재고액을 계산하라.

	원 가	매 가
기 초 재 고 액	₩120,000	₩300,000
당 기 매 입	1,360,000	1,700,000
매 입 운 임	40,000	
매 출 액		1,800,000
기 말 재 고 액		₩200,000

[16] 다음 용어를 간단히 설명하라.

(1) 분기법과 총기법	(9) 총액법과 순액법
(2) 상품재고장	(10) 에누리와 할인
(3) 선입선출법	(11) 기말재고상품의 수량계산
(4) 후입선출법	(12) 기준재고조사법
(5) 이동평균법	(13) 원가법
(6) 총평균법	(14) 시가법
(7) 3분법	(15) 저가법
(8) 5분법	(16) 상품재고감모손실

상품거래에 관한 계정(Ⅱ)*

제 1 절	미착상품
제 2 절	적 송 품
제 3 절	수탁판매
제 4 절	위탁매입
제 5 절	수탁매입
제 6 절	할부매출과 할부매입
제 7 절	선물매매
제 8 절	조합매매
제 9 절	시용매출
제 10 절	예약매출
제 11 절	장기도급공사

상품거래에 관한 계정(Ⅱ)　제 **10** 장

제 1 절　미착상품

　　타지방에서 상품을 매입하여 발송하고 화물상환증(way-bill : W/B)이나 선하증권(bill of loading : B/L)같은 화물대표증권을 입수한 경우, 또는 화물대표증권으로 운송중의 상품을 매입한 경우에는 점포내의 상품과 구별하기 위하여 미착상품계정(goods to arrive a/c)으로 처리한다. 즉, 매입의 경우는 이 계정의 차변에 기입하고 상품도착 후 매입계정에 대체한다. 도착 전에 화물대표증권으로 미착상품을 전매한 경우에는 미착상품매출계정에 기입하고 미착상품계정은 매입계정에 대체한다. 그러나 점포내의 상품매출손익과 구별하기 위하여 그 매가를 미착상품매출계정의 대변에 기입하고 미착상품의 취득원가는 미착상품매출원가계정의 차변에 기입하고 동시에 그 차액을 미착상품매출손익계정에서 처리하기도 한다.

예제 1. 다음 거래를 분개하라.

　　① A상품에 대한 화물상환증을 구입하고 그 대금 ₩350,000은 수표를 발행하여 지급하다.

② 위 상품이 도착하여 화물상환증과 교환하여 물품을 인수하고 인수운임 ₩6,000 을 현금으로 지급하다.

③ 위 ①의 상품을 도착하기 전에 거래처에 ₩400,000에 전매하고 동시에 화물상환증을 인도하다. 대금은 수표로 받아 곧 당좌예금하다.

해답

① (차) 미 착 상 품　350,000　　(대) 당 좌 예 금　350,000

② (차) 매　　　입　356,000　　(대) { 미 착 상 품　350,000 / 현　　　금　6,000 }

③ (차) 당 좌 예 금　400,000　　(대) { 미 착 상 품　350,000 / 미착상품매출이익　50,000 }

또는

(차) { 당 좌 예 금　400,000 / 매　　　입　350,000 }　　(대) { 미 착 상 품 매 출　400,000 / 미 착 상 품　350,000 }

(또는 미착상품매출원가)

제 2 절　적송품

위탁판매를 위해 다른 상인에게 발송한 상품을 적송품이라 하며, 소유상품을 처리하는 상품계정과 구별하기 위하여 적송품계정(sales on consignment a/c)으로 처리한다. ××향 적송품계정이란 형식으로 적송지명을 붙여서 개별계정 또는 인명계정으로 처리하기도 한다.

예제 2. 적송품계정을 간단하게 설명하라.

*　　*　　*

적송품계정이란 제조업자 또는 도매업자 등이 위탁판매를 위해 판매업자에게 적송한 상품을 처리하기 위한 계정이다. 이 계정의 기장법에는 다음의 방법이 있다.

(1) 상품을 적송한 때에 상품의 매입원가로 기입하고 적송제비용은 적송품의 원가로 한다. 예를 들면, 상품 ₩100,000을 부산의 갑상점에 위탁판매를 위해 적송하고 적송제비용 ₩5,000을 현금으로 지급했다면

(차) 적 송 품　105,000　　(대) { 매　　　입　100,000 / 현　　　금　5,000 }

(2) 적송거래처로부터 매출계산서를 입수한 때는 적송거래처가 상품을 판매한 날을 기준으로 매출이익을 ① 판매액에서 적송품 판매제비용을 차감한 실수금으로 기장하는 방법과 ② 판매액과 제비용을 명시하여 분개·기장하는 방법의 두 가지가 있다.

예를 들면, 부산의 갑상점에서 매출계산서를 입수했는데 매출액 ₩130,000 제비용합계 ₩10,000이라면 다음과 같이 분개한다.

제1법 :	(차) 적 송 미 수 금	120,000	(대)	적　　송　　품		120,000
제2법 :	(차) 적 송 미 수 금	120,000	(대) {	적　　송　　품		105,000
				적송품매출이익		15,000
제3법 :	(차) 적 송 미 수 금	120,000	(대)	적 송 품 매 출		120,000
제4법 :	(차) { 적 송 미 수 금	120,000	(대)	적 송 품 매 출		130,000
	적송품제비용	10,000				

제 1 법은 적송품계정이 혼합계정으로서 처리되어 있는 것으로 적당하지 않으며, 제 2 법은 매출이익이 원가와 상쇄되어서 순액주의에 의한 것으로 기업회계기준에 상반된다. 총액주의 원칙하에서는 제 3 법이나 제 4 법을 사용해야한다. 제 3 법은 거래처의 제비용을 차감한 금액을 매출액으로 보는 경우의 처리 방법이며, 판매시를 실현기준으로 하는 경우에는 제 4 법이 합리적이고 기업회계기준에서도 이에 따르도록 하였다.

제 3 법과 제 4 법에 있어서의 매출총액주의에 의한 처리에 대응하여 매입도 총액주의원칙으로 처리하기 위하여는 적송품계정을 매입계정으로 대체할 필요가 있다. 이것은 결산시에 일괄하여 처리하여도 좋다고 생각한다. 즉, 위의 경우 다음 분개가 된다.

(차) 매　　　　입　　105,000　　(대) 적　송　품　　　105,000

(3) 부산의 적송거래처로부터 실수금을 송금받는 경우는 이미 적송품계정과는 무관한 단순한 채권결제를 한데 불과하다. 그래서 송금을 받았을 때 현금계정의 차변과 적송미수금계정의 대변에 기입된다.

예제 3. 다음 거래를 분개하라.
　① 인천상점에다 상품을 위탁판매하기 위하여 상품을 발송하다. 상품의 매입원가는 ₩550,000이고 발송비용 ₩12,000은 현금으로 지급하다.
　② 위의 적송품에 대하여 인천상점으로부터 판매되었다는 통지와 함께 매출계산서를 입수하였다.

매 출 계 산 서

매 출 액		₩700,000
차 감		
제 비 용	₩6,500	
매출수수료	35,000	41,500
		₩658,500

③ 인천상점으로부터 위의 실수금에 대하여 월말지급약정의 동상점 발행 약속어음을 받다.

해답

① (차) 적 송 품   562,000   (대) { 매   입   550,000 / 현   금   12,000 }

② 가. (차) 인 천 상 점   658,500   (대) { 적 송 품   562,000 / 적송품매출이익   96,500 }

또는 위의 제 4 법에 의거

나. (차) { 인 천 상 점   658,500 (또는 적송미수금) / 판 매 비 용   6,500 / 지 급 수 수 료   35,000 / 매   입   562,000 (또는 적송품매출원가) }   (대) { 적 송 품 매 출   700,000 / 적 송 품   562,000 }

또는 위의 제 3 법에 의거

다. (차) { 인 천 상 점   658,500 (또는 적송미수금) / 매   입   562,000 (또는 적송품매출원가) }   (대) { 적 송 품 매 출   658,500 / 적 송 품   562,000 }

③ (차) 받 을 어 음   658,500   (대) 인 천 상 점   658,500 (또는 적송미수금)

제 3 절   수탁판매

타인으로부터 상품의 판매를 위탁받은 경우 위탁자와의 거래관계를 처리하기 위해 수탁판매계정(consignment inward a/c)을 설정한다. 이것은 위탁자에 대한 내 입금과 보증금을 합해서 처리하는 계정이다.

위탁거래처는 다수인 것이 보통이므로 실무상으로는 총괄계정에 의하며, 위탁거래처의 상호를 따서 처리하는 경우도 많다.

예제 4. 다음 거래를 분개하고 수탁판매계정에 기입하라.
① 부산상점에서 A상품 1,000개를 판매수탁으로 입하하였다. 입하에 따른 인수비 ₩6,000을 수표로 발행 지급하다.
② 위의 상품을 서울상점에 ₩828,000에 외상으로 매출하다.
③ 위의 수탁판매에 대하여 인수비 외에 보관료 ₩900을 대신 지급하다. 또한 판매 수수료를 매출액의 3%로 계산했다. 이 두 금액을 공제한 후, 위탁자의 실수금은 당좌대체 송금하다.

해답

①	(차) 수 탁 판 매	6,000		(대) 당 좌 예 금	6,000
②	(차) 매 출 채 권	828,000		(대) 수 탁 판 매	828,000

③ (차) { 보 관 료 900 / 수 탁 판 매 822,000 } (대) { 현 금 900 / 보 관 료 900 / 수 입 수 수 료 24,840 / 당 좌 예 금 796,260 }

수 탁 판 매

① 당 좌 예 금	6,000	③ 매 출 채 권	828,000
② 제 좌	822,000		
	828,000		828,000

제 4 절 위탁매입

이 계정은 타인에게 상품의 매입을 위탁한 경우 이를 처리하기 위하여 설정한다. 이 경우에 위탁한 사실만으로는 아직 거래가 되지 않으므로 분개를 필요로 하지 않지만, 내입금 또는 보증금 등의 명목으로 수탁자에게 송금을 한 때에는 위탁매입(또는 선급금)계정 차변에 기입하고, 후일 상품을 받는 대로 매입계산서의 합계액을 매입계정 차변에 대체하여야 한다.

예제 5. 다음 거래를 분개하라.
① 위탁거래처 대구상점에 A상품 ₩5,000,000의 매입을 위탁하고 착수금 ₩500,000을 수표를 발행하여 보내다. 매입위탁수수료는 매입대금의 4.2% 이다.
② 우리은행에서 대구상점 취결의 환어음 ₩3,531,500을 제시받다. 이것을 인수하고 화물대표증권을 받아 상품을 인수하다.

해답

①	(차)	선 급 금	500,000	(대)	당 좌 예 금		500,000
		(또는 위탁매입)					
②	(차)	매 입	5,210,000	(대)	지 급 어 음		3,531,500
					선 급 금		500,000
					매 입 채 무		1,178,500

제 5 절   수탁매입 (consignment pnrchase)

이 계정은 타인으로부터 상품의 매입을 위탁받은 경우 위탁자와의 거래관계를 처리하기 위하여 설정한다. 이것은 위탁판매계정과 같이 내입금과 보증금을 함께 포함하는 계정이다.

예제 6. 다음 거래를 분개하고 수탁매입계정에 기입하라.

① 부산의 갑상점으로부터 A상품의 매입위탁을 받고 착수금으로 ₩500,000을 송금환으로 입금하다.

② 갑상점의 매입위탁상품을 매입하고 대금 ₩5,000,000 중에 ₩2,000,000은 수표로 지급하고 잔액은 외상으로 하다.

③ 위의 수탁매입품을 갑상점에 철도편으로 발송하고 하역비 ₩20,000과 발송비 ₩25,000을 현금으로 지급하다.

④ 부산 갑상점에 매입계산서를 송부하다. 계산요령은 다음과 같다.

매 입 계 산 서

매 입 대 금			₩5,000,000
제 비 용	하역비	₩20,000	
	발송비	25,000	
	수수료(3%)	150,000	195,000
종 합 계			₩5,195,000

⑤ 한편, 상품대금의 7할에 해당하는 화환을 우리은행에서 취결하고 할인료를 제외한 실수금은 당좌예금하다. 동 할인료 ₩50,000은 위탁자 갑상점 부담으로 하다.

해답

①	(차)	현 금	500,000	(대)	수 탁 매 입		500,000
②	(차)	수 탁 매 입	5,000,000	(대)	당 좌 예 금		2,000,000
					매 입 채 무		3,000,000
③	(차)	수 탁 매 입	45,000	(대)	현 금		45,000
④	(차)	수 탁 매 입	150,000	(대)	수 입 수 수 료		150,000

⑤ (차) ⎰ 당 좌 예 금   3,450,000   (대) ⎰ 수 탁 매 입   3,500,000
⎱ 이 자 비 용   50,000   ⎱ 이 자 비 용   50,000
⎱ 수 탁 매 입   50,000

⑥ (차) 갑 상 점   1,245,000   (대) 수 탁 매 입   1,245,000

수 탁 매 입

②	제 좌	5,000,000	①	매 출 채 권	500,000
③	현 금	45,000	②	제 좌	3,500,000
④	수 입 수 수 료	150,000	⑥	갑 상 점	1,245,000
⑤	제 좌	50,000			
		5,245,000			5,245,000

제 6 절 할부매출과 할부매입

1. 할부매출(sales on installment)

할부매출은 할부매매계약하에 상품 등을 인도하고 대금은 분할하여 회수하는 형식의 매출이다. 분할회수의 방법에는 월부, 반년부, 연부 등의 방법이 있다. 이러한 할부매출은 통상의 매출과 달리 그 대금회수기간이 비교적 장기에 걸치고 대금회수상의 위험율이 높을 뿐만 아니라, 소유권의 이전이나 반품에 관한 조건도 통상의 매매계약과는 달리 복잡하다. 따라서 할부매출에 대한 수익실현의 확인을 신중히 하지 않으면 정확한 기간 손익계산이 어렵게 된다. 할부수익의 실현에 관해서는 할부기간의 장·단에 따라 회수기일도래기준(할부금회수약정일기준)과 인도기준(판매기준)의 두 가지 방법이 있다. 기업회계기준에서는 중소기업을 제외하고는 당해연도에 할부금회수기한이 완료되는 경우와 상품을 인도한 날의 다음날부터 3개월 내에 최종할부금의 회수일이 도래하는 경우의 단기할부매출은 물론 장기할부매출도 인도기준에 따라 매출수익이 실현된다고 규정하고, 다만 장기할부매출의 경우 이자상당액은 기간의 경과에 따라 수익으로 계상하도록 하고 있다.

할부매출에 있어서 인도기준에 의할 경우의 기장처리방법은 일반매출의 경우와 같으나, 회수기일도래기준에 의할 경우의 기장처리방법에는 여러 가지 방법이 있다. 그 중 가장 많이 채택되는 기장방법은 평가계정을 사용하는 발생주의 기장방법과 대조계정을 사용하는 현금주의 기장방법이다.

예제 7. 다음 거래의 판매시 및 연말결산시의 회계처리를 표시하라.

중앙상사는 회계연도 개시일인 20×7년 1월에 거래처인 부산상사에 상품을 매출하고 그 대금으로 2년 후 만기가 되는 장기성 약속어음 ₩5,000,000을 수취하였다. 위 어음금액에는 ₩1,000,000의 이자가 포함되어 있다.

해답

(1) 판 매 시

(차) 장기성매출채권 5,000,000　(대) { 매　　　　　　출　4,000,000

　　　　　　　　　　　　　　　　　　　　현재가치할인차금　1,000,000

(2) 연말결산시

(차) 현재가치할인차금 500,000　(대) 이 자 수 익　500,000

2. 할부매입

기업에 있어서 할부매입의 대상은 대체로 유형자산이 된다. 이 경우 유형자산은 할부매입가격을 취득원가로 기장하고 이것에 의해 사용기한에 대응하는 감가상각을 계산할 수 있다.

그러나 현금으로 구입하는 경우의 현금구입가격과 지급기한에 대응하는 이자가 명확히 구별되어 있는 경우에는 이자는 원칙적으로 원가에 산입되지 않기 때문에 현금가격을 원가로써 처리해야 한다.

예제 8. 다음의 제반사항에 의거 할부구입가격을 취득원가로 하는 분개와 현금가격을 취득원가로 하는 분개를 각각 표시하라.

(1) 주식회사 A상사는 다음의 조건으로 H자동차회사의 영업용 차량 2대의 계약을 체결했다.

① 할부구입가격 ₩6,000,000

② 계약금 ₩600,000, 단 사용중의 중고차량 1대(장부가격 ₩800,000)와 교환하여 상계함.

③ 잔금은 2년간 장기어음으로 분할상환함.

(2) 금일 동 차량 2대를 인수하고 계약에 따라 중고차량 1대를 인도했다. 또한 대금 중 ₩1,000,000은 당사 거래처인 채무자 B상사의 인수를 받아 H자동차회사를 수취인으로 하는 환어음을 발행하고 잔금은 약속어음을 발행 지급하다. 동 차량 2대 현금구입가격은 ₩5,100,000이며, 할부구입가격과의 차액은 할부구입에 대한 이자상당액임.

해답

(1) 할부구입가격을 취득원가로 하는 경우

	(차)	차 량 운 반 구	6,000,000	(대)	차 량 운 반 구	800,000
		유형자산처분손실	200,000		미 지 급 금	4,400,000
					(또는 어음미지급금)	
					매 출 채 권	1,000,000

(2) 현금구입가격을 취득원가로 하는 경우

	(차)	차 량 운 반 구	5,100,000	(대)	차 량 운 반 구	800,000
		할부이자미결산	900,000		미 지 급 금	4,400,000
		(또는 선급이자)			(또는 어음미지급금)	
		유형자산처분손실	200,000		매 출 채 권	1,000,000

제 7 절 선물매매

　장래의 일정기간에 상품의 현품을 인도 또는 인수를 해야 할 선물매입 또는 선물매출의 계약을 하는 것을 선물매매라고 한다.

　이러한 선물거래에는 다음과 같이 대조계정을 사용한다. 그러나, 대조계정은 재무상태표 표시능력이 없으므로 선물매매계약은 재무상태표의 주석사항으로 해야 한다.

예제 9. 다음 거래를 매출자와 매입자의 입장에서 각각 분개하라.

① 상품 ₩765,000을 1개월 후에 인도할 약속으로 매매계약을 체결하다.

② 위 상품을 약속기일에 인수하고 그 대금으로서 약속어음을 발행 지급하다.

해답

① 매출자: (차) 매출계약미수금　765,000　(대) 매 출 계 약　765,000

　　매입자: (차) 매 수 계 약　765,000　(대) 매수계약미지급금　765,000

　위의 경우 매출계약미수금, 매출계약, 매수계약 및 매수계약미지급금계정은 대조계정으로서 나중에 상품 또는 용역을 인도하거나 인수하게 되면 서로 상계처리한다.

② 매출자: (차) 받 을 어 음　765,000　(대) 매 출　765,000
　　　　　　　　매 출 계 약　765,000　　　　매출계약미수금　765,000

　　매입자: (차) 매 입　765,000　(대) 지 급 어 음　765,000
　　　　　　　　매수계약미지급금　765,000　　　　매 수 계 약　765,000

제 8 절　조합매매

　두 사람 이상의 상인이 일시적으로 일정한 약정하에 조합을 맺고 상품을 매매하여 이것에서 생기는 이익을 공동으로 분배 또는 손실을 공동으로 분담할 것을 약정하고 상품매매를 하는 것을 조합매매(joint venture)라 한다. 조합매매상 매매를 담당하는 자를 조합주임(manager)이라 하고, 조합매매의 손익에 관한 사항을 모아서 조합매매계산서를 작성하고 매출손익과 그 분배를 분명히 하여 각 조합원의 대차관계를 알려야 한다.

　조합매매를 처리하는 데에는 조합원 각자가 조합매매계정 또는 상대조합원의 이름을 붙인 조합매매계정을 설정하여 조합에 대한 대차관계를 각각 기입한다. 이 계정의 차변에는 조합에 대한 현금 또는 상품의 제공액 및 대신 지급액(替當額)을 기입하여 조합에 대한 당점의 채권을 표시하고, 그 대변에는 매입자금의 수입액과 조합상품의 매출액 등의 예수금을 기입하여 조합에 대한 당점의 채무를 표시한다. 그리하여 조합매매종료로 자기가 분담한 손익액이 판명되면 이것을 조합매매계정과 조합매출손익계정에 기입한 다음, 조합매매계정의 잔액은 각각 상대편 인명계정에 대체해 둔다.

예제 10. 갑과 을은 손익균등분담의 조건으로 조합을 구성하기로 하였다. 다음 일련의 거래를 분개하라.

① 갑은 조합매매를 위한 상품 ₩100,000을 을에게 발송하고 발송비 ₩9,000은 현금으로 지급하다.

② 을은 상기 상품을 인수하고 반입운임 ₩700을 현금으로 지급하다.

③ 을은 상기 상품을 ₩120,000에 매출하고 대금은 수표로 받다.

④ 을은 다음과 같은 조합매매계산서를 작성하여 갑의 실수금과 함께 송부하다.

<u>조합매매계산서</u>

매 출 액			₩120,000
제 비 용	반 입 비	₩700	
	지급수수료	1,000	
	잡　　비	1,300	₩3,000
합　　계			117,000
상 품 원 가			109,000
매 출 이 익			₩8,000

⑤ 갑은 매매계산서와 송금수표를 받다.

해답

갑의 분개

① (차) 을조합매매 109,000　(대) { 매　　　입　100,000 / 현　　　급　9,000 }

② ③ ④ 분개없음

⑤ (차) 현　　　금 113,000　(대) { 을조합매매　109,000 / 조합매출이익　4,000 }

을의 분개

① 분개없음
② (차) 갑조합매매　700　(대) 현　　　금　700
③ (차) 현　　　금　120,000　(대) 갑조합매매　120,000

④ (차) 갑조합매매 119,300　(대) { 지급수수료 1,000 / 잡　　　비 1,300 / 현　　　금 113,000 / 조합매출이익 4,000 }

⑤ 분개없음

제 9 절 시용매출

판매촉진의 한 가지 방법으로 상대방의 주문은 없으나 시험적으로 일정기간 상품을 보내어 시용(試用)하게 하여 판매하는 형태를 시용매출(approval sales)이라 하고, 이때 보내는 상품을 시송품(goods on approval)이라 한다.

시용매출의 기장방법은 보조부에 기입하여 두고 매출이 결정될 때에 처리하는 방법과 대조계정으로 처리하는 방법이 있다. 한편, 기업회계기준에서는 매입자로부터 매입의 의사표시를 받는 날에 매출로 계상하도록 규정되어 있다.

예제 11. 다음 거래를 분개하라.

① 광주상점에 상품 ₩450,000을 시용매출로 적송하다.

② 위의 상품 중 ₩300,000만 매입하겠다는 통지가 왔으며 나머지는 반품되어 오다.

해답

① (차) 시 송 품　450,000　(대) 시 용 가 매 출　450,000

② (차) { 매 출 채 권 300,000 / 시 용 가 매 출 450,000 }　(대) { 매　　　출 300,000 / 시 송 품 450,000 }

제 10 절   예약매출

먼저 예약금을 받음으로써 상품매출의 예약을 하고 상품을 예약자에게 인도할 때마다 예약금을 매출대금으로 충당하는 매매형태를 예약매출(deposit sale)이라 한다. 한편, 상대방(예약자)의 매입의사는 이미 확정되어 있으므로 예약된 상품을 인도한 날 또는 용역을 제공한 날을 매출로 계상한다. 다만, 공사기간 또는 제조기간이 장기인 경우에는 공사진행기준에 따라 수익이 실현되는 것으로 한다.

예제 12. 다음 거래를 분개하라.
　① 상품 ₩400,000의 주문을 받고 예약금으로 ₩150,000을 수표로 받다.
　② 위의 상품 ₩400,000을 인도하다.

해답

①	(차)	현　　　금	150,000	(대)	선 수 금	150,000
②	(차)	선 수 금	150,000			
		매 출 채 권	250,000	(대)	매　　　출	400,000

제 11 절   장기도급공사

도급공사란 「도급계약(construction contracts)」이라고도 하는데, 도급업자가 도로·댐·교량·터널·선박·고층건물 등의 공사를 계약조건에 따라 수행하는 계약형태를 말한다. 도급공사는 예약매출의 하나로서 공사계약의 특징에 따라 공사진행기준과 공사완성기준에 의해 그 수익이 인식된다.

이때 장기도급공사란 공사기간이 6개월 이상 소요되고 2개 사업연도에 걸쳐서 완공되는 장기공사를 말한다.

1. 공사진행기준(percentage of completion basis)

이는 결산일에 공사진행정도에 따라 총도급가격에 공사진행률을 곱하여 공사수익을 결정하는 것이다.

그런데 공사진행률(공사진행기준)을 산출하는 데에는 공사원가법(cost-to-cost method)과 완성가치법(value-added-method)이 있다. 전자는 도급가액(공사계약가액)에 대한 실제공사비 발생액의 비율을 말하며, 후자는 진행된 공사의 가치가 계약상의 총가치액에서 차지하는 비율로서 결정하는 것인데, 일반적으로는 전자인 공사원가법에 따르고 있다.

이상의 내용을 공식화하면 다음과 같다.

$$당기공사수익 = 도급가액(공사계약가액) \times 누적공사진행률 - 전기까지 \ 인식한 \ 공사수익 \ 누계액$$

$$누적공사진행률 = \frac{발생원가누적액}{공사완성총원가(추정액)}$$

$$공사완성이익(추정액) = 도급가액 - 도급가액 \times 기준경비율$$

기업회계기준에서는 장기도급공사의 경우에는 공사진행기준에 의하도록 규정하고 있다.

예제 13. 다음 거래를 분개하라.
① 9월 1일 A건설(株)은 고충건물공사를 ₩300,000,000에 도급받고, 착수금으로 도급액의 10%를 받아 곧 당좌예금하다. 다만 공사수익의 인식은 공사진행기준(공사원가법)에 의한다.
② 12월 31일(결산일) 공사비 지급총액(공사원가)은 ₩180,000,000이며, 공사완성총원가추정액은 ₩240,000,000이다.

해답

①	(차)	당 좌 예 금	30,000,000	(대)	선 수 금	30,000,000
②	(차)	선 수 금	30,000,000	(대)	공 사 수 익	225,000,000
		공 사 미 수 금	195,000,000			
	(차)	공 사 원 가	180,000,000	(대)	미 성 공 사	180,000,000

$$(주) \quad ₩300,000,000 \times \frac{₩180,000,000}{₩240,000,000} = ₩225,000,000 \ \cdots\cdots\cdots 당기공사수익$$

2. 공사완성기준(completed-contract basis)

이는 공사가 완성된 때에 도급가액을 일시에 공사수익으로 인식하는 방법이다. 공사가 완성되면 공사발주자에게 공사대상물이 인도되므로 이 방법은 판매시점에서 수익을 인식하는 판매기준과 비슷하다.

　공사완성기준이 공사진행기준과 다른 점은 손익계산을 함에 있어서 공사가 완성된 시점에서 공사수익과 공사비용을 인식한다는 것이며, 공사완성전의 재무상태표에는 실제 발생한 공사비만을 미성공사라는 계정으로 재고자산 계정에 계상한다는 점이다.

예제 14. 다음 거래를 분개하라.

① 10월 1일 대우조선해양(株)은 A선박건조공사 ₩240,000,000을 도급받고, 착수금 ₩24,000,000을 받아 곧 당좌예금하다. 다만, 공사수익의 인식은 공사완성기준에 의한다.

② 11월 1일 공사원자재, 노무비 및 기타 경비로 ₩50,000,000을 수표로 발행지급하다.

③ 12월 30일 대우조선해양(株)으로부터 공사중도금으로 ₩80,000,000을 받아 곧 당좌예금하다.

④ 다음해 6월 30일 선박을 완성하고 의뢰자에게 인도하다. 공사원가는 ₩185,000,000이다.

해답

①	(차) 당 좌 예 금	24,000,000	(대) 선 　 수 　 금	24,000,000
②	(차) 미 성 공 사	50,000,000	(대) 당 좌 예 금	50,000,000
③	(차) 당 좌 예 금	80,000,000	(대) 선 　 수 　 금	80,000,000
④	(차) 선 　 수 　 금	104,000,000		
	공 사 미 수 금	136,000,000	(대) 공 사 수 익	240,000,000
	(차) { 공 사 원 가	185,000,000	(대) 미 성 공 사	185,000,000

사랑은 아무 가치도 없는 쇳조각으로 칼을 만들어내는
이상으로 새로운 인간을 탄생시킨다.

연 습 문 제

[1] 다음의 일련의 거래를 위탁자의 입장과 수탁자의 입장에서 각각 분개하라.
단, 상품계정은 3분법에 의함.
① 서울상점은 대전상점에 상품 500개의 매입을 위탁하고 착수금 ₩200,000을 수표를 발행하여 송금수표로 송금하다.
② 대전상점은 위의 송금수표를 받다.
③ 대전상점은 위탁매입품 500개를 @₩1,000에 매입하고 대금은 외상으로 하다.
④ 대전상점은 위의 수탁매입품을 서울상점에 발송하다. 발송운임 ₩4,000은 현금으로 지급하다.
⑤ 대전상점은 서울상점에 다음의 매입계산서와 함께 화물상환증을 송부하다.

	매 입 계 산 서			
매 입 대 금	상 품	500개	@₩1,000	₩500,000
제 비 용	발 송 비		₩4,000	
	잡 비		3,000	
	수 수 료		10,000	17,000
합 계				₩517,000
선 수 금				(200,000)
차 감 잔 액				₩317,000

⑥ 서울상점은 위의 매입계산서와 화물상환증을 받고 착수금을 공제한 잔액을 수표를 발행하여 송금하다.
⑦ 대전상점은 위의 송금수표를 수령하다.
⑧ 서울상점은 상품이 도착되었으므로 상품을 인수하고 인수운임 ₩3,000을 현금으로 지급하다.

[2] 청주상점과 강릉상점에서 발생한 다음의 거래를 양측의 입장에서 각각 분개하라.
① 청주상점은 강릉상점에 A상품 500개(@₩1,300)를 위탁판매하기 위하여 적송하고 운임, 기타 제비용 ₩16,000을 현금으로 지급하다.
② 청주상점은 위의 적송품에 대하여 은행에서 ₩400,000의 화환을 체결하고 할인료 ₩5,600을 차감한 실수금을 당좌예금하다.
③ 강릉상점은 위의 화환어음의 인수를 하고 화물상환증을 받다.
④ 금일 수탁품이 도착하였으므로 화물상환증을 제출하고 상품을 찾다. 인수운임 ₩2,400은 현금으로 지급하다.
⑤ 강릉상점은 위의 수탁품 전부를 전주상점에 ₩900,000에 매출하고 대금은 수표로 받다.

⑥ 강릉상점은 아래와 같은 매출계산서를 작성하고 청주상점의 실수금 ₩282,400은 수표
로 발행하여 송금하다.

<table>
<tr><td colspan="4" align="center">매 출 계 산 서</td></tr>
<tr><td>총 매 출 액</td><td>500개 @₩1,800</td><td></td><td>₩900,000</td></tr>
<tr><td>제 비 용</td><td>인 수 운 임</td><td>₩2,400</td><td></td></tr>
<tr><td></td><td>보 관 료</td><td>4,800</td><td></td></tr>
<tr><td></td><td>잡 비</td><td>6,400</td><td></td></tr>
<tr><td></td><td>수 수 료</td><td>24,000</td><td>37,600</td></tr>
<tr><td>실 수 금</td><td></td><td></td><td>₩862,400</td></tr>
<tr><td>화 환 대 금</td><td></td><td></td><td>400,000</td></tr>
<tr><td>순 실 수 금</td><td></td><td></td><td>₩462,400</td></tr>
</table>

⑦ 청주상점은 위의 매출계산서와 함께 송금수표를 받다.

[3] 다음의 원장계정계좌에서 거래를 발생순으로 추정하라.

갑 상 점 수 탁 판 매

일 자	적 요	분면	금 액	일 자	적 요	분면	금 액
6 14	현 금	4	4,500	6 18	현 금	5	75,000
28	수 수 료	6	18,750	25	받 을 어 음	6	300,000
〃	갑 상 점	6	351,750				

[4] 다음 일련의 거래를 분개하고 상품매출손익계산을 하라.

① 상품 기초재고액 ₩400,000

② 상품 ₩1,000,000을 외상으로 매입하고 인수비용 ₩40,000을 현금으로 지급하다.

③ 동 상품 중 불량품 ₩100,000을 반송하고 반품을 위한 제비용·기타 품질불량으로
₩20,000을 할인받다.

④ 1개월의 시용기간으로 A상품 ₩100,000(원가 ₩80,000), B상품 ₩50,000(원가
₩40,000) 을 시용매출하다.

⑤ 상품 ₩250,000을 매출하고 어음을 받다. 후에 ₩20,000이 반품되고 대금은 어음지
급 일에 결제하기로 했다.

⑥ 상품(원가 ₩100,000)을 5개월 균등 월부로 매출하고 제1회 월부금 ₩28,000을 현
금으로 받다.

⑦ 상품 ₩200,000을 위탁판매로 적송하고 적송 제비용 ₩10,000을 현금으로 지급하
다. 또한 동 적송품에 대하여 거래은행에서 화환을 취결하고 할인료 ₩5,000을 제
외한 ₩120,000을 현금으로 받다.

⑧ 위 ④의 A상품을 거래처로부터 매입하기로 결정한 통지를 받고, B상품은 회수하다.

⑨ 상품 ₩450,000을 외상으로 매출하다.
⑩ 상품 기말재고액 ₩300,000

[5] 다음은 화환취결에 관하여 발생한 거래를 분개한 것이다. 이에 해당하는 거래를 추정하라.

① (차) 적 송 품　162,000　　(대) { 매 입　160,000 / 현 금　2,000 }
　　(차) { 당 좌 예 금　198,000 / 이 자 비 용　2,000 }　　(대) 적 송 선 수 금　200,000
② (차) 수 탁 판 매　244,000　　(대) { 매 입 채 무　240,000 / 현 금　4,000 }

[6] 다음 거래를 분개하라.
① 인천상점은 전주상점에 상품 ₩600,000을 적송하고, ₩400,000의 화환어음을 취결하다. 할인료 ₩7,000을 차감한 잔액은 당좌예금하다.
② 전주상점은 위 화환어음의 제시를 받아 이를 인수하고 화물상환증을 받다.
③ 전주상점은 화물상환증과 상환으로 상품을 인수하다. 인수운임 ₩10,000을 수표로 발행하여 지급하다.
④ 전주상점은 화환어음대금으로 ₩400,000을 수표로 발행하여 지급하다.
⑤ 전주상점은 위 상품대금잔액 ₩200,000을 수표로 발행하여 송금하다.
⑥ 인천상점은 전주상점에서 송부한 송금수표 ₩200,000을 받아 곧 당좌예금하다.

[7] 다음 거래를 분개하라.
① 전주상점은 A · B상품을 다음과 같이 중앙상점에 시용매출로써 발송하다.
　A상품 : 매　가　₩160,000　　　원　가　₩120,000
　B상품 : 매　가　₩100,000　　　원　가　₩ 80,000
② 전일(前日) 중앙상점에 시용매출한 상품중 우선 A상품만을 매입하겠다는 통지가 오다.
③ 중앙상점으로부터 B상품을 매입하지 아니하겠다는 통지가 와서 위의 반송품을 수령하다.

[8] 다음 분개에 관련하는 거래를 추정하라.
① (차) 미 착 상 품　24,000　　(대) 매 입 채 무　24,000
② (차) { 매 입　12,000 / 매 출 채 권　15,000 }　　(대) { 미 착 상 품　12,000 / 미 착 상 품 매 출　15,000 }
③ (차) 매 입　14,000　　(대) { 미 착 상 품　12,000 / 당 좌 예 금　2,000 }

[9] 다음 거래에 대하여 중앙상점의 분개를 하라.

① 중앙상점은 갑·병의 양상점과 함께 조합을 만들고 조합주임이 되었다. 그리하여, 갑상점은 A상품 ₩60,000, 병상점은 B상품 ₩45,000을 각각 중앙상점에 발송하다.

② 중앙상점은 인수비용 ₩800을 현금으로 지급하고 위의 상품을 인수하다.

③ 중앙상점은 위의 상품 전부를 ₩140,000에 매출하고 대금중 ₩40,000은 현금으로 받고 잔액은 외상으로 하다.

④ 중앙상점은 갑·병의 양상점에 매출계산서를 발송하다. 매출액에서 인수비용 ₩800 이외에 보관비 ₩2,400, 판매비 ₩2,800 및 수수료 ₩2,000을 차감한 후, 이익을 균분하여 송금하다.

[10] 다음 거래를 분개하라.

(1) ① 20×7년 6월 1일 (주)중앙건설은 건설교통부로부터 한강댐 건설공사를 ₩50억에 도급받고, ₩5억의 착수금을 받아 즉시 당좌예입하다. 다만 공사수익의 인식은 공사진행기준에 의한다.

② 20×7년 12월 31일까지 발생된 공사비 총액은 ₩10억이며, 완성시까지의 추정 총공사원가는 ₩40억이다.

(2) ① 20×8년 3월 1일 D조선으로부터 도급금액 ₩400,000,000의 선박건조공사를 도급받고, ₩40,000,000의 착수금을 받아 곧 당좌예금에 예입하다. 다만 공사수익의 인식은 공사완성기준에 의한다.

② 20×9년 12월 31일(결산일)에 선박을 완성하여 의뢰자에게 인도하다. 완성시까지 발생한 총공사원가는 ₩350,000,000이다.

[11] 다음 용어를 간단히 설명하다.

(1) 미착상품	(6) 선물매매
(2) 적송품	(7) 조합매매
(3) 수탁판매계정	(8) 시용매출
(4) 수탁매입계정	(9) 공사진행기준
(5) 할부매출	(10) 공사완성기준

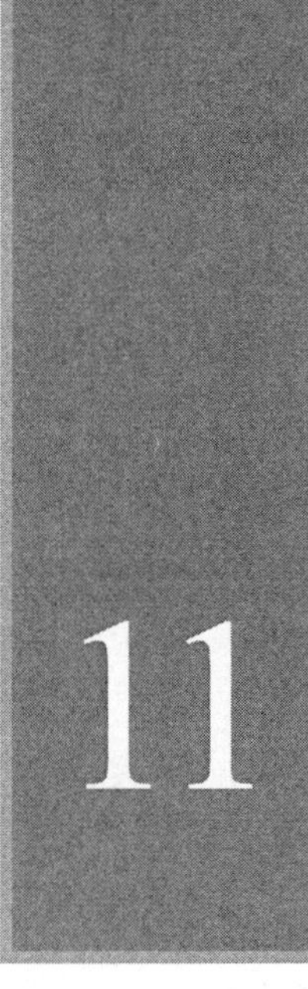

11

제품거래에 관한 계정

제 1 절	제조업과 매매업의 비교
제 2 절	원가회계의 의의와 목적
제 3 절	원가의 종류
제 4 절	원가계산의 기본요소와 절차
제 5 절	원가계산의 종류
제 6 절	원가회계처리

제품거래에 관한 계정 제11장

제 1 절 제조업과 매매업의 비교

제조업은 매매업처럼 매출할 상품을 매입하여 그대로 전매(專賣)하는 것이 아니라 원재료를 제조과정에 사용하기 위하여 매입하고 동시에 제조활동에 직접·간접으로 관여하는 종업원의 노동에 대하여 임금이나 급료를 지급하며, 그 밖에도 필요한 경비를 사용하면서 제품을 만들어 매출하고 있으므로 원재료의 매입으로 부터 제품이 완성되기까지의 기록·계산이 매매업의 경우와 같이 단순하지 않다.

제조활동에서 제품(제조)을 형성하는 원가를 원가요소(cost element)라 하며, 이 것은 재료비·노무비 및 경비의 세 가지로 나누어진다. 공업회계에서 원가요소의 처리내용은 매입가액의 결정과 생산을 위하여 소비되어진 정확한 소비가액의 결정 등이다.

원가요소의 매입은 매매업에서도 제조업과 같이 행하여지는 영업활동이다. 일반적으로 매매업에서는 거래가 단순하나 제조업은 상당히 복잡하다.

제조업은 제품의 생산과 매출을 그 주된 경영활동으로 하기 때문에 제조과정에서 원가요소의 제품으로의 집계에 관한 회계처리가 제조업의 초점이지만 매매업에는 없는 것이다. 따라서 매매업에서는 제조업에서 실시하는 제품의 원가결정을 할 필요가 없다. 매매업의 영업활동과 제조업의 영업활동의 파악에 대한 회계의 구조를 간단한 그림으로 표시하면 다음 <그림 11-1>과 같다.

제 2 절   원가회계의 의의와 목적

1. 원가회계와 원가계산

일반적으로 원가회계란 회계의 한 분야로서 제품의 원가를 결정하는 기술이며, 원가계산을 재무회계에 결부시킨 것으로 원가의 개념, 원가계산, 원가보고서의 작성 등 원가계산에 필요한 내용을 다루며, 재무회계 범위내의 제품원가계산에 대한 정보를 제공하고 경영관리자가 당면한 여러 경영활동을 통제하며 합리적인 의사결정을 하는데 필요한 정보를 제공함을 목적으로 하는 회계이다.

원가계산은 이러한 원가회계의 목적을 수행하는데 가장 필수적인 절차로써, 기업이 제품 또는 용역을 생산하고 공급하는 과정에서 소비한 경제가치의 소비액을 평가하여, 이것을 각 기능별·발생형태별·발생장소별로 분류·측정하고 필요에 따라 제품별·용역별 또는 관리책임별로 분류집계하는 절차이다.

2. 원가회계의 목적

원가회계는 기업의 경영조건이나 특수성에 따라 여러 가지 목적을 위하여 각각 달리 적용된다. 즉, 서로 다른 목적에 의한 것이라면 그 목적에 따른 서로 상이한 원가를 제공함으로써 원가회계의 목적을 충족시킬 수 있다.

따라서 어떠한 목적을 위한 것이냐에 따라 원가회계의 범위, 내용, 방법 등이 달라지게 된다.

<그림 11-1> 판매업과 제조업과의 비교

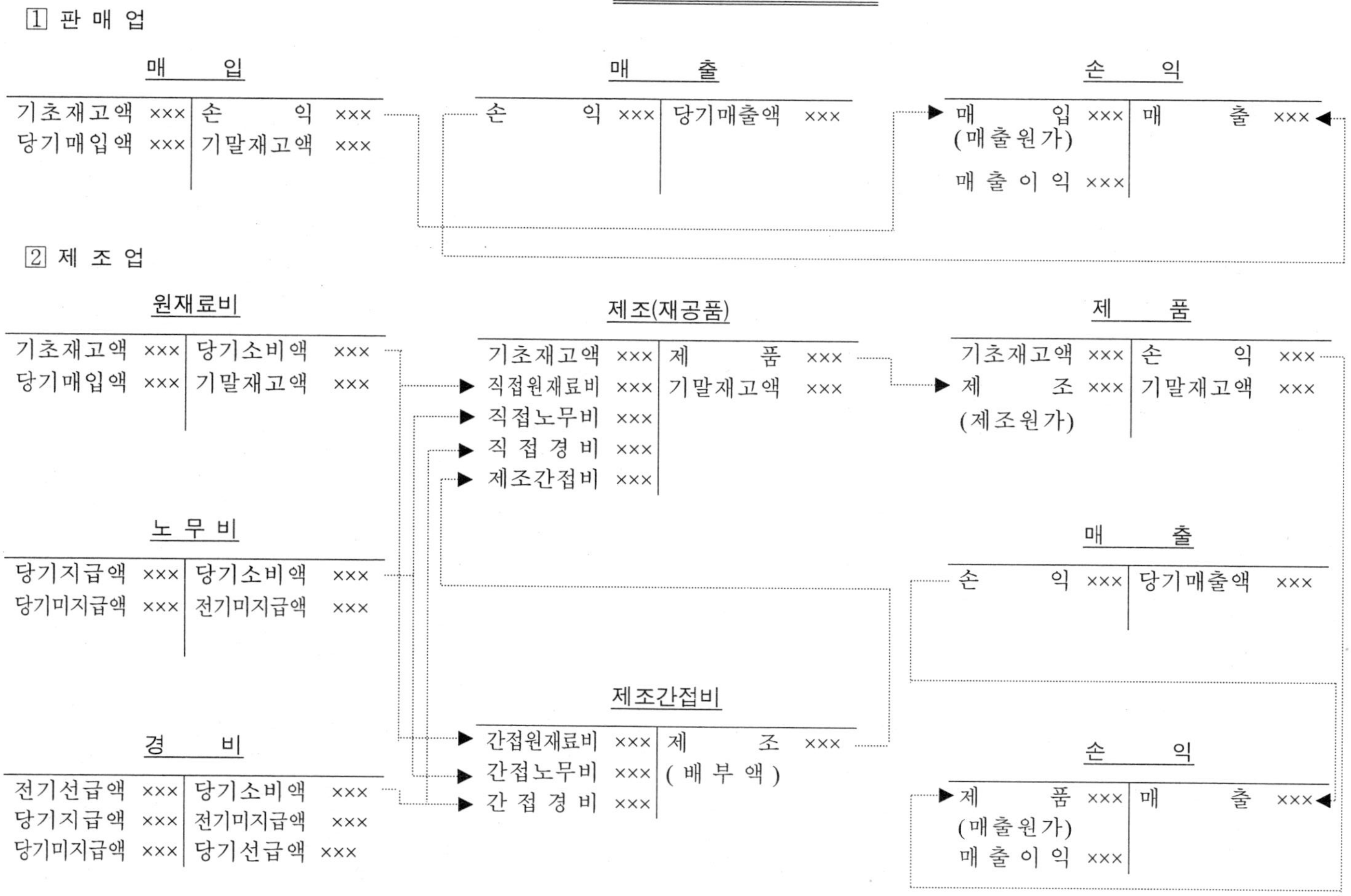

원가회계의 목적으로서는 다음의 5가지를 들 수 있다.

① 재무제표 작성목적: 재무제표의 작성에 필요한 원가자료의 제공
② 가격산정목적: 가격계산에 필요한 원가자료의 제공
③ 원가관리목적: 원가관리에 필요한 원가자료의 제공
④ 예산관리목적: 예산편성 및 통제에 필요한 원가자료의 제공
⑤ 기본계획 설정목적: 경영의 기본계획 설정에 필요한 원가정보의 제공

제 3 절 원가의 종류

원가는 계산목적과 조건 등에 따라 여러 가지로 나누어 볼 수 있다.

1. 원가 3요소

원가는 경제가치의 종류에 따라 재료비, 노무비, 경비로 분류된다.

(1) 재료비(material cost)

제품의 제조를 위하여 소비되는 물품의 원가를 재료비 또는 원료비라 한다. 또한 이것은 필요에 따라 주요재료, 부분품, 보조재료, 소모공구, 기구비품으로 구분한다.

재료와 원료의 구분은 제조할 때 단순히 물리적인 변화만으로 제품이 되는 것은 재료라 하고, 화학적인 변화로 제품이 되는 것은 원료라 한다.

(2) 노무비(labor cost)

노무비는 제품제조를 위하여 소비된 노동의 가치이며 노동비라고도 한다. 이것은 필요에 따라 임금, 급료, 잡급 등으로 구분된다.

(3) 경비(expenses)

재료비, 노무비 이외의 가치로서 계속적으로 제조에 소비되는 것을 제조경비라 한다. 이것은 필요에 따라 전력료, 보험료, 감가상각비, 세금과 공과 등의 비용과목으로 구분된다.

2. 직접비와 간접비

이것은 원가요소를 제품에 배분하는 절차로 분류한 것으로 생산되는 제품이 여러 가지인 경우에 한 제품에 직접적으로 발생하는 것은 직접비이고 여러 가지 제품을 위하여 공통적으로 발생한 것은 간접비이다.

(1) 직접비(direct cost)

특정제품에 직접 부담(부과)시킬 수 있는 것을 말하고 직접원가라고도 한다.

이것은 직접재료비, 직접노무비, 직접경비로 원가요소대로 구분된다. 경비는 대부분이 간접비가 되는 것이나, 특정제품의 설계비, 외주가공비, 설계비등의 경우에는 직접비가 된다.

(2) 간접비(indirect cost)

간접비는 전체의 제품 또는 다수의 제품에 공통적으로 또는 간접적으로 소비되는 원가요소이므로 이것을 제품별로 부담시키기 위하여는 인위적으로 적당하게 배분하지 않으면 안된다.

이것은 간접재료비, 간접노무비, 간접경비로 구분된다. 간접비는 대부분이 경비로 구성된다.

3. 직접원가 · 제조원가 · 총원가 (원가구성도)

이것은 각 원가요소가 어떠한 범위까지 원가계산에 집계되는가의 관점에서 분류한 것이다. 즉 「원가구성」(construction of cost)을 뜻한다.

대개는 다음의 4단계로 구분된다.

① 직접원가 또는 기초원가
② 제조원가 또는 공장원가
③ 총원가 또는 판매원가
④ 판매원가 또는 매가 (賣價 ; selling price)

각 원가의 산식은 다음과 같다.

> 직접원가 = 직접재료비 + 직접노무비 + 직접경비
> 제조원가 = 직접원가 + 제조간접비
> 총원가 = 제조원가 + 판매비와 관리비
> 판매가격 = 총원가 + 이익

이상의 관계를 도시하면 다음과 같다.

원가구성도

직접재료비	제조간접비	판매·관리비	이 익	
직접노무비	직접원가 (기초원가)	제조원가 (공장원가)	총 원 가 (판매원가)	판매가격
직접경비				
(직접원가)	(제조원가)	(총 원 가)	(판매가격)	

4. 고정원가 · 변동원가(고정비와 변동비)

원가는 조업도(생산량 또는 작업시간)의 변화에 따라 다음과 같이 분류된다.

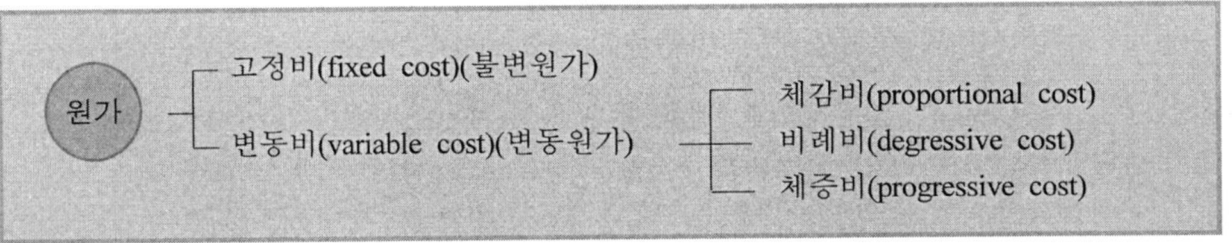

(1) 고정비

이것은 생산량(조업도)이 증감하더라도 원가에는 아무런 변동이 없는 것을 말한다.

생 산 량 (조 업 도)	500개	1000개
원 가 발 생 액	₩ 20,000	₩20,000
단 위 (개 당) 원 가	₩40	₩20

이와 같이 고정비는 생산량이 증가해도 발생원가는 고정되나, 단위원가는 감소된다. 즉 대량생산의 이점(利點)은 고정비가 있기 때문이다. 여기에는 감가상각비, 세금과 공과, 급여, 보험료, 임차료 등이 해당된다.

(2) 비례비

이것은 생산량의 증감과 정비례해서 증감하는 원가이다. 비례비에는 주요 재료비, 능률비(도급) 임금 등이 해당된다.

생 산 량 (조 업 도)	500개	1000개
원 가 발 생 액	₩20,000	₩40,000
단 위 (개 당) 원 가	₩40	₩40

(3) 체감비

이것은 생산량의 증감에 따라 원가는 증감하나, 그 증감 정도가 정비례하지 않고 완만하게 증감하는 원가이다. 체감비에는 보조재료비, 전력비, 연료비 등이 해당된다.

생 산 량 (조 업 도)	500개	1000개
원 가 발 생 액	₩20,000	₩20,000 ~ ₩40,000
단 위 (개 당) 원 가	₩20	₩20 ~ ₩40

(4) 체증비

이것은 임금 중의 특근수당, 휴일근무수당 등과 같이 생산량의 증감정도보다도 더욱 급격히 증감하는 원가이다.

생 산 량 (조 업 도)	500개	1000개
원 가 발 생 액	₩20,000	₩40,000 초과
단 위 (개 당) 원 가	₩40	₩40 초과

5. 관리가능원가와 관리불가능원가

원가요소를 관리가능한 것과 관리불가능한 것으로 분류하는 목적은 원가를 철저히 관리하여 원가절감을 꾀하기 위한 것이다. 이것은 관리계층별·부문별로 그 책임의 범위를 뚜렷이 하고, 통제를 통하여 원가능률을 높이는 수단으로 이용된다. 최근 기업합리화에 따르는 원가관리의 문제가 중시됨에 따라 이 원가분류는 불가피한 것이 되고 있다.

(1) 관리가능원가(controllable cost)

이것은 주로 간접재료비, 직접노무비, 광고비 등으로 직접비 또는 변동비에 해당하는 것으로서 대개는 소비량 또는 작업시간에 그 단가를 곱(乘)하여 계산되는 원가가 이에 해당된다. 그것은 수량과 시간은 통제가능한 것이기 때문이다.

(2) 관리불가능원가(uncontrollable cost)

이것은 주로 건물 등의 감가상각비, 세금과 공과 등과 같이 고정비 및 간접비에 해당하는 것이다. 대개는 재료구입가격, 임률 등은 현장에서 관리할 수 없는 성질의 것이다. 그러나 고위경영층에서는 어느 정도 관리가능성을 갖는다.

6. 실제원가 · 예정원가 · 표준원가

이것은 원가를 계산하는 시점과 방법의 차이에서 분류한 것이다.

(1) 실제원가(actual cost)

실제원가는 제조작업을 종료하고 제품이 완성된 후에 그 제품제조를 위하여 투입된 가치의 소비액을 산출한 원가이다. 즉, 이것은 「사후계산」에 의하여 산출된 원가로서 보통 원가라 하면 실제원가를 뜻한다.

(2) 예정원가(estimated cost)

예정원가는 제조작업 개시전에 과거의 경험을 기초로 하고, 여기에 장래의 예상을 가감하여 산출한 원가이다. 즉 이것은 소위 '사전계약'에 의하여 산출한 원가로서 견적원가, 또는 추정원가라고도 한다. 입찰 또는 도급의 경우에 주문자에게 제출하는 가격은 예정원가에 의한 것이다. 대개 예정원가는 원가계산의 신속을 기하기 위하여 이루어지는 것으로, 나중에 실제원가와 비교되어 원가관리에 도움이 되기도 한다.

⑶ 표준원가

표준원가는 기업이 이상적인 제조활동을 하는 경우에 비합리적인 요소들을 전부 제거한 후 소비될 원가이다. 즉 이것은 경영의 목표가 될 이상적이고도 규범적인 예정원가이다. 따라서 표준원가는 기업이 능률을 충분히 발휘한 경우에 도달할 수 있는 최저예정원가이므로 이것을 산출하는 데는 과학적인 조사에 의하여 능률이 최적일 때 각 원가요소의 표준적인 소비량을 측정·결정한 것이다. 따라서 표준원가는 실제원가와 비교하여 실제원가를 통제관리할 수 있고, 경영상의 비능률을 발견하는 기준이 되는 동시에 비능률을 개선하는 길이 된다.

표준원가는 사전계산하는 것이므로 일종의 예정원가라고도 볼 수 있으나, 다음과 같은 점에서 다르다. 즉, 예정원가는 장래에 발생할 실제원가의 예정이나, 표준원가는 경영능률을 최고로 올렸을 경우의 최소원가의 예정이지, 실제 원가의 예정은 아닌 것이다.

7. 개별비와 공통비

원가관리를 위해 부문별(장소별) 원가계산을 하는 경우의 원가요소는 원가부문별로 집계된다. 이때 원가가 해당 부문에서만 발생하여 그 부문에 직접 부과할 수 있는 원가는 부문개별비라 하고, 여러 부문에 공통적으로 발생하여 이것을 각 부문에 배부해야 비로소 부문별 집계가 되는 것은 부문공통비라 한다.

⑴ 부문개별비(direct department expenses)

부문 담당의 기사, 사무원급여 등 어느 특정부문에 개별적으로 발생한 것이 뚜렷한 원가요소를 말하며, 부문특별비라고도 한다. 이것은 직접 각 부문에 정확하게 부과할 수 있다.

⑵ 부문공통비(joint department expenses or indirect department expenses)

이것은 공장장 및 수위 등의 급여, 전력비, 건물의 감가상각비, 임차료 등과 같이 2개 이상의 부문에 공통적으로 발생한 원가요소를 말하며. 「부문일반비」라고도 한다. 따라서 이것은 적정한 배부기준에 의하여 공평·정확하게 배부해야 한다.

(3) 부문개별비와 공통비 구분은 제품에 대한 구분인 직접비 및 간접비와는 다르다. 양자의 관계와 부문비의 특징은 다음과 같다.

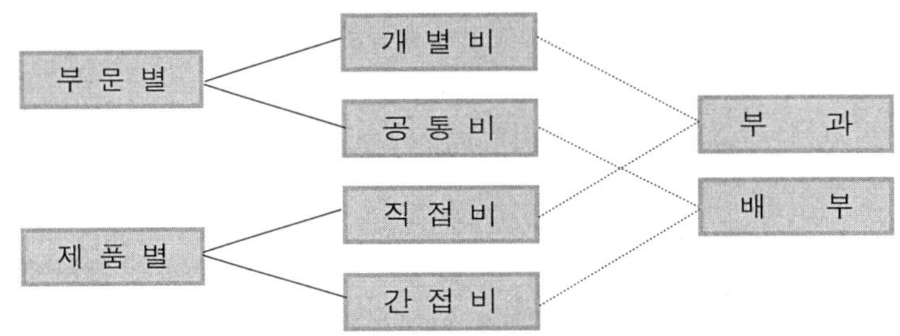

즉 부문을 작게 세분하면 부문공통비는 증대하며, 부문을 크게 하면 부문공통비는 감소하게 된다.

제 4 절　원가계산의 기본요소와 절차

1. 원가계산의 기본요소

(1) 원가계산대상과 원가계산단위

원가계산은 기업의 경영조건이나 특수성에 따라 원가를 측정해야 할 대상도 다양해진다. 즉, 여러 가지 목적에 따라 상이한 원가계산대상이 고려된다. 원가대상의 예를 들면, 제품, 공장, 기계작업시간, 노동작업시간, 사업부, 개별 계획 등이 있다.

한편 원가계산단위(costing unit) 또는 원가단위(cost unit)란 발생한 원가를 원가계산대상에 관련지우는 물량단위로서 업종, 원가계산목적, 거래관습 등에 따라 다르다. 제품의 원가계산단위로서는 개, 상자, 타, kg 등이 적용되고 있다. 원가계산단위의 크기를 정할 때는 특히 원가계산목적과 기업의 실정에 적합해야 한다.

(2) 원가계산기간

원가를 계산하여 정규의 보고를 정기적으로 행하는 시간적 단위를 원가계산기간이라 하며 원가계산 목적으로 원가관리와 이익관리가 중시됨에 따라 원가 및 이익보고를 신속하게 입수하기 위해 원가계산기간은 보통 1개월로 하는 것이 원칙이다. 그러나 제품생산에 장기간이 소요되고 또한 원가발생액을 개별적으로 파악하기 용이한 제품의 원가계산은 생산개시일로부터 제품완성일 또는 회계연도 종료일까지를 원가계산기간으로 할 수 있는 예외도 있다. 원가계산준칙에 의하면 원가계산기간은 회사의 회계연도와 일치해야 하며 필요한 경우에는 월별 또는 분기별 등으로 세분하여 원가계산을 할 수 있도록 하고 있다.

(3) 원가계산의 일반원칙

원가계산준칙에 의하면 제조원가의 계산은 다음의 원칙을 준수하여 계산하도록 하고 있다.

① 제조원가는 일정한 제품의 생산량과 관련시켜 집계하고 계산한다.

② 제조원가는 신뢰할 수 있는 객관적인 자료와 증거에 의하여 계산한다.

③ 제조원가는 제품의 생산과 관련하여 발생한 원가에 의하여 계산한다.

④ 제조원가는 그 발생의 경제적 확인 또는 인과관계에 비례하여 관련제품 또는 원가부문에 직접 부과하고, 직접 부과하기 곤란한 경우에는 합리적인 배부기준을 설정하여 배분한다.

2. 원가계산의 절차

원가계산이 이루어지는 과정은 제조원가계산과 영업비계산으로 대별할 수 있으나 원가계산의 주 대상은 제조원가계산으로서 원칙적으로 다음 세 단계의 절차가 필요하다.

① 요소별 원가계산 ⟶ ② 부문별 원가계산 ⟶ ③ 제품별 원가계산

(1) 요소별 원가계산

원가요소(재료비, 노무비, 경비)별로 원가를 집계하는 것으로서 이 과정에서는 원가요소별로 분류된 것을 기초로 직접비와 간접비로 분류되기도 하며 나아가서는 필요에 따라 기능별로 분류된다. 이 절차는 부문별·제품별 원가계산의 준비단계에 해당한다.

(2) 부문별 원가계산

부문별 원가계산(departmental cost accounting)은 요소별로 파악된 원가를 원가의 발생장소인 부문별로 분류·집계하는 절차이다. 원가부문이란 원가의 발생을 기능별·책임부분별로 관리함과 동시에 제품원가의 계산을 정확히 하기 위하여 원가요소를 분류·집계하는 계산조직상의 구분이며, 원가중심적이라고도 한다.

원가부문은 크게 제조부문과 보조부문으로 구분한다. 제조부문이란 제조작업이 행해지는 부문이며, 보조부문이란 제조부문에 대하여 보조적 관계에 있는 부문이다. 부문에 집계되는 원가를 부분비라 한다. 이 부문별 원가계산의 목적은 ① 정확한 제품원가의 산정과 ② 부문비의 통제·관리에 있다.

(3) 제품별 원가계산

요소별·부문별로 파악된 원가를 그 부담자인 제품 또는 용역에 부담시키기 위한 계산이며 원가계산의 최종단계가 된다. 제품별 원가계산은 경영의 생산형태의 종류에 따라 다음과 같이 구분된다.

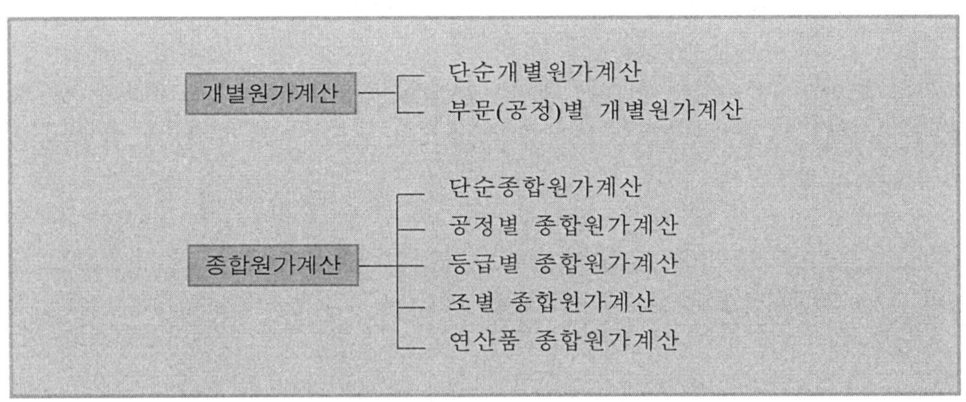

제 5 절 원가계산의 종류

원가계산은 계산목적, 계산시기, 계산대상, 계산방법 등의 관점에 따라 여러 가지로 구분되며 이를 설명하면 다음과 같다.

1. 사전원가계산과 사후원가계산

이것은 원가계산을 계산시기에 따라서 분류한 것이다. 사전원가계산은 예정원가계산(predetermined cost accounting)이라고도 하며, 제조착수전 또는 주문을 받기 전에 미리 원가를 견적하여 계산하는 방법이다. 이것은 견적원가계산과 표준원가계산으로 구별된다.

견적원가계산(estimated cost accounting)은 제품의 제조활동이나 판매활동을 위하여 소비될 것으로 예상되는 견적원가를 설정하고 이것을 실제원가와 비교하여 원가차이를 분석하는 방법이다. 견적원가는 과거의 경험을 감안하여 설정되며 장래 발생할 것으로 예상되는 실제원가의 예정액이다. 견적원가계산의 목적은 수주품, 신제품 등의 판매결정에 도움이 되는 자료제공, 기간손익의 산정 및 재고자산평가의 신속화, 원가의 계산 및 기장처리의 신속화·간편화를 기하는데 있다.

표준원가계산(standard cost accounting)은 미리 표준이 될 원가를 과학적인 방법에 의하여 정해두고 이것을 실제원가와 비교하여 그 차이를 분석함으로써 원가관리에 도움을 주기 위한 계산방법이다. 표준원가는 제조 또는 판매활동에 대한 능률의 척도가 될 수 있는 기준을 설정하는 원가인 것이다.

사후원가계산은 실제원가계산(actual cost accounting)으로 생산에 착수한 후에 생산을 위하여 실제로 소비된 원가를 계산하는 것을 말한다. 따라서 이것은 실제원가(actural cost) 또는 역사적 원가(historical cost)라고도 한다. 사후원가계산은 결산목적과 경영활동을 사후적으로 통제하기 위하여도 계산된다.

2. 전부원가계산과 부분원가계산

원가계산은 계산범위에 따라 전부원가계산과 부분원가계산으로 분류된다.

전부원가계산(full costing, absorption costing)은 제품의 생산에 소요된 모든 제

조원가 또는 이것에다 판매비 및 관리비를 포함한 제품의 총원가를 계산하는 것이다. 보통 원가계산이라 하면 전부원가계산을 뜻하고 주로 재무제표의 작성에 기여하고 재고자산의 평가나 기간손익을 산정하는데 필요한 전통적인 원가계산방법이다.

부분원가계산(partial costing)은 전부원가계산과 같이 모든 제조원가나 총원가까지 계산하지 않고 어떤 특정의 목적에 따라 그 중 일부분의 원가요소만을 계산하는 방법이다. 부분원가계산의 한 예로서 직접원가계산(direct costing)을 들 수 있다. 직접원가계산은 제조원가를 변동원가와 고정원가로 분해하여 변동원가만으로 제품원가를 계산하는 방법을 말한다. 이 방법에서는 제조원가에 포함되어 있는 고정제조간접비는 제품원가에서 제외되어 기간원가(period cost)로 취급된다.

3. 개별원가계산과 종합원가계산

제품별 원가계산은 원가요소를 제품별로 집계하여 제품단위당 원가를 계산하는 절차로서 원가의 최종부담자인 제품이나 원가계산방법에 따라 개별원가계산과 종합원가계산으로 분류된다.

개별원가계산(job costing)은 특정제품별로 원가를 계산하는 방법이다. 기계제작, 건축, 조선 등과 같이 규격이나 종류가 다른 여러 가지 제품을 개별적으로 생산하는 개별생산이나 주문생산형태에 알맞은 원가계산방법이다. 주문제품에 대하여는 특정의 지시사항, 제품단위수, 납기 등이 지정되어 있기 때문에 동일공장 내에서도 작업은 문서인 제조지령서에 의하여 명령되고 규제되어 지령서마다 독립하여 완결한다. 원가계산에서는 직접비는 제조명령별로 직접 부과하여 계산하고 간접비는 일정한 배부절차를 거쳐 명령서별로 계산한다.

종합원가계산(process costing)은 제품을 계속적으로 대량생산을 하는 기업에서 사용되는 방법으로 원가계산기간에 발생한 총원가를 그 기간의 총생산량으로 나누어 제품단위당 원가를 산정하는 방법이다. 예를 들면 시멘트, 제분, 화학제품 등은 종합원가계산을 적용하기에 적합한 업종이다. 종합원가계산방법이 취해지는 경우에도 제품이 단일제품일 경우에는 단순종합원가계산이 되고 제품이 두개 이상인 경우에는 조별 종합원가계산이 된다. 등급별 종합원가계산은 원가의 제1차 파악은 단순종합원가계산과 같이 하고 그후에는 종합원가를 각 등급제품에 안분하는 것이다. 또한 종합원가계산에는 공정별로 계산하는 경우가 있어 전부원가의 공정별 계산의 경우와 가공비만의 공정별 계산을 행할 경우로 구분된다.

제 6 절 원가회계처리

1. 원가요소계정

제조업의 회계에서는 제조에 관한 내부활동을 정밀하게 기록·계산하기 위하여 매매업의 회계에서 설정하는 제계정 이외에 다음과 같은 여러 계정을 설정한다. 원가요소에는 크게 원(재)료, 노무비, 경비의 3대요소가 있으며 이를 회계처리하기 위한 원가요소계정으로는 원재료비계정, 노무비계정, 경비계정의 세 가지가 있다.

(1) 원재료비계정(raw material charge a/c)

제품의 제조에 소비할 목적으로 매입한 물품을 재료(material) 또는 원료(raw material)라 하고, 이 재료 또는 원료를 매입한 목적에 따라 소비한 때에 생기는 경제가치의 소비를 원재료비라 한다. 따라서 원재료는 재고자산에 속하고, 원재료비는 원가요소로 제조원가에 속하므로 원재료계정과 원재료비계정을 설정해야 한다. 즉, 기초재고액(전기이월액)과 당기매입액은 원재료계정의 차변에 기입하고 소비되어서 인도된 원재료액은 대변에 기입한다. 여기에서 당기매입액은 매입가격에 매입·제부대비용을 가산한 것으로 원재료의 취득원가가 된다. 또 대변에 기입하는 원재료소비액은 그대로 원재료비계정의 차변에 대체된다. 한편, 원재료비계정의 대변에 기입하는 동액의 원재료소비액은 특정제품을 제조하기 위한 직접적인 소비일 때는 제조계정의 차변에 대체하고, 많은 제품에 공통되어 간접적인 소비일 때는 제조간접비계정의 차변에 대체한다.

이상과 같이 원재료계정과 원재료비계정의 2계정을 설정하여 회계처리하는 방법을 설명하였다. 그러나 실무상으로는 원재료계정 또는 원재료비계정중 한 계정을 설정하여 회계처리를 하고 있음도 밝혀둔다.

예제 1. 다음 거래를 분개하라.

① 원재료 ₩100,000을 외상으로 매입하다.

② 위 원재료 중 ₩60,000을 갑제품 제조(직접원재료 ₩40,000, 간접원재료 ₩20,000)를 위하여 소비하다.

해답

① (차) 원 재 료	100,000	(대) 매 입 채 무	100,000
② (차) 원 재 료 비	60,000	(대) 원 재 료	60,000
(차) { 제 조	40,000	(대) 원 재 료 비	60,000
제 조 간 접 비	20,000		

또는

① (차) 원 재 료	100,000	(대) 매 입 채 무	100,000
② (차) { 제 조	40,000	(대) 원 재 료	60,000
제 조 간 접 비	20,000		

(2) 노무비계정(labor cost a/c)

제품이나 용역을 생산하기 위하여 소비된 노동력의 대가(代價)인 노무비를 처리하는 계정이다. 당기지급액과 당기미지급액은 노무비계정의 차변에 기입하고, 전기미지급액과 당기제품 제조에 소비(배부 또한 부과)한 금액은 대변에 기입한다. 이때의 노무비소비액이 특정제품을 제조하기 위한 직접적인 소비일 때는 제조계정의 차변에 대체하고, 많은 제품에 공통되어 간접적인 소비일 때는 제조간접비계정의 차변에 대체한다. 한편, 미지급액이 발생하는 원인은 임금지급액을 계산하기 위하여 장부를 마감하는 날과 원가계산을 하는 날이 일치하지 않는데 있다.

예제 2. 다음 거래를 분개하라.

① 노무비 ₩200,000을 수표를 발행하여 지급하다.

② 당기분의 노무비사용액은 다음과 같다.

제 조 직 접 비	₩140,000	제 조 간 접 비	₩50,000
판 매 비 와 관 리 비	30,000		

해답

① (차) 노 무 비	200,000	(대) 당 좌 예 금	200,000
② (차) { 제 조	140,000		
제 조 간 접 비	50,000	(대) 노 무 비	220,000
판 매 비 와 관 리 비	30,000		

(주) ①과②의 노무비 차이 ₩20,000(₩220,000-₩200,000)은 전기와 당기의 선급액과 전기와 당기의 미지급액의 차이에서 발생한 것으로 당기 미지급노무비에 해당된다.

(3) 경비계정(expense a/c)

경비란 원가요소 중 원재료비와 노무비를 제외한 나머지 일체의 원가요소를 말한다. 경비는 원재료비·노무비와 같이 어떤 특정한 대상이 없으며, 따라서 그 내용이 일정하지 않다.

즉, 원재료비나 노무비의 범위를 넓히면 자연히 그에 따라 경비의 범위는 좁아지며, 반대로 축소하면 그 범위는 확대된다.

즉, 경비에는 여러 가지가 있어서 그 경비의 종류에 따라 전력비계정, 수도광열비계정·운임계정·수선비계정·세금과 공과계정·보험료계정·감가상각비계정 등으로 분할하여 처리하는 수도 있다.

이러한 경비의 지급액이나 발생액은 경비계정의 차변에 기입하고, 그 경비의 제품에의 배부액 또는 부과액은 경비계정의 대변에 기입한다. 경비의 대부분은 제조간접비나 특정제품을 제조하기 위하여 소비된 특허권사용료, 제도비(製圖費) 등은 제조직접비로 처리해야 한다. 따라서 전자의 경우는 제조간접비계정의 차변에 대체하고, 후자의 경우는 제조계정의 차변에 대체한다.

예제 3. 다음 거래를 분개하라.
　① 경비 ₩160,000을 수표를 발행하여 지급하다.
　② 당기분의 경비소비액은 다음과 같다.

제 조 직 접 비	₩20,000	제 조 간 접 비	₩100,000
판 매 비 와 관 리 비	30,000		

해답

① (차)	경　　　　　비	160,000	(대)	당 좌 예 금			160,000
② (차)	⎧ 제　　　조	20,000					
	⎨ 제 조 간 접 비	100,000	(대)	경　　　　　비			150,000
	⎩ 판매비와관리비	30,000					

(주) ①과②의 경비차이 ₩10,000(₩160,000－₩150,000)은 전기와 당기선급액과 전기와 당기미지급액의 차이에서 발생한 것으로 선급비용에 해당된다.

2. 원가계산계정

원가계산계정(cost accounting a/c)은 원가요소를 집계하기 위하여 설정하는 계정이다. 원재료비, 노무비, 경비의 소비액 중에서 직접비는 제조계정의 차변에 대체하여 집계하나, 간접비는 일단 제조간접비라는 원가계산계정에 집계하였다가 다시 제조계정에 대체하여 집계하게 된다. 이와 같이 원가계산계정을 설정하여 원가요소의 각 원가를 집계한 후 맨 나중에 제품계정에 집계하여 제품의 제조원가를 산정한다.

(1) 제조간접비계정(manufacturing indirect charge a/c)

이 계정은 제조과정에서 소비된 간접비를 집계하기 위하여 설정하는 계정이다. 간접원재료비, 간접노무비, 간접경비를 원재료계정·노무비계정·경비계정에서 제조간접비계정의 차변에 대체 기입하고, 원가계산 기말에 이 제조간접비를 제품의 제조원가에 배부할 때에 제조간접비계정의 대변에서 제조계정의 차변으로 대체한다.

예제 4. 앞의 제조간접비 ₩170,000을 제품에 부과하다. 이때의 분개를 표시하라.

해답

        (차)   재 공 품   170,000   (대)   제 조 간 접 비   170,000
        (또 는   제 조)

(2) 재공품계정(work in process a/c)

이 계정은 제품의 제조원가를 집계·계산하기 위한 계정으로 제조계정이라고도 한다. 재공품의 기초재고액(전기이월액)과 직접원재료비, 직접노무비, 직접경비, 제조간접비를 제조(재공품)계정의 차변에 기입하고 제품이 완성된 때 당기 중 완성한 제품의 제조원가를 재공품계정의 대변에 기입하여서 제품계정의 차변에 대체한다.

예제 5. 앞의 완성품 제조원가는 ₩250,000이다. 이때의 분개를 표시하라.

해답

        (차)   제   품   250,000   (대)   재 공 품   250,000
                                            (또 는   제 조)

(3) 제품계정(finished goods a/c)

제품계정은 매매업의 상품계정과 동일한 성격이므로 여기서는 생략한다.

예제 6. 제품 ₩200,000(제조원가)을 외상으로 300,000에 매출하다. 이때의 분개를 표시하라.

해답

$$(차) \begin{cases} 매 출 채 권 & 300,000 \\ 매 출 원 가 & 200,000 \end{cases} \qquad (대) \begin{cases} 매 \qquad 출 & 300,000 \\ 제 \qquad 품 & 200,000 \end{cases}$$

한편, 이상의 여러 가지 분개를 제조에 관련된 계정에 기입 표시하면 다음과 같다.

원 재 료		
매입채무 100,000	제 좌 60,000

노 무 비	
당좌예금 200,000	제 좌 220,000

경 비	
당좌예금 160,000	재 공 품 150,000

제조간접비	
원 재 료 20,000	재 공 품 170,000
노 무 비 50,000	
경 비 100,000	

재 공 품 (또는 제조)	
원 재 료 40,000	제 품 250,000
노 무 비 140,000	
경 비 20,000	
제조간접비 170,000	

제 품	
재 공 품 250,000	매출원가 200,000

매 출 원 가	
제 품 200,000	

매 출	
	매출채권 300,000

손 익	
매 출 원 가 200,000	매 출 300,000
제품매출이익 100,000	

홀로 자기 자신과 만나는 시간을 갖지 못한 사람은
그 영혼이 중심을 잃고 헤매게 된다

연 습 문 제

[1] 다음 거래를 분개하고 관계계정에 기입하라.

① 원재료 ₩500,000을 매입하고 그 대금은 어음을 발행하여 지급하다.

② 당기의 원재료소비액은 다음과 같다.

　제조직접비　　　　　₩240,000　　　　　제조간접비　₩80,000

③ 노무비 ₩370,000을 현금으로 지급하다.

④ 당기의 노무비소비액은 다음과 같다.

　제조직접비　　　　　₩280,000　　　　　제조간접비　₩50,000

　판매비와 관리비　　　30,000

⑤ 경비 ₩210,000을 현금으로 지급하다.

⑥ 당기의 경비소비액은 다음과 같다.

　제조직접비　　　　　₩70,000　　　　　제조간접비　₩100,000

　판매비와 관리비　　　90,000

⑦ 제조간접비 ₩230,000을 제조에 배부하다.

⑧ 완성품제조원가는 ₩600,000이다.

⑨ 제품 ₩450,000(제조원가)를 외상으로 ₩580,000에 매출하다.

[2] 다음 빈칸에 알맞은 금액을 기입하라.

경비지급사항

	당기소비액	전기선급액	당기미지급액	전기미지급액	당기지급액	당기선급액
①	(　　　)	40,000	162,000	42,000	860,000	0
②	224,000	10,000	52,000	81,000	(　　　)	12,000
③	(　　　)	26,000	62,000	0	600,000	25,000
④	84,000	9,000	0	5,000	88,000	(　　　)
⑤	(　　　)	17,000	8,000	4,000	54,000	41,000
⑥	656,000	(　　　)	15,000	3,000	624,000	5,000

[3] 다음의 자료에 의하여 "갑"매매업과 "을"제조업의 재무상태표와 포괄손익계산서를 작성하라.

(1) 갑 매매업의 거래

① 현금 ₩100,000으로 매매업을 개시하다.

② A상품 1,000개 (@₩70)를 현금으로 매입하다.

③ 급여 ₩16,000과 영업비 ₩14,000을 현금으로 지급하다.

④ A상품 500개 (@₩110)를 현금으로 매출하다.

⑤ 기말상품재고액 A상품 500개

(2) 을 제조업의 거래

① 현금 ₩100,000으로 제조업을 개시하다.

② A원재료 1,000개 (@₩70)를 현금으로 매입하다.

③ 임금 ₩16,000과 제조경비 ₩14,000을 현금으로 지급하다.

④ A제품 1,000개를 제조완료하고 500개 (@₩110)를 현금으로 매출하다.

⑤ 기말제품재고액 A상품 500개. 단 기말재료 및 재공품 재고액 없음.

[4] 다음의 자료에 의하여 재무상태표와 포괄손익계산서를 작성하라.

(1) 6월 1일의 시산표

현 금 예 금	200,000	매 입 채 무	60,000
매 출 채 권	40,000	자 본 금	1,000,000
제 품	30,000		
원 재 료	90,000		
건 물	400,000		
기 계 장 치	300,000		
	1,060,000		1,060,000

(2) 6월 중의 거래

① 현 금 지 출 명 세

원 재 료	₩60,000	노 무 비	₩80,000
제 조 경 비	40,000	판 매 비 와	24,000
매 입 채 무	40,000	관 리 비	

② 현 금 수 입 명 세

매 출 채 권	₩140,000	매 출	₩60,000

③ 매 출 상 황

총 매 출 액　　₩220,000 (그 중 현금매출이 ₩60,000)

④ 월 말 재 고 액

제 품	₩40,000	재 공 품	₩14,000
원 재 료	80,000		

[5] 다음의 자료에 의하여 재무상태표와 포괄손익계산서를 작성하라.

(1) 12월 1일의 시산표

현 금	300,000	매 입 채 무	90,000
매 출 채 권	60,000	자 본 금	1,500,000
제 품	45,000		
원 재 료	135,000		
건 물	600,000		
기 계 장 치	450,000		
	1,590,000		1,590,000

(2) 12월 중의 현금지출명세

원　　재　　료	₩90,000	노　　무　　비	₩120,000
제　조　경　비	60,000	판매비와 관리비	36,000
매　입　채　무	60,000		

(3) 12월 중의 현금수입명세

매　출　채　권	₩210,000	매　　　　출	₩90,000

(4) 제　조　상　황

원 재 료 소 비 액	₩105,000 (이 중 ₩3,000은 간접재료비)		
노 무 비 소 비 액	120,000	제조경비소비액	₩60,000

(5) 매　출　상　황

총　매　출　액	₩330,000 (이 중 현금매출이 ₩90,000)	
매　출　원　가	(매출된 제품의 원가)	249,000

(6) 월　말　재　고　액

제　　　　품	₩60,000	재　공　품	₩21,000
원　　재　　료	120,000		

[6] 다음 용어를 간단히 설명하라.

(1) 원가계산의 목적	(6) 개별원가계산
(2) 원가의 3요소	(7) 종합원가계산
(3) 고정비와 변동비	(8) 제조계정
(4) 실제원가와 표준원가	(9) 제품계정
(5) 원가계산의 일반원칙	(10) 부문별 원가계산

12

유가증권과 투자자산

제 1 절	유가증권의 의의와 분류
제 2 절	유가증권의 평가
제 3 절	투자자산과 비유동자산
제 4 절	투자자산의 평가
제 5 절	기타 비유동자산

유가증권과 투자자산 제12장

제 1 절 유가증권의 의의와 분류

기업은 기업내의 유휴자금을 유용하게 활용하거나, 또는 타기업을 지배 또는 통제할 목적으로 유가증권을 소유한다. 이들 유가증권은 기업의 소유목적에 따라 만기보유증권, 단기매매증권 등 증권 자체는 동일하더라도 유동자산과 투자자산으로 구분된다. 즉, 일시적으로 유휴자금을 이용하여 이자나 가격차이 등에 의한 이익목적으로 소유하는 단기매매증권은 유동자산에 속하고, 그렇지 않은 것은 투자자산에 속한다. 유가증권에는 지분증권인 주식과 채무증권인 국채권, 지방채권, 사채권 등의 여러 가지가 있다.

유가증권은 보유목적에 따라 만기보유증권, 단기매매증권 및 매도가능증권으로 분류한다. 만기보유증권은 만기가 확정된 채무증권을 만기까지 보유할 적극적인 의도가 있는 경우의 유가증권을 말한다. 단기매매증권은 주로 단기간의 매매차익을 얻을 목적으로 취득한 유가증권을 말하며 매도가능증권은 만기보유증권이나 단기매매증권으로 분류되지 않는 증권을 말한다.

매도가능증권에는 국채권, 지방채권, 사채권, 주식 등이 있으며, 장기적인 투자의 목적으로 소유하는 유가증권은 투자자산의 장기투자증권계정에서 처리한다.

또한 타기업을 지배 또는 통제할 목적으로 취득한 유가증권으로서 피투자기업의
발행주식중에서 20% 이상의 주식을 취득하면 지분법적용투자주식으로 분류한다.

유가증권의 분류

채무증권인가?	—아니오→	시장성 있나?	—아니오→	
↓예		↓예		
만기보유의도와 능력이 있는가?	—아니오→	단기간 매매차익 매수매도가 빈번?	—아니오→	
↓예		↓예		
만기보유증권		단기매매증권		매도가능증권

단기매매증권을 매입하였을 때에는 취득가격으로 단기매매증권계정 차변에 기
입하고, 처분하였을 때에는 취득가격 또는 장부가액으로 대변에 기입한다. 또한
취득가격과 처분가격과의 차액은 단기매매증권처분손익계정에서 처리한다.

단기매매증권의 처분손익은 영업외손익에 속한다. 또한 주식과 같은 시장성
지분 투자증권의 경우 배당금을 받으면 배당금수익계정으로 계상하고, 사채(社
債)와 같은 시장성 부채증권의 경우 이자를 받으면 이자수익계정에 계상한다. 동
배당금수익 및 이자수익은 영업외수익에 해당된다. 그러나 지분법적용투자주식의
경우 배당금을 받으면 지분법적용투자 주식의 감소로 처리한다. 유가증권을 매입
하였을 경우의 매입수수료 등 부대비용은 취득가격에 산입한다.

단기매매증권의 취득과 처분에 관한 사항은 단기매매증권보조장부에 이동평균
법, 총평균법 등의 일정한 방법(제 9장 상품계정 제2절 참조)으로 기입한다.

예제 1. 다음 거래를 분개하라.
① 일시 소유목적으로 공채 300매(액면 @₩10,000)를 1매당 @₩9,700에 매입하고
대금은 수표로 발행하여 지급하다.
② 상기 유가증권 200매를 매당 @₩9,800에 처분하고 대금은 수표로 받다.
③ 일시 소유목적으로 주식 1,000주(액면 ₩5,000)를 1주당 @₩8,500으로 매입하고,
매입수수료 ₩18,000과 함께 수표를 발행하여 지급하다.

해답

①	(차)	단기매매증권	2,910,000	(대)	당 좌 예 금	2,910,000
②	(차)	현 금	1,960,000	(대) {	단 기 매 매 증 권	1,940,000
					단기매매증권처분이익	20,000
③	(차)	단기매매증권	8,518,000	(대)	당 좌 예 금	8,518,000

예제 2. 다음 거래를 분개하라.
  ① 소유하고 있는 일시보유 유가증권의 주식에 대한 배당금 ₩500,000과 사채에 대한 이자 ₩250,000을 각각 수표로 받아 곧 당좌예금하다.
  ② A사의 사채를 일시보유목적으로 좌당 @₩9,700에 1,000좌를 매입하고, 수수료 ₩48,500과 함께 수표를 발행하여 지급하다.
  ③ 위의 사채중 절반 500좌를 좌당 @₩9,200에 처분하고 수수료 ₩30,000을 공제하고 현금으로 받아 곧 당좌예금하다.

해답

①	(차)	당 좌 예 금	750,000	(대) {	배 당 금 수 익	500,000
					이 자 수 익	250,000
②	(차)	단 기 매 매 증 권	9,748,500	(대)	당 좌 예 금	9,748,500
③	(차) {	당 좌 예 금	4,570,000	(대)	단기매매증권	4,874,250
		단기매매증권처분손실	304,250			

제 2 절 유가증권의 평가

유가증권의 시가는 수시로 변동하므로 장부가격이 실제가격과 일치하지 않는 경우가 많다. 유가증권의 평가방법에는 원가기준(原價基準 ; cost basis), 시가기준(時價基準 ; market price basis) 및 저가기준(低價基準 ; cost on market whichever is lower basis)의 세 가지 방법이 있다.

원가기준은 취득원가기준이라고도 하며 유가증권을 시가의 변동에 관계없이 당초 취득한 원가에 의하여 평가하는 것을 말한다. 시가기준 또는 공정가치는 유가증권을 재무상태표일 현재의 시가에 의하여 평가하는 것을 말한다. 또한 저가기준이란 유가증권을 취득원가와 시가를 비교하여 낮은 가격으로 평가하는 것을 말한다. 따라서 취득원가에 의하여 유가증권을 평가하는 경우, 유가증권을 보유하고 있는 동안에는 유가증권의 평가손익을 계상하지 않고 처분시에 처분손익만을 계상하게 된다. 또한 시가 또는 공정가치에 의하여 평가하는 경우에는 유가증권의 시가를 조사하여 매 결산시에 유가증권을 시가에 의하여 평가하여 그 평가액을 장부가액과 비교하여 그 차액을 단기매매증권의 경우에는 단기매매증권평가이익과 단기매매증권평가손실로 한다. 저가기준에 의한 경우에는 취득원가와 시가를 비교하여 낮은 가액에 평가하게 되므로 기말결산시에는 유가증권의 평가손실만을 계상하고 유가증권의 평가이익을 계상하지 않게 된다.

　기업회계기준에서는 단기매매증권의 경우에는 시가기준에 의해 유가증권을 평가하여 단기매매증권의 평가손익을 계상하고, 이 단기매매증권평가손익은 단기매매증권에 직접 가감하여 처리한다. 이때 단기매매증권평가이익과 손실은 영업외수익과 영업외비용에 포함한다.

　유가증권의 평가시 시가는 재무상태표일 현재의 최종거래가액인 종가(終價)에 의하고, 재무상태표일 현재의 종가가 없는 경우에는 직전거래일의 종가에 의하도록 하고 있다.

　관계회사가 발행한 주식을 제외한 투자증권 중 시장성있는 유가증권은 공정가치(시가)에 의하여 평가하고 그 평가손익은 매도가능증권평가이익 또는 손실로 계상하여 기타포괄손익누계액항목에 부가(附加) 또는 차감과목으로 기재한다.

　이것은 매도가능증권의 평가손익은 불확실한 미실현손익이므로 유동자산의 단기매매증권에서 발생하는 평가손익과는 다르므로 당기손익에는 영향을 주지 못하도록 제한하고 매도가능증권의 처분시에 매도가능증권 처분손익에 가감하여 처리한다.

　또한 발행주식총수의 100분의 20 이상의 주식을 소유하고 있는 경우에는 특별한 사유가 없는 한 중대한 영향력을 행사할 수 있는 주식으로 보아 시장성 유무에 관계없이 지분법(持分法 ; equity method)에 의하여 평가한다. 지분법이란 주식소유비율에 의하여 평가하는 것을 말한다.

　또한 시장성있는 투자주식과 시장성없는 주식을 취득원가에 의하여 평가하는 경우에 시가 또는 순자산가액(시장성없는 주식의 경우)이 취득원가보다 현저히 하락하고 그 하락이 장기간 계속되어 회복할 가능성이 없는 경우, 예를 들면 부도가 발생하여 단기간내에 회생 가능성이 없는 회사의 경우에는 취득원가를 그 시가 또는 순자산가액으로 감액조정하고 그 평가손실은 매도가능증권 감액손실로 처리하여 영업외비용으로 계상한다.

　기업회계기준에서 규정하고 있는 유가증권의 평가방법을 요약하면 다음 표와 같다.

【 유가증권의 평가방법 】

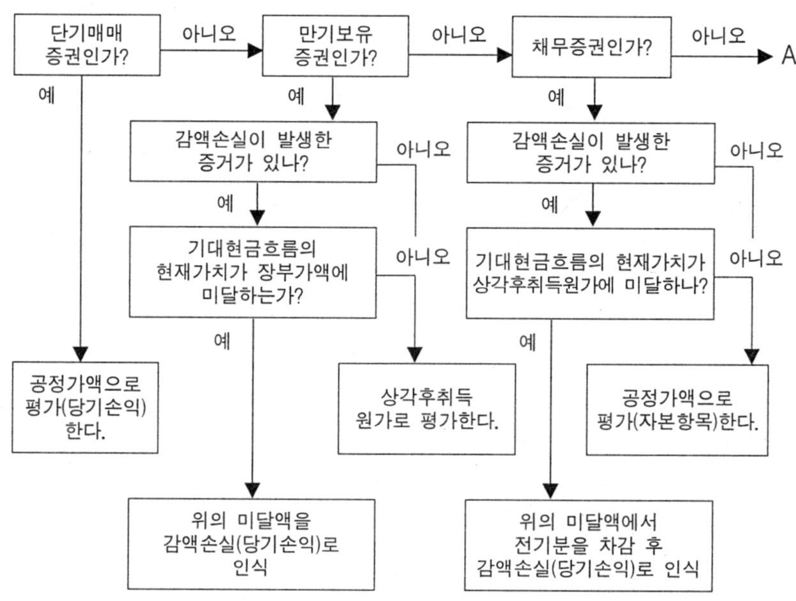

A (지분증권)

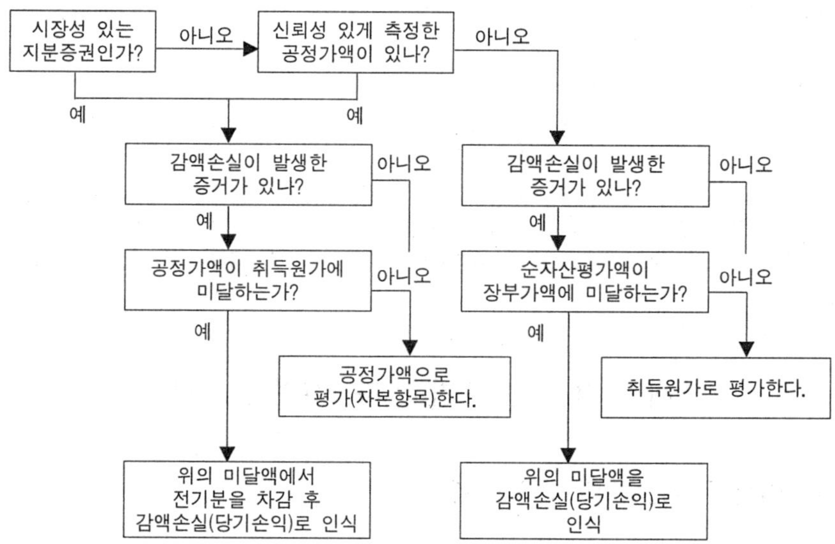

예제 3. 다음 거래를 분개하라.

① 주식회사 삼성의 보통주 ₩4,200,000인 유가증권이 ₩2,700,000으로 하락하다.

② 상기 주식회사 삼성의 보통주 ₩2,700,000이 다음 결산기에 ₩4,000,000으로 시가가 상승되다.

해답

① (차) 단기매매증권평가손실 1,500,000 (대) 단 기 매 매 증 권 1,500,000

② (차) 단 기 매 매 증 권 1,300,000 (대) 단기매매증권평가이익 1,300,000

예제 4. 중앙주식회사는 회계연도 말 현재 다음과 같은 세 가지 종목의 단기매매증권을 보유하고 있다. 단기매매증권을 평가할 경우의 회계처리를 분개 표시하라(종목별 기준과 총계기준을 비교할 것).

종 목 별	취 득 원 가	시 가	저 가
X회사 주식	8,400,000	7,500,000	7,500,000
Y회사 주식	12,000,000	9,000,000	9,000,000
Z회사 주식	9,000,000	11,400,000	9,000,000
	₩29,400,000	₩27,900,000	25,500,000

해답

(1) 총계기준에 의한 저가평가

3개 종목의 단기매매증권에 대한 취득원가 총계 ₩29,400,000원과 시가총계 ₩27,900,000원의 차액인 ₩1,500,000원을 단기매매증권평가손실로 계상한다.

(차) 단기매매증권평가손실   1,500,000   (대) 단 기 매 매 증 권   1,500,000

(2) 종목별기준에 의한 평가

X·Y회사주식의 평가손실 ₩3,900,000과 Z회사주식의 평가이익 ₩2,400,000을 각각 계상한다.

(차) { 단기매매증권평가손실 3,900,000   (대) { 단 기 매 매 증 권 3,900,000
      { 단 기 매 매 증 권   2,400,000   { 단기매매증권평가이익 2,400,000

제 3 절 투자자산과 비유동자산

1. 비유동자산의 의의와 종류

비유동자산(fixed assets, non-current assets)은 원칙적으로 기업의 영업목적을 달성하기 위해 1년 이상 장기간에 걸쳐 계속 사용할 목적으로 보유하고 있는 자산을 말한다. 일반적으로 토지·건물·기계장치 등과 같이 구체적인 실체가 있는 유형(有形)의 자산만을 의미하기도 하지만 산업재산권·영업권과 같은 무형(無形)의 자산도 포함한다.

즉 비유동자산의 범위에는 기업의 영업목적과 관련하여 1년 이상 장기간에 걸쳐 보유하고 있는 자산뿐만 아니라 유동자산에 포함되지 않는 모든 자산을 비유동자산으로 분류하고 있다.

비유동자산은 위에서 설명한 바와 같이 기업이 보유하고 있는 자산 중 유동자산에 해당되지 않는 모든 자산을 포함하고 있다. 일반적으로 비유동자산이란 1년 이상 계속 보유하고 있는 자산만을 의미하고, 이를 다시 투자자산과 구체적인 형태가 있는가 없는가에 따라 유형자산, 무형자산, 기타 비유동자산으로 구분한다.

이를 비교표시 하면 다음과 같다.

개정전 자산의 분류	개정후 자산의 분류
I. 유 동 자 산 II. 고 정 자 산 　투 자 자 산 　유 형 자 산　⎱ 3구분 　무 형 자 산	I. 유 동 자 산 II. 비유동자산 　투 자 자 산 　유 형 자 산 　무 형 자 산　⎱ 4구분 　기타비유동자산

이 절(節)에서는 투자자산과 기타 비유동자산에 대하여 설명하고 유형자산과 무형자산은 장을 달리하여 설명하고자 한다.

2. 투자자산의 의의와 종류

투자자산(investment asset)은 기업본래의 사업목적이 아닌 타기업을 지배·통제하거나 유휴자금을 활용하여 이익을 얻을 목적으로 장기에 걸쳐 자금을 출자하는 것을 말한다.

현행 기업회계기준에 의한 투자자산에는 다음과 같은 것이 있으며, 이를 각 항목별로 간단히 설명하면 다음과 같다.

(1) 장기금융상품(long-term bank deposits)

장기금융상품은 유동자산에 속하지 아니하는 장기의 예금과 적금 등의 금융상품으로서 그 기한이 재무상태표 작성일로부터 1년 이후에 도래하는 것을 말한다.
또한 사용이 제한되어 있는, 예를 들면 적금 또는 정기예금 등을 담보로 하여 대출을 받는 경우 이들의 적금이나 정기예금은 그 내용을 재무상태표에 주석으로 하여 재무상태표난 밖에 따로 설명하여야 한다.

(2) 장기투자증권(long-term investment securities)

장기투자증권은 특수관계회사를 포함한 타회사의 주식, 사채, 국채, 지방채등에 대한 투자로서 이익이나 배당을 목적으로 소유하는 유동자산에 속하지 않는 유가증권이다.

(3) 지분법적용투자주식

지분법적용투자주식은 다른회사를 지배·통제할 목적으로 보유하고 있는 주식을 말하며 일반적으로 관계회사에 대한 투자를 말한다.
지분법적용투자주식에는 다음과 같은 것이 포함된다.

① 출자금(other equity investments)
　조합, 합명·합자·유한회사 등 주식회사 이외의 기업에 자본출자를 한 것을 말한다. 형식적으로 투하자본이 증권화되어 있지 않을 뿐 주식투자와 같다.

② 관계회사주식(equity investments in affiliated companies)
　타회사를 지배·통제할 목적으로 소유한 관계회사가 발행한 주식을 말한다.

③ 관계회사출자금(other equity investments in affiliated companies)
　관계회사에 대한 출자금을 말한다.

(4) 장기대여금(long-term loans)

유동자산에 속하지 아니하는 장기의 대여금으로 회수기일이 재무상태표 작성일로 부터 1년 이후에 도래하는 대여금을 말한다. 여기에는 관계회사의 장기대여금, 주주·임원·종업원 등에 대한 장기대여금도 포함한다.

(5) 장기성 매출채권(long-term trade receivable)

장기성 매출채권은 유동자산에 속하지 아니하는 일반적 상거래에서 발생한 장기의 외상매출금 및 받을어음으로서 회수기일이 재무상태표 작성일로부터 1년 이후에 도래하는 매출채권을 말한다.

(6) 투자부동산(investments in real estate)

투자부동산은 투자의 목적으로 또는 비영업용으로 소유하는 토지·건물 및 기타의 부동산을 말한다. 투자부동산의 내용은 재무상태표에 주석으로 하여 따로 기재한다.

제 4 절 투자자산의 평가

1. 평가의 원칙

투자자산은 일시 소유의 유가증권과는 달리 원칙적으로 취득가액 또는 투자가액으로서 평가·계산한다. 즉 매입가액에 부대비용을 가산하고 이에 총평균법·이동평균법을 적용하여 취득원가를 계산한다.

예제 5. 다음 거래를 분개하라.
① 주식회사 서울상사를 지배할 목적으로 동사 발행 주식의 50%인 10,000주(액면 ₩5,000)를 @₩5,000에 매입하고 대금은 수표를 발행 지급하다.
② 위의 주식 1,000주를 @₩6,000에 처분하고 대금은 수표를 받아 당좌예금하다.
③ 기말결산결과 위의 회사는 ₩20,000,000의 순손실이 발생하였다는 통지가 있었다(지분법, 일시적이 아님).
④ A사 만기보유증권 1,000주(액면 ₩5,000)에 대하여 동사가 무상증자를 함으로써 1주당 0.2주의 비율에 의거 200주의 신주를 교부받다.

해답

①	(차)	지분법적용투자주식	50,000,000	(대)	당 좌 예 금		50,000,000
②	(차)	당 좌 예 금	6,000,000	(대)	지분법적용투자주식		5,000,000
					지분법적용투자주식처분이익		1,000,000

③　(차)　지분법적용투자주식　　9,000,000*　　(대)　지분법적용투자주식　　9,000,000

　　　　　평 가 손 실

　　　　　(기타포괄손익누계액)

$$* \ ₩20,000,000 \times \frac{(10,000-1,000)}{20,000} = ₩9,000,000$$

④ 분개 필요 없음. 다만, 만기보유증권의 주식수만 200주 증가 표시하고, 기말 결산 시 만기보유증권의 평가와 관련하여 처리한다.

2. 할인취득의 경우

만기보유목적의 국채·공채·사채 등을 할인취득한 경우에는 취득 후 매 결산기에 이 취득가액에 할인액 중 일정한 방법으로 계산한 금액을 가산하여야 한다. 이렇게 해서 만기일에는 장부가액이 만기가액(maturity value)인 액면가액과 일치하게 된다. 이와 같이 취득가액을 점차 증가시켜 액면가액에 일치 시키는 이유는, 만기일에 사채발행회사로부터 취득가액이 아닌 액면가액을 상환받기 때문이다.

사채할인액의 상각방법(amortization method 또는 적립방법 accumulation method 라 함)으로는 정액법과 유효이자율법 두 가지 방법이 있다.

종전에는 정액법에 의한 상각방법이 일반적으로 많이 사용되었으나 기업회계기준에서는 유효이자율법을 명시함으로써 유효이자율법의 사용을 원칙으로 하게 되었다.

(1) 정액법(straight—line method)

사채할인액을 매기 균등액으로 상각하는 방법이다. 이 방법에 의할 경우 매기의 수입이자(이때의 수입이자는 순수한 액면가액에 대한 이자와 할인상각액이 합쳐진 것이다)는 일정액으로서 균등액이다. 그러나 장부가액(투자유가증권에서 미상각의 사채할인액을 가산한 금액)은 매기 일정액의 사채할인액이 추가됨으로써 점차 증가한다. 이로 인하여 투자자산에 대한 이익률은 변동이익률(variable rate of return)이 된다. 즉, 이익률이 일정한 것이 아니라 변동하는 것이다.

(2) 유효이자율법(effective interest method)

사채의 장부가액에 유효이자율을 곱하여 매기의 수입이자를 계산하는 방법이다. 유효이자율 (effective interest rate)은 사채를 취득할 당시의 시장이자율(market interest rate)을 말한다. 매기의 장부가액이 증가하므로 이에 유효이자율을 곱하면 수입이자도 매기 증가한다. 장부가액에 사채할인발행차금액을 매기 가산하면 사채할인발행차금액 자체는 감소하지만 장부가액은 증가하게 된다. 이 방법에 의할 경우에는 투자자산에 대한 이익률은 일정률이 되는데, 이는 수입이자의 증가에 따라 투자자산도 증가하기 때문이다. 이때의 일정률은 유효이자율이 되며 일반적으로 1년기간의 정기예금이자율이 된다. (제7장 보론 및 제14장 사채 부문 참조).

예제 3. A회사는 B회사의 5년 만기 사채를 만기보유목적으로 발행일인 20×4년 1월 1일에 수표를 발행하여 할인취득 하였다. 사채의 액면총액은 ₩50,000,000이고, 사채이자율은 10%이며, 이자지급일은 매년 말이다. 사채취득일의 시장이자율은 12%로서 이 이자율로 계산한 사채의 현가(現價)를 지급하였다.

질문

(1) 20×4년 1일1일의 사채의 현가를 계산하고, 취득시 행할 분개를 하라.

(2) 정액법에 의한 사채할인발행차금상각표를 작성하고, 20×4년 12월31일에 행할 분개를 하라.

(3) 유효이자율법에 의한 사채할인발행차금상각표를 작성하고, 20×4년 12월31일에 행할 분개를 하라.

해답

(1) 사채의 현가는 다음과 같이 원금과 이자의 현가를 합산한 것이다.

    원금의 현가: ₩50,000,000 × (12%, 5년의 현가요소)

        ₩1의 현가표 적용 = ₩50,000,000 × 0.5674   ₩28,370,000

    이자의 현가: ₩5,000,000 × (12%, 5년의 연금현가요소)

        연금현가표 적용 = ₩5,000,000 × 3.6048   ₩18,024,000

    사채의 현가: ·· ₩46,394,000

    (차) 장기투자증권   46,394,000   (대) 당 좌 예 금   46,394,000
        또는 만기보유증권

(2) 정액법에 의한 사채할인발행차금상각표는 <표 12-1>이며, 매결산기에 이 표에 따라 분개한다.

(차) { 현　　　　　금　　5,000,000　　　(대)　이 자 수 익　　5,721,200
　　　장 기 투 자 증 권　　721,200
　　　또는 만기보유증권

(3) 유효이자율법에 의한 사채할인발행차금상각표는 <표 12-2>이며, 매결산기에 이 표에 따라 분개한다.

(차)　현　　　　　금　　5,000,000　　　(대)　이 자 수 익　　5,567,280
　　　장 기 투 자 증 권　　567,280
　　　또는 만기보유증권

<표 12-1>　　　　　　　　정액법에 의한 사채할인발행 상각표

일　　자	① 현　금 (차)	② 할인액의 상각 투자유가증권(차)	③ 수 입 이 자(대)	④ 투자유가증권 의 장부가액
20×4. 1. 1.				₩46,394,000
20×4. 12. 31.	₩5,000,000	₩721,200	₩5,721,200	47,115,200
20×5. 12. 31.	5,000,000	721,200	5,721,200	47,836,400
20×6. 12. 31.	5,000,000	721,200	5,721,200	48,557,600
20×7. 12. 31.	5,000,000	721,200	5,721,200	49,278,800
20×8. 12. 31.	5,000,000	721,200	5,721,200	50,000,000
	25,000,000	3,606,000	28,606,000	

※ ① ₩50,000,000 × 10% = ₩5,000,000
　② (₩50,000,000 - 46,394,000) ÷ 5 = ₩721,200
　③ ① + ②
　④ 기초장부가액 + ②

<표 12-2>　　　　　　　유효이자율법에 의한 사채할인발행 상각표

(사채이자율 10%, 유효이자율 12%)

일　　자	① 현　금 (차)	② 할인액의 상각 투자유가증권(차)	③ 수 입 이 자(대)	④ 투자유가증권 의 장부가액
20×4. 1. 1.				₩46,394,000
20×4. 12. 31.	₩5,000,000	₩567,280	₩5,567,280	46,961,280
20×5. 12. 31.	5,000,000	635,354	5,635,354	47,596,634
20×6. 12. 31.	5,000,000	711,596	5,711,596	48,308,230
20×7. 12. 31.	5,000,000	796,988	5,796,988	49,105,218
20×8. 12. 31.	5,000,000	894,782	5,894,782	50,000,000*
	25,000,000	3,606,000*	28,606,000*	

※ ① ₩50,000,000 × 10% = ₩5,000,000
　② ③ - ①
　③ 기초장부가액 × 12%
　④ 기초장부가액 + ②
　* 각각 반올림차이는 차감하였음.

예제 4. 20×1년 1월1일 승당회사는 취득가액 ₩*1,000,000*의 건물(감가상각누계액 ₩*800,000*)을 용우회사에 매각하고 그 대가로 5년분할 매년 12월 31일에 ₩*60,000*씩 후불하는 무이자부 받을어음 ₩*300,000*을 받았다. 이들 회사의 동종 또는 유사한 채권·채무의 이자율은 알 수 없으나 정기예금이자율은 10%, 당좌차월이자율은 11%이다. 유효이자율법을 적용하여 명목가액과 현재가치와의 차액에 대한 회계처리를 양 회사의 입장에서 각각 분개 표시하라.

기 간	현 가		연 금 현 가	
	10%	11%	10%	11%
1	.9090	.9009	.9090	.9009
2	.8264	.8116	1.7355	1.7125
3	.7513	.7312	2.4869	2.4437
4	.6830	.6587	3.1699	3.1024
5	.6209	.5935	3.7908	3.6959

해답

승당회사의 회계처리

(1) 20 × 1. 1. 1.

(차) { 장 기 미 수 금   300,000 / 감 가 상 각 누 계 액   800,000

(대) { 건   물   1,000,000 / 유 형 자 산 처 분 이 익   27,448[①] / 현 재 가 치 할 인 차 금   72,552[②]

① 유형자산처분이익 ₩*60,000* × 3.7908 − ₩*200,000* = ₩*27,448*

② 현재가치할인차금 ₩*300,000* − (₩*200,000* + ₩*27,448*) = ₩*72,552*

※ 유효이자율은 정기예금이자율을 적용함.

(2) 20 × 1. 12. 31.

(차) { 현   금   60,000 / 현재가치할인차금   22,745[③]

(대) { 장 기 미 수 금   60,000 / 이 자 수 익   22,745

③ (₩*300,000* − ₩*72,552*) ×10% = ₩*22,745*

(3) 20 × 2. 12. 31.

(차) { 현   금   60,000 / 현재가치할인차금   19,019[④]

(대) { 장 기 미 수 금   60,000 / 이 자 수 익   19,019

④ [₩*240,000* − (₩*72,552* − ₩*22,745*)]×10% = ₩*19,019*

(4) 20 × 3. 12. 31.

(차) { 현   금   60,000 / 현재가치할인차금   14,921[⑤]

(대) { 장 기 미 수 금   60,000 / 이 자 수 익   14,921

⑤ [₩*180,000* − (₩*49,807* − ₩*19,019*)]×10% = ₩*14,921*

(5) 20 × 4. 12. 31.

(차) { 현   금   60,000 / 현재가치할인차금   10,413[⑥]

(대) { 장 기 미 수 금   60,000 / 이 자 수 익   10,413

⑥ [₩*120,000* − (₩*30,788* − ₩*14,921*)]×10% = ₩*10,413*

(6) 20×5. 12. 31.

(차) { 현　　　　　금　　60,000　현재가치할인차금　5,454⑦ }　(대) { 장 기 미 수 금　60,000　이　자　수　익　5,454 }

⑦ [₩60,000−(₩15,868−₩10,413)]×10% = ₩5,454

유효이자율법에 의한 상각표

연　도	채권현가	수입이자(현재가치할인차금상각)	현재가치할인차금(미상각할인차금)	채권회수액	미회수채권
20×1. 1. 1.	₩227,448	₩0	₩72,552	₩0	₩300,000
20×1. 12. 31.	190,192	22,745	49,808	60,000	240,000
20×2. 12. 31.	149,211	19,019	30,789	60,000	180,000
20×3. 12. 31.	104,132	14,921	15,868	60,000	120,000
20×4. 12. 31.	54,545	10,413	5,454	60,000	60,000
20×5. 12. 31.		5,454	0	60,000	0
합　계		72,552		300,000	

용우회사의 회계처리

(1) 20×1. 1. 1.

(차) { 건　　　　　물　227,448　현재가치할인차금　72,552 }　(대) 장 기 미 지 급 금　300,000

(2) 20×1. 12. 31.

(차) { 장 기 미 지 급 금　60,000　이　자　비　용　22,745 }　(대) { 현　　　　　금　60,000　현재가치할인차금　22,745 }

(3) 20×2. 12. 31.

(차) { 장 기 미 지 급 금　60,000　이　자　비　용　19,019 }　(대) { 현　　　　　금　60,000　현재가치할인차금　19,019 }

(4) 20×3. 12. 31.

(차) { 장 기 미 지 급 금　60,000　이　자　비　용　14,921 }　(대) { 현　　　　　금　60,000　현재가치할인차금　14,921 }

(5) 20×4. 12. 31.

(차) { 장 기 미 지 급 금　60,000　이　자　비　용　10,413 }　(대) { 현　　　　　금　60,000　현재가치할인차금　10,413 }

(6) 20×5. 12. 31.

(차) { 장 기 미 지 급 금　60,000　이　자　비　용　5,454 }　(대) { 현　　　　　금　60,000　현재가치할인차금　5,454 }

제 5 절   기타 비유동자산

기타 비유동자산은 투자자산과 유형자산 및 무형자산에 속하지 않는 자산을 말한다. 여기에는 이연법인세자산과 보증금 등의 자산이 해당된다.

(1) 이연법인세자산(deferred income tax assets)

이연법인세자산은 기업회계와 세무회계와의 일시적 차이에 의하여 법인세법등의 법령에 의하여 세무서에 납부하여야 할 금액이 기업회계기준에 따라 계산한 법인세비용을 초과하는 경우 그 초과하는 금액 등을 말한다(제15장, 제6절 법인세비용 참조).

⑵ 보증금(guarantee deposits)

보증금은 다음의 전세권, 전신전화가입권, 임차보증금 및 영업보증금 등을 포함한다.

① 전세금(leasehold rights)
　전세금을 지급하고 타인의 부동산을 그 용도에 따라 사용·수익하는 권리로서 종전에는 무형자산에 속하였던 자산이다.

② 전신전화가입권(telephone and telex subscription rights)
　특정한 전신 또는 전화를 소유·사용하는 권리를 말한다.

③ 임차보증금(guarantee deposits on leases)
　타인의 부동산 또는 동산을 월세 등의 조건으로 사용하기 위하여 지급하는 보증금을 말한다.

④ 영업보증금(operation guarantee deposits)
　영업목적을 위하여 제공한 거래보증금·입찰보증금 및 하자(瑕疵)보증금 등을 말한다.

연 습 문 제

[1] 다음 거래를 분개하라.

① 중앙상점은 일시 소유목적으로 A회사 주식(액면 @₩5,000) 400주를 주당 @₩9,500으로 매입하고 대금과 매입수수료 ₩40,000을 수표로 발행하여 지급하다.

② 위 주식 중 100주를 주당 @₩9,800으로 매각하고, 대금은 수수료 ₩6,000을 차감하고 수표로 받다.

③ 위의 보유주식 300주에 대한 배당금 ₩90,000을 현금으로 받아 당좌예입하다.

④ 결산기를 맞아 A회사 주식 300주를 주당 @₩9,000으로 평가하다.

⑤ 중앙상점은 A회사 사채액면가액 ₩200,000에 대한 이자 ₩40,000을 현금으로 받다.

[2] 다음 거래를 분개하라.

① 20×7년 12월 31일 일시적인 목적으로 보유하고 있는 A회사 주식(1,000주, 주당 액면금액 : ₩5,000, 주당 장부가액 (취득원가 : ₩17,200)의 시가가 @₩15,000이다.

② 20×8년 12월 31일 위의 A회사 주식의 시가가 @₩16,500으로 상승하다.

[3] O회사는 다음 4개 회사의 상장주식을 일시적인 보유를 목적으로 20×7년 3월 10일 다음과 같이 현금으로 취득하였다.

주식종목	취득주식수	주당 취득가격	총 취 득 원 가
A회사 주식	200주	@₩15,200	₩3,040,000
B회사 주식	300	18,000	5,400,000
C회사 주식	500	14,600	7,300,000
D회사 주식	500	16,000	8,000,000

O회사의 결산일은 12월 31일로, 20×7년 12월 31일의 종가는 아래와 같다.

　A회사 주식 @₩12,000　　　　　B회사 주식 @₩16,000
　C회사 주식 @₩18,500　　　　　D회사 주식 @₩16,500

질문

(1) 20×7년 3월 10일의 단기매매증권 취득에 대해 분개하라.

(2) 20×7년 12월 31일의 단기매매증권을 평가하고 분개하라.

[4] 다음 거래를 분개하라.

① 발행주식수 10,000주(1주액면 ₩5,000)의 A회사를 지배하기 위하여 동 회사주식 8,000주를 @₩5,500으로 매입하고 대금은 수수료 ₩1,600,000과 함께 수표를 발행하여 지급하다.

② 당사의 자금사정에 의하여 A회사의 주식 3,000주를 @₩7,500에 처분하고 대금은 수표로 받아 곧 당좌예금하다.

[5] 다음 거래를 분개하라.
　① 만기보유목적으로 사채액면 @₩10,000 5,000매, ₩50,000,000을 1매당 @₩9,500에 구입하고, 그 대금은 수표로 발행하여 지급하다.
　　5년후 만기, 연이자율 20%(연2회 지급)
　② 반기분의 이자를 현금으로 수취하다.
　③ 사채금액과 매입가액의 차액을 결산기마다 각기에 균등 증가하기로 하고 결산을 행하다(결산 연1회)

[6] 다음거래를 분개하라.
　① 장기투자를 목적으로 건물을 ₩1,000,000에 매입하고 중개수수료 등의 제경비 ₩50,000과 함께 수표를 발행하여 지급하다.
　② 관계회사인 중앙상사의 주식 1,000주를 @₩7,500에 매입하고 대금은 수표로 발행하여 지급하다. 이 주식의 액면은 @₩5,000이다.
　③ 상기 주식에 대하여 기말결산을 한 결과 1주당 ₩5,000으로 평가되다.
　④ 상장법인인 A주식회사에 현금 ₩7,000,000을 대여하였는 바, 그 조건은 기한 5년, 이자율 12%(연)의 연 2회 지급으로 하다.
　⑤ 상기 대여금의 이자(1회분)를 받다.

[7] 단순한 장기투자의 목적으로 보유하고 있는 상도주식회사의 주식 2,000주(액면 @₩5,000, 취득원가 @₩6,500)를 ₩12,000,000에 처분하고, 대금은 수표로 받아 곧 당좌예금한 경우의 분개를 표시하여라.

[8] 다음의 장기 투자증권 매매와 관련된 일련의 거래를 분개하라.
　① 장기간 보유할 목적으로 A회사의 주식 2,000주를 @₩5,000에 구입하고, 구입수수료 ₩100,000을 함께 수표발행하여 지급하다.
　② 만기보유 장기투자의 목적으로 이자율 연 12%,연 2회 이자지급의 사채(액면 ₩24,000,000)를 ₩20,000,000에 매입하고 그 대금은 수표를 발행하여 지급하다.
　③ B회사를 지배하기 위하여 동 회사의 주식 10,000주(액면 @₩5,000)를 @₩7,500에 매입하고, 대금은 수표를 발행하여 지급하다. 단, B주식회사의 발행주식 총수는 25,000주이다.
　④ 위 B회사의 주식에 대한 ₩1,000,000의 배당금을 현금으로 수취하다.
　⑤ 액면 ₩100,000,000, 발행가액 ₩97,000,000, 이자율 연 12%, 5년 상환, 1년 2회 이자지급의 C주식회사의 사채를 만기보유 목적으로 수표를 발행하여 취득하다.
　⑥ C주식회사의 사채이자지급일이 도래하여 제1회의 사채이자를 현금으로 받다. 다만,

이 회사의 결산은 연 2회로 한다.

[9] 다음 용어를 간단히 설명하라.
<table>
<tr><td>(1) 단기매매증권</td><td>(7) 장기투자증권</td></tr>
<tr><td>(2) 단기매매증권의 평가</td><td>(8) 관계회사</td></tr>
<tr><td>(3) 종목별 평가</td><td>(9) 장기성매출채권</td></tr>
<tr><td>(4) 종가(終價)</td><td>(10) 투자부동산</td></tr>
<tr><td>(5) 투자자산</td><td>(11) 지분법적용 투자주식의 평가</td></tr>
<tr><td>(6) 보증금</td><td>(12) 유효이자율법과 정액법</td></tr>
</table>

사랑한다고 말하는 것은 이해한다고 말하기 보다 쉬울지도 모른다.
하지만 사랑하는 것은 상대를 이해하는 것이다.

13

유형자산과 무형자산

제 1 절	유형자산과 무형자산의 의의
제 2 절	유형자산과 무형자산의 취득원가
제 3 절	유형자산의 종류
제 4 절	무형자산
제 5 절	감가상각
제 6 절	감모상각
제 7 절	무형자산의 감가상각
제 8 절	자본적 지출과 수익적 지출
제 9 절	유형자산의 처분

유형자산과 무형자산 제**13**장

제 1 절 유형자산과 무형자산의 의의

유형자산(property, plant and equipment or tangible assets)과 무형자산(intangible assets)은 기업의 영업목적을 달성하기 위하여 장기간에 걸쳐 계속 사용할 목적으로 보유하고 있는 자산으로 유형자산은 구체적인 실체가 있는 것이며, 반대로 무형자산은 구체적인 실체가 없는 자산을 말한다.

제 2 절 유형자산과 무형자산의 취득원가

유형자산과 무형자산은 원칙적으로 그 취득원가를 장부가액으로 한다. 즉, 유형자산을 제작 또는 구입하고 이것을 사용하기까지의 모든 부대비용의 지출을 취득원가로 계상한다. 이들 부대비용에는 소개료, 관세, 인수운임, 운송보험료, 설치비 및 취득세 등의 공과금이 포함된다. 또한 취득하여 사용하면서 지출되는 수선유지비는 기간비용으로 처리한다. 그러나 유형자산의 내용연수의 연장 등과 관련되는 개량·개선의 비용은 취득원가에 가산한다.

　유형자산과 무형자산을 교환, 증여, 기타 무상으로 취득한 경우에는 공정한 평가액을 계상해서 취득원가로 하고, 현물출자에 의하여 취득한 자산은 출자자인 주주에 대하여 교부된 주식의 발행가액을 취득원가로 한다. 유형자산의 취득원가의 일부를 정부의 국고보조금이나 수용자의 공사부담금으로 취득한 경우에는 이를 취득자산의 가액에서 차감하는 형식으로 표시하고 이를 당해자산의 내용연수에 걸쳐 감가상각비와 상계처리하도록 하고 있다. 그러나 영업권에 대하여는 유상취득의 경우에만 계상할 수 있다.

　기업회계기준에서 규정하고 있는 내용을 요약하면 다음과 같다.

취득방법		자산의 취득원가(원칙)	선택적 방법
증여·무상·현물출자		－공정가치	－
유형자산의 교 환	동종자산	－장부가액 (동종자산: 형태나 기능이 같거나 동일 업종에서 사용하는 유사한 자산)	－구자산의 장부금액 (토지, 건물 등을 제외) (현금 등의 수수시는 제외)
	이종자산	－공정가치	

제 3 절 유형자산의 종류

1. 토   지(land)

　영업용으로 취득한 사무소·점포·공장·창고 등의 부지 및 임야·전답·잡종지 등을 구입한 때에는 토지계정의 차변에 기입한다. 토지의 취득원가는 토지대금 이외에 중개인의 소개료·취득세·등록세·개량비 등 토지를 구입하여 이용할 수 있을 때까지 소요된 모든 지출금액을 포함한다. 토지는 다른 유형자산과 달리 사용 또는 시간의 경과로 가치가 감소하지 않고, 물가상승에 의해 그 가치가 증가하는 것이 보통이므로 감가상각을 행하지 않는다.

2. 건   물(buildings)

　사무소·점포·공장 등의 영업용 건물이나 사택·기숙사 등을 구입하거나 취득한 때에는 건물계정의 차변에 기입한다. 물론 건물에 부착한 급배수설비·냉난 방설비·전기설비·승강기설비·방화설비 등도 건물계정으로 가산하여 처리한다.

3. 구 축 물(structures)

구축물은 토지에 부착하여 설치되는 건물 이외의 구조물, 즉 토목설비나 공작 물 등을 말한다. 예를 들면, 교량·궤도·저수지·갱도·연통·담장·우물·터 널·정원설비 등으로, 이를 취득하였을 때에는 구축물계정의 차변에 기입한다.

4. 기계장치(machinery and equipment)

기계장치란 동력에 의하여 작업을 행하는 발전기·전동기·공작기계·작업기 계 등의 여러 기계와 재료 등을 내부에서 분산변질케 하는 화학·냉동장치 등을 말하며, 이를 취득하였을 때에는 기계장치계정 차변에 기입한다.

5. 선   박(ships)

선박계정에는 사람이나 화물의 해상운송을 목적으로 하는 선박과 수상운반구 를 포함하여 계상하며, 선박은 목선·철선·강선 등으로 구분된다. 선박을 취득 했을 때에는 건조비·의장비·시운전비·선박등록세 등 선박을 운항하기까지 소 요된 일체의 모든 지출액을 선박계정에 포함 차변에 기입한다.

6. 차량운반구(vehicles and transportation equipment)

차량운반구란 육상운송에 사용되는 철도차량·자동차·오토바이·자전거 등으로, 이를 취득했을 때에는 구입대금과 제부대비용을 차량운반구계정 차변에 기입한다.

7. 공구와 기구(tools and equipment)

공구와 기구의 구분은 명확하지 않지만, 공구는 기계에 물리거나 손으로 제조 를 위하여 사용되는 절단공구, 렌치금형 등을 말하고, 기구는 제품용기·압력 계·속도계 등의 계기류로서 일반적으로 내용연수가 1년 이상이고 또한 그 가액이 상당액 이상인 것을 말한다. 세법상 그 금액은 ₩3,000,000 이상으로 되어 있다. 이를 취득했을 때에는 공구와 기구계정 차변에 기입한다.

8. 비   품(furniture and fixtures)

비품은 내용연수가 1년 이상으로 그 금액이 상당액 이상인 책상·의자 등 고정시켜 사용하는 물품으로서, 이를 취득했을 때에는 비품계정 차변에 기입한다.

9. 건설중인 자산(construction in-progress)

건설중인 자산은 건설가계정이라고도 하며, 영업의 목적으로 사용하는 유형자산을 건설하기 위하여 투입한 재료비·노무비 및 경비와 완성전에 지급한 착수금·청부금 등의 선급액 등을 처리하는 계정이다. 건설이 완성되었을 때에는 당해 유형자산계정으로 대체한다. 이 계정은 유형자산에 속하지만 아직 완성되지 않아 영업활동에 사용되지 아니하므로 감가상각은 행하지 아니한다.

10. 기타 유형자산

위에 속하지 아니하는 유형자산은 이를 구분하여 그 자산을 표시하는 과목으로 기재한다.

예제 1. 다음 거래를 분개하라.
① 신축공장부지를 구입하다. 대금 ₩5,000,000(평당 @₩5,000, 1,000평)을 수표를 발행하여 지급하고 소개료 ₩50,000, 정지비용 ₩180,000, 등록세·취득세 및 등기이전비 ₩250,000을 현금으로 지급하다.
② 위로 토지 중 100평을 @₩7,000으로 처분하고 대금은 수표를 받아 당좌예금하다.

해답

① (차) 토   지   5,480,000   (대) { 당 좌 예 금   5,000,000
현   금   480,000 }

*소개료 등 부대비용을 취득원가에 산입함. 따라서 평당 취득원가가 수정됨.

③ (차) 당 좌 예 금   700,000   (대) { 토   지   548,000
유형자산처분이익   152,000 }

예제 2. 다음 거래를 분개하라.

① 건설업자에 도급을 주어 건축 중이던 공장이 완성되어 인수하다. 총공사비는 ₩55,000,000이며, 이 중 ₩30,000,000은 이미 지급한 바 있다.

② 영업용 자동차 1대(취득원가 ₩3,200,000, 감가상각누계액 ₩1,850,000)를 ₩800,000에 처분하고, 그 대금은 월말에 받기로 하다.

해답

①	(차)	건　　　　　물	55,000,000	(대)	건 설 중 인 자 산	30,000,000
					미　지　급　금	25,000,000
②	(차)	차 량 운 반 구	1,850,000			
		감가상각누계액				
		미　수　금	800,000	(대)	차 량 운 반 구	3,200,000
		유형자산처분손실	550,000			

제 4 절 무형자산

1. 영 업 권(goodwill)

(1) 영업권의 의의

영업권이란 산업재산권과는 달리 법률상 설정된 권리가 아니고 같은 종류의 기업이 올리는 평균수익률보다 더 많은 수익이 있는 경우 그 초과수익력이 장래에도 계속된다는 가능성을 환원평가하여 생긴 자산가치를 말한다.

영업권은, 예를 들자면 권리금과 같은 성질의 것으로 기업이 같은 종류의 다른 기업보다 높은 수익력을 갖는 경우에 발생한 무형의 가치이므로 자기창설의 가능성이 있다고 생각할 수 있으나, 자기창설에 의하여 나타난 영업권은 자산으로 인정할 수 없다는 것이 오늘날 일반적인 회계관행으로 되어있다.

따라서 영업의 양도·합병 등의 경우에 유상으로 취득한 매입영업권에 한하여 무형자산으로 계상할 수 있다. 즉, 기업을 양수하거나 합병할 경우 그 지급대가가 그 기업의 순자산액(자산-부채)을 초과할 경우 그 초과분(premium ; 권리금에 해당)은 장래의 수익력의 원천이 되므로 무형자산으로 취급하여 영업권계정의 차변에 기입하고, 반대로 합병차익이 발생하는 경우에는 영업권계정의 대변에 기입하여 부(負)의 영업권으로 표시한다. 영업권의 내용연수는 20년(세법상 5년)으로 하며, 상각비는 영업권에서 직접차감한다. 동 상각비는 판매비와 관리비에 해당된다.

예제 3. 다음과 같은 재무상태를 가진 A기업을 인수하고, 대금 ₩2,500,000을 수표를 발행하여 지급하다. 인수시의 분개를 하라.

재 무 상 태 표

현 금 예 금	120,000	매 입 채 무	620,000
매 출 채 권	450,000	미 지 급 금	450,000
미 수 금	500,000	자 본 금	1,500,000
상 품	600,000	잉 여 금	500,000
건 물	1,400,000		
	3,070,000		3,070,000

해답

	현 금 예 금	120,000		매 입 채 무	620,000
	매 출 채 권	450,000		미 지 급 금	450,000
(차)	미 수 금	500,000	(대)	당 좌 예 금	2,500,000
	상 품	600,000			
	건 물	1,400,000			
	영 업 권	500,000			

(2) 영업권의 평가

영업권은 기업 전체를 평가하여 양수 또는 양도하는 과정에서 결정되나, 일반적으로 기업의 수익력·초과수익의 계속기간 등을 참작하여 평가·계산한다.

그 평가방법에는 다음의 세 가지가 있다.

① 자본환원법(capitalization method)

자본환원법은 수익률을 자본으로 환원해서 영업권의 가액을 계산하는 방법으로 여기에는 초과순수익을 자본으로 환원하는 초과수익환원법과 평균순이익을 자본으로 환원하는 순수익환원법의 두 가지가 있다.

$$\text{초과수익환원가액}\ (\text{영업권의 가액}) = \frac{\text{평균순이익액} - (\text{자본} \times \text{정상수익률})}{\text{정상수익률}} = \frac{\text{초과순이익액}}{\text{정상수익률}}$$

$$\text{순수익환원가액}\ (\text{영업권의 가액}) = \frac{\text{평균순이익액}}{\text{정상수익률}} - \text{자본} = \frac{\text{평균순이익액}}{\text{정상수익률}} - \text{순자산액}$$

② 연매법(years purchase of average excess earnings)

연매법은 초과수익액에 그것이 계속하리라 예측되는 연수를 곱하여 계상하는 방법으로서 계산이 간단한 특징이 있다.

$$\text{영업권의 가액} = \text{과거수년간의 초과수익액(평균 5년간)} \times \text{예상계속연수}$$

③ 연금법(annuity method)

연금법은 초과수익기간내에 있어서의 복리연금의 현가를 영업권의 가액으로 하는 방법이다. 논리적이기는 하나 계산이 복잡한 단점이 있다.

$$\text{영업권의 가액} = \frac{\text{연 금}}{\text{이 율}} \times \left\{ 1 - \frac{1}{(1+\text{이율})^{\text{연도}}} \right\}$$

예제 4. 앞의 예에서 A기업을 합병인수할 경우 동사의 영업권의 가액을 초과수익환원법, 순수익환원법 및 연매법에 의하여 계산하라. 단, 동사의 평균순이익은 연 ₩450,000, 동종기업의 정상수익률은 15%, 초과수익계속기간은 향후 5년간 계속될 것으로 본다.

해답

(1) 초과수익환원법에 의한 가액

$$\text{초과수익환원법} = \frac{\text{평균순이익액} - (\text{자본} \times \text{정상수익률})}{\text{정상수익률}}$$

$$= \frac{₩450,000 - (₩2,000,000 \times 0.15)}{0.15} = \underline{₩1,000,000}$$

(2) 순이익환원법에 의한 가액

$$\text{순수익환원법} = \frac{\text{평균순이익액}}{\text{정상수익률}} - \text{자본}$$

$$= \frac{₩450,000}{0.15} - ₩2,000,000 = \underline{₩1,000,000}$$

(3) 연매법에 의한 가액

정상수익률에 의한 순이익추정액 = ₩2,000,000 × 0.15 = ₩300,000

초과수익액 = ₩450,000 - ₩300,000 = ₩150,000

영 업 권 = 과거수년간의 초과수익액 × 계속연수

= ₩150,000 × 5(년) = ₩750,000

2. 산업재산권(intellectual proprietary rights)

산업재산권은 법률에 의하여 일정기간 독점권·배타적으로 이용할 수 있는 권리로서 여기에는 다음과 같은 것이 있다.

(1) 특허권(patent)

특허권이란 발명·발견에 의한 신제품 또는 신제법을 일정기간 독점적으로 제작하거나, 사용·판매할 수 있는 권리를 말하며, 이를 취득하였을 때 산업재산권계정의 차변에 계상한다. 타인소유의 특허권을 구입하였을 때에는 매입가격에 등록하는데 소요된 비용 등 모든 비용을 취득원가로 본다. 특허법상 존속기간은 12년이나, 세법상 내용연수는 10년이다.

(2) 실용신안권(utility model rights)

실용신안권이란 실용적 고안을 하고 이 고안을 실용신안법에 의해 등록하여 일정기간 독점적·배타적으로 이용할 수 있는 권리이다. 이를 취득하였을 때는 산업재산권계정의 차변에 기입한다. 세법상 내용연수는 5년으로 되어 있다.

(3) 상표권(trade-marks)

상표권이란 상표를 상표법에 의해 등록하여 이를 일정기간 독점적·배타적으로 이용할 수 있는 권리이다. 상표법에 의하면 상표란 "상품을 업(業)으로서 생산·제조·가공·증명 또는 판매하는 자가 자기의 상품을 타 업자의 상품과 식별시키기 위해 사용하는 기호·문자·도형 또는 이들의 결합으로서 특별하고 현저한 것"을 말한다. 상표권의 존속기간은 상표법에 의하면 10년으로 되어 있으며 또한 갱신이 가능하고, 세법상 내용연수는 5년으로 되어 있다.

(4) 의장권(design rights)

의장권이란 디자인을 고안 설계하고 의장법에 의해 등록하여 이 디자인을 일정기간 독점적·배타적으로 이용할 수 있는 권리이다. 의장이란 "물품의 형상·모양·색채 또는 이들을 결합한 것으로서 시각을 통하여 미감(美感)을 일으키는 것"을 말하며, 이를 취득하였을 때는 산업재산권계정의 차변에 기입한다. 존속기간은 의장법에는 8년으로 되어있으나, 세법상 5년으로 규정되어 있다.

3. 광 업 권(mining rights)

광업권이란 광물을 채굴하여 취득할 수 있는 권리로, 광업법에 의하여 등록하여 광물을 일정기간 독점적으로 채굴·취득할 수 있는 권리이다.

광업권은 유형자산 또는 무형자산으로 표시될 수 있는데, 기업회계기준에서는 무형자산으로만 표시하고 있다. 무형자산으로 표시하는 경우는 법률상의 권리만 표시할 경우다. 그러나 광산·광산시설인 광산자산과 광업권을 분리하기 곤란한 경우에는 이들을 한데 묶어 유형자산의 자연자원계정에 표시할 수 있다. 광업권의 상각은 정액법 또는 생산량 비례법을 적용할 수 있다. 세법에서도 두 방법을 모두 사용할 수 있도록 규정하고 있다. 광업법에 의하면 광업권의 존속기간은 25년을 초과할 수 없도록 되어 있으나, 세법상 내용연수는 20년으로 되어 있다.

4. 어 업 권(fishing rights)

어업권은 수산업법에 의하여 등록된 일정한 수면에서 어업을 경영할 권리이다. 어업권의 면허 또는 허가의 유효기간은 대개 10년이며, 세법상의 상각연수도 10년으로 되어 있다.

5. 차 지 권(land use rights)

차지권이란 임차료 또는 지대를 지급하고 타인이 소유하는 토지를 사용·수익할 수 있는 권리이다. 여기에는 지상권(地上權)이 포함되는데, 지상권이란 타인의 토지에 있는 공작물 또는 수목(樹木 ; tree)을 소유하고자 그 토지를 사용하는 권리를 말한다. 차지권 또는 지상권에 대한 상각연수는 법으로 규정되어 있지 않으므로 계약에 의한 사용기간에 걸쳐 정액법으로 균등상각하여야 한다.

6. 개 발 비(development costs)

이는 새로운 제품 또는 새로운 기술의 연구개발 등을 위하여 특별히 지출된 비용으로써 경상적이 아닌 것에 한한다. 개발비는 새로운 제품 또는 새로운 기술에서 얻어지는 이익으로 보상되어야 할 성질의 것이기 때문에 거액의 지출은 이연처리한다. 그러나 현재 제조 중인 제품이나, 생산방법, 제조기술의 개선을 위하여 경상적으로 지출한 비용은 당기의 비용으로 판매비와 관리비에 속하는 경상개발비로 처리한다.

시험연구가 성공되어 특허권을 취득하게 되면 개발비를 산업재산권 또는 특허권계정에 대체한다. 기업회계기준은 계상된 개발비에 대하여 계상연도부터 20년이내의 매결산기에 매기균등액을 상각하여 직접차감하고 동 상각비는 판매비와 관리비로 처리하도록 규정하고 있다.

제 5 절   감가상각

1. 감가상각의 의의

유형자산은 토지·건설중인 자산을 제외하고는, 사용·진부화(陳腐:낡음) 등 여러 가지 원인으로 인하여 그 경제적 가치가 점차 감소되어 간다. 따라서 정확한 기간손익을 계산하고, 또한 유형자산을 유지·회수하기 위해서는 유형자산의 취득원가 중에서 당기에 가치가 소멸되어 비용화된 부분과 아직 가치가 남아있어 미래의 효익을 제공할 수 있는 부분을 구분하는 절차가 필요하다. 이러한 회계절차를 감가상각(depreciation)이라고 한다.

즉, 감가상각이란 유형자산의 유지·회수와 공정한 비용배분을 통하여 각 회계기간의 손익을 올바르게 계산하고 이에 따라 진실한 재무상태 및 경영성적을 나타내기 위해서 유형자산의 취득원가를 각 기간에 배분(allocation)하는 절차라고 할 수 있다.

2. 감가의 원인

유형자산의 가치가 감소하는 원인으로 다음과 같은 것을 들 수 있다.

(1) 물리적 감가

물리적 감가란 시간의 경과나 사용에 의하여 자산의 가치가 물리적으로 소멸·마모되어 감소하는 것을 말한다. 이와 같은 요인에 의한 유형자산의 가치감소는 비교적 파악하기가 용이한 것이 특색이다.

(2) 기능적·경제적 감가

기능적 감가 또는 경제적 감가란 유형자산이 기업경영에 부적응하거나 진부화되므로 인해 야기되는 가치의 감소를 말한다. 즉 기업의 외적·내적인 환경변화로 말미암아, 물리적으로는 사용가능한 상태인데도 경제적으로 가치가 급격히 감소하는 것을 지칭한다. 이러한 요인에 의한 가치감소도 감가상각과정에 고려하여야 하지만, 물리적 요인보다는 훨씬 예측하기가 곤란하다.

① 부적응화(inadequacy)

기업정책의 변경, 시장의 변화 또는 공장의 확장이전 등과 같은 요인에 의하여, 물리적으로 사용가능한 비유동자산이 경제적·기능적으로 그 가치가 감소하는 것을 말한다.

② 진부화(obsolescence)

구식화라고도 하며, 새로운 발명이나 기술적인 진보에 따라 물리적 사용능력이 있는 자산이 기능적·경제적으로 그 가치가 감소하는 것을 말한다.

3. 감가상각의 계산요소

감가상각의 계산요소에는 다음의 3가지가 있다.

(1) 취득원가(original cost)

이것은 기초원가(basic value)라고도 하며, 유형자산의 최초의 구입가격 또는 자기제작이나 건설의 경우 제조원가 또는 건설원가에다 목적에 맞게 사용가능하도록 하는데 소요된 일체의 부대비용을 합계한 금액이다. 또한 비유동자산 취득후에 발생되는 수선비 등의 자본적 지출도 취득원가에 가산한다.

(2) 잔존가치(scrap value)

잔존가치란 자산이 사용불가능이 되어 폐기처분될 때 받을 수 있으리라고 기대되는 금액으로서, 폐기처분시 그에 소요되는 비용이 있을 때는 그를 차감한 순수입액을 잔존가치로 한다. 우리나라 법인세법에서는 유형자산 및 무형자산은 잔존가치를 0(zero)으로 일률적으로 정해 놓고 정률법을 채택하는 경우에만 잔존가치를 취득원가의 5%로 하도록 하고 있다. 회계실무에서는 이에 준하여 회계처리를 하고 있다.

(3) 내용연수(useful life)

내용연수란 유형자산이 영업활동에 사용될 수 있는 예상기간, 즉 사용불능이 되어 폐기할 때까지의 추정연수를 말한다. 내용연수는 반드시 기간적인 의미만 있는 것이 아니라 생산량 또는 활동능력(예:기계운전시간)으로 평가될 수도 있다. 또한 내용연수는 물리적 감가와 기능적 감가를 모두 고려하여 결정되어야 하지만, 이를 정확하게 추정하기란 어려우므로 회계실무에서는 물리적 요인만 고려하거나 또는 법인세법상의 내용연수 표에 따라 내용연수를 정한다.

참고로 세법에 규정되어 있는 유형자산의 기준내용연수를 요약·표시하면 다음과 같다.

구　　　　분	기준내용연수
건 물 (철 근 콘 크 리 트 조)	40년
차　　량　　운　　반　　구	5년
기 계 장 치 (업 종 에　따 라　구 분)	5~10년
시　험　용　연　구　자　산	3~5년

4. 감가상각의 계산방법

감가상각의 계산방법에는 여러 가지가 있으나 이 중 정액법·정률법과 비례법이 많이 이용되고 있다. 이를 설명하면 다음과 같다.

(1) 정액법(equal installment method or straight line method)

정액법은 직선법이라고도 하며 매년 똑같은 금액을 감가상각하는 방법을 말한다. 즉, 취득원가에서 잔존가액을 차감한 것을 내용연수로 나눈 것이 감각상각액이 된다. 따라서, 계산이 간단하고 또한 이해하기 쉽기 때문에 널리 사용된다. 이를 산식으로 표시하면 다음과 같다.

$$D = \frac{C - S}{N}$$

D: 감가상각비 C: 취득원가 S: 잔존가치 N: 내용연수

예제 5. 취득원가 ₩200,000, 잔존가치 ₩0, 내용연수 5년인 비품의 감가상각비를 정액법으로 계산하라(결산은 연 1회).

해답

$$감가상각비 = \frac{₩200,000 - ₩0}{5} = ₩40,000(연도별 \ 계상액)$$

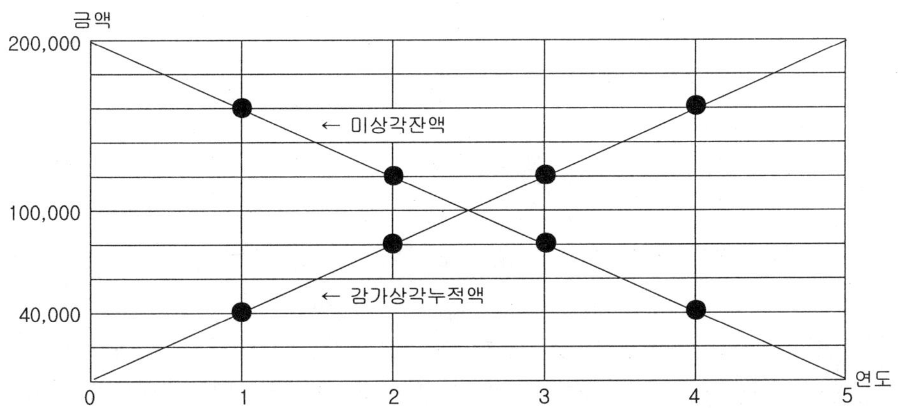

이 방법을 직선법이라고도 지칭하는 것은, 위의 그림에서 보는 바와 같이 감가상각누계액이나 장부가액이 전부 직선으로 표시되기 때문이다.

(2) 정률법(fixed rate charge method, declining-balance method)

정률법은 유형자산의 미상각잔액(장부가액 = 취득원가 - 감가상각누계액)에 일정한 상각률을 곱하여 감가상각비를 계산하는 방법으로, 그 산식을 보면 다음과 같다.

$$D = 미상각잔액 \times 상각률(r)$$
$$r = 1 - n\sqrt{\frac{S}{C}}$$

위의 정률은 아래의 과정에 의해 도출된다.

연　도	연도말의 장부가액
1	$C - Cr = C(1 - r)$
2	$C(1 - r) - C(1 - r)\, r = C(1 - r)^2$
$\vdots$	$\vdots$
n	$C(1 - r)^{n-1} - C(1 - r)^{n-1}\, r = C(1 - r)^n = S$

따라서　　　$(1 - r)^n = \dfrac{S}{C}$

$(1 - r) = n\sqrt{\dfrac{S}{C}}$

$\therefore r = 1 - n\sqrt{\dfrac{S}{C}}$

* C: 취득원가,　　　S: 잔존가치,　　　n: 내용연수

이 방법에 의하면 연수가 경과할 수록 연도별 상각액이 점차로 감소하기 때문에 체감상각법(decreasing charge method)의 일종이 되며, 유형자산 관련비용(감가상각비+수선유지비)이 기간별로 균등화되고 투하자본을 단기간에 회수할 수 있는 등의 장점이 있다. 정률법에서는 상각률을 계산하는 불편이 있으나 실무상으로는 법인세법 시행규칙 별표의 상각률표를 이용하면 편리하다.

참고로 상각률을 예시하면 다음과 같다.

내용연수	정액법에 의한 상각률(잔존가액 0%)	정률법에 의한 상각률	
		10% 잔존가액	5% 잔존가액
2	0.500	0.684	0.777
3	0.333	0.536	0.632
4	0.250	0.438	0.528
5	0.200	0.369	0.451
10	0.100	0.206	0.259

예제 6. [예제 5]의 자료에 의거하여 정률법에 의한 감가상각비를 계산하라.

해답

$$상\ 각\ 률(r) = 1 - 5\sqrt{\dfrac{10,000}{200,000}} = 0.451$$

감가상각비(D) = 미상각액 × 상각률(r)

연도	연도초 미상각잔액 (A)	상각률 (r)	감가상각비 (D) = A × r
1	200,000	0.451	90,200
2	109,800	0.451	49,520
3	60,280	0.451	27,186
4	33,094	0.451	14,925
5	18,169	0.451	18,169

※ 마지막 연도에 미상각잔액을 전부 상각비로 계상한다.

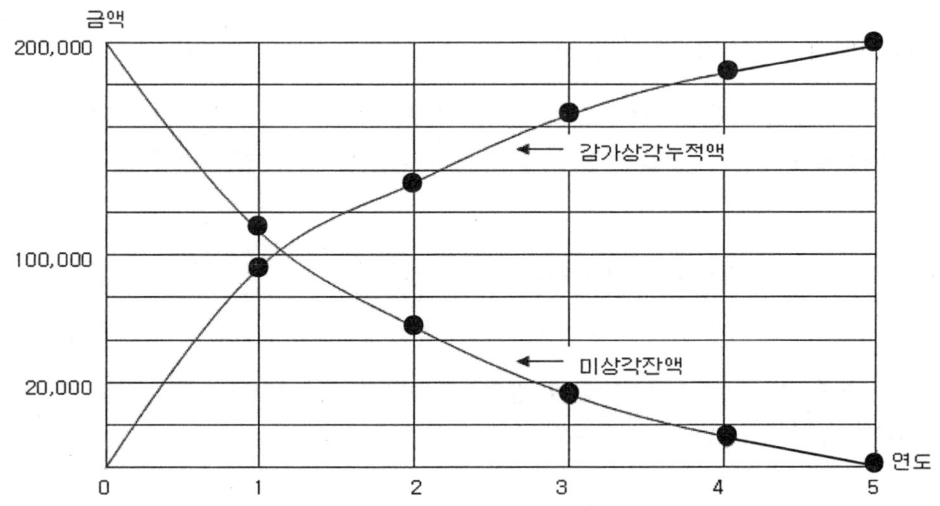

(3) 생산량비례법(percentage of production method, unit-of-production method)

보유중인 자산의 감가가 단순히 시간이 경과함에 따라 나타난다고 하기보다는 생산량에 비례하여 나타난다고 하는 것을 전제로 하여 감가상각비를 계산하는 방법으로 그 산식은 다음과 같다.

$$\text{감각상각비} = \text{실제생산량} \times \frac{\text{취득원가} - \text{잔존가치}}{\text{총추정생산량(매장량)}}$$

이 방법은 생산없이는 비용이 발생하지 않는다는 것을 전제하기 때문에, 수익·비용의 대응관계를 가장 잘 반영시켜 주는 감가상각방법이 된다. 따라서 주로 광산, 유전, 삼림 등과 같은 소모성 또는 고갈성 자산의 채취(채굴)산업에서 많이 사용된다.

예제 7. 총추정매장량 50,000톤의 광산을 ₩10,000,000에 구입하였는데, 금년도의 실제채굴량은 10,000톤이었다. 생산량 비례법에 의하여 금년도의 감가상각비를 계산하라(잔존가액은 없음).

해답

$$₩10,000,000 \times \frac{10,000}{50,000} = ₩2,000,000$$

(4) 작업시간비례법(activity method)

내용수명이 생산량이 아닌 작업시간에 의해 측정된다고 하는 점을 제외하고는, 위의 생산량비례법과 동일한 전제 및 내용으로 감가상각비를 계산하는 방법이다.

$$\text{감각상각비} = \text{실제작업시간} \times \frac{\text{취득원가} - \text{잔존가치}}{\text{총추정작업시간(사용시간)}}$$

이 방법은 자동차·항공기 등과 같이, 일정기간동안 사용한 후에는 폐기 또는 대체시킬 필요가 있는 유형자산의 상각에 주로 사용된다.

예제 8. 기계를 ₩5,000,000에 구입하고 금년도에 2,000시간을 가동하였다. 기계의 총추정가동운행시간은 10,000시간이고, 잔존가치는 없는 것으로 한다. 작업시간비례법에 의해 금년도의 감가상각비를 계산하라.

해답

$$₩5,000,000 \times \frac{2,000}{10,000} = ₩1,000,000$$

(5) 연수합계법(sum-of-years'-digits method)

이 방법은 정률법과 유사하기는 하지만, 정률법이 상각비의 체감이 급격하기 때문에 체감의 속도를 보다 완화하기 위한 대용법이라고 할 수 있다. 이의 계산방법도 취득원가에 잔존가치를 차감한 금액에 상각률을 곱하여 감가상각비를 계산한다. 그러나 연도별 상각률은 내용연수의 합계를 분모로 하고 잔존내용연수에 1을 가산하여 분자로 하여 결정하는 것으로서, 그 산식을 보면 다음과 같다.

$$감각상각비 = (취득원가 - 잔존가치) \times \frac{(잔존내용연수 + 1)을\ 표시한\ 수}{내용연수의\ 연수합계}$$

$$* 내용연수의\ 연수합계 = \frac{n(n+1)}{2} \qquad n : 내용연수$$

예제 9. 취득원가 ₩180,000 잔존가액이 "0"인 내용연수 5년인 기계의 감각상각비를 연수합계법에 의하여 계산하라.

해답

$$상각률의\ 분모 : 연수합계 = \frac{5 \times (5 + 1)}{2} = 15$$

상각률의 분자 : (잔존내용연수 + 1)을 표시한 수(5, 4, 3, 2, 1)

연도	상각률	상각기준액	감가상각비
1	5/15	180,000	60,000
2	4/15	180,000	48,000
3	3/15	180,000	36,000
4	2/15	180,000	24,000
5	1/15	180,000	12,000

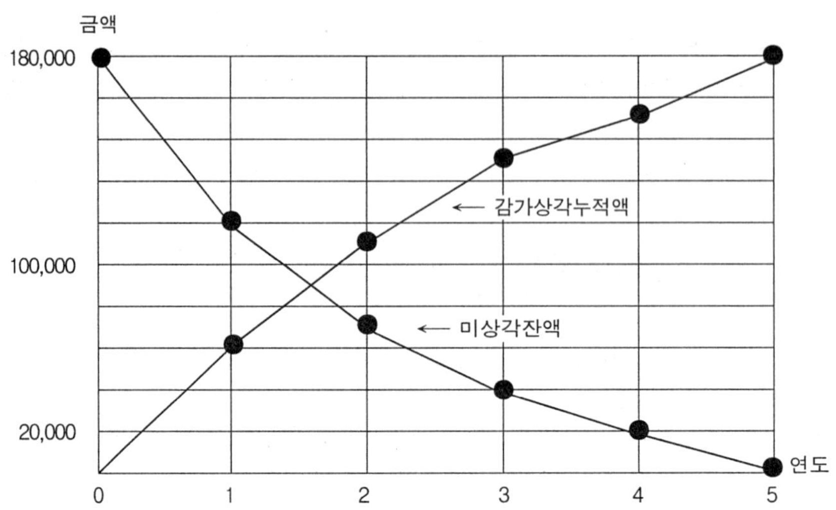

연수합계법의 경우에 감가상각누적액과 장부가액의 그래프가 정률법의 경우와
비슷하게 나타난다. 이것은 두 가지 방법이 모두 시간이 경과할수록 감가상각비
가 적게 계상되는 체감상각법의 일종이기 때문이다.

⑹ 종합상각법

지금까지 설명한 상각방법은 개개의 유형자산에 대해서 개별적으로 감가상각
비를 계산하는 개별상각법이었다. 그러나 유형자산의 수량이 많은 경우, 각 자산
마다 개별적으로 일일이 감가상각비를 계산하게 되면 업무량이 방대하여 시간
적·경제적으로 그리 바람직하지 못하다. 따라서 여러 유형자산을 일괄적으로 묶
어서 상각하는 방법이 있는데, 이를 종합상각(composite or group depreciation)이라
고 한다.
종합상각의 경우에도 이종(異種)의 자산을 한데 묶어서 상각할 때는 이를 총합
상각(composite depreciation)이라고 하고, 동종의 유사한 자산을 일괄하여 상각할
때는 조별상각(group depreciation)이라고 한다. 종합상각법의 적용시에는 먼저 종
합(평균)내용연수를 구하고, 이 연수를 기초로 하여 상각률을 산정한 후 전체 감
가상각대상액에 대한 연도별 감가상각비를 계산한다.

예제 10. 다음 자료로 종합상각법에 의한 내용연수와 정액법에 의한 연도별 감가상각비를 계산하라.

기 계 장 치	갑	을	병
취 득 원 가 내 용 연 수 잔 존 가 치 (취득원가기준)	₩100,000 10년 0%	₩200,000 5년 0%	₩80,000 5년 0%

해답

기계장치	취득원가	잔존가치	상각대상액	내용연수	정액법에 의한 감 가 상 각 비
갑	₩100,000	0	₩100,000	10	₩10,000
을	200,000	0	200,000	5	40,000
병	80,000	0	80,000	5	16,000
합계	₩380,000	0	₩380,000		₩66,000

종 합 내 용 연 수 = ₩380,000(상각대상액) ÷ ₩66,000 = 5.76

연 도 별 상 각 률 = ₩66,000 ÷ ₩380,000(취득원가) = 17.36%

연도별 감가상각비 = ₩380,000 ÷ 5.76년 = ₩65,972

또는 = ₩380,000 × 17.36% = ₩65,968

예제 11. 20×7년 1월 1일 중앙회사는 여러 가지의 이종자산군(群)을 구입하고 종합상각법에 따라 감각상각을 하고자 한다. 이 회사가 취득한 자산의 내용은 다음과 같다.

자산군	취득원가	잔존가치	내용연수
A	14,500	1,500	5
B	14,400	400	7
C	3,500	500	6
D	17,600	1,100	10

<추가정보>

① 20×7년과 20×8년도에는 위 자산군에 아무런 변화가 없다.

② 20×9년 1월 1일 C자산군을 ₩2,800에 처분하고, 이의 대체목적으로 E자산군을 ₩8,000(내용연수 6년, 잔존가치 10%)에 취득하였다.

질문

(1) 종합상각률과 종합내용연수는 얼마인가?

(2) 20×9년 1월1일의 C자산군 처분시 분개는?

해답

(1) 종합상각률과 종합내용연수

자산군	취득원가(A)	잔존가치(B)	상각예상액(C)	내용연수(D)	정액법개별상각비(E)
A	₩14,500	₩1,500	₩13,000	5	₩2,600
B	14,400	400	14,000	7	2,000
C	3,500	500	3,000	6	500
D	17,600	1,100	16,500	10	1,650
	₩50,000	₩3,500	₩46,500		₩6,750

① 종합상각률(E/A) : 6,750 ÷ 50,000 = 13.5%

② 종합내용연수(C/E) : 46,500 ÷ 6,750 = 6.9년

(2) 20×9년 1월1일(2년 경과후) C자산군 처분

취 득 원 가	₩3,500
처 분 대 금	₩2,800
처분자산의 감가상각누계액	₩700

(차) { 현　　　　　금　　2,800　　(대) 유 형 자 산　3,500
　　　 감 가 상 각 누 계 액　　　700

* 종합상각법 적용시에는 처분손익을 인식하지 않는 점에 유의해야 한다(처분손익이 감가상각누계액에 흡수됨).

5. 감가상각의 기장법

감가상각의 기장에는 직접법과 간접법의 두 가지 방법이 있다.

(1) 직접법

매기의 감가상각액을 유형자산계정의 대변에 기입하여 유형자산계정에서 직접 차감하고 동시에 감가상각비계정의 차변에 기입하는 것이다.

즉, 다음과 같이 분개 처리한다.

(차) 감 가 상 각 비　　×××　　(대) 유 형 자 산　　×××

이 방법에 의하면 각 유형자산계정의 잔액은 당해 시점의 유형자산의 장부가액을 그대로 표시한다는 장점이 있으며, 반면에 유형자산의 취득원가와 그 시점까지의 상각누계액을 알 수 없는 단점이 있다.

(2) 간접법

이것은 매기의 감가상각액을 유형자산의 원가에서 직접 차감하지 않고 감가상각누계액계정을 별도로 설정해서 동 계정의 대변에 기입하여 처리하는 방법이다. 따라서 유형자산계정은 내용연수기간 중 취득원가를 원시기입대로 이월시키고, 감가상각액은 동 누계액계정에 누적되므로 당해 유형자산의 취득원가와 취득 후 현재까지의 감가상각비의 누계액을 계정면에서 알 수가 있다.

즉, 감가상각비를 계상할 경우 다음과 같이 분개 처리한다.

(차) 감 가 상 각 비   ×××   (대) 감가상각누계액   ×××

따라서 이 방법에 의해서 유형자산의 장부가액을 알려면 유형자산계정 차변잔액에서 당해 유형자산의 감가상각누계액 대변잔액을 차감하면 된다. 기업회계기준에서는 유형자산에 대해서는 이 방법에 의하여 회계처리하도록 규정하고 있다.

예제 12. 결산일인 20×6년 12월 31일 취득원가 ₩850,000의 기계에 대하여 감가상각비 ₩100,000을 계상할 경우 직접법과 간접법에 의해서 각각 분개와 관계계정기입면을 표시하라.

해답

(1) 직접법에 의한 경우

(차) 감 가 상 각 비   100,000   (대) 기 계 장 치   100,000

기 계 장 치

×6. 1/1	전 기 이 월	850,000	×6. 12/31	감가상각비	100,000
			×6. 12/31	**차 기 이 월**	750,000
		850,000			850,000
×7. 1/1	전 기 이 월	750,000			

감 가 상 각 비

×6. 12/31	기 계 장 치	100,000	×6. 12/31	손 익	100,000
		100,000			100,000

(2) 간접법에 의한 경우

(차) 감 가 상 각 비   100,000   (대) 감가상각누계액   100,000

기 계 장 치

×6. 1/1	전 기 이 월	850,000		×6. 12/31	차 기 이 월	850,000
×7. 1/1	전 기 이 월	850,000				

기계장치감가상각누계액

×6. 12/31	차 기 이 월	100,000		×6. 12/31	감가상각비	100,000
				×7. 1/1	전 기 이 월	100,000

감 가 상 각 비

×6. 12/31	감가상각누계액	100,000		×6. 12/31	손 익	100,000

6. 감가상각의 수정

(1) 자본적 지출과 감가상각

수선·개량 등의 자본적 지출이 유형자산의 내용연수를 연장시키거나 유형자산의 가액을 증가시키는 경우에는, 수정된 잔여 내용연수에 걸쳐 자본적지출액을 가산한 유형자산가액을 상각하여야 한다.

예제 13. 취득원가 ₩10,000,000, 내용연수 10년, 잔존가치 0%인 기계를 5년간 상각한 후 ₩3,000,000의 자본적 지출을 행하여 그 결과 내용연수를 2년 연장 시켰다면 향후 감가상각의 회계처리는 어떻게 하여야 하는가?(단, 감가상각방법은 정액법으로 한다)

해답

① 5년간의 감가상각누계액 = 5년 × $\dfrac{₩10,000,000}{10년}$ = ₩5,000,000

② 6년도 초 기계의 미상각잔액 = ₩10,000,000 − ₩5,000,000 = ₩5,000,000

③ 수정된 기계의 장부가액 = ₩5,000,000 + ₩3,000,000 = ₩8,000,000

④ 수정된 내용연수 = 10 − 5 + 2 = 7(년)

⑤ 향후 연도별 상각액 = $\dfrac{₩8,000,000}{7년}$ = ₩1,142,857

    (차) 감 가 상 각 비　1,142,857　　　(대) 감가상각누계액　1,142,857

⑵ 회계처리기준의 변경

지금까지 적용해 오던 감가상각방법을 다른 방법으로 변경하는 경우에 이를 회계처리기준의 변경(changes in accounting principle)이라고 하며, 이때 감가상각액의 수정이 불가피하게 된다.

이와 같이 회계처리기준이 변경될 경우에는, 미래수정법에 의하여 유형자산의 미상각잔액을 향후 새로운 감가상각방법에 의해 상각처리 한다. 우리나라 기업회계기준에서는 회계처리기준의 변경이나 회계추정의 변경은 그 변경으로 인하여 재무제표를 보다 적절히 표시할 수 있음을 객관적으로 입증할 수 있는 경우 또는 회계규정 등에서 새로운 회계처리기준을 채택하거나 기존의 회계처리기준이 폐지된 경우에 한하여 그 변경이 가능하도록 엄격히 규제하고 있다.

예제 14. 취득원가 ₩1,000,000, 내용연수 10년 잔존가치 ₩100,000인 기계를 정액법에 의해 상각해 오다가, 제 5 차 연도 초에 감가상각방법을 연수합계법으로 변경하기로 결정하다. 제 5 차 연도 말의 이 기계의 감가상각비를 계상하고 분개 표시하라.

해답

① 4년간의 감가상각누계액 = $(₩1,000,000 - 100,000) \times \dfrac{4년}{10년} = ₩360,000$

② 5차 연도의 미상각잔액 = $(₩1,000,000 - ₩360,000) = ₩640,000$

③ 5차 연도의 감가상각액 = $(₩640,000 - 100,000) \times \dfrac{6}{6+5+4+3+2+1}$

$$= ₩154,285$$

　　(차) 감 가 상 각 비　　154,285　　(대) 감가상각누계액　　154,285

⑶ 회계추정의 변경

감가상각의 구성요소는 취득원가, 내용연수, 잔존가치의 세 가지로 구성되는데, 그 중 내용연수와 잔존가치는 추정에 의해 계산된다. 그런데 처음에는 합리적인 추정으로 인정되어 그 추정에 따라 감가상각을 행하다가, 그 후 예측할 수 없었던 물리적 손상이나 기술의 진보에 따른 구식화 등 정당한 원인으로 당초의 추정을 변경할 경우가 있게 된다. 이를 회계추정의 변경(changes in accounting estimate)이라고 하며, 이 경우에도 감가상각을 수정하여야 한다.

 회계추정의 변경이 있는 경우에도, 현재 유형자산의 미상각잔액을 미래수정법에 의하여 새로이 확정된 추정내용에 의거 미래기간에 상각처리한다.

예제 15. 취득원가 ₩1,000,000, 내용연수 10년, 잔존가치 ₩0인 기계를 정액법으로 상각해 오다가, 제 7 차 연도 초에 총내용연수가 12년이 됨을 확인하고 감가상각액을 수정하다.

해답

① 기상각누계액 = ₩1,000,000 × $\dfrac{6}{10}$ = ₩600,000

② 미상각잔액 = ₩1,000,000 − ₩600,000 = ₩400,000

③ 내용연수(수정) = 12 − 6 = 6년(향후)

④ 따라서 향후 감가상각비 = $\dfrac{₩400,000}{6년}$ = ₩66,667/년

7차 연도말 감가상각비 회계처리

(차) 감 가 상 각 비   66,667   (대) 감가상각누계액   66,667

(4) 회계처리기준 적용의 오류와 회계추정의 오류

 회계처리기준의 적용 또는 회계추정에 있어서 명백한 오류가 발견되어 이를 수정할 때에는, 그 오류로 인하여 과거부터 당기에 이르기까지 발생한 누적적인 효과를 소급하여 수정하여야 한다. 우리나라 기업회계기준에서도 과거 연도의 회계처리기준 적용의 오류나 회계추정의 오류, 계산상의 오류 등으로 발생하는 과거 감각상가비의 수정은 전기오류수정손익항목으로 하여 처리하고 이의 원인과 내용 등을 재무제표에 주석으로 기재하도록 하고 있다.

예제 16. 20×6. 4. 1. 전기(前期) 결산과정에서 기계에 대한 감가상각방법을 잘못 적용하여, 전기의 감가상각비가 ₩500,000만큼 과소 계상되었음을 발견하다.

해답

(차) 전 기 오 류 수 정 손 실   500,000   (대) 감 가 상 각 누 계 액   500,000
　　(이월이익잉여금의 감소항목)

(5) 국고보조금이나 공사부담금으로 자산을 취득하는 경우

① 국고보조금

국가 또는 지방공공 단체가 특정 산업의 유지·육성·진흥을 위하여 설비의 건설시 보조금이나 조성금(助成金)을 교부했을 때 이를 국고보조금(governmental subsidy for capital expenditure)이라 한다. 이의 회계처리방법에는 여러 가지 방법이 있으나, 특히 비유동자산의 시설이나 설비에 대한 국고보조금은 기업의 영구적 자본을 구성하므로 자본잉여금으로 처리한다는 입장과 수익으로 처리해야 한다는 두 가지 견해가 있다. 기업회계기준에서는 수익으로 처리하는 방법으로 국고보조금에 대한 회계처리방법을 규정하고 있으나, 세법에서는 국고보조금으로 취득한 비유동자산을 취득시에 100%에 상당하는 금액을 일시 감가상각을 할 수 있도록 규정하고 있다. 일시감가상각누계액은 취득 이후 정상감가상각을 할 때 내용연수에 따라 차감해야 한다.

기업회계기준에 의하면 국고보조금으로 유형자산을 취득한 경우에는 해당 자산에서 차감하는 형식으로 표시하고 동 자산의 내용연수에 걸쳐 감가상각비와 상계하도록 규정하고 있다.

예제 17. 다음 거래를 분개하라.
① 방위산업체인 A회사는 A공장 확장 건설조성금으로 정부로부터 ₩200,000,000의 현금을 보조금으로 받아 곧 당좌예금하다.
② 위 공장이 완성되다. 공장건설에 소요된 A회사의 건설원가(기계)는 총 ₩500,000,000이다. 동 기계의 내용연수는 5년, 잔존가액 0, 정액법에 의하여 상각함.

해답

```
①  (차) 당 좌 예 금      200,000,000   (대) 국 고 보 조 금        200,000,000
         ┌ 기 계 장 치        500,000,000        ┌ 건 설 중 인 자 산     500,000,000
②  (차) │ 기계장치감가상각비   100,000,000   (대) │ 기계장치감가상각누계액  100,000,000
         └ 국 고 보 조 금       40,000,000*       └ 기 계 장 치 감 가 상 각 비   40,000,000
              * ₩200,000,000 ÷ 5년 = ₩40,000,000
```

기계장치에 대한 재무상태표 표시를 요약하면 다음과 같다.

재 무 상 태 표

기 계 장 치	₩500,000,000
차감 : 국 고 보 조 금	(160,000,000)
감가상각누계액	(60,000,000)
	₩280,000,000

② 공사부담금

전력회사 또는 가스회사 등이 전기나 가스 등을 공급하는데 있어 그 공급 설비의 일부를 수요자에게 부담시키는 경우 이를 공사부담금(contribution in aid of construction)이라 한다.

공사부담금에 의한 설비의 취득시 회계처리방법은 국고보조금에 의한 유형 자산의 취득과 같이 처리하며, 세법의 규정에 따라 그 취득가액의 100%를 일 시감가상각비로 처리하는 것이 허용된다.

예제 18. 다음 거래를 분개하라.

① 전력회사가 송전설비를 시설하기 위해 해당 주민들로부터 공사부담금 ₩15,000,000 을 현금으로 수령하다.

② 위 송전설비공사비로 ₩25,000,000을 지급하다.

③ 위 송전설비공사가 준공되다. 동 설비의 내용연수는 5년, 잔존가액 0, 정액법에 의 하여 상각함.

해답

①	(차) 현　　　　　　　금	15,000,000	(대) 공　사　부　담　금	15,000,000		
②	(차) 건 설 중 인 자 산	25,000,000	(대) 현　금　예　금	25,000,000		

③ (차) ┌ 송　전　설　비　　　　25,000,000　　(대) ┌ 건 설 중 인 자 산　　25,000,000
　　　　├ 송전설비감가상각비　　5,000,000　　　　　├ 송전설비상각누계액　　5,000,000
　　　　└ 공　사　부　담　금　　3,000,000*　　　　└ 송전설비감가상각비　　3,000,000

　　　　* ₩15,000,000 ÷ 5년 = ₩3,000,000

예제 19. 회계연도 초에 정부로부터 공해방지시설을 위한 국고보조금 1억원을 받아 곧 회사자금 2억원을 추가하여 총합계금액 3억원의 공해방지시설을 위한 기계장치를 취득 하다. 국가보조금을 수령했을 때 및 연도 말 결산시의 감가상각 등의 회계처리를 분개 하고, 재무상태표의 표시를 예시하라(단, 기계장치의 내용연수는 5년, 잔존가치는 없는 것으로 하며, 정액법에 의한다).

해답

(1) 국고보조금 수령시

(차) 현　금　예　금　100,000,000 (대) 국 고 보 조 금　100,000,000
　　* 보조금이나 공사부담금을 수령하고 유형자산을 취득하기까지는 자본조정 항목으로 기재함.

(2) 기계장치 취득시

　(차)　기 계 장 치　　300,000,000　(대)　현　금　예　금　300,000,000
　　　　　* 보조금이나 공사부담금으로 유형자산을 취득하면 자본조정항목에서 대체
　　　　　하여 유형자산계정에서 차감하는 형식으로 기재함.

(3) 연말결산시

　(차)　감 가 상 각 비　60,000,000　　(대)　기 계 장 치 감 가　60,000,000
　　　　국 고 보 조 금　20,000,000*　　　　상 각 누 계 액
　　　　　　　　　　　　　　　　　　　　　　　감 가 상 각 비　20,000,000
　　　　* 감가상각비를 계상하면 국고보조금과 같은 비율로 상계처리함.
　　　　* ₩100,000,000 ÷ 5년 = ₩20,000,000

재 무 상 태 표

기　　계　　장　　치	₩300,000,000	
차감 : 국 고 보 조 금	(80,000,000)	
감가상각누계액	(60,000,000)	
	₩160,000,000	

제 6 절　감모상각

　유형자산 중 광물, 석유 및 가스, 삼림 등의 자산은, 사용(채취 또는 채굴)에 따라 그 매장량이 점점 고갈되는 소모성 또는 고갈성 자산(waste assets)이다.

　이러한 자산에 있어서 그 사용량 만큼을 자산의 원가에서 차감하여 비용화 시키는 절차를 특별히 감모상각(depletion)이라고 한다.

　감모상각의 전제·방법 및 회계처리는 일반적인 유형자산에 대한 감가상각과는 약간 다른 차이점이 있다.

1. 감모상각의 계산방법

　감모상각의 대상이 되는 자산의 특성상, 앞에서 설명한 여러 가지 감가상각 방법 중에서 생산량비례법(percentage of production method)을 사용하는 것이 논리적이다. 그것은 생산이 이루어지지 않고서는 비용이 발생하지 않으며, 그 비용은 생산에 비례하여 발생한다는 것이 전제되고 있기 때문이다.

2. 감모상각의 계산요소

취득원가, 내용연수, 잔존가치 중에서 생산량비례법을 사용하기 때문에 내용연수의 별도 추정은 필요가 없으며, 소모성 자산을 대상으로 하기 때문에 잔존가치는 0(zero)으로 간주한다. 따라서 연도별 감모상각액은 다음과 같이 계산된다.

$$\text{감모상각액(D)} = \text{취득원가} \times \frac{\text{연도별 실제생산량}}{\text{총추정매장량}}$$

3. 감모상각의 회계처리

감모상각의 대상이 되는 자산은 유형자산이지만, 사용에 비례하여 실제 그 존재량이 감소되는 자산이기 때문에 일반적으로 직접차감법(direct write-off method)을 사용한다. 따라서 재무상태표에는 관련자산의 가액이 감모상각액을 차감한 잔액으로 표시된다.

```
(차) 감 모 상 각 비   ×××   (대) 관 련 자 산 항 목   ×××
              ⇩                    (광물·석유·삼림 등)
(매 출 원 가)
```

예제 20. 흑석주식회사는 ₩100,000,000을 지급하고 광산을 구입하였다. 동 광산에 매장되어 있으리라고 추정한 광물의 총매장량은 1,000,000톤으로서, 구입연도에는 그 중에서 30,000톤을 실제로 채굴하였다. 구입연도의 감모상각과 관련된 회계처리를 예시하라.

해답

```
(차)   감 모 상 각 비   3,000,000*   (대)   (미 개 발) 광 산      3,000,000
                                           (또 는 광 업 권)
```

$$* \ ₩100,000,000 \times \frac{30,000}{1,000,000} = ₩3,000,000$$

제 7 절 무형자산의 감가상각

무형자산은 감가상각비를 계상함에 있어 감모상각자산에 같이 그 잔존가액은 0(zero)으로 하여 계상하고 감가상각비를 장부에 기장함에 있어서는 직접법에 의하도록 되어 있다.

자산의 진부화 및 시장가치의 급격한 하락 등으로 무형자산의 회수가능금액이 장부가액에 중요하게 미달할 경우에는 장부금액을 회수가능금액으로 조정하고 차액을 손상차손으로 처리한다. 이러한 회계처리는 유형자산에서도 같다.

예제 21. 다음 거래를 분개하라.

① 특허권을 기초에 ₩1,000,000에 취득하고, 대금은 수표로 발행하여 지급하다.

② 위 특허권을 결산을 맞아 상각하다. 내용연수 10년.

해답

① (차) 산 업 재 산 권 　1,000,000　　(대) 당 좌 예 금 　1,000,000

② (차) 산업재산권상각비 　100,000*　　(대) 산 업 재 산 권 　100,000

　　　　* 상각액의 계산 : ₩1,000,000 ÷ 10(년) = ₩100,000

제 8 절 자본적 지출과 수익적 지출

영업용 유형자산은 그 능률을 계속 유지하기 위하여 꾸준히 정비하고 수정하여야 한다. 일반적으로 경상적으로 행하여지는 정비나 수선에 대한 비용, 즉 원상을 회복하거나 능률유지를 위한 수선비는 수익적 지출(revenue expenditure)이라 하여 지출연도의 비용으로 처리하여 제조경비나 판매비와 관리비중의 수선유지비로 계상하고, 지출의 결과가 유형자산의 가치를 높이거나 내용연수를 연장하는 지출은 자본적 지출(capital expenditure)이라 하여 유형자산의 원가에 산입한다.

즉, 자본적 지출은 유형자산의 원가를 구성하는 지출이고, 수익적 지출이란 수익에 부과되는 지출, 즉 비용이 되는 것이다.

일반적으로 개별자산별로 수선비로 지출한 금액이 300만원 미만이거나 장부가액의 5%에 미달하는 경우, 또는 3년 미만의 기간마다 주기적으로 지출하는 비용은 수익적 지출로 할 수가 있다.

즉, 자본적 지출을 수익적 지출로 처리하면 같은 금액만큼의 비용이 많이 계상되어 당기순이익이 같은 금액만큼 적게 계산되고, 반대로 수익적 지출을 자본적 지출로 처리하는 경우에는 같은 금액만큼의 비용이 적게 계산되므로 당기순이익이 같은 금액만큼 많이 계상되는 결과를 가져오기 때문에 자본적 지출과 수익적 지출을 분명히 구분하여 처리해야만 한다.

예제 22. 다음 거래를 분개하라.

① 기계장치를 대폭 수리하고 그 비용으로 ₩4,000,000을 수표를 발행하여 지급하다.

② 자동차의 정기검사를 위하여 수리비 ₩800,000을 수표로 발행하여 지급하다.

③ 위 ①의 회계처리를 수익적 지출로 회계처리한다면 손익에 어떠한 영향을 끼치겠는가?

해답

① (차) 기 계 장 치   4,000,000   (대) 당 좌 예 금   4,000,000

② (차) 수 선 유 지 비   800,000   (대) 당 좌 예 금   800,000

③ 자본적 지출로 처리해야 할 것을 수익적 지출로 처리한다면 비용이 ₩4,000,000만큼 많이 계산되어 같은 금액의 당기순이익이 적게 계산됨.

제 9 절   유형자산의 처분

유형자산의 처분에는 폐기처분, 매각처분 및 교환의 3가지가 있다. 유형자산의 내용연수가 경과하여 더 이상 사용가치가 없고, 또한 이의 처분가치가 없는 것을 처분하는 것을 폐기처분이라 하고, 매각처분은 정당한 대가를 받고 판매·처분하는 것을 말한다.

교환은 매각처분과 같은 것으로 사용하고 있는 유형자산을 새로운 유형자산과 교환하여 처분하는 것을 말한다. 어떠한 처분이든 처분시에 우선 해당자산과 관련된 감가상각누계액을 소멸시켜야 하고, 또한 기중에 처분할 경우에는 기중에 부담해야 할 감가상각액을 계산하여야 할 것이다. 이렇게 함으로써 정확한 장부가액을 계산할 수가 있다.

유형자산의 처분시에는 유형자산의 장부가액과 처분가액과의 차이가 생기는 것이 일반적인 상례이며, 이때 동 차이 중 임시거액이 아닌 경우에는 유형자산처분이익 또는 유형자산처분손실로 하여 영업외손익으로 처리한다.

예제 23.

(1) 다음거래를 분개하라.

① 취득원가 ₩2,000,000의 기계를 매년 1회 정률법으로 감가상각(간접법) 하여 사용하여 오다가 제 3 차년도 초에 ₩800,000에 처분하여 대금을 수표로 받아 당좌예금하다. 상각률은 연 20%로 한다.

② 취득원가 ₩1,500,000, 감가상각누계액 ₩1,100,000의 기계를 사용할 수 없어 폐기하다.

(2) 다음 자료에 의하여 구입에서 처분하기까지의 발생한 제거래를 추정하여 분개하고 관계계정에 기입하라.

서울공업주식회사는 20×4년 1월 1일에 아래의 자산을 구입했다(결산일 매년 12월 말, 연 1회).

① 차량 3대 @₩2,000,000, 내용연수 5년

② 잔존가액 : 각 취득원가의 10%

③ 감가상각 : 정률법 연 36.9%(간접법)

④ 20×6년 1월 1일에 위의 차량 중 2대를 대당 ₩1,300,000에 현금으로 처분하다.

해답

(1)　①　(차) 당 좌 예 금　　800,000
　　　　　　　 기 계 장 치 감 가
　　　　　　　 상 각 누 계 액　720,000　　(대) 기 계 장 치　2,000,000
　　　　　　　 유형자산처분손실　480,000

　　　　＊ 감가상각누계액의 계산
　　　　　 제 1 차년도 : ₩2,000,000 × 0.2 = ₩400,000
　　　　　 제 2 차년도 : (₩2,000,000 − ₩400,000) × 0.2 = ₩320,000
　　　　　 상각누계 : ₩400,000 + ₩320,000 = ₩720,000

　　　②　(차) 기 계 장 치 감 가
　　　　　　　 상 각 누 계 액　1,100,000　　(대) 기 계 장 치　1,500,000
　　　　　　　 유형자산처분손실　400,000

(2) ① 20×4. 1. 1. 취득시의 분개

(차) 차　　　　량 (또는 차량운반구)　　6,000,000　　(대) 현 금 예 금　6,000,000

② 20×4. 12. 31. 결산시의 분개

(차) 차 량 감 가 상 각 비　2,214,000　　(대) 차량감가상각누계　　　　　액　2,214,000

₩6,000,000×0.369 = ₩2,214,000

③ 20×5. 12. 31. 결산시의 분개

(차) 차 량 감 가 상 각 비　1,397,034　　(대) 차량감가상각누계　　　　　액　1,397,034

(₩6,000,000 − ₩2,214,000) × 0.369 = ₩1,397,034

④ 20×6. 1. 1. 처분시의 분개

(차) { 차량감가상각누계액　2,407,356　　(대) { 차　　　　량　4,000,000
현　　　　금　2,600,000　　　　　　　　 유형자산처분이익　1,007,356

차　　　량(운반구)

×4. 1/ 1	현 금 예 금	6,000,000	×4. 12/31	차 기 이 월	6,000,000
×5. 1/ 1	전 기 이 월	6,000,000	×5. 12/31	차 기 이 월	6,000,000
×6. 1/ 1	전 기 이 월	6,000,000	×6. 1/ 1	제　　　좌	4,000,000

차량감가상각누계액

×4. 12/31	차 기 이 월	2,214,000	×4. 12/31	감 가 상 각 비	2,214,000
×5. 12/31	차 기 이 월	3,611,134	×5. 1/ 1	전 기 이 월	2,214,000
			×5. 12/31	감 가 상 각 비	1,397,034
		3,611,034			3,611,034
×6. 1/ 1	제　　　좌	2,407,356	×6. 1/ 1	전 기 이 월	3,611,034

차량감가상각비

×4. 12/31	감가상각누계액	2,214,000	×4. 12/31	손　　　익	2,214,000
×5. 12/31	감가상각누계액	1,397,034	×5. 12/31	손　　　익	1,397,034

유형자산처분이익

			×4. 1/1	제　　　좌	1,007,356

(현금예금계정은 생략함)

연 습 문 제

[1] 다음 거래를 분개하라.

20×6. 1.10. 새로 공장을 신축 확장하기로 하여 다음과 같이 일괄계약하고, 계약금으로 ₩6,000,000을 수표로 발행 지급하다.

도 급 업 체	한국건설주식회사
착 공 일	20×6.1.10.(계약일과 동일)
준 공 일	20×6.5.31.
도 급 금 액	₩55,000,000

20×6. 3. 31. 건축진척에 따라 ₩15,000,000을 수표로 발행 지급하다.

20×6. 5. 31. 위 건물이 준공되어 인수하고 동 도급금액 중 1년간의 하자보증금 ₩5,500,000을 제외한 잔액을 거래처로부터 받은 약속어음을 배서 양도 하여 지급하다.

[2] 다음과 같은 재무상태를 가진 중앙상점을 인수하고 대금 ₩2,000,000을 수표를 발행하여 지급하다. 인수시의 분개를 하라.

재 무 상 태 표

매 출 채 권	600,000	매 입 채 무	840,000
상 품	550,000	자 본 금	1,500,000
비 품	90,000	잉 여 금	400,000
토 지	1,500,000		
	2,740,000		2,740,000

[3] 다음 사항중 자본적 지출에는 "자" 수익적 지출에는 "수"자를 (   )안에 표시하라.

(1) 기계의 시운전비   (   )
(2) 영업용 차량의 타이어교환비   (   )
(3) 재산세   (   )
(4) 기계의 경상적인 분해소제와 주유비   (   )
(5) 화재경보기와 피난도구설치비   (   )

[4] 다음 거래를 분개하라.

① 신제품제조법에 관한 특허를 얻다. 이 제품에 대한 소요시험연구비는 ₩2,000,000, 기타제비용은 ₩100,000으로 이를 현금으로 지급하다.

② 상표권 ₩450,000을 수표를 발행하여 구입하다.

③ A광업주식회사의 광업권을 취득하고 대금 ₩1,400,000을 수표를 발행하여 지급하다.
④ 결산시에 영업권의 장부가액 ₩800,000중 ₩200,000을 상각하다.

[5] 다음의 분개에서 거래를 추정하라.

①	(차)	미 결 산 계 정	2,500,000	(대)	건	물	3,960,000
		건물감가상각누계액	1,460,000				
②	(차)	현 금	550,000	(대)	기	계	2,100,000
		기계감가상각누계액	1,325,000				
		유 형 자 산 처 분 손 실	225,000				

[6] 취득원가 ₩400,000, 내용연수 5년, 잔존가액이 취득원가의 10%인 비품에 대하여 다음 물음에 답하라.

질문

(1) 동 비품의 감가상각비를 정액법에 의거 계산하고 이를 간접법으로 정리 기입할 때의 분개를 표시하라.
(2) 동 비품을 4차년도 초에 ₩120,000에 현금으로 처분했을 때의 분개를 표시하라.
(3) 동 비품을 정률법(연 36.9%)으로 감가상각을 할 경우 위 ① ②의 분개를 표시하라.
(4) 동 비품을 연수합계법으로 감가상각을 할 경우 위 ① ②의 분개를 표시하라.

[7] 취득원가 ₩1,000,000 내용연수 5년, 잔존가액 "0"인 기계장치를 취득후 3차년도초에 ₩300,000에 현금으로 처분했을 때의 회계처리는? 단, 정률법(상각률 0.451)과 정액법에 의한 경우를 각각 표시하라.(간접법에 의함)

[8] 다음 용어를 간단히 설명하라.

(1) 비유동자산	(8) 감가상각비
(2) 유형자산	(9) 감가상각의 계산방법
(3) 건설중인 자산	(10) 감가상각누계액
(4) 영업권	(11) 감가상각비의 수정
(5) 영업권의 평가	(12) 감모상각
(6) 산업재산권	(13) 자본적 지출과 수익적 지출
(7) 개발비	(14) 유형자산의 처분손익

14

비 유 동 부 채

제 1 절	사채
제 2 절	장기차입금
제 3 절	장기성 매입채무
제 4 절	장기충당부채
제 5 절	이연법인세부체

비유동 부채

제14장

비유동부채(non-current liabilities)는 기업의 장기자금의 조달원천으로서 재무상태표 작성일로 부터 1년 이후의 일정시점에 원금을 상환하게 되어 있는 채무를 말한다. 비유동부채에는 사채(bond, debentures), 장기차입금(long-term borrowing), 장기성매입채무(long-term trade payables), 충당부채(liabilities provisions) 등이 있다.

제 1 절 사 채

1. 사채의 의의와 발행

사채(corporate bonds)란 주식회사만이 발행할 수 있는 장기차입금의 조달형태로서 확정이자부(利子附)의 장기부채를 표시하는 증권을 발행하여 금전을 차입하는 경우에 발생하는 채무이다.

사채의 발행은 주식회사 이사회의 결의와 상법의 절차에 의하여 행하여지고 그 발행한도는 순자산액의 4배 이내이다.

사채의 발행방법에는 직접발행과 간접발행의 두 가지 방법이 있다. 직접발행이란 사채의 발행을 회사가 스스로 행하는 것이고, 간접발행이란 제 3 자인 은행, 신탁회사, 증권회사 또는 이들의 총합체인 사채인수단을 통하여 사채를 모집·발행하는 것이다.

사채는 그 상환방법에 따라 만기상환사채와 수시매입상환사채로, 담보의 제공 유무에 따라 담보사채·무담보사채·보증사채로 분류할 수 있으며, 확정이자 이외에 발행회사의 이익수준이 좋을 경우 추가적으로 이익에 참여할 수 있는 이익참가사채와 보통주로의 전환이 가능한 전환사채 등이 있다.

또한 사채는 그 발행이 액면으로 행하여지느냐 아니냐에 따라 액면가로 발행하는 평가발행(at par issue) 또는 액면발행, 액면가 이하로 발행하는 할인발행(discount issue), 액면가 이상으로 발행하는 할증발행(premium issue)의 세 종류가 있으며, 흔히 할인발행에 의하는 경우가 많다.

이러한 경우는 사채의 이자율 또는 액면이자율(state rate)과 유효이자율 또는 시장이자율(market rate)이 다를 경우에 발생하게 된다. 즉

> 사채이자율 = 유효이자율 ····· 액면발행
> 사채이자율 < 유효이자율 ····· 할인발행
> 사채이자율 > 유효이자율 ····· 할증발행

사채에 대한 회계처리는 사채액면가액으로 사채계정 대변에 기입하고, 할인 또는 할증발행의 경우는 액면가액과 발행가액의 차액을 사채할인발행차금(또는 사채할증발행초과금)계정으로 처리하여 당해사채의 액면가액에서 차감 또는 부가하는 형식으로 기재한다.

예제 1. 다음 거래를 분개하라.

① 사채총액 ₩1,000,000을 기간 3년, 이자율 연 10%, 발행가액은 액면 ₩100에 대하여 ₩100, 청약증거금은 액면 ₩100에 대해 ₩100으로 발행하여 전부 인수를 끝내다. 사채납입일에 청약증거금을 사채납입으로 충당대체하다.

② 사채총액 ₩1,000,000을 상환기간 3년, 이자율 연 9%, 발행가액 액면 ₩100에 대하여 ₩97으로 발행하고 전부의 인수와 납입을 받다.

③ 사채총액 ₩1,000,000을 상환기간 3년, 이자율 연 12%, 발행가액 @₩100에 대하여 ₩103으로 발행하고 인수와 납입을 받다.

해답

① (차) 현 금 예 금   1,000,000   (대) 사채청약증거금   1,000,000
  (차) 사 채 청 약 증 거 금   1,000,000   (대) 사   채   1,000,000

② (차) { 현 금 예 금   970,000 / 사채할인발행차금   30,000 }   (대) 사   채   1,000,000

$$\text{₩}1,000,000 \times \frac{97}{100} = \text{₩}970,000 \cdots\cdots\cdots\cdots 발행가액$$

$$\text{₩}1,000,000 - \text{₩}970,000 = \text{₩}30,000 \cdots\cdots\cdots 사채할인발행차금$$

③ (차) 현 금 예 금   1,030,000   (대) { 사   채   1,000,000 / 사채할증발행차금   30,000 }

2. 사채발행차금(discount (or excess) on debentures issued)

사채발행차금은 사채를 액면가액 이상 또는 이하로 발행하였을 때 발생되는 사채액면가액과의 차액을 말하며 사채발행차금의 회계처리방법에는 다음의 두 가지가 있다.

먼저 사채발행차금을 사채의 평가계정으로 보는 견해이다. 즉, 사채발행차금이 차변항목(할인발행)에 있을 경우에는 차감적 평가계정의 성질을 갖고, 대변항목(할증발행)에 있을 경우에는 부가적 평가계정의 성질을 갖는다. 거기에 양 계정의 차액 또는 합계액은 사채발행으로서 수입한 실제차입액을 의미한다.

이에 대하여, 사채발행차금을 이자적 성질로 보는 견해가 있다. 즉, 사채를 할인발행하는 것은 사채이자율이 시장이자율(유효이자율)보다 낮을 때, 할증발행은 사채이자율이 시장이자율보다 높을 때 발행하는 것이다. 시장이자율이 10%의 경우 사채이자율도 10%라면 액면발행이 되고, 사채이자율이 9%라면 할인발행이 된다. 또 사채이자율이 12%라면 할증발행이 된다. 이런 뜻에서 할증발행의 경우 그 합계액을 실제차입액으로 보고, 사채발행차금(대변)은 만기에 지급하는 사채 액면금액을 초과하는 부분에 해당하는 것이므로 장래의 미지급이자부분이라고 한다. 사채발행초과금을 장래의 미지급이자, 즉 미래이자로 보는 견해를 미래이자설이라 한다.

한편, 할인발행의 경우 사채발행차금(차변)은 선급이자의 성질을 갖는 것으로 보는 선급이자설이 있다. 이것은 어음의 은행할인과 똑같은 것으로 보아 사채액면금액을 차입액으로 보고, 사채할인발행차금은 이자의 선급분이라고 보는 것이다.

우리나라 기업회계기준에서는 사채할인발행차금과 사채할증발행차금을 사채의 평가계정으로 보아 사채에서 차감 또는 부가하는 형식으로 기재하고 사채발행 시부터 사채상환 시까지의 기간에 유효이자율법을 적용하여 상각 또는 환입하고 동 상각 또는 환입액은 사채이자에 가감하여 처리하도록 규정하고 있다. 본 교재에서는 이해를 돕기위하여 정액법도 함께 적용하였다.

예제 2. 다음 거래를 분개하라.

사채총액 ₩1,000,000, 기간 3년, 사채할인발행차금 ₩30,000에 대하여 연도 말에 상각하다. 사채할인발행차금은 정액법에 의하여 상각한다.

해답

(차) 이 자 비 용　　10,000　　　(대) 사채할인발행차금　　10,000
　　(또는 사채이자)

3. 사채이자

회사는 사채권자에 대하여 액면가액에 연이율을 곱하여 산정한 이자를 지급해야 하는데, 이 이자는 보통의 지급이자와 합산하여 이자비용계정의 차변에 기입하여 영업외비용으로 처리한다. 사채이자지급일과 결산일이 다른 날이면 결산 기말에 경과월수에 따라 미지급사채이자를 계산하여야 한다. 사채 이자지급일이 결산일과 같은 날이면 이에 따라 사채할인발행차금도 상각을 해야 한다. 사채할인발행차금 또는 사채할증발행차금의 상각 또는 환입액은 사채이자에 가감 처리한다.

예제 3. 20×1년 1월 1일 5년 만기, 사채이자율 연 12%의 사채 ₩1,000,000을 발행하였다. 이자지급일은 매년 12월 31일이다. 이때 유효이자율이 12%, 14%, 10%인 경우를 각각 가정하여 발행시의 분개를 표시하라.

해답

(1) 유효이자율이 12%인 경우(액면발행)

사채의 발행가액은 다음과 같이 계산된다.

사채액면의 현재가치 : (₩1,000,000 × 12%, 5기간, 현가계수*)   ₩567,400

사채이자의 현재가치 : (₩120,000 × 12%, 5기간, 연금현가계수**)   432,600

1,000,000***

* 이 값은 현행가치표를 보고 찾아 낼 수 있다. 즉, 12%열에서 아래로, 기간이 5인 행에서 오른쪽으로 만나는 곳의 수치를 읽으면 0.5674이 된다.

** 이 값은 연금의 현재가치표를 보고 찾아 낼 수 있다. 즉, 12%열에서 아래로, 기간이 5인 행에서 오른쪽으로 만나는 곳의 수치를 읽으면 3.6048이 된다.

*** 사채이자율과 유효이자율이 동일하기 때문에 사채의 발행가액이 액면가액과 같게 된다. 즉, 액면발행이 된다.

20×1년 1월 1일 사채의 발행에 대한 분개는 다음과 같다.

   (차) 현   금   1,000,000   (대) 사   채   1,000,000

(2) 유효이자율이 14%인 경우(할인발행)

사채의 발행가액은 다음과 같이 계산된다.

사채액면의 현재가치 : (₩1,000,000 × 14%, 5기간, 현가계수*)   ₩519,400

사채이자의 현재가치 : (₩120,000 × 14%, 5기간, 연금현가계수**)   ₩411,972

사채의 발행가액 :   ₩931,372***

* (1)과 같은 방법으로 0.5194이 된다.

** (1)과 같은 방법으로 3.4331이 된다.

이때 표에서 사용하는 이자율은 사채이자율이 아니라 유효이자율이다.

*** 사채이자율이 유효이자율보다 낮기 때문에 사채의 발행가액은 액면가액보다 적게 된다. 즉, 할인발행이 된다.

20×1년 1월 1일 사채의 발행에 대한 분개는 다음과 같다.

   (차) { 현   금   931,372   (대) 사   채   1,000,000
         사채할인발행차금   68.628

(3) 유효이자율이 10%인 경우(할증발행)

사채의 발행가액은 다음과 같이 계산된다.

사채액면의 현재가치 : (₩1,000,000 × 10%, 5기간, 현가계수*)　　　₩620,900

사채이자의 현재가치 : (₩120,000 × 10%, 5기간, 연금현가계수**)　₩454,896

사채의 발행가액 :　　　　　　　　　　　　　　　　　　　　　　₩1,075,796***

　　* (1)과 같은 방법으로 0.6209가 된다.

　　** (1)과 같은 방법으로 3.7908이 된다.

　　*** 사채이자율이 유효이자율보다 높기 때문에 사채의 발행가액은 액면가액보다 높게 된다.

20×1년 1월 1일 사채의 발행에 대한 분개는 다음과 같다.

(차) 현　　　　　　　금　 1,075,796　　(대) { 사　　　　　　채　 1,000,000
　　　　　　　　　　　　　　　　　　　　　　사 채 할 증 발 행 차 금　 75,796

예제 4. [예제 3]의 (2) 사채할인발행의 경우 사채할인발행차금 상각시의 분개를 정액법과 유효이자율법에 의하여 각각 표시하라.

해답

(1) 정 액 법

사채할인발행차금상각표

일 자	액면이자(12%) A	사채할인발행 차금 상각액 B	유효이자 C	사채장부가액 D
20×1. 1. 1				931,372
20×1. 12. 31	120,000	13,725	133,725	945,097
20×2. 12. 31	120,000	13,725	133,725	958,822
20×3. 12. 31	120,000	13,725	133,725	972,547
20×4. 12. 31	120,000	13,725	133,725	986,272
20×5. 12. 31	120,000	13,728*	133,728	1,000,000
계	600,000	68,628	668,628	

A = 1,000,000 × 12%

B = 68,628 ÷ 5

C = A + B

D = 각 기초사채장부가액 + B

* 단수 조정에 의함.

각 연도에 필요한 분개는 다음과 같다.

20×1. 12. 31

(차) 이 자 비 용　 133,725　　(대) { 현　　　　　　　금　 120,000
　　　　　　　　　　　　　　　　　　　사 채 할 인 발 행 차 금　 13,725

정액법은 사채할인발행차금을 사채상환기간내에 매년 균등액을 상각하는데 비해 유효이자율법은 사채의 기초장부가액에 유효이자율을 곱하여 매기의 실질이자액을 계산하고 이 금액과 액면이자액과의 차액을 그 기간의 상각액으로 하는 방법이다. 상각액의 산정공식은 다음과 같다.

<정 액 법>

$$사채발행차금 \times \frac{해\ 당\ 월\ 수}{사채기간총월수}$$

<유효이자율법>

사 채 의   실 질 이 자 액 = 기초의 사채장부가액 × 유효이자율

사채할인발행차금상각액 = 유효이자 − 액면이자

사채할증발행차금환입액 = 액면이자 − 유효이자

20×2년, 20×3년, 20×4년, 20×5년 12월 31일의 분개는 20×1년 12월 31일의 분개와 모두 동일하다.

(2) 유효이자율법

사채할인발행차금상각표

일　　자	액면이자(12%) A	유효이자(14%) B	사채할인발행 차금 상각액 C	사채장부가액 D
20×1. 1. 1				931,372
20×1. 12. 31	120,000	130,392	10.392	941,764
20×2. 12. 31	120,000	131,847	11,847	953,611
20×3. 12. 31	120,000	133,506	13,506	967,117
20×4. 12. 31	120,000	135,396	15,396	982,513
20×5. 12. 31	120,000	137,487*	17,487	1,000,000
계	600,000	668,628	68,628	

A = 1,000,000 ×12%

B = D ×14%

C = B − A

D = 각 기초사채장부가액 + C

*단수조정에 의함.

각 연도에 필요한 분개는 다음과 같다.

20×1. 12. 31

(차)	이 자 비 용 (또는 사채이자)	130,392	(대)	{ 현　　　　　　금 　사채할인발행차금	120,000 10,392

20×2. 12. 31

(차)	이 자 비 용 (또는 사채이자)	131,847	(대)	{ 현　　　　　　금 　사채할인발행차금	120,000 11,847

20×3. 12. 31

　　　(차) 이 자 비 용　　133,506　　(대) { 현　　　　　　금　　120,000
　　　　　　　　　　　　　　　　　　　　사채할인발행차금　　13,506

20×4. 12. 31

　　　(차) 이 자 비 용　　135,396　　(대) { 현　　　　　　금　　120,000
　　　　　(또는 사채이자)　　　　　　　　　사채할인발행차금　　15,396

20×5. 12. 31

　　　(차) 이 자 비 용　　137,487　　(대) { 현　　　　　　금　　120,000
　　　　　(또는 사채이자)　　　　　　　　　사채할인발행차금　　17,487

예제 5. [예제 3]의 사채할증발행의 경우 사채할증발행차금 환입시의 분개를 정액법과 유효이자율법에 의하여 각각 분개 표시하라.

해답

(1) 정액법

사채할증발행차금환입표

일　자	액면이자(12%) A	사채할인발행 차금 환입액 B	유효이자 C	사채장부가액 D
20×1. 1. 1				1,075,796
20×1. 12. 31	120,000	15,159	104,841	1,060,637
20×2. 12. 31	120,000	15,159	104,841	1,045,478
20×3. 12. 31	120,000	15,159	104,841	1,030,319
20×4. 12. 31	120,000	15,159	104,841	1,015,160
20×5. 12. 31	120,000	15,160*	104,840	1,000,000
계	600,000	75,796	524,204	

A = 1,000,000 ×12%

B = 75,796 ÷ 5

C = A － B

D = 각 기초사채장부가액 － B

* 단수 조정에 의함.

각 연도에 필요한 분개는 다음과 같다.

20×1. 12. 31

　　　(차) { 이 자 비 용　　104,841
　　　　　사채할증발행차금　　15,159　　(대) 현　　　　　　금　　120,000

20×2, 3, 4, 5 12월 31일의 분개는 20×1 12월 31일의 분개와 같으므로 생략한다.

(2) 유효이자율법

사채할증발행차금환입표

일 자	액면이자(12%) A	유효이자(10%) B	사채할증발행 차금 환입액 C	사채장부가액 D
20×1. 1. 1				1,075,796
20×1. 12. 31	120,000	107,580	12,420	1,063,376
20×2. 12. 31	120,000	106,338	13,662	1,049,714
20×3. 12. 31	120,000	104,971	15,029	1,034,685
20×4. 12. 31	120,000	103,469	16,531	1,018,154
20×5. 12. 31	120,000	101,846*	18,154	1,000,000
계	600,000	524,204	75,796	

A = 1,000,000 × 12%

B = D × 10%

C = A − B

D = 각 기초사채장부가액 − C

*단수조정에 의함.

각 연도에 필요한 분개는 다음과 같다.

20×1. 12. 31

(차) { 이 자 비 용　107,580 　　(대) 현　　　　금　120,000
　　　 사채할증발행차금　12,420

20×6. 12. 31

(차) { 이 자 비 용　106,338 　　(대) 현　　　　금　120,000
　　　 사채할증발행차금　13,662

20×2. 12. 31

(차) { 이 자 비 용　104,971 　　(대) 현　　　　금　120,000
　　　 사채할증발행차금　15,029

20×3. 12. 31

(차) { 이 자 비 용　103,469 　　(대) 현　　　　금　120,000
　　　 사채할증발행차금　16,531

20×4. 12. 31

(차) { 이 자 비 용　101,846 　　(대) 현　　　　금　120,000
　　　 사채할증발행차금　18,154

예제 6. 다음 거래 중 연도별 이자지급의 경우를 분개하라.

사채총액 ₩3,000,000, 기간 3년, 이율 연 16%, 액면가액 @₩100, 발행가격 @₩97, 매년 ₩1,000,000씩 균등분할상환조건으로 발행하다. 단, 사채할인발행차금은 급수법에 의하여 상각한다.

해답

(1) 1차년도 사채할인발행차금상각액 :

$$\text{₩}90,000 \times \frac{3,000,000}{3,000,000+2,000,000+1,000,000} = \text{₩}45,000$$

(차) 이 자 비 용　525,000　　(대) { 현　　　　　금　480,000 / 사채할인발행차금　45,000

(2) 2차년도 사채할인발행차금상각액 :

$$\text{₩}90,000 \times \frac{2,000,000}{3,000,000+2,000,000+1,000,000} = \text{₩}30,000$$

(차) 이 자 비 용　350,000　　(대) { 현　　　　　금　320,000 / 사채할인발행차금　30,000

(3) 3차년도 사채할인발행차금상각액 :

$$\text{₩}90,000 \times \frac{1,000,000}{3,000,000+2,000,000+1,000,000} = \text{₩}15,000$$

(차) 이 자 비 용　175,000　　(대) { 현　　　　　금　160,000 / 사채할인발행차금　15,000

4. 사채상환

사채의 만기상환의 경우는 간단하므로 생략하고 추첨상환과 매입상환의 여러가지 경우를 설명한다.

(1) 추첨상환

이것은 통상 액면에 의한 상환이다. 추첨으로 상환사채가 ₩500,000이 결정되었다면 다음과 같이 미상환사채로 대체한다.

(차) 사　　　　채　500,000　　(대) 미 상 환 사 채　500,000
　　　　　　　　　　　　　　　　　(또 는 지 급 사 채)

(2) 액면가매입상환

액면가액으로 매입상환하는 경우, 예를 들어 사채액면 ₩500,000을 액면으로 매입상환한다면 액면발행의 경우에는 다음과 같이 처리가 된다.

(차) 사　　　　채　500,000　　(대) 현　　　　　금　500,000

만일 기초의 매입사채에 대하여 사채할인발행차금이 ₩2,500이 남아있다면 다음과 같이 처리한다.

$$(차) \begin{cases} 사\qquad\qquad 채 & 500,000 \\ 사 채 상 환 손 실 & 2,500 \end{cases} \qquad (대) \begin{cases} 현\qquad\qquad 금 & 500,000 \\ 사 채 할 인 발 행 차 금 & 2,500 \end{cases}$$

(3) 액면가 이하 매입상환

매입상환은 액면 이하로 하는 것이 보통이다. 액면과의 차액은 상환이익이므로 할인발행사채의 경우에는 사채할인발행차금의 상응액이 감액되어야 한다.

만일, 사채할인발행차금 ₩8,000이 있고, 사채액면 ₩200,000을 @₩96으로 매입상환하는 경우에는

$$(차) \quad 사\qquad\qquad 채 \quad 200,000 \qquad (대) \begin{cases} 현\qquad\qquad 금 & 192.000 \\ 사 채 할 인 발 행 차 금 & 8,000 \end{cases}$$

만일 평가발행 또는 할증발행의 경우에는 차액은 전부상환이익이 된다.

$$(차) \quad 사\qquad\qquad 채 \quad 200,000 \qquad (대) \begin{cases} 현\qquad\qquad 금 & 192.000 \\ 사 채 상 환 이 익 & 8,000 \end{cases}$$

예제 7. 다음 거래를 분개하라.

액면 @₩100을 @₩94로 발행한 사채액면 ₩1,000,000 중 ₩100,000을 @₩95로 매입상환하다. 기간 3년(단, 1년 경과). 사채할인발행차금은 정액법에 의하여 상각한다.

해답

$$(차) \quad 사\qquad\qquad 채 \quad 100,000 \qquad (대) \begin{cases} 현\qquad\qquad 금 & 95,000 \\ 사 채 할 인 발 행 차 금* & 4,000 \\ 사 채 상 환 이 익 & 1,000 \end{cases}$$

$*₩1,000,000 - 940,000 = ₩60,000$ ················· 사 채 할 인 발 행 차 금 총 액

$₩60,000 - \left(60,000 \times \dfrac{1}{3}\right) = ₩40,000$ ················· 사채할인발행차금현재잔액

$₩40,000 \times \dfrac{100,000}{1,000,000} = ₩4,000$ ················· 상환사채 ₩100,000에 해당
하는 사채할인발행차금

(4) 액면가 이상 매입상환

매입상환에 있어 액면 이상으로 매입하는 경우는 거의 없으나, 그 차액은 상환손실이 된다. 만일, 할증발행에 의한 사채할증발행차금이 있을 경우에는 이것을 발행차금의 환입에 충당해야 한다.

예를 들어, 사채액면 ₩100,000을 @₩103으로 매입 상환하고 상환사채에 대해 사채할증발행차금이 ₩3,000있을 경우

$$(차) \begin{cases} 사\qquad채 & 100,000 \\ 사채할증발행차금 & 3,000 \end{cases} \qquad (대)\ 현\qquad금 \qquad 103,000$$

만일 액면발행의 경우라면,

$$(차) \begin{cases} 사\qquad채 & 100,000 \\ 사\ 채\ 상\ 환\ 손\ 실 & 3,000 \end{cases} \qquad (대)\ 현\qquad금 \qquad 103,000$$

할인발행의 경우에 사채할인발행차금이 남아 있을 때는 이것을 사채상환손실에 가산해야 한다.

5. 사채의 차환과 전환

이미 발행된 사채를 상환하기 위하여 새로운 사채를 발행하는 것을 사채의 차환(refunding)이라고 한다. 차환의 목적은 구(舊)사채를 상환하기 위하여 신사채를 발행하는 경우와 사채의 이자율을 인하하여 장래의 자금코스트를 낮추기 위한 경우가 있다. 차환의 시기에 대해서는 구사채의 만기 전의 차환과 만기 후의 차환이 있으며, 만기 전의 차환시에는 구사채의 사채할인발행차금과 사채발행비의 미상각잔액에 대하여 상환시 상각하는 방법과 신사채의 사채할인발행차금, 사채발행비와 함께 신사채의 존속기간에 걸쳐 이연상각하는 두 가지가 있다. 일반적으로는 전자의 예에 따른다. 왜냐하면, 신사채의 발행과 구사채의 상환은 별개의 회계사실로 보기 때문이다.

주식과 교환할 수 있는 전환사채(convertible bonds)를 발행한 경우에는 사채 발행 후 일정기간이 경과되어 사채권자의 의사에 따라 사채를 주식으로 전환하면

사채, 즉 회사의 부채가 자본으로 전환되는 결과를 가져온다. 상법상 주식 이외의 다른 사람에게 전환사채를 발행하는 경우에는 주주총회의 특별결의가 있어야 하며, 이때 전환사채의 발행은 자본충실의 원칙에 의하여 액면 발행에 한하여 인정된다.

예제 8. 다음 거래를 분개하라.
① 만기도래된 사채 ₩4,000,000을 상환하기 위하여 사채 ₩4,000,000을 액면가액 @₩1,000에 대하여 @₩970으로 발행하고 납입금은 전액 당좌예금하다.
② 사채총액 ₩4,000,000을 현금으로 상환하다.
③ 전환사채 ₩5,000,000의 전환청구가 있어서 회계연도 말에 전액 보통주식 1,000주(액면 1주 ₩5,000)를 발행하여 교부해 주다.

해답

①	(차) { 당 좌 예 금	3,880,000	(대)	사 채		4,000,000
	사채할인발행차금	120,000				
②	(차) 사 채	4,000,000	(대)	현 금		4,000,000
③	(차) 사 채	5,000,000	(대)	자 본 금		5,000,000

6. 자기사채(treasury debentures)

자기사채란 자기회사가 발행한 사채를 유휴자금 등의 일시적인 운용이나 매입소각을 전제로 재취득하는 것을 말한다.

기업회계기준에서는 취득목적을 구분함이 없이 액면가액과 사채발행차금 등을 당해 계정과목에서 직접 차감하고, 장부가액과 취득가액의 차이는 사채상환이익 또는 사채상환손실의 과목으로 하여 당기손익으로 처리하고 취득경위 등은 주석으로 기재하도록 규정하고 있다. 즉, 자기사채의 취득은 취득목적과 관계없이 사채의 상환으로 보아 상환손익을 계상하게 된다. 이때 사채상환손익은 영업외손익에 해당된다.

예제 9. 다음 거래를 분개하라.
① 회사가 발행한 사채액면 ₩1,000,000 중 ₩500,000을 일시보유목적으로 ₩450,000에 현금매입하다.
② 회사가 발행한 사채액면 ₩2,000,000을 만기전에 ₩2,050,000에 현금으로 매입하다.

해답

① (차) 사   채   500,000   (대) { 현   금   450,000
                                              사 채 상 환 이 익   50,000 }

② (차) { 사   채   2,000,000   (대) 현   금   2,050,000
          사 채 상 환 손 실   50,000 }

7. 감채기금과 감채적립금

사채를 발행한 경우에는 그 상환에 많은 자금이 일시에 필요하게 되므로 상환기의 영업에 지장이 없도록 매기 일정액을 예금이나 유가증권 등의 형태로 보유하고 일상자금과 구별해서 특정자산으로 축적해 두지 않으면 안된다. 이를 감채기금(sinking fund)이라 한다. 이러한 감채기금은 회사가 스스로 설정하는 경우도 있고 사채발행조건에 따라 설정하는 경우도 있다. 보통 매기에 설정하는 기금은 연금계산에 의하여 소정기간의 원리금합계가 사채총액과 일치되도록 설정한다. 따라서, 감채기금으로부터 나오는 수익은 동 기금에 가산하는 것이 일반적이다.

그러나 감채기금을 설정하면, 그 만큼 영업자금이 감소되므로 실질적으로 영업자금을 감소시키지 않기 위해서 매기 이익 중에서 이익처분시에 일정금액을 적립금으로 설정하는 경우가 있다. 이를 감채적립금(sinking fund reserve)이라 한다. 감채적립금은 자본이지만 그 실체는 자산으로서 그것이 구체적으로 어떤 자산의 형태로 운용되고 있는가를 감채적립금만으로는 알 수가 없다. 이 적립금설정의 의의는 구체적으로 사채의 상환자금을 준비하는 것이 아니라, 사채를 상환할 때까지 주주에게 이익배당하는 것을 제한하고 이익이 사외(社外)로 유출되는 것을 방지하는 데 있다. 감채기금이나 감채적립금 한가지만을 설정할 수도 있고 양자를 동시에 설정할 수도 있다. 그러나 감채적립금에 의한 전체로서의 자산의 증가액을 감채기금으로 하는 것이 상환을 확실하게 하는 것이 된다.

예제 10. 감채기금만 설정하는 경우의 다음 거래를 분개하라.
　① 감채기금으로 현금 ₩1,000,000을 정기예금하다.
　② 위의 정기예금이자 ₩180,000을 감채기금에 가산하다.
　③ 사채 ₩1,000,000을 감채기금으로 상환하다.

해답

① (차) 감 채 기 금 예 금   *1,000,000*   (대) 현   금   *1,000,000*
② (차) 감 채 기 금 예 금   *180,000*   (대) 이 자 수 익   *180,000*
③ (차) 사   채   *1,000,000*   (대) 감 채 기 금 예 금   *1,000,000*

예제 11. 감채적립금만 설정하는 경우의 다음 거래를 분개하라.
① 주주총회의 결의에 의거 ₩500,000을 감채적립금으로 미처분이익잉여금을 처분하다.
② 사채 ₩3,000,000을 현금으로 상환하다. 단, 동액의 감채적립금이 설정되어 있다.

해답

① (차) 미처분이익잉여금   *500,000*   (대) 감 채 적 립 금   *500,000*

② (차) { 사   채   *3,000,000* / 감 채 적 립 금   *3,000,000* }   (대) { 현   금   *3,000,000* / 별 도 적 립 금   *3,000,000* }

예제 12. 감채기금과 감채적립금을 동시에 설정하는 경우의 다음 거래를 분개하라.
① 주주총회의 결의에 의거 당기말 미처분이익잉여금 중 ₩1,500,000을 감채적립금으로 대체하고 동시에 동액을 유가증권에 투자하다.
② 위의 감채용 유가증권의 배당금 ₩300,000을 받아 감채적립금에 대체하다.
③ 사채 ₩5,000,000을 감채기금으로 상환하다. 단, 동액의 감채적립금이 설정되어 있다.

해답

① (차) { 미처분이익잉여금   *1,500,000* / 감 채 기 금   *1,500,000* }   (대) { 감 채 적 립 금   *1,500,000* / 현 금 예 금   *1,500,000* }

② (차) { 현 금 예 금   *300,000* / 감 채 기 금   *300,000* }   (대) { 배 당 금 수 익   *300,000* / 감 채 적 립 금   *300,000* }

③ (차) { 사   채   *5,000,000* / 감 채 적 립 금   *5,000,000* }   (대) { 감 채 기 금   *5,000,000* / 별 도 적 립 금   *5,000,000* }

제 2 절   장기차입금

장기차입금(long-term debt)은 금융기관이나 신용대여기관 등으로부터 자금을 차입하고 그 원금을 재무상태표 작성일로부터 1년 이후의 일정시점에 상환하게 되어 있는 채무를 말한다. 만약 장기차입금 중 그 상환기일이 1년 이내로 도래했을 경우에는 유동성장기부채(current maturities of long-tern debt)로 재분류하여 이를 유동부채의 일부로 보고한다.

예제 13. 다음 거래를 분개하라.
① 거래은행으로부터 3년 후의 상환조건으로 ₩50,000,000을 현금으로 차입하여 곧 당좌예금하다.
② 외국은행으로부터 차관 US$1,000,000을 1년 거치 후 5년 분할상환조건으로 차입하다. 차입 시의 환율 US$ 1 : ₩750 환율의 변동이 없다고 가정하고 위 문제 ①과②를 차입시 및 제1차년도 결산시의 분개를 각각 표시하라. 차입조건 연이자율 10%

해답

①	(차)	당 좌 예 금	50,000,000	(대)	장 기 차 입 금	50,000,000
		이 자 비 용	5,000,000		미 지 급 이 자	5,000,000
②	(차)	당 좌 예 금	750,000,000	(대)	장 기 차 입 금	750,000,000
		장 기 차 입 금	150,000,000		유동성장기차입금	150,000,000
		이 자 비 용	75,000,000		미 지 급 이 자	75,000,000

제 3 절   장기성매입채무

장기성매입채무는 재무상태표 작성일로부터 1년 이상이 경과한 후에 지급기일이 도래하는 장기외상매입금과 장기지급어음을 말한다. 장기외상매입금은 일반적으로 액면가액이 지급기일에 지급해야 하는 이자비용까지 포함된 금액이기 때문에 시장이자율로 할인하여 현재가치(present value)를 순수한 장부가액으로 평가하고 액면가액과 장부가액과의 차이는 현재가치할인차금으로 계산하여 유효이자율법으로 상각하여야 한다.

장기지급어음은 어음의 액면가액 이외에 이자를 별도로 지급해야 하는 이자부어음(interest-bearing notes)과 무이자부어음(non-interest-bearing notes)으로 구분된다. 무이자부어음의 경우에는 원칙적으로 시장이자율을 적용하여 계산한 현재가치(present value)를 순수한 비유동부채의 장부가액으로 평가하고, 장기지급어음의 액면가액과 현재가치의 차이는 사채의 경우와 마찬가지로 장래의 이자비용 성격을 갖는 현재가치할인차금계정을 사용하여 이연계상하여야 한다. 또한 이자부어음이라 할지라도 액면에 표시되어 있는 이자율이 시장의 유효이자율과 현저히 다를 경우에도 사채의 유효이자율법을 적용할 때와 마찬가지로 실제의 유효이자를 계산하여 이를 당기의 이자비용으로 계산하는 회계처리가 필요하다.

예제 14. 다음 거래를 분개하라.

① 아파트건설업체인 A회사는 하청업체인 B건설회사에 아파트공사를 하청하여 준공하고 공사대금 3억원 중 1억원은 수표를 발행하여 지급하고 나머지 2억원은 2년만기 약속어음을 발행하여 지급하다.

② 거래처로부터 원자재 ₩50,000,000을 구입하고 대금은 1년 6개월후 지급조건으로 하다.

해답

① (차)	재 고 자 산	300,000,000	(대)	당 좌 예 금	100,000,000
				장 기 성 매 입 채 무	200,000,000
② (차)	원 재 료	50,000,000	(대)	장 기 성 매 입 채 무	50,000,000

제 4 절 장기충당부채

이것은 1년 이후의 특정비용인 지출의 발생이 확실히 예상되는 경우에 설정되는 충당부채으로 퇴직급여충당부채, 공사보증충당부채 등이 이에 속한다.

1. 퇴직급여충당부채(allowance for retirement)

종업원에 대하여 퇴직금 또는 퇴직급여의 지급이 노사협약 또는 사칙에 규정되어 있는 경우에는 퇴직시에 다액의 퇴직급여가 지급되게 된다. 노사협약 또는 사칙에 규정이 되어 있지 않더라도 근로기준법에 의하여 1년 이상 근속 후 퇴직하는 종업원에게는 근속연수 1년당 1개월에 상당하는 평균급여액을 퇴직금으로 지급해야 된다.

따라서 퇴직급여는 종업원의 노동력의 대가의 성격을 가지고 있으므로, 그 재직기간의 각 사업연도에 적정하게 부담해야 할 것이다. 퇴직급여액을 지급할 때 일시에 비용으로 처리하게 되면 적정한 기간손익계산을 못하게 되므로 불합리하게 된다. 그러므로 종업원의 재직중 일정한 기준에 따라 퇴직금의 매기의 증가액을 계산하여 매 사업연도에 비용으로 계상하고 근로자퇴직급여보장법에 따라 확정기여형퇴직연금 등이 설정되지 아니한 경우 퇴직급여충당부채를 설정한다.

기업회계기준에 따르면 퇴직급여충당부채는 회계연도 말 현재 전 임직원이 일시에 퇴직할 경우 지급하여야 할 퇴직금에 상당하는 금액이어야 한다.

퇴직급여충당부채전입액은 인건비로서 퇴직급여계정으로 하여 종업원의 작업에 따라 배부해야 하며, 생산에 종사하는 경우에는 제조원가에 배부하고, 판매와 일반관리에 종사하는 경우에는 판매비와 관리비에 배부하는 회계처리를 하게 된다. 물론 퇴직시의 급여, 재직연수의 차이, 자퇴인가 혹은 회사 사정에 의한 것인가에 따라 퇴직급여액이 달라지므로 정확히 추산한다는 것은 곤란하다.

예제 15. 퇴직급여충당부채 ₩5,000,000을 계상하다. 이를 분개하라.

해답　(차) 퇴 직 급 여　5,000,000　(대) 퇴직급여충당부채　5,000,000

예제 16. 종업원 김갑돌이 퇴직하게 되어 퇴직금 ₩1,500,000을 현금으로 지급하다. 이를 분개하라.

해답　(차) 퇴직급여충당부채　1,500,000　(대) 현　　　금　1,500,000

퇴직급여가 각 기간에 결정되어 지급되거나 부채로 계상되는지에 따라 퇴직급여제도는 확정기여제도(defined contribution plan; DC)와 확정급여제도(defined benefit plan; DB)로 구분된다.

확정기여제도에서는 기업의 부담금이 사전에 정해지고 근로자가 기금의 운용을 책임지며 기금의 운용결과에 따라 종업원이 받게 되는 퇴직금이 결정된다. 따라서 기업은 납부한 기여금에 대해서만 기록하므로 회계처리가 단순하다. 반면, 확정급여제도에서는 근로자의 퇴직연금이 사전에 정해지고 기업이 기금의 운용을 책임진다. 이 경우 보험수리적 방법을 사용하여 미래 임직원이 퇴직할 경우 지급해야 할 퇴직금을 추정한 후 현재가치로 계산해야 하므로 회계처리가 복잡해진다.

즉, 개인은 회사가 보장하는 기금운용수익률보다 더 높은 수익률을 얻을 자신이 있으면 확정기여형(DC)을 선택하면 되고, 회사가 보장하는 수익률에 만족하고 안정적으로 운용하고 싶다면 확정급여형(DB)를 선택하면 된다.

퇴직급여제도를 비교하면 다음과 같다.

	확정기여제도(DC)	확정급여제도(DB)
의의	기업이 기금에 납부할 기여금을 사전에 확정. 기금이 종업원급여를 제공하지 못하더라도 기업에게 추가 납부 의무가 없음.	종업원에 지급할 퇴직급여를 확정. 운용결과에 따라 기업이 납입해야 할 부담금 수준이 변동함.
기금운용의 책임	종업원	기업
퇴직급여의 확정 여부	확정 안됨	확정됨.
회계처리	기여금의 납부외 기업의 책임이 없으므로, 기여금에 대해서만 회계처리함.	보험수리적 방법을 사용하여 미래 임직원이 퇴직할 경우 지급해야 할 퇴직금을 추정한 후 현재가치로 계산함.

확정기여제도의 회계처리

(차) 퇴 직 급 여   ×××   (대) 현금예금   ×××

확정급여제도의 회계처리

(차) 퇴 직 급 여   ×××   (대) 퇴직급여충당부채   ×××

　확정급여제도에서 퇴직급여와 관련된 자산과 부채를 재무상태표에 표시할 때에는 퇴직급여와 관련된 부채(퇴직급여충당부채와 퇴직연금미지급금)에서 퇴직급여와 관련된 자산(퇴직연금운용자산)을 차감하는 형식으로 표시한다.

　퇴직연금운용자산이 퇴직급여충당부채와 퇴직연금미지급금의 합계액을 초과하는 경우에는 그 초과액을 "투자자산"의 과목으로 표시한다.

2. 하자보수충당부채
(allowance for guarantee provision in construction contracts)

　건설업자가 건설업법 또는 예산회계법 등의 규정에 의하여 1년 내지 2년간 공사의 하자(瑕疵)에 대하여 보수공사를 할 것을 조건으로 건축물을 인도한 경우, 이로부터 발생하는 장래의 손실에 관하여 설정하는 충당금이다.

예제 17. 다음 거래를 분개하라.

① 결산시 장래의 하자보수를 위하여 비용의 일부 ₩8,000,000을 견적하여 공사보증
충당 부채를 설정하다.

② 하자가 발생하여 보수하고 하자보수비 ₩12,000,000을 지급하다. 이때 공사보증
충당부채 ₩9,000,000이 있다.

해답

①	(차)	수 선 비	8,000,000	(대)	하자보수충당부채	8,000,000
②	(차)	하자보수충당부채	9,000,000	(대)	현 금 예 금	12,000,000
		수 선 비	3,000,000			

제5절 이연법인세부채

이연법인세부채는 기업회계와 세무회계와의 일시적 차이에 의하여 법인세비용
이 법인세법 등의 법령에 의하여 세무서에 납부하여야 할 금액을 초과하는 경우
그 초과하는 금액을 말한다(다음 제15장 제6절 법인세비용 참조).

배우는 일에 열정을 가지는 것이 좋다. 그러나 아무리 많은 것을
배우더라도 우리가 진정으로 알 수 있는 것은 자신이 사색한 것들 뿐이다

연 습 문 제

[1] 다음 거래를 분개하라.
   ① 사채총액 ₩5,000,000을 기간 5년, 이자율 연 10%, 발행가액은 액면 ₩100에 대하여 ₩100으로 발행하여 전부 인수와 납입을 받아 곧 당좌예금하다.
   ② 사채총액 ₩5,000,000을 상환기간 3년, 이자율 연 12%, 발행가액 @₩1,000에 대하여 ₩1,030에 발행하고 인수와 납입을 받아 곧 당좌예금하다.
   ③ 위 ① ②의 문제에서 회계연도초에 사채를 발행한 것으로 보아 제1차 결산을 맞아 결산수정분개를 했을 때의 분개는?

[2] 20×5년 1월 1일, 5년 만기, 사채이자율 연 10%의 사채 ₩5,000,000을 발행하였다. 이자지급일은 매년 12월 31일이다. 이때 유효이자율이 8%, 10%, 12%인 경우를 각각 가정하여 ① 발행시 및 ② 20×5. 12. 31의 분개를 표시하라(단, 유효이자율법에 의하여 사채할인발행차금을 상각하되 반드시 계산근거를 제시하시오).

   <현 가 계 수> 12%, 5기간 : 0.5674   10%, 5기간 : 0.6209   8%, 5기간 : 0.6806
   <연금현가계수> 12%, 5기간 : 3.6048   10%, 5기간 : 3.7908   8%, 5기간 : 3.9927

[3] 다음 거래를 분개하라.
   ① 사채총액 ₩5,000,000을 기한 3년, 연 이자율 18%, 액면가액으로 액면발행하고 청약증거금 ₩2,000,000을 현금으로 납입받아 곧 당좌예금하다.
   ② 위의 사채에 대하여 사채총액의 납입이 완료되어 먼저 받은 청약증거금은 납입액으로 대체충당하다.
   ③ 사채 ₩3,000,000을 액면 @₩1,000에 대하여 @₩1,100에 발행하고 납입금은 전액 현금으로 납입받아 당좌예금하다. 동 사채발행비 ₩400,000을 수표를 발행하여 지급하다.
   ④ 사채액면총액 ₩20,000,000이 만기가 되어 수표를 발행하여 상환하다.
   ⑤ 다음 조건으로 발행한 ₩10,000,000의 사채를 사채발행 후 3년째 초에 그 중 ₩5,000,000을 추첨 상환하다. 단, 당회사의 결산은 연 2회, 발행가액 @₩950(액면 @₩1,000), 연이자율 5%, 상환기한 5년.

[4] 부성물산주식회사는 사업연도(1년) 초일인 20×6년 4월 1일 액면 @₩100, 발행가액 @₩95, 액면총액 ₩30,000,000, 연 이자율 10%, 이자지급 연 2회(5월말, 11월말), 5년 후 상환조건으로 사채를 발행하였다. 이에 따른 사채 발행시와 동발행후 1년간의 회계처리를 분개하라(단, 사채할인발행차금은 정액법에 의하여 상각함).

[5] A주식회사는 20×6년 2월 말일로 만기가 되는 액면총액 ₩50,000,000의 사채를 차환하기 위하여 20×6년 2월 20일에 구사채를 신사채의 청약증거금으로 받았다. 신사채의 발행가액은 액면 @₩1,000에 대하여 @₩960이며, 연이율 10%, 청약기일은 동년 2월 20일이며, 동 사채발행일은 동년 2월 25일이다. 동년 2월 20일, 2월 25일, 2월말에 있어서의 거래를 분개하라.

[6] 사채 ₩50,000,000을 상환한 거래에 있어 다음 각각의 경우의 분개를 표시하라.
① 동액의 감채기금만 설정되어 있는 경우.
② 동액의 감채적립금만 설정되어 있는 경우.
③ 동액의 감채기금과 적립금이 설정되어 있는 경우.

[7] 한강회사의 아래 자료에 의하여 다음 질문에 답하라.

<자 료>
한강회사는 전기말인 20×6. 12. 31 자로 ₩30,000,000의 퇴직급여충당부채를 계상하고 있다. 그 시점에서 퇴직급여충당부채의 설정필요액은 ₩45,000,000이었다. 당기중 회사는 실제퇴직금 ₩9,500,000을 지급하였으며, 당기말 설정할 필요가 있는 퇴직급여충당부채 소요총액은 ₩58,000,000이다.

질문
(1) 당기 초에 지난 연도의 퇴직급여충당부채 과소계상을 수정하기 위한 분개를 표시하라.
(2) 당기 중 실제 지급한 퇴직금의 분개를 표시하라.
(3) 퇴직급여충당부채의 당기 설정분을 계상하기 위한 분개를 표시하라.

[8] 다음의 거래를 표시하라.
(1) ① A건설주식회사는 12.31. 결산일에 하자보수등 대수선을 위하여 하자보수 충당부채를 설정하다. 수선에 소요되는 비용은 ₩50,000,000으로 추정하다.
② 실제 대수선을 실시하고, 수선비 ₩50,000,000을 수표를 발행하여 지급하다.
(2) ① 당기말 퇴직급여충당부채의 기말잔액은 ₩68,000,000이고, 당기말 현재의 전 종업원이 일시에 퇴직할 경우에 지급하게 될 예상 퇴직금총액은 ₩75,500,000이다. 따라서 결산시 부족액을 추가로 전액 설정하다.
② 다음해 5명의 종업원이 퇴직하여 실제로 퇴직금 ₩11,750,000 중 원천세 ₩500,000을 차감한 후 잔액을 지급하다.

[9] 다음 거래를 분개하라.
① 결산시 퇴직급여충당부채 ₩2,000,000을 계상하고 동액을 수표를 발행하여 정기예

금하다.

② 건물을 수선하고 수선비 ₩800,000을 수표를 발행하여 지급하다. 단, 하자보수충당
   부채 ₩1,500,000이 설정되어 있다.

③ 결산시에 하자보수충당부채 ₩1,000,000을 설정하다.

④ 사원 갑이 퇴직함에 따라 퇴직금 ₩400,000을 현금으로 지급하다. 단, 퇴직급여충
   당부채 ₩2,000,000이 있다.

[10] 다음 용어를 간단히 설명하라.

(1) 사채의 발행	(7) 사채할증발행차금
(2) 사채할인발행차금	(8) 사채의 종류
(3) 감채기금	(9) 퇴직급여충당부채
(4) 감채적립금	(10) 하자보수충당부채
(5) 사채의 상환	(11) 이연법인세부채
(6) 유효이자율법	(12) 장기성매입채무

15

손 익 계 정

제 1 절	손익계정의 분류
제 2 절	영업수익
제 3 절	매출원가
제 4 절	판매비와 관리비
제 5 절	영업외수익과 영업외비용
제 6 절	법인세비용

손 익 계 정

제 1 절 손익계정의 분류

손익거래는 수익거래와 비용거래로 분류된다. 수익거래는 기업이 상품 또는 용역을 외부에 제공하고 그 대가로서 경제가치를 받아들이는 거래이며, 비용거래는 이러한 수익을 얻고 또는 기업의 존속을 유지하기 위하여 경제가치를 소비하는 거래이다. 현실적으로 전자는 상품의 매출 또는 용역의 제공으로 나타나고, 후자는 상품의 매입, 급료의 지급과 여러 가지 경비의 지급으로 나타난다.

포괄손익계산서의 항목을 분류하면 다음과 같다.

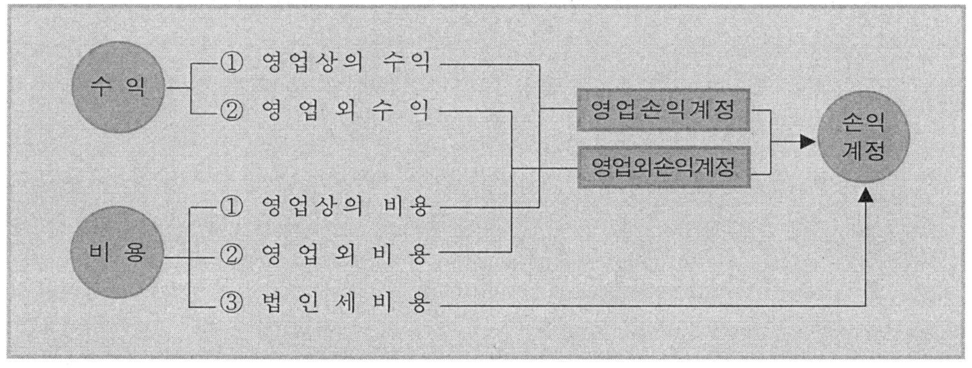

위에서 본 바와 같이, 손익계정은 영업손익계정·영업외손익계정 및 법인세비용계정으로 구분됨을 알 수 있다.

한편, 기업회계기준에서는 계산의 명료성을 나타내기 위하여, 다음과 같이 구분한다.

① 매출총손익(매출액 − 매출원가).

② 영업손익(매출총손익 − 판매비와 관리비).

③ 법인세비용차감전 순손익(영업손익 + 영업외수익 − 영업외비용).

④ 당기순손익(법인세비용차감전 순손익 − 법인세비용).

제 2 절   영업수익

상품매매업에 있어서의 영업수익(operating revenue)은 매출액과 기타의 영업수익으로 구분된다. 매출액에 관계되는 계정은 상품거래에 관한 계정(제10장, 11장)에서 이미 설명한 바와 같다. 만일 매출에누리와 매출환입이 있을 경우에는 매출총액에서 차감해야 한다.

기타의 영업수익계정으로는 수입수수료·적송품 매출이익·할부 매출이익·미착상품 매출이익 등이 있다.

제 3 절   매출원가

매출원가(cost of sales)는 매출한 상품·제품의 원가로, 재고자산으로 계상하였던 것이 판매되었기 때문에 비용화한 것이다. 매출원가는 기초재고액과 당기매입액 또는 당기제품 제조원가를 합계한 매출가능액에서 기말에 남아 있는 재고액을 차감하여 산출한다.

따라서 기말재고자산을 어떻게 계상하는가에 따라 매출원가가 달리 계상되고, 이에 따라 매출총손익이 달리 계상되기 때문에 기말재고자산의 평가는 매우 중요하다. 만일 매입에누리와 매입환출이 있을 경우에는 당기매입액에서 차감한다.

	금　　　액
(1) 기초상품(또는 제품)	₩ 1,000
(2) 당기매입액	
① 당기상품총매입액	10,000
(또는 당기제품제조원가)	
② 매입에누리와 환출	(500)
계	10,500
(3) 기말상품(또는 제품)재고액	(2,000)
매 출 원 가	8,500

위의 예에서 만일 기말상품재고액을 ₩3,000으로 계상하면 매출원가는 ₩7,500 으로 계상되고, 기말상품재고액을 ₩1,000으로 계상하면 매출원가는 ₩9,500으로 계상이 된다. 이에 따라 매출총손익이 달라지고 당기순이익도 달라지게 된다.

제 4 절 판매비와 관리비

판매비와 관리비는 상품 또는 제품 등의 판매활동과 기업의 유지·관리를 위하여 발생하는 비용으로서 매출원가에 속하지 아니하는 모든 영업비용을 말한다. 경영관리상의 자료를 얻기 위하여서는 판매비(selling expenses)와 관리비(administrative expenses)로 엄격히 구별하여야 하지만, 실무에 있어서는 일괄하여 판매비와 관리비로 사용하고 있다.

그것은 판매사무와 관리사무가 동일장소에서 이루어지는 수가 많으며, 그 구분·판단이 곤란하기 때문이다. 그리고 판매비와 관리비를 합하여 영업비(office expenses)라고도 한다.

이들을 지급한 때에는 각 계정의 차변에 기입하고, 어떤 사유로 말미암아 환입되었을 때에는 대변에 기입한다. 여기에 속하는 계정들은 다음과 같다.

급여·퇴직급여·복리후생비·여비교통비·통신비·수도광열비·세금과 공과·소모품비·임차료·감가상각비·수선비·보험료·접대비·광고선전비·보관료·견본비·포장비·경상개발비·운반비·판매수수료·대손상각비·영업권상각·잡비 등이다.

판매비와 관리비는 필요에 따라 각각 구별하여 표시할 수 있으며, 또한 판매비와 관리비명세서를 작성하는 경우에는 포괄손익계산서에 합계액만을 기재할 수 있다. 위에서 열거한 각 비용항목을 간단히 요약 설명하면 다음과 같다.

(1) 급 여

급여(salaries)는 인건비로서 다음의 것이 포함된다.

① 임원급여(director's salaries)

회장, 부회장, 대표이사, 전무, 상무 이사, 감사 등에 대한 급여와 경상적인 상여금을 포함한다. 임원급여란 경영책임에 대한 보수로서 주주총회에서 결정하는 범위를 한도로 지급되어야 한다.

② 급료와 임금(wages and salaries)

판매부문과 관리부문에 종사하는 종업원의 급료와 임금을 말한다.

③ 제수당(miscellaneous allowances)

판매부문과 관리부문에 종사하는 종업원의 상여와 수당을 말한다.

(2) 퇴직급여(retirement allowance)

기업이 퇴직금지급에 대비하여 매기 퇴직급여충당부채를 설정하고 비용에 배분하는 동 충당부채의 전입액을 말한다. 기업회계는 퇴직시 지급하는 퇴직금의 지급의무를 그 지급의 원인발생, 즉 근로의 제공기간에 귀속시켜 비용으로 인식하는 발생주의 절차를 취하게 된다. 따라서 퇴직급여충당부채를 설정하면서 비용의 당기배분으로 동 충당부채설정액을 계상하고 실제 퇴직시 퇴직급여충당부채가 설정되어 있으면 퇴직급여충당부채와 상계하게 된다.(제14장 제4절 참고)

(3) 복리후생비(other employee benefits)

노동능률의 유지·향상을 위하여 종업원에게 지급되는 복리후생적 비용을 말한다. 따라서 복리후생비는 종업원의 근무, 위생, 보건, 위안 등에 소요되는 기업부담의 비용에서부터 작업능률향상을 위하여 간접적으로 부담하는 각종 후생시설의 경비 등도 이에 포함된다.

(4) 임차료(rent)

동산·부동산 등을 임차하여 이용하고 지급하는 사용료를 처리하는 계정이다.

즉 사업장·공장 또는 사무실 등을 임차하고 매월 지급하는 임차료는 원칙적으로 발생주의로 인식한다.

(5) 접대비(entertainment expense)

사업상의 교제·접대에 사용한 비용을 처리하는 계정이다. 주로 거래처에 대한 접대비, 선물대, 축의금 및 기밀비 등이 이에 속한다. 세법상으로는 기업의 자본금 및 매출액의 금액에 따라 일정한도액만을 비용으로 인정하고 있다.

(6) 감가상각비(depreciation)

판매·관리부문에 속하는 건물, 비품, 차량운반구 등의 감가상각비를 처리하는 계정이다. 감가상각비는 유형자산 및 무형자산의 취득원가를 내용연수기간의 수익에 대응하여 비용에 배분하는 절차이다.

제조부문에 속하는 유형자산의 감가상각비는 제조원가로, 투자부동산의 감가상각비는 영업외비용으로 각각 구분 처리한다.

(7) 세금과 공과(taxes and dues)

국세와 지방세 등의 조세와 공공적 지급비용인 공과금을 처리하는 계정이다. 그러나 조세라도 당기손익을 근거로 납부하는 법인세비용 등은 별도 구분해서 표시한다. 유형자산의 취득원가를 구성하는 등록세, 취득세 또는 제조원가에 포함하는 개별소비세, 관세 등은 제외된다. 종합부동산세, 자동차세, 재산세, 사업소세, 매입세액불공제 부가가치세 등이 이에 해당한다. 한편 공과금이란 동업조합, 협회 등의 각종 회비 부담금으로서 상공회의소 부담금, 대한적십자회비, 각종벌금·과료1)·과태료2) 등의 과징금 등이 포함된다.

(8) 광고선전비(advertising expense)

상품·제품의 판매촉진을 목적으로 불특정다수인에게 광고하고 선전하는 활동에 소요되는 비용을 처리하는 계정이다. 예를 들면,

---

1) 과료란 형법에 의하여 일정한 재산을 납부하게 하는 재산형의 하나로 그 금액이 적고 비교적 경미한 범죄에 과하여진다.

2) 과태료란 벌금 및 과료와는 달리 형벌의 성질을 가지지 않고 여러 법률질서의 위반에 대한 행정상 처분을 말한다.

① 신문·잡지·라디오·TV 등의 광고선전을 위한 직접비용과 특별한 도안·
   표어 등의 비용, 결산공고·사원모집 등의 비용
② 팜플렛·부로쉬어(brochure)·카달로그 등
③ 선전품·성냥·캘린더·재떨이 등의 비용
④ 입간판·네온탑·광고탑에 필요한 비용 및 이들 시설물 설치를 위한 타인
   의 건물·토지를 이용하는 임차료 등과 이러한 건설비를 유형자산에 계상
   하고 상각하는 정상적인 감가상각비 등이 이에 포함된다.

(9) 경상개발비(ordinary development expense)

경상개발비는 경상적으로 지급되는 개발비를 처리하는 계정이다. 즉 무형자산
으로 처리되는 특별한 개발비를 제외하고 연구실 등에서 경상적으로 발생하는
경비를 말한다.

(10) 대손상각비(bad debts expense)

대손상각비는 매출채권의 대손상각을 처리하는 계정이다. 이에 대하여는 제 7
장, 매출채권의 평가에서 상세히 설명하고 있다.

제5절 영업외수익과 영업외비용

영업외수익(non-operating revenue)은 제조·판매 등과 같은 주된 영업활동 이외
의 보조적 또는 부수적 활동에서 순환적으로 발생하는 금융적 또는 재무적 이익
으로서 여기에 속하는 계정은 이자수익·배당금수익·임대료·단기투자증권처분
이익·외환차익·외화환산이익·대손충당금환입·장기투자증권처분이익과 유형
자산처분이익·사채상환이익 등이며, 이들의 발생은 그 대변에 기입하고, 환입한
때에는 차변에 기입한다.

영업외비용(non-operating expense)도 주된 영업활동 이외의 보조적 또는 부수적
활동에서 순환적으로 발생하는 금융적 또는 재무적 손실로서, 여기에 속하는 계
정은 이자비용·기타의 대손상각비·단기투자증권처분손실·단기투자증권평가손
실·외환차손·외화환산손실·재고자산감모손실·기부금·장기투자증권손상차손

·유형자산처분손실·사채상환손실 등이며, 이들의 발생은 그 차변에 기입하고, 환입한 때에는 대변에 기입한다.

위에서 열거한 영업외수익과 비용을 간단히 요약 설명하면 다음과 같다.

1. 영업외수익

(1) 이자수익(interest income)

이자수익은 은행예금이나 대여금, 유가증권 등의 수입이자 및 어음할인형식의 대여금의 할인료 등을 처리하는 계정이다.

할인료란 할인일로부터 어음만기일까지의 일수에 따른 이자에 해당하는 것이기 때문에 이자와 같은 계정에 계상한다.

장기 할부매출 중 이자부분이 구분되는 것은 수입이자로 계상한다.

한편 할인발행된 사채를 취득한 경우에는 사채의 취득원가와 액면가액과의 차액에 대하여는 유효이자율법으로 취득원가를 증액하는 평가방법이 필요하다. 이 경우 상대과목은 이자로 처리하는 것이 원칙이다.

(2) 배당금수익(dividend income)

유가증권 중 주식 또는 출자금으로부터 받은 배당액을 처리하는 계정이다. 배당금은 확정이자와는 달리 결산후 배당결의에 의하여 수입되는 것이기 때문에 일반적으로 배당금의 계상은 계속성을 가지고 차기에 배당금확정시 인식하는 것이 보통이다.

배당의 지급은 통상 현금으로 행해지나 주식에 의하여도 배당이 가능하다. 주식배당이란 이익배당의 일부를 주식으로 배당하는 제도로서 미처분이익잉여금 중 금전배당 이외의 부분을 자본전입하므로 신주를 배당하는 방법인 것이다. 그러나 자본잉여금이나 이익잉여금을 자본전입하여 무상주를 지급받는 경우에는 지분의 변동이 없으므로 주식의 분할로 보아 자산의 증가로 계상하지 않는다.

그러므로 주식배당은 결산총회에서 배당금의 일부로 지급하는 것이어야 배당금수익으로 계상가능하게 된다. 결국, 금전으로 배당금을 지급하였다가 즉시 유상증자로 납입하는 이중의 절차를 주식배당의 방법으로 일괄처리한 것에 불과하다고 보아, 액면가액(또는 발행가액)으로 평가하여 수익으로 계상한다.

(3) 임대료(rental income)

부동산 등을 임대사용하게 하고 수입하는 임대사용료를 처리하는 계정이다. 부동산 임대업을 제외하고는 임대료는 영업외수익으로 기재하게 되나, 이러한 투자활동이 커져 부동산이 증가하면 이에 대한 유지·관리비용도 증대하게 된다. 이때의 이러한 비용은 주된 영업외수익과는 대응되는 것이 아니기 때문에 영업외비용에서 적절한 과목으로 표시되어야 한다.

(4) 단기투자증권처분이익(gain disposition of marketable securities)

일시소유의 단기투자증권은 자금의 단기적 이용을 위하여 취득한 투자활동으로 그 취득원가와 매각가액과의 차액은 영업외수익으로 표시한다. 또한 신주인수권증서(증권)의 처분이익도 이에 포함처리된다.

(5) 단기투자증권평가이익(gain on valuation of marketable securities)

보유하고 있는 시장성 단기투자증권을 시가로 평가함으로써 계상되는 평가이익을 말한다.

(6) 외환차익(gain on foreign currency transactions)

외환차익은 회사의 외화자산 및 외화부채를 실제 지급 또는 회수하는 경우에 발생하는 장부상 금액과의 차익을 말한다.

(7) 외화환산이익(gain on foreign currency translation)

외화환산이익은 회사의 외화자산 및 외화부채를 재무상태표일 현재의 환율로 평가할 경우에 발생하는 이익을 말한다.

(8) 장기투자자산처분이익(gain on disposition of investments)

장기투자에 속하는 투자부동산 등 처분익을 처리하는 계정이다.

(9) 유형자산처분이익(gain on disposition of tangible assets)

사용목적의 유형자산을 매각하는 경우 발생하는 처분익을 처리하는 계정이다.

(10) 사채상환이익(gain in redemption of debentures)

사채를 상환하는 경우 장부가액보다 낮은 금액으로 상환되면 상환차익이 발생하게 된다. 주로 사채를 중도매입상환하는 경우에 발생한다.

2. 영업외비용

(1) 이자비용(interest expense)

차입금과 사채에 대한 지급이자 및 받을어음을 은행 등에 할인하는 경우의 할인료를 처리하는 계정이다. 할인료는 할인일로부터 어음만기일까지의 일수에 따라 계산하는 이자에 해당한다. 따라서 이 양자를 같은 계정에서 처리한다. 이자계산의 기초인 일수가 있기 때문에 당기중에 지급한 이자할인료의 금액은 결산기일을 중심으로 일수를 기초로 한 계산액과의 차액이 있을 경우에는 원칙적으로 미지급 또는 미경과의 처리가 필요하게 된다.

(2) 기타의 대손상각비(other bad debts expense)

매출채권 이외의 채권, 즉 대여금, 미수금 등에서 발생하는 대손액을 처리하는 계정이다. 여기에도 대손추산액을 대손충당금으로 설정하고 동 충당금을 전입하는 대손상각비와 대손충당금을 설정하지 않은 경우 또는 대손충당금이 부족한 경우 직접 채권을 상각하는 대손상각비로 나뉘어진다.

(3) 단기투자증권처분손실(loss on disposition of marketable securities)

단기투자증권처분손실은 유동자산으로 분류한 일시소유의 주식, 국·공채를 처분한 경우의 처분손실을 처리하는 계정이다. 단기투자증권의 취득은 자금의 일시적 이용을 목적으로 한 투자활동이므로 영업외활동이며, 따라서 그의 처분손익도 당연히 영업외손익으로 표시한다.

(4) 단기투자증권평가손실(loss on valuation of marketable securities)

단기투자증권평가손실은 유동자산 중 단기투자증권으로 분류한 일시소유의 시장성 주식 및 국·공채의 시가가 장부가액보다 하락한 경우 평가손실을 처리하는 계정이다. 즉, 단기투자증권의 시가평가에서 발생하는 평가손실이다.

(5) 재고자산평가손실(loss on valuation of inventories)

재고자산을 저가기준으로 평가한 경우, 시가가 취득원가보다 하락한 경우의 평가손실과 수량부족등의 감모손실을 처리하는 계정이다. 상품, 제품 및 원재료 등 재고자산의 취득원가가 결산일 현재의 순실현가능가액보다 높을 때에는 그 차액은 회수될 수 없는 금액이므로 예상되는 손실을 조기에 비용으로 처리하고, 수량부족 등에 의한 재고부족도 비용으로 처리하게 된다.

(6) 외환차손(loss on foreign currency transaction)

회사의 외화자산 및 외화부채를 회수 또는 상환하는 경우 발생하는 손실이다.

(7) 외화환산손실(loss on foreign currency translation)

외화환산손실은 회사의 외화자산 및 외화부채를 재무상태표일 현재의 환율로 평가하는 경우에 발생하는 손실을 말한다.

(8) 기부금(donations)

기업의 영업활동과는 직접적으로 관련없이 사회복지, 교육, 문화, 종교, 정치단체, 사회적인 공익 등을 위하여 지급하는 기부금과 경상적으로 지급되는 축의금·부의금 등의 금액을 처리하는 계정이다.

세법상으로는 기부금을 지정기부금과 비지정기부금으로 나누어 지정기부금의 경우에는 일정 한도액을 정하여 그 범위액 이내에서만 인정해 주고 있으며 비지정기부금은 전액 비용으로 인정하고 있지 않다.

(9) 장기투자자산손상차손(loss on disposition of investments)

장기투자자산의 손상차손은 투자자산의 처분이익계정의 대응적 손실계정이다.

(10) 유형자산처분손실(loss on disposition of tangible assets)

유형자산처분손실은 유형자산처분이익의 대응적 손실계정이다.

(11) 사채상환손실(loss and redemption of debentures)

사채상환이익의 대응적 손실계정으로 발생할 수 있으나 주로 전환사채의 상환 시 상환할증금을 지급할 경우 나타나게 된다.

예제 1. 다음 거래를 분개하라.
   ① 전기에 대손으로 처리하였던 전주상점에 대한 외상매출금 ₩60,000을 현금으로 회수하다.
   ② 장부가액 ₩40,000인 비품을 ₩30,000에 현금으로 처분하다.
   ③ 기말에 법인세 ₩50,000을 계상하다.

해답

①	(차)	현　　　　　　금	60,000	(대)	대 손 충 당 금	60,000
②	(차)	{ 현　　　　　　금 유형자산처분손실	30,000 10,000	(대)	비　　　　　　품	40,000
③	(차)	법 인 세 비 용	50,000	(대)	미 지 급 법 인 세	50,000

제 6 절   법인세비용(income tax expenses)

주식회사 등 법인은 법인세법의 규정에 의하여 매 회계연도에 발생한 소득(순이익)에 대하여 일정률의 법인세율을 적용하여 계산한 법인세를 납부하여야 한다.

그러나 기업회계와 세무회계의 차이에 의하여 ① 기업회계기준에 따라 계상된 법인세비용차감전 순이익에 법인세율을 적용하여 계상한 법인세로 기업회계상 비용으로 계상될 법인세비용과 ② 법인세법에 의하여 계산된 과세표준에 법인세율을 적용하여 계상한 법인세로 당기에 부담해야 할 법인세는 차이가 발생하게 된다.

따라서 기업회계상 발생한 법인세비용과 법인세법상 납부해야 할 법인세와의 차이를 법인세 효과 또는 법인세영향이라 한다. 납부할 법인세가 발생한 법인세비용을 초과하는 금액은 차기 이후에 납부해야 할 법인세를 당기에 미리 납부한 것으로 보아 이연법인세자산계정으로 처리하고, 반대로 납부할 법인세가 발생한 법인세비용에 미달하는 경우에는 당기에 납부할 법인세를 차기 이후로 이연한 것으로 보아 이연법인세부채계정으로 처리한다.

이연법인세자산은 비유동자산, 이연법인세부채는 비유동부채에 해당한다.

예제 2. 다음 거래를 분개하라.

① 결산결과 법인세차감전 순이익이 ₩50,000,000원이 계상되었다. 그러나 법인세법의 규정에 따라 세무조정을 한 결과 법인세 과세표준금액이 ₩70,000,000원이 계상되었다.

② 위의 경우 법인세 과세표준금액이 ₩40,000,000원이라면 어떻게 회계처리해야 할 것인가? 법인세율은 20%이다.

해답

① (차) { 법인세비용   10,000,000   이연법인세자산   4,000,000   (대) 미지급법인세   14,000,000

② (차) 법인세비용   10,000,000   (대) { 미지급법인세   8,000,000   이연법인세부채   2,000,000

연 습 문 제

[1] 다음 항목 중 판매비와 관리비에 속하는 것은 ○표, 영업외비용에 속하는 것은 ×표로 표시하라.

(1) 퇴 직 급 여 ( )		(2) 기 부 금 ( )
(3) 경 상 개 발 비 ( )		(4) 사 채 상 환 손 실 ( )
(5) 사 채 이 자 ( )		(6) 임 차 료 ( )
(7) 개 발 비 상 각 ( )		(8) 세 금 과 공 과 ( )
(9) 기타의 대손상각비 ( )		(10) 수 선 비 ( )
(11) 유 형 자 산 처 분 손 실 ( )		(12) 단기투자증권처분손실 ( )
(13) 재 고 자 산 감 모 손 실 ( )		(14) 대 손 상 각 비 ( )
(15) 재 해 손 실 ( )		(16) 외 환 차 손 ( )
(17) 접 대 비 ( )		(18) 이 자 비 용 ( )
(19) 장기투자자산처분손실 ( )		(20) 외 화 환 산 손 실 ( )
(21) 복 리 후 생 비 ( )		(22) 단기투자증권평가손실 ( )

[2] 다음 거래를 분개하라.

① 건물을 수선하고 그 비용 ₩1,000,000을 현금으로 지급하다. 이 중 ₩200,000은 수선비로 처리하고, 나머지는 자본적 지출로 처리하다.

② 건물을 임대하여 주고 월말에 ₩400,000을 현금으로 받다.

③ 장부가액 ₩180,000의 일시소유주식을 ₩200,000에 처분하고, 그 대금은 현금으로 받아 곧 당좌예입하다.

④ 외상매입금 ₩500,000을 지급함에 있어 할인액 ₩10,000을 공제하고, 잔액은 수표를 발행하여 지급하다.

⑤ 단기차입금 ₩600,000에 대하여 이자 ₩30,000을 지급하되, ₩3,000의 이자소득세를 공제하고 잔액을 현금으로 지급하다.

⑥ 개발비 ₩90,000을 현금으로 지급하다.

⑦ 결산기에 위의 개발비중 3분의 1인 ₩30,000을 상각하다.

⑧ 외상매출금 ₩460,000을 회수기일 1개월 전에 회수하고, 이 중 할인료 ₩18,000을 공제하고, 나머지는 현금으로 받다.

⑨ 비업무용 토지(장부가액 ₩1,900,000)를 ₩2,000,000에 처분하고, 대금은 수표로 받아 곧 당좌예입하다.

[3] 다음 거래를 분개하고 관계계정에 기입하라.

20×6 10월 1일　대여금에 대한 이자(10/1~3/31) ₩12,000을 현금으로 받아 당좌예금하다.

　　　　12월 31일　기말결산시에 수입이자의 미경과분 ₩6,000을 계상하다.

20×7 1월 1일　수입이자의 미경과분 ₩6,000을 이자수익계정으로 대체하다.

[4] 중앙상점은 회계기간이 3월 1일부터 8월 31일까지이다. 다음의 기장이 끝난 항목에 대하여 결산시에 하여야 될 수정분개를 표시하라.

① 3월 1일　　내년 2월까지의 보험료 ₩22,000을 지급하다.
② 5월 31일　　인천상점에 ₩300,000을 대여하고 10개월분 이자 ₩15,000을 받다.
③ 6월 30일　　소유사채의 이자 6개월분(1/1~6/30) ₩9,000을 받다. 8월 31일 현재 그 사채를 그대로 소유하고 있다.
③ 8월 31일　　영업용 건물의 집세 ₩7,000은 다음 달 3일에 지급하기로 되어 있다. 7월분까지는 지급되었다.

[5] 다음의 소모품비 계정의 (　)안에 날짜와 상대과목을 써 넣어라. 단, 기말 미사용 잔액은 ₩10,000이다.

소 모 품 비

1/1~6/30	현　　금	80,000	(①)	(②)	10,000
			(③)	(④)	70,000
		80,000			80,000

[6] 다음의 미지급비용에 대하여 기말 수정분개와 전기를 표시하라.

12/31　　기말결산에 있어서 세금 미지급분 ₩50,000을 계상하다.

세 금 과 공 과 　　　　　　　　　 미 지 급 비 용

현　금	12,000		

[7] 결산의 결과, 순이익이 ₩300,000으로 산출되었다. 그런데 조사해 보니 다음과 같은 기입 누락이 발견되었으므로 이것을 수정하기로 하다. 각각 손익에 얼마가 가감되는가를 해당란에 기입한 뒤에, 정확한 순이익을 산출하라.

수 정 사 항	비 용 에 가산할 금액	비 용 에 서 공제할 금액	수 익 에 가산할 금액	수 익 에 서 공제할 금액
① 비품의 감가상각비 계상 누락　　₩20,000				
② 소모품의 미사용액 계상 누락　　₩18,000				
③ 세금 미지급액의 계상누락　　₩50,000				
④ 이자미수액의 계상누락　　₩40,000				
⑤ 집세수입 중 미경과분의 계상누락　　₩60,000				
⑥ 기말 상품재고액의 계상누락　　₩10,000				
정 확 한 순 이 익				

[8] 다음의 결산 정리 사항을 참고하여 기초와 기말재무상태표 완성하라.

<결산정리사항>

① 기말상품재고액 ₩314,000

② 대손충당금은 매출채권 4% 설정

③ 건물의 당기감가상각액 ₩80,000

기초재무상태표

현 금 예 금	168,000	매 입 채 무	522,000
매 출 채 권	320,000	감 가 상 각 누 계 액	100,000
상 품	( )	자 본 금	( )
건 물	400,000		
	1,172,000		1,172,000

기말재무상태표

현 금 예 금	210,000	매 입 채 무	450,000
매 출 채 권	382,000	단 기 차 입 금	100,000
상 품	( )	대 손 충 당 금	( )
건 물	400,000	감 가 상 각 누 계 액	( )
		자 본 금	550,000
		당 기 순 이 익	( )
	1,306,000		1,306,000

[9] 다음의 기말잔액시산표와 정리사항에 의하여 결산수정분개를 표시하고 재무상태표와 포괄손익계산서를 작성하라.

잔 액 시 산 표

현 금 예 금	82,000	매 입 채 무	160,000
매 출 채 권	295,000	미 지 급 금	40,000
미 수 금	25,000	단 기 차 입 금	20,000
이 월 상 품	76,000	대 손 충 당 금	5,000
단 기 투 자 증 권	50,000	비품감가상각누계액	18,000
비 품	60,000	건물감가상각누계액	20,000
건 물	100,000	자 본 금	300,000
매 입	490,000	매 출	640,000
급 여	20,000	수 입 수 수 료	9,000
보 험 료	8,000		
이 자 비 용	4,000		
잡 비	2,000		
	1,212,000		1,212,000

<정리사항>
① 기말상품재고액 ₩80,000
② 대손충당금은 매출채권 기말잔액의 2% 설정
③ 비품의 감가상각은 정률법 20%
④ 건물의 감가상각은 정률법 5%
⑤ 소유사채를 ₩48,000으로 평가
⑥ 급료의 당기 미지급액 ₩40,000
⑦ 보험료 지급액중 당기부담금 ₩5,000
⑧ 차입금에 대한 미지급이자 ₩6,000
⑨ 당기부담분 잡비 미지급액 ₩2,000
⑩ 수입수수료의 선수분 ₩3,000.

[10] 다음 거래를 분개하라.

① 결산결과 법인세 차감전 순이익이 ₩200,000 계상되었다. 그러나 법인세법상 과세표준금액이 ₩500,000이 계상되었다. 법인세율은 20%이다.

② 결산결과 법인세차감전 순이익이 ₩800,000이 산출되었고, 법인세법상 과세표준금액은 ₩500,000으로 계상되었다. 법인세율은 25%이다.

③ 사용하던 차량을 ₩300,000에 현금으로 처분하였다. 차량의 취득원가는 ₩900,000 차량의 감가상각누계액은 ₩700,000이다.

[11] 다음 용어를 간단히 설명하라.

(1) 수 익 과 비 용	(6) 영 업 외 수 익
(2) 영 업 수 익	(7) 영 업 외 비 용
(3) 매 출 원 가	(8) 외 환 차 익
(4) 판 매 비 와 관 리 비	(9) 유 형 자 산 처 분 손 실
(5) 법 인 세 비 용	(10) 대 손 상 각 비

16

자 본 회 계

제 1 절	합명회사와 합자회사
제 2 절	주식회사의 설립과 자본금
제 3 절	잉 여 금
제 4 절	자본의 충실
제 5 절	순손익의 처분
제 6 절	증자와 감자
제 7 절	자본조정
제 8 절	기타포괄손익누계액

자 본 회 계   제16장

제 1 절 합명회사와 합자회사*

우리나라 상법상 회사에는 합명회사, 합자회사, 유한책임회사, 유한회사, 주식회사의 5가지가 있다. 그밖에도 두 사람 이상의 조합원이 민법상의 조합계약을 맺고 공동사업을 영위하는 조합기업이 있다.

이중 합명회사는 2인 이상의 무한책임사원만으로 구성·성립되는 상법상의 회사이며, 합자회사는 1인 이상의 무한책임사원과 1인 이상의 유한책임사원으로 구성·성립되는 상법상의 회사이다. 합명·합자회사의 구성원을 사원(社員)이라 하며, 무한책임사원은 사원이 회사채무에 대하여 회사채권자에게 연대무한의 책임을 부담하며, 유한책임사원은 회사채무에 대하여 채권자에게 자기의 출자액한도 이내에서만 책임을 지며 그 이상의 책임을 지지 않는 사원을 말한다. 합명·합자회사에 대한 회계처리 중 중요한 것은 회사설립시의 출자에 대한 회계처리와 신규사원가입과 사원 퇴사시의 회계처리이다.

그리고 유한회사와 유한책임회사는 유한책임사원으로 구성되는 회사로서 일반회계처리는 주식회사의 회계처리와 기본적으로 같으므로 여기서는 별도로 설명하지 않는다.

1. 회사설립출자의 경우

합명·합자회사를 설립하는 경우 무한책임사원은 재산출자는 물론 노무와 신용출자를 할 수 있다.

이 노무와 신용의 평가를 어떻게 하느냐에 따라 이익이나 잔여재산의 분배에 참여할 수 있는 권리가 달라진다. 그러나 재무상태표에 이러한 평가액을 자본금으로 기재해서는 안된다. 왜냐하면 노무·신용이란 객관적으로 평가하기가 곤란하므로 재무상태표의 표시능력이 없다고 보기 때문이다.

예제 1. 다음 거래를 분개하라(개별거래는 상호 독립적임).
① 갑·을·병은 다음과 같이 출자하여 갑을병 합명회사를 설립하다.

갑 : 현	금	5,000,000		
을 : 현	금	4,000,000	비 품	1,000,000
병 : 현	금	3,000,000	상 품	2,000,000

② 갑은 현금 ₩10,000,000, 을은 상품 ₩5,000,000, 병은 노무 ₩2,000,000, 정은 신용으로 ₩2,000,000을 출자하여 서울합명회사를 설립하다.
③ 갑·을·병은 다음과 같이 출자하여 서울합자회사를 설립하다.

갑(무한책임사원) : 현	금	5,000,000		
을(무한책임사원) : 현	금	5,000,000		
병(유한책임사원) : 현	금	3,000,000	건 물	5,000,000

해답

		차변				대변	
① (차)	현 금	12,000,000	(대)	갑 자 본 금	5,000,000
	비 품	1,000,000		을 자 본 금	5,000,000
	상 품	2,000,000		병 자 본 금	5,000,000
② (차)	현 금	10,000,000	(대)	갑 자 본 금	10,000,000
	상 품	5,000,000		을 자 본 금	5,000,000
(차)	병 노무출자대가	2,000,000		병 노 무 출 자	2,000,000
	정 신용출자대가	2,000,000		정 신 용 출 자	2,000,000

신용과 노무출자에 대한 처리는 비망계정으로 처리하고 재무상태표에는 표시하지 않는다.

③ (차)	현 금	13,000,000		갑 자 본 금	5,000,000
	건 물	5,000,000		을 자 본 금	5,000,000
				병 자 본 금	8,000,000

예제 2. 다음의 자료에 의하여 갑을 합명회사의 개시분개를 표시하고, 갑·을사원의 출자액과 개시재무상태표를 작성하라.

독립사업을 영위하는 갑과 을이 공동으로 갑을 합명회사를 설립하기로 하고 다음과 같은 자산을 출자금으로 각각 출자하다.

① (갑) 토　　　　지　　₩20,000　　　　제　　　　　품　　　₩8,000
　　　　매 입 채 무　　　18,000　　　　매 출 채 권　　　15,000
　　　　기 계 장 치　　　10,000　　　　단 기 차 입 금　　16,000
　　　　대 손 충 당 금　　　　300　　　　현　　　　　금　　　 2,000

② (을) 상　　　　품　　　12,000　　　　매 출 채 권　　　20,000
　　　　매 입 채 무　　　10,000　　　　현　　　　　금　　　 4,000

해답

(1) **개시분개**

(차)			(대)	
현　　　　금	2,000	매 입 채 무	18,000
매 출 채 권	15,000	단 기 차 입 금	16,000
제　　　　품	8,000	대 손 충 당 금	300
토　　　　지	20,000	갑 자 본 금	20,700
기 계 장 치	10,000		

(차)			(대)	
현　　　　금	4,000	매 입 채 무	10,000
매 출 채 권	20,000	을 자 본 금	26,000
상　　　　품	12,000		

(2) 개시재무상태표

재 무 상 태 표

현　　　　금	6,000	매 입 채 무	28,000
매 출 채 권	35,000	단 기 차 입 금	16,000
제　　　　품	8,000	대 손 충 당 금	300
상　　　　품	12,000	갑 자 본 금	20,700
토　　　　지	20,000	을 자 본 금	26,000
기 계 장 치	10,000		
	91,000		91,000

2. 신규사원의 가입의 경우

합명·합자회사에서 새로운 사원을 입사시킬 경우에는 임시결산을 행하여 모든 자산과 부채를 재평가하여 새로운 사원으로 부터 받아야 할 가입금 등을 결정해야 한다.

이때 가입금을 처리하는 방법으로는 가입금을 ① 구(舊)사원의 개인소득으로 분배하거나, ② 구사원 출자액의 출자비율에 의하여 가산해 주는 방법, ③ 가입금을 회사의 적립금, 즉 자본잉여금으로 처리하는 방법들이 있다. 이중 일반적으로 ②의 방법이 많이 사용된다.

예제 3. 다음 거래의 수정분개와 C사원 입사에 의한 분개를 하고, C 입사 후의 재무상태표를 작성하라.

A, B사원이 출자한 합명회사의 재무상태표는 다음과 같다.

재 무 상 태 표

현 금	900,000	매 입 채 무	750,000
당 좌 예 금	1,950,000	A 자 본 금	6,000,000
상 품	3,900,000	B 자 본 금	6,000,000
매 출 채 권	900,000		
건 물	4,500,000		
비 품	600,000		
	12,750,000		12,750,000

C가 가입을 희망하여 출자금 ₩6,030,000과 가입금 ₩240,000을 현금으로 납입받다. 따라서 가입금은 구사원이 평등하게 분배하였다.

C가 가입함에 앞서 다음과 같이 각 자산을 평가하고 손익은 A, B가 평등하게 분배하였다.

① 외상매출금 중 ₩30,000은 회수불가능이다.

② 감가상각자산에 대하여 건물 ₩120,000과 비품 ₩30,000을 상각하다.

해답

(1) **분개**

① (차) 손   익   30,000 (대) 매 출 채 권   30,000

② (차) 손   익   150,000 (대) { 건   물   120,000
                                   비   품   30,000

③ (차) $\begin{cases} \text{A} \quad 자 본 금 \quad 90,000 \\ \text{B} \quad 자 본 금 \quad 90,000 \end{cases}$　(대) 손　　　익　180,000

④ (차) 현　　　금　6,270,000　(대) $\begin{cases} \text{A} \quad 자 본 금 \quad 120,000 \\ \text{B} \quad 자 본 금 \quad 120,000 \\ \text{C} \quad 자 본 금 \quad 6,030,000 \end{cases}$

(2) C입사후의 재무상태표

재 무 상 태 표

현　　　금	7,170,000	매 입 채 무		750,000
당 좌 예 금	1,950,000	A 자 본 금		6,030,000
상　　　품	3,900,000	B 자 본 금		6,030,000
매 출 채 권	870,000	C 자 본 금		6,030,000
건　　　물	4,380,000			
비　　　품	570,000			
	18,840,000			18,840,000

3. 사원퇴사의 경우

　합명회사와 합자회사의 사원이 퇴사할 경우에는 임시결산을 행하여 퇴사하는 사원에게 출자금·잉여금·영업권과 결산일로부터 퇴사 당일까지의 순이익의 할당액 등을 계산하여 환급하여야 한다.

　특히, 영업권에 해당되는 부분은 환급이후 자산으로 재무상태표에 계상하여야 한다.

예제 4. 갑을합명회사의 재무상태표는 다음과 같다. 이 중 사원 B는 사정에 의하여 퇴사하기로 하여, 사원 A와 C의 동의를 얻어 그 지분을 사원 A와 C에게 ₩1,000,000에 양도하고 A와 C는 각각 개인자금으로 이를 인수했다. B가 퇴사한 후의 재무상태표를 작성하라.

재 무 상 태 표

제 　자 　산	4,500,000	제　　부　　채	1,500,000
		A 자 본 금	1,000,000
		B 자 본 금	1,000,000
		C 자 본 금	1,000,000
	4,500,000		4,500,000

해답

A와 C가 각각 B의 출자금을 회사의 자산이 아닌 개인자산으로 양도를 받았기 때문에 회사의 재무상태에 영향을 미치지 않고 B의 출자금만 A와 C에게 균등히 나누어 가산될 뿐이다.

(1) 수정분개

| (차) | B 자본금 | 1,000,000 | (대) | A 자본금 | 500,000 |
| | | | | B 자본금 | 500,000 |

(2) B 퇴사 후의 재무상태표

재 무 상 태 표

제　자　산	4,500,000	제　부　채	1,500,000
		A　자　본　금	1,500,000
		C　자　본　금	1,500,000
	4,500,000		4,500,000

제 2 절　주식회사의 설립과 자본금

주식회사는 투자자인 주주의 출자와 주주의 권리와 의무를 표시하는 주식으로 분할된 일정한 자본으로 성립되는 기업형태로서 상법상의 회사의 하나이다. 주주는 유한책임으로 그가 인수한 주식의 출자의무만을 부담하고 인수한 주식수에 의한 권리를 행사한다. 주식회사의 설립에는 상법의 규정에 의하여 발기인만으로 설립하는 발기설립과 발기인이 일부 인수하고 잔액을 공모하여 설립하는 모집설립의 두 가지가 있다.

주식회사는 설립시 1인 이상의 발기인이 있어야 하며, 설립시에 회사가 발행할 주식의 1/4 이상을 발행하여 전액 납입하여야 한다. 나머지는 회사 설립 후 필요에 따라 이사회의 결의에 의하여 발행할 수 있다. 이러한 주식회사의 자본조달제도를 수권자본제도(authorized capital system)라 한다.

발기설립시에는 검사인의 조사와 회사의 이사와 감사의 설립경과조사절차를 밟아 그 조사완료일로부터 2주 이내에, 모집설립시에는 창립총회 종료일로부터 2주 이내에 관할 법원에 설립등기를 함으로써 회사가 성립된다.

또한 세법의 규정에 따라 사업개시일로부터 20일 이내에 소관 세무서장에게 사업자등록을 하여 주민등록번호와 같은 사업자등록번호를 교부받아야 한다.

　이때 사업자등록을 한 후에 휴업·폐업을 하거나 기타 등록사항에 변동이 발생한 경우에는 지체 없이 소관 세무서장에게 신고하도록 규정되어 있다.

1. 발기설립의 경우

　발기설립의 경우에는 발기인이 주식을 전액 인수하고 납입한 후 설립등기를 하면 회사가 설립된다.

예제 5. 다음 거래를 분개하라.

　① 갑주식회사는 정관을 작성하고 수권주식수 20,000주(1주당 액면 ₩5,000)중에서 설립시 발행할 10,000주를 발기인이 액면가액으로 전량 인수하고 주금은 현금으로 전액 납입받아 보통 예금하다.

　② 그동안 발기인이 지출한 회사설립에 관한 비용 ₩1,800,000을 주주총회의 승인을 얻어 현금으로 지급하다.

해답

```
① (차)  보  통  예  금    50,000,000  (대)  자    본    금    50,000,000
② (차)  창    업    비     1,800,000  (대)  현        금     1,800,000
```

2. 모집설립의 경우

　모집설립이 발기설립과 다른 점은 발기인의 주식인수 이외에 주식모집을 금융기관에 의뢰하여 ① 주식청약을 받는다. 그리고 주식청약증거금을 받는다. ② 응모주식이 공모예정주식보다 많을 때는 이를 할당하여 배정하게 되며 주식을 인수하게 한다. 이때 배정된 금액을 초과하는 청약증거금을 반환하게 된다. ③ 주식인수자는 납입가액을 납입해야 한다. 이때 주식청약증거금은 후일 발행주식의 납입에 충당하게 된다.

　이때 청약기일이 경과된 신주청약증거금 중 신주납입증거금으로 충당될 금액은 자본금 다음에 그 내용을 나타내는 과목으로 표시하고 만약 소정기일내에 납입하지 않을 때에는 청약증거금을 반환하거나 몰수하게 된다. 이때 반환해야 될 주식청약증거금은 유동부채이며, 몰수증거금은 자본잉여금의 일종이다.

예제 6. 다음 거래를 분개하라.

갑주식회사는 다음과 같이 정관을 작성하고 회사가 설립시 발행할 주식총수 중 1/2을 발기인이 인수하고 나머지는 공모하기로 하다.

① 회사가 발행할 주식의 총수 : 보통주식 20,000주

② 1주의 금액 : ₩5,000

③ 회사가 설립시 발행할 주식수 : 10,000주

④ 주식을 액면으로 발행하고 발기인의 인수분 5,000주에 대하여는 전액 현금으로 납입받다.

⑤ 공모주 5,000주에 대하여는 청약증거금을 1주당 ₩2,000을 받아 당좌예금하다.

⑥ ⑤의 공모주 중 4,800주는 현금으로 납입이 완료되었으나, 나머지 200주는 납입 완료일까지 주식대금의 납입을 하지 않아 그 청약증거금을 몰수하다. 미납입주식 200주는 발기인이 인수하여 현금으로 전액 납입하다.

해답

①	(차)	현　　　　　금	25,000,000	(대)	자　본　금	25,000,000
②	(차)	당　좌　예　금	10,000,000	(대)	주식청약증거금	10,000,000
③	(차)	현　　　　　금	14,400,000	(대)	자　본　금	24,000,000
		주식청약증거금	10,000,000		몰　수　증　거　금	400,000
④	(차)	현　　　　　금	1,000,000	(대)	자　본　금	1,000,000

제 3 절　잉여금

1. 잉여금의 의의와 종류

잉여금(surplus)이란 회사가 총자산에서 총부채를 차감한 순자산액이 법정자본금을 초과하는 부분을 말한다. 잉여금은 자본잉여금과 이익잉여금으로 구분되며, 그 관계는 다음과 같이 표시할 수 있다.

그러나 자본잉여금은 자본금과 비슷한 것으로 주주 및 기타 기업의 이해관계자로부터의 자금의 수입이며, 이익잉여금은 기업의 경영활동의 결과로서 얻어진 이익이므로 경제적 의미에서 이를 분류하면 다음과 같다.

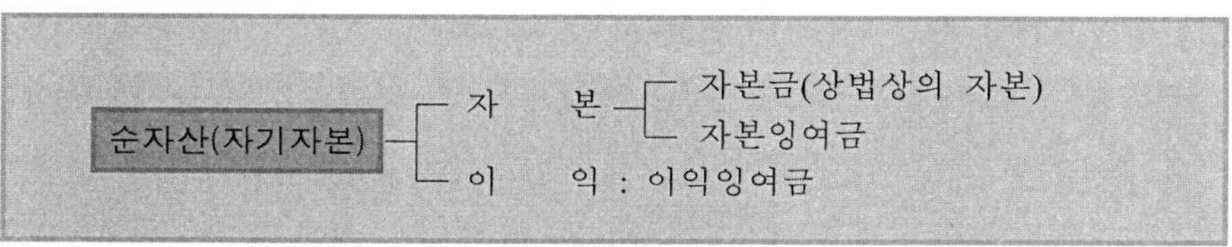

이익잉여금은 이익의 유보(留保 : reservation)로서 생기는 것으로 경영활동, 즉 손익거래에서 획득한 잉여금이고, 자본잉여금은 그 이외의 잉여금으로 자본거래에서 생기는 것이다.

손익거래는 경영활동, 즉 경제적 가치의 소비와 새로운 급부의 생산으로 인한 경제적 가치의 생성을 위한 거래를 말한다. 다시 말한다면 기업본래의 영업활동을 지칭하는 것이다. 따라서 이익잉여금은 기업의 영업활동에 의하여 발생한 것이다.

자본거래는 기업과 이해관계자간에 있어서 기업자본에 관한 거래이므로 기업주로서의 주주, 채권자, 국가, 수요자 등과의 사이에서 발생한다. 그 거래 중에서 주주로부터 받은 자본 중에 법정자본금을 초과한 것과 회사가 합병을 하는 경우의 합병차익 등이 자본잉여금이 된다.

2. 자본잉여금(capital surplus)

자본잉여금을 세분하면 다음과 같다.

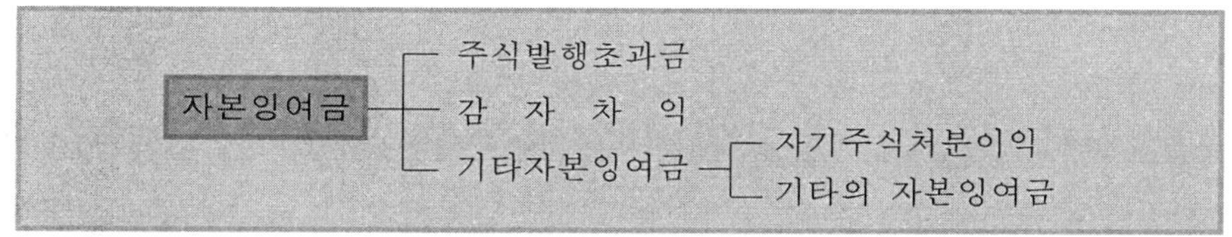

(1) 주식발행초과금(paid-in capital in excess of par value)

주식발행초과금은 주식을 액면가액 이상으로 발행하였을 때 발행가액과 액면가액의 차액, 즉 발행가액이 액면가액을 초과하는 부분으로 주주가 회사에 납입한 것이기 때문에 실질적으로 자본금과 다를 바가 없는 전형적인 자본잉여금이다. 이와 반대로 주식을 액면가액 이하로 발행했을 때의 발행가액과 액면가액과의 차액은 주식할인발행차금이라 한다. 이것은 자본조정항목으로 기재하여 3년 이내의 매결산기에 균등액을 상각하도록 하고 있다.

예제 7. 다음 거래를 분개하라.
① 서울 주식회사는 사업설비를 확장하기 위한 자금을 조달하고자, 이사회의 결의에 의해 신주 10,000주(1주 액면 ₩5,000)를 액면가액으로 발행하고 전액을 현금으로 납입받아 증자하였다(액면발행).

   (차) 현   금   50,000,000   (대) 자   본   금   50,000,000

② 상기 신주를 발행하는데 소요되는 부대비용 ₩500,000을 현금으로 지급하다.

   (차) 신 주 발 행 비   500,000   (대) 현   금   500,000

③ 만일 ①의 주식을 1주당 ₩6,500에 발행하였다면?(할증발행)

   (차) 현   금   65,000,000   (대) ┤자   본   금   50,000,000
                                              주식발행초과금   15,000,000

④ 만일 ①의 주식을 1주당 ₩4,300에 발행하였다면?(할인발행)

   (차) ┤현   금   43,000,000   (대) 자   본   금   50,000,000
         주식할인발행차금   7,000,000

(2) 기타자본잉여금

① 감자차익(gain on capital reduction)

감자란 자본금의 감소인데 주주들에게 주주들이 납입한 자본금을 환급해주는 유상감자와 환급해 주지 않는 무상감자가 있으며 모두 법률상의 절차를 밟아야 한다.

감자차익은 자본감소시, 즉 다음과 같은 경우에 발생한다.

가. 기발행주식을 무상으로 받아 소각하는 경우

나. 액면주의 액면 절하를 행하여 주식수를 증가하지 않든가 또는 증가해도 그 절하율 이하의 경우

다. 액면주식을 액면 이하로 취득해서 감자하고 이것을 소각하는 경우

라. 액면가액을 표시하지 않은 무액면주의 자본계상액을 절하하는 경우

그러나 이러한 감자는 보통 결손보전 때문에 행하여지는 경우가 많고, 이러한 경우 자본감소액에서 결손보전액을 차감한 잔액으로 계산된다.

예제 8. 다음 거래를 분개하라.
① 1주당 액면 ₩5,000의 주식 1,000주에 대하여 주금액을 1주당 ₩1,000만큼 감소시키다.

    (차) 자 본 금 *1,000,000* (대) 감 자 차 익 *1,000,000*

② 1주당 액면 ₩*5,000*의 주식 1,000주에 대하여 2:1의 비율로, 즉 2주를 1주로 주식수를 무상으로 감소시키고, 신주를 발행하여 교부하다.

    (차) 자 본 금 *2,500,000* (대) 감 자 차 익 *2,500,000*

③ 상기 감자차익 중 결손금 보전에 ₩*2,000,000*을 충당하고, 잔액은 자본준비금으로 적립하다.

    (차) 감 자 차 익 *2,000,000* (대) 이 월 결 손 금 *2,000,000*

④ 1주당 액면 ₩*5,000*의 주식 10,000주에 대해 액면가액을 ₩*4,000*으로 절하하고, 주식수는 5:4의 비율로 병합시키다(주식의 절사 및 병합의 혼용).

    (차) 자 본 금 *18,000,000* (대) 감 자 차 익 *18,000,000*

    ⊙ 주식수 : $10,000 \times \dfrac{4}{5} = 8,000$주로 변경

    ⓛ 감자후 자본금 : 8,000주 × ₩*4,000* = ₩*32,000,000*

    ⓒ 감자액 : ₩*50,000,000* − ₩*32,000,000* = ₩*18,000,000*

② 자기주식처분이익(gain on sales of treasury stock)

이것은 회사가 보유하고 있는 자기회사의 주식을 처분하여 얻는 이익이다. 상법에서는 회사가 자기주식을 취득하거나 보유하는 것을 원칙적으로 금지하고 있다. 그러나 예외로서 다음과 같은 경우 그 소유를 인정하고 있다.

  가. 주식을 소각하기 위한 때

  나. 회사의 합병과 양도시

  다. 회사의 권리를 실행함에 있어서 그 목적을 달성하기 위하여 필요한 때

  라. 단주(端株, odd shares)의 처리를 위하여 필요한 때

  마. 주주가 주식매수청구권을 행사한 때

이렇게 취득한 자기주식(또는 금고주라고도 함)은 지체없이 또는 상당한 기간 내에 처분하여야 하며, 이때 처분시 발생한 이익은 자본잉여금으로 본다. 다만 상장법인의 경우에는 발행주식총수의 $\dfrac{10}{100}$ 이내의 주식을 보유할 수 있도록 예외규정을 두고 있다.

자기주식은 장부가액, 즉 취득가액을 자본에서 차감하는 형식으로 기재하고 그 취득경위와 향후 처리계획 등을 주석으로 기재한다.

예제 9. 다음 거래를 분개하라.

① 1주 액면 ₩*5,000*의 자기주식 1,000주를 1주당 ₩*5,500*에 매입하고 대금은 수표를 발행 지급하다.

② 위 주식을 소각하여 감자하다.

③ ①의 주식을 1주당 @₩6,500에 현금으로 매각 처분하다.

④ ①의 주식을 1주당 @₩4,500에 현금으로 매각 처분하다.

해답

①	(차)	자 기 주 식	5,500,000	(대)	당 좌 예 금	5,500,000
②	(차) { 자 본 금 감 자 차 손	5,000,000 500,000		(대)	자 기 주 식	5,500,000
③	(차)	현　　　　금	6,500,000	(대)	자 기 주 식 자기주식처분이익 (또는 자본잉여금)	5,500,000 1,000,000
④	(차) { 현　　　　금 자기주식처분손실 (또는 자본조정)	4,500,000 1,000,000		(대)	자 기 주 식	5,500,000

③ 기타의 자본잉여금(other capital surplus)

기타의 자본잉여금은 위에 열거한 자본잉여금에 포함되지 않는 자본잉여금으로서 여기에는 회사갱생과 정리에 기인하여 비유동자산을 재평가하여 생긴 비유동자산평가이익과 실권주(失權株)의 몰수된 납입액 등이 있다.

3. 이익잉여금(retained earnings)

이익잉여금은 자본잉여금과 같이 잉여금을 구성하고 있으며, 이를 세분하면 다음과 같다.

이익잉여금 또는 결손금은 당해연도의 이익잉여금처분계산서(案)나 결손금처리계산서(案)를 반영한 후의 금액으로 표시하도록 하고, 만일 결산 주주총회에서 이익잉여금처분계산서 또는 결손금처리계산서가 다르게 확정되는 경우에는 이를 반영하여 표시하도록 규정하고 있다.

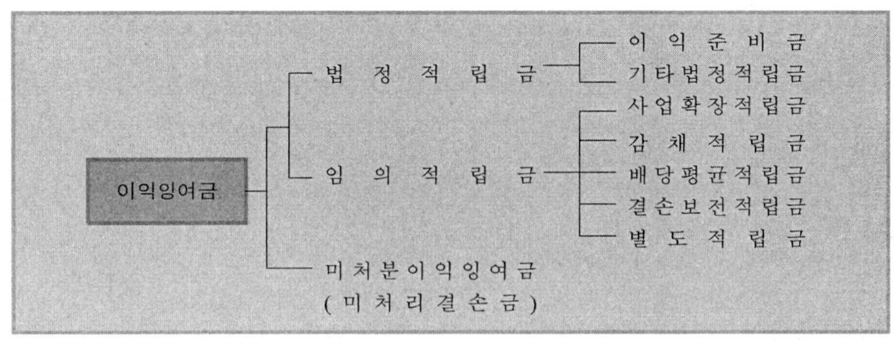

(1) 이익준비금(legal reserve)

이익준비금은 상법 제458조에 의해 매결산기마다 현금에 의한 배당액의 1/10 이상을 발행주식자본금의 1/2에 달할 때까지 적립하여야 하는 법정적립금이다.

이때 현금에 의한 배당액 1/10 이상의 금액은 현금에 의한 이익배당이 있을 때에만 이익준비금을 적립할 수 있다는 것이 아니라 이익준비금을 적립할 최저한도를 정한 것이므로 이익이 있는 한 현금에 의한 배당이 없더라도 이익준비금의 적립은 가능하다고 할 수 있다.

또한 이익준비금은 상법의 규정에 의하여 적립되기 때문에 강제적립금이라고도 하며, 결손을 보전하거나 자본금에 전입하는 것 이외에는 처분하지 못한다.

(2) 기타 법정적립금

기타 법정적립금에는 상법 이외에 법령에 의하여 의무적으로 적립하여야 할 적립금으로 재무구조개선적립금(reserve for financial structure improvement) 등이 이에 속한다.

재무구조개선적립금은 유가증권의 발행 및 공시 등에 관한 규정에 의하여 적립된 유보이익이다. 동 규정을 요약하면 다음과 같다.(현재 적립의무제도 폐지됨)

"주권 상장법인은 자기자본비율이 100분의 30에 달할 때까지 유형자산처분이익이 유형자산처분손실과 해당 법인세 등의 합계액을 초과하는 금액(당기순이익이 그 초과액에 미달하는 때에는 당기순이익)의 50% 이상 또는 당기순이익에 전기손익수정손익을 가감하고 이월결손금을 차감한 금액의 10% 이상을 재무구조개선적립금으로 적립하여야 한다.

다만 적립해야 할 금액이 500만원에 미달하든지, 당해 연도에 직접사업연도 수준의 배당유지가 어려운 경우에는 5%로 할 수 있다."

재무구조개선적립금은 ① 이월결손금의 보전, ② 자본전입 이외의 용도에는 이를 사용할 수 없다.

(3) 임의적립금(voluntary reserve)

임의적립금은 회사가 법률의 규정에 의하지 않고 정관 또는 주주총회의 결의에 의하여 이익을 유보한 것으로 그 이용목적과 방법은 회사의 자유이다.

임의적립금을 그 이용목적에 따라 구분하면 다음과 같다.

① 사업의 영구적 확장을 목적으로 하는 것

　가. 감채적립금 : 사채발행에 의하여 확장된 사업을 사채 상환 후에도 계속 유
　　　　　　　　지하기 위하여 설정하는 것으로 사채상환을 위한 준비금이다.
　나. 신축적립금 : 사업의 확장을 목적으로 건물 신축자금을 적립하는 것이다.
　다. 사업확장적립금 : "나"와 유사한 형태로 장래의 사업확장을 목적으로 하
　　　　　　　　　는 것이다.

　이상은 그 목적을 다한 후에도 이익잉여금총액으로서는 감소하지 않고 단순
히 별도 적립금으로 대체되기 때문에 영구적 자본유지로 보아야 한다.

② 장래의 손실에 대비하는 것

　가. 임원퇴직적립금 : 임원의 퇴직금은 임시적이고 거액에 달하는 것이므로
　　　　　　　　　그 지급에 대비해서 설정하는 것이다.
　나. 우발손실적립금 : 화재, 지진 기타 우발적 사고에 의해 생기는 손실은 예
　　　　　　　　　상할 수 없는 것이므로 여기에 대비하는 것이다.
　다. 자가보험적립금 : 재해에 대비하기 위하여 보험회사에 손실보험을 계약하
　　　　　　　　　고 보험료를 지급하는 대신에 순이익의 일부를 유보하
　　　　　　　　　는 것으로, 주로 많은 선박을 소유하고 있는 해운회사,
　　　　　　　　　많은 공장을 소유하고 있는 제조회사에서 설정한다.
　라. 진부화적립금 : 감가상각의 계산에 포함하지 않는 급격한 진부화(triteness),
　　　　　　　　예를 들면 기계의 급속한 발명이나 개량에 따라 종래의
　　　　　　　　설비가 예기치 못할 정도로 빨리 낡아서 사용하지 못하는
　　　　　　　　경우에 대비하는 회사내 유보이다.

③ 배당의 평균을 목적으로 하는 것

　가. 배당평균적립금 : 순이익이 큰 연도, 즉 경영성적이 좋은 연도에 이익의
　　　　　　　　　일부를 유보하고 장래 이익이 없어 배당이 부족할 때
　　　　　　　　　이것을 보완하기 위해 적립하는 것이다.

④ 목적을 한정하지 않는 것

　가. 별도 적립금

또한 임의적립금은 그 설정목적을 달성하였을 때 장부상의 대체에 의하여 소
멸하느냐 안하느냐에 따라 다음과 같이 적극적 적립금과 소극적 적립금으로 구
분하기도 한다.

(가) 적극적 적립금(active reserves)

적극적 적립금은 자본의 영구적 증가, 즉 적극적으로 사업확장 등을 목적으로 설정하는 것으로서 그 설정목적을 달성하였어도 소멸되지 않는 것으로 여기에는 신축적립금, 사업확장적립금, 감채적립금 등이 있다.

예컨대 신축적립금의 경우, 건물이 준공되면 현금예금(자산)의 감소와 함께 건물(자산)의 증가를 가져온다. 또 감채적립금의 경우, 현금의 지급에 의한 현금(자산)의 감소는 사채(부채)의 감소를 가져온다. 따라서 적극적 적립금의 경우에는 순자산의 증감을 가져오지 않는다.

(나) 소극적 적립금(negative reserves)

소극적 적립금은 사업확장을 목적으로 하지 않고 거액의 임시손실이나 비용 등이 발생하는 경우, 이것을 보충하거나 또는 배당의 평균을 위하여 이익이 근소한 경우에 대비하는 것을 목적으로 한다. 즉 기업의 유지를 목적으로 한다. 따라서 설정목적이 달성되면 소멸되어 버리는 적립금을 말하며 여기에는 퇴직급여적립금, 배당평균적립금, 결손보전적립금, 자가보험적립금 등이 있다.

예컨대 배당평균적립금의 경우, 반대급부없이 자산을 회사밖으로 배당하는 것이므로 적립금은 그만큼 감소하며, 자가보험적립금의 경우 건물이 불에 탔을 경우에는 건물(자산)의 감소에 의해 손실이 발생되므로 이것을 보전하면 적립금은 손실과 상쇄되거나 그만큼 감소된다.

4. 비밀적립금(secret reserve)

재무상태표에 계상된 적립금을 공시적립금이라 하고 이에 반하여 재무상태표에 나타나지 않는 은폐된 적립금을 비밀적립금이라 한다. 이의 발생원인과 설정목적은 다음과 같다.

(1) 발생원인

① 유형자산을 과도하게 감가상각하는 경우
② 재고자산을 과소평가하는 경우
③ 자본적 지출을 수익적 지출로 처리하는 경우
④ 존재하지 않는 부채를 설정하거나 충당금을 과도하게 설정하는 경우

(2) 설정목적

① 회사의 재무상태를 견고하게 하고 불의의 손실을 비밀히 보전하기 위하여
② 동업자, 주주, 종업원에게 이익의 일부를 은폐하기 위하여
③ 비밀리에 개인적 이익을 얻거나, 유용할 자금을 마련하기 위하여
④ 이익의 일부를 은폐하여 탈세하기 위하여 등이다.

비밀적립금은 자산평가에 있어 저가기준을 취하는 경우 시가(時價) 상승으로 당연히 발생할 수도 있지만 정규의 부기의 원칙에 따라 자연히 발생하는 부외자산은 회계상 특별히 문제삼을 필요는 없다. 그러나 고의로 부정(不正)한 계산에 의해 비밀적립금을 설정함은 적정치 않다. 즉, 기업의 수익력과 재무상태의 판단을 그르치게 하는 것은 신뢰성의 원칙과 충분성의 원칙에 위반하는 회계처리가 되기 때문이다.

제 4 절 자본의 충실

아래의 그림은 주식회사의 자본을 동그란 원의 형태로 나타내 보인 것으로 한눈에 알아볼 수 있는 것은 자본금이 여러 가지의 잉여금으로 겹겹이 에워 쌓여져 있다는 것이다.

　주식회사의 자본금은 회사존망의 위기가 닥쳤을 때이더라도 철저히 지켜내야만 하는 대단히 중요한 것으로, 가능한 한 든든히 겹겹으로 보호해야 할 필요가 있다. 그러므로 만약 회사에 결손이 발생한 경우에는 잉여금이 자신을 희생하여 자본금을 보호하게 된다. 결손을 메우기 위해 잉여금을 처분할 때에는 우선 임의적립금이 제 1순위가 되며, 이하 이익준비금, 자본잉여금 순으로 처분되는 것이다. 이렇게 보면 경기가 호조일 때 많은 잉여금을 적립하여 ‘자본의 충실’을 기하면 수비에 강한 회사가 될 수 있다.

　그러나 모든 구기경기와 마찬가지로 수비만 강해서는 결코 이길 수 없다. 역시 득점력, 즉 공격도 강해야만 좋은 팀, 아니 좋은 회사라 할 것이다. 그래서 이번에는 ‘득점력’에 관해 생각해 보고자 한다. 회사의 경우, 득점에 해당하는 것은 순이익이므로 득점을 올리기 위해서는 경영활동(손익거래)이 활발하게 행해져야 한다. 이 경영활동의 원동력이 되는 것이 자본이므로 ‘자본의 충실’을 기해야만 공격에도 강한 회사가 될 수 있다.

제 5 절 순손익의 처분

1. 순이익의 처분

　순이익은 손익계정에서 산정되어 미처분 이익잉여금계정에 대체되어 주주총회의 결의에 의거 최종 확정·처분된다. 일반적으로 순손익의 처분이란 주주총회의 결의에 의한 처분을 말한다. 그러나 현실적으로 결산주주총회를 하기전에 이사회의 결의로 이익의 처분안(案)을 결정한 후 이를 주주총회에 상정하여 승인을 받게 된다.

　순이익에서 주주에게 배당을 하는 경우에는 상법의 규정에 따라 배당액의 1/2 이내의 주식배당이 가능하며, 금전에 의한 배당의 경우에는 동 금전에 의한 배당액의 1/10 이상을 자본금의 1/2에 달할 때까지 이익준비금으로 적립해야 한다. 따라서 기타의 법정적립금과 배당결정을 먼저 한 후에 이익준비금을 설정하고 임원상여금 또는 임의적립금을 설정하여 처분하게 된다. 처분후 순이익(미처분이익잉여금)의 잔액은 이월이익잉여금으로서 차기에 이월되어 다음 결산기에 순이익과 합산되어 다시 주주총회의 결의를 받아 확정·처분된다.

이의 처리과정을 도표로 표시해 보면 다음과 같다.

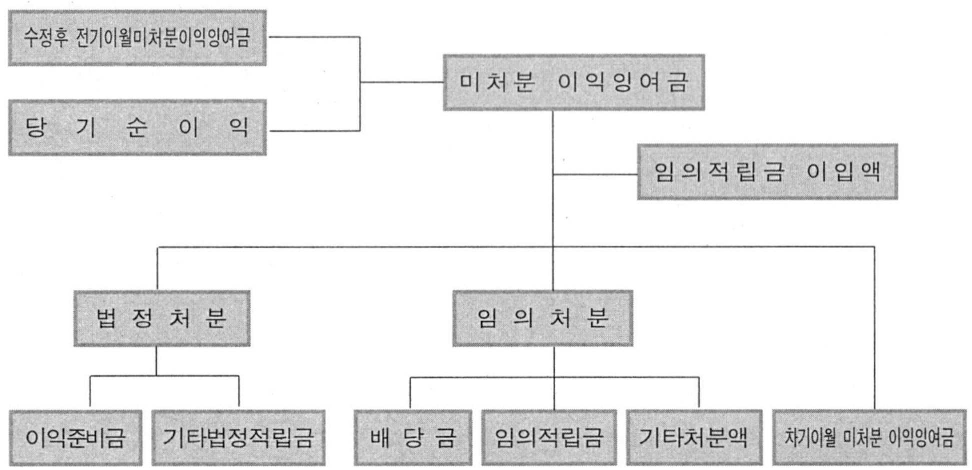

예제 11. 다음 경우의 결산확정시와 처분확정시의 분개와 배당금의 지급시의 분개를 표시하라(단, 배당금의 1/2은 주식배당으로 함).

회계연도가 1월 1일에서 12월 31일까지인 부성물산주식회사의 제5기 결산결과 당기순이익 ₩500,000을 산정하고 2월 10일 주주총회에서 아래와 같이 처분·결의하다(이익준비금 ₩50,000 임원상여금 ₩30,000 별도적립금 ₩150,000, 배당금 ₩200,000).

해답

(1) 결산확정시

    (차) 손　　　　익　　500,000　(대) 미처분이익잉여금　　500,000

(2) 처분확정시

(차) 미처분이익잉여금	500,000	(대)	이 익 준 비 금	50,000
			미지급임원상여금	30,000
			별 도 적 립 금	150,000
			미 지 급 배 당 금	100,000
			자　　본　　금	100,000
			이월미처분이익잉여금	70,000

(3) 배당금지급시

    (차) 미 지 급 배 당 금　　100,000　(대) 현　　　　금　　100,000

2. 결손금의 처리

회사의 결산결과 순손실이 발생하여 결손금이 발생하였을 경우에는 손익계정에서 미처리결손금계정에 대체한 후 주주총회의 결의에 따라 결손금을 보전하게 된다. 결손금은 대체로 ① 미처분 이월이익잉여금, ② 별도적립금, ③ 기타임의적립금, ④ 기타 법정적립금, ⑤ 이익준비금, ⑥ 자본준비금, ⑦ 자본금의 순서로 보전하게 된다.

예제 12. 다음의 거래를 분개하라.

제4기 결산을 한 결과 ₩1,500,000의 순손실이 발생되어 주주총회의 결의에 따라 이월이익잉여금 ₩300,000, 별도적립금 ₩500,000, 이익준비금에서 ₩500,000을 보전하고 잔액은 결손금으로 차기이월하다.

해답

①	(차)	미 처 리 결 손 금	1,500,000	(대)	손 익	1,500,000
		이월이익잉여금	300,000			
②	(차)	별 도 적 립 금	500,000	(대)	미 처 리 결 손 금	1,500,000
		이 익 준 비 금	500,000			
		이월미처리결손금	200,000			

3. 배당금

(1) 배당가능이익의 결정

미처분이익잉여금이 사외(社外)로 유출되는 가장 중요한 항목이 배당금(dividends)이다. 배당금은 회사자본을 감소시키는 중요한 원인이 된다. 상법 제462조는 회사의 이익배당에 대하여 다음과 같이 규정하고 있다.

"재무상태표상의 순자산액으로부터 ① 자본액, ② 그 결산기까지의 적립된 자본준비금과 이익준비금의 합계액, ③ 그 결산기에 적립하여야 할 이익준비금액을 공제한 잔액을 한도로 하여 이익을 배당할 수 있다."

또한 유가증권의 발행 및 공시등에 관한 규정에서는 주권상장법인의 이익배당기준에 대하여 다음과 같이 규정하고 있다.

"주권 상장법인은 감사인(공인회계사)의 감사결과 수정된 재무제표를 기준으로 배당하여야 한다. 또한 상장법인은 주식배당을 하고자 하는 경우에는 그 예정내용을 이사회 결의를 거쳐 당해 사업연도말 15일 전까지 금융감독원장에게 신고하여야 한다."

따라서 기업은 공인회계사의 감사의견을 존중하여 공인회계사의 감사결과 수 정한 기말 미처분이익잉여금을 중심으로 먼저 배당기준을 설정하고, 다음 상법상 의 이익준비금과 기타 법정적립금을 차감한 후 결정된 금액을 배당가능이익으로 하고 있다.

(2) 배당형태별 회계처리

배당이라고 말할 때에는 일반적으로 현금배당을 의미하지만 때에 따라서는 현 금배당 이외의 주식·현물 등의 형태로 지급되는 수가 있다. 즉, 배당의 종류에 는 ① 현금배당, ② 재산배당, ③ 부채배당, ④ 청산배당, ⑤ 주식배당 등의 다섯 가지가 있다. 이익배당은 주주총회에서 결정되나, 이에 앞서 이사회는 이익처분 안을 결정하고 이 가운데 준비금의 적립금액과 이익배당금액을 이익잉여금 처분 계산서에 기재하여 정기주주총회에 제출하고 주주총회는 이것을 승인·확정하게 된다(상법 449조 제1항). 주주총회에서의 승인에 의하여 구체적인 배당액도 정하 여진다. 정기주주총회에서 이익배당을 승인하면 주주권의 내용인 종래의 추상적 이익배당청구권으로부터 구체적인 확정액의 배당지급청구권이 발생한다. 회사는 정기주주총회에서 이익배당금의 지급시기를 따로 정한 경우가 아니면 재무제표 를 승인한 날로부터 1월 이내에 배당금을 지급하여야 한다.

① 현금배당(cash dividends)

현금배당이란 현금으로 배당이 이루어지는 것을 말한다. 현금배당은 운전 자본의 직접적인 지출을 수반하므로, 배당액과 지급기일 등을 결정함에 있어 서 보유현금잔액과 미래의 현금흐름 등을 신중히 고려하여야 한다. 단, 자기 주식(treasury stock)에 대해서는 배당의 선언이나 배당금의 지급이 이루어져서 는 안된다. 정기주주총회에서 이익배당이 선언되면 배당이 불법적인 경우를 제외하고는 주주총회의 동의 없이는 취소할 수 없으므로 법적으로 이 날짜에 부채가 발생한다. 이때의 회계처리는 차변에 미처분 이익잉여금, 대변에 미지 급배당금으로 기재한다. 그리고 회사가 배당금을 실제로 지급하는 날에 차변 에 미지급배당금, 대변에 현금으로 회계처리한다.

예제 13. 배당결의일과 실제 현금배당시의 거래를 분개표시하라.

납입자본금이 5억원인 A회사는 이사회의 결의로 15%의 현금배당을 하기로 하였다.

해답

배당결의일 :

    (차) 미처분이익잉여금　　75,000,000　　(대) 미지급배당금　　75,000,000

배당지급일 :

    (차) 미 지 급 배 당 금　　75,000,000　　(대) 현　　　　금　　75,000,000

② 현물배당(dividend in kind) 또는 재산배당(property dividends)

　대부분의 배당은 현금배당이지만 상품 등 비화폐성자산으로 선언하는 경우가 있다. 재산배당이 선언되었을 때 주주에게 분배할 비화폐성자산의 공정한 시장가치가 배당금으로 기록할 금액이 된다. 마찬가지로 주주는 배당받은 재산의 공정한 시장가치를 배당수익으로 인식한다.

　한편 비화폐성자산의 장부가액과 공정시가의 차이는 당해자산의 처분손익으로 처리하여야 한다. 만약 비화폐성자산의 공정한 가치를 처분시에 객관적으로 측정할 수 없을 때에는 처분된 비화폐성자산의 장부가액을 배당금의 금액으로 기록하여야 한다.

예제 14. 배당결의일과 재산배당시의 거래를 분개하라.

　A주식회사는 주주총회에서 장부가액 ₩15,000,000의 유가증권을 현물배당하기로 결의하다. 배당 선언일에 유가증권의 총시가는 ₩20,000,000으로 평가되다. 1개월 후 실제로 현물배당을 실시하다.

해답

배당결의일 :

    (차) { 미처분이익잉여금　20,000,000　　(대) { 미 지 급 배 당 금　20,000,000
        { 단 기 투 자 증 권　5,000,000　　　　　　{ 단기투자증권처분이익　5,000,000

배당지급일 :

    (차) 미 지 급 배 당 금　　20,000,000　　(대) 단 기 투 자 증 권　　20,000,000

③ 부채배당(scrip dividend)

　부채배당은 어음배당이라고도 불리우며 배당선언일(정기주주총회일)로부터 일정한 기일이 경과한 후에 배당금을 지급하기로 약속한 어음(증서)을 교부하고, 기업의 자금사정이 호전되었을 때 이 증서와 교환으로 현금을 지급하는 배당방법을 말한다. 부채배당의 수령자는 증서(scrip)에 표기된 날짜까지 그것을 소유하면 현금을 받게 되며, 또한 그것을 할인하여 즉시 현금으로 바꿀 수도 있다. 만약 증서가 이자부(利子附)라면 현금지급액 중에서 이자부분은 배당금이 아니라 이자비용으로 회계처리하여야 한다.

예제 15. 다음의 분개를 표시하라.

납입자본금이 10억원인 ABC회사는 20%의 배당을 주주총회의 결의에 의하여 결정하고 이에 각 주주들에게 3개월 후에 지급할 것을 약정한 증서를 교부해 주다. 현금지급시 3%의 이자도 함께 지급한다.

해답

배당선언일 :

   (차) 미처분이익잉여금   200,000,000 (대) 미 지 급 배 당 금   200,000,000

배당지급일 :

   (차) { 미 지 급 배 당 금   200,000,000 ; 이 자 비 용   6,000,000 }   (대) 현 금 배 당   206,000,000

④ 청산배당(liquidating dividends)

회사가 이익잉여금의 잔액을 초과하여 배당하는 경우가 있다. 이와 같이 이익잉여금 잔액을 초과하여 배당하는 것을 청산배당이라고 하는데, 이것은 이익의 배당이라기 보다는 주주가 불입한 자본을 환급하는 것이라고 볼 수 있다. 따라서 청산배당액은 이익잉여금계정이 아니라 자본잉여금계정에 차기(借記)한다. 청산중인 회사가 그 자산을 주주에게 배분하는 것이 전형적인 청산배당이다.

⑤ 주식배당(stock dividends)

이익배당은 현금배당이 가장 보편적이지만 실무적으로 주식에 의한 배당도 흔히 이루어지고 있다. 주식배당(stock dividends)이란 신주를 발행하여 이익을 배당하는 것으로서, 상법상 이익배당 총액의 1/2에 상당하는 금액을 초과하지 못하도록 하고 있다.

주식배당이 선언되면 주주들은 자신이 보유하고 있는 주식수에 비례해서 새로운 주식을 추가적으로 분배받지만, 기업측에서는 외부로 유출되는 자산은 없고 발행주식수만 증가된다. 따라서 주주들이 기업에 대하여 갖고 있는 지분비율이나 기업의 자산 및 부채에는 전혀 변화가 없으며 주주지분의 세부항목으로 재분류한 것에 불과하다. 주식배당의 회계처리방법에는 시가법과 액면법이 있다.

시가법(market value method)은 주식배당을 선언한 시점에서 배당되는 주식의 공정시가만큼의 이익잉여금을 자본금과 자본잉여금(주식발행초과금)에 대체시키는 방법이다. 시가법에서는 주식배당을 받은 주주들은 주식배당을 회사이익의 분배라고 간주하여 추가획득된 주식의 시장가치만큼 배당수익을 올렸다고 생각하는 일반투자자들의 심리에 맞추어 회계처리하는 것이 시가법이다.

액면법(par value method)은 주식배당시 주식의 시장가치 대신 액면가액만큼의 이익잉여금을 자본금계정에 대체시키는 방법이다. 이 방법을 주장하는 근거는 기업이 이익을 창출하여 총주주지분이 상승했다 하더라도 그것은 기업의 이익이지 직접적으로 주주들에 대한 이익이 될 수 없다는 것이다. 따라서 배당도 회사자산의 일부가 회사 자체에서 분리되어 주주들에게 실질적으로 이전되는 행위를 수반해야 비로소 배당수혜자들에게 이익이 된다고 보는 것이다. 그러므로 주식배당은 주주들의 지분을 보다 많은 수익 주식으로 분할하는 것에 불과하다고 해석한다.

예제 16. 다음의 분개를 표시하라.

A주식회사는 당기의 이익배당금 ₩200,000,000중 1/2은 현금으로 지급하고 나머지 1/2은 신주 2만주(1주 액면 ₩5,000)를 발행하여 기존 주주들에게 교부하다. 배당주식의 시가는 주당 ₩9,000이다. 이때의 분개를 표시하라.

해답

(1) 배당주식의 발행가액을 액면가액으로 간주하는 경우

(차) 미처분이익잉여금 200,000,000 (대) { 자 본 금 100,000,000
현 금 100,000,000

(2) 배당주식의 발행가액을 시가로 간주하는 경우

(차) 미처분이익잉여금 280,000,000 (대) { 자 본 금 100,000,000
주 식 발 행 초 과 금 80,000,000
현 금 100,000,000

제 6 절 증자와 감자

주식회사가 설립된 후에 자본금을 증가시키는 것을 증자라고 하며, 반대로 자본금을 감소시키는 것을 감자라고 한다.

1. 증자

증자(increase of legal capital)시에는 새로운 주식을 발행하게 되는데 이를 신주발행이라 한다. 회계상 증자는 실질적 증자와 형식적 증자로 구분되며, 실질적 증자는 자본금의 증가만큼 자산이 증가하는 것을 말한다. 형식적 증자는 자본금은 증가하지만 이에 해당하는 자산은 증가하지 않는 것으로 자본잉여금이나 이익잉여금의 자본전입에 의하거나, 전환사채를 주식으로 전환하는 경우에는 자본금은 증가하나 이에 상당하는 자산은 증가하지 않는다.

잉여금의 자본전입에 의한 증자시 발행되는 주식은 기존주주들의 주식수에 비례하여 배분하게 되며, 주식금액의 납입 등 특별한 대가 없이 발행·교부하므로 이를 무상증자라고도 한다.

또한 청약기일이 경과된 신주청약증거금 중 신주납입금으로 충당될 금액은 자본금 다음에 그 내용을 나타내는 과목으로 기재한다.

예제 17. 다음의 거래를 분개하라.

A주식회사는 회사설립 후 2년이 경과한 후 다음과 같이 증자하기로 결정하고 신주를 발행하여 주금은 현금으로 받아 당좌예금하다.

발행주식의 수와 종류 : 보통주식 1,000주
발행주식액면가액 : 주당 @₩5,000
발행가액 : 주당 @₩8,000

해답

$$(차)\ 당\ 좌\ 예\ 금\quad 8{,}000{,}000\quad (대)\ \begin{cases} 자\ \ 본\ \ 금 & 5{,}000{,}000 \\ 주\ 식\ 발\ 행\ 초\ 과\ 금 & 3{,}000{,}000 \end{cases}$$

예제 18. 다음 거래를 분개하라.

자본준비금 ₩5,000,000을 자본에 전입키로 주주총회에서 결의하고 액면가액 ₩5,000의 주식 1,000주를 주주에게 무상으로 교부하다.

해답

$$(차)\ 자\ 본\ 준\ 비\ 금\quad 5{,}000{,}000\quad (대)\ 자\ \ 본\ \ 금\quad 5{,}000{,}000$$

2. 감 자

감자(reduction of legal capital)는 회사의 이해관계자에게 밀접한 관계를 갖는 것이기 때문에 법원의 승인 하에서만 가능하며, 이의 방법에는 주금의 환급, 주식의 매입소각, 주금의 절사(切捨), 주식의 병합 등 여러 가지가 있다.

감자에도 증자와 마찬가지로 실질적 감자와 형식적 감자로 나누어진다. 실질적 감자는 자본금이 감소함에 따라 자산이 감소되며, 형식적 감자는 자본금은 감소하지만 이에 상당한 감소가 따르지 않는 감자로서, 예컨대 결손을 보전하기 위하여 동 결손상당액만큼 감자를 한다면 차변에는 자본금의 감소가 표시되며 대변에는 결손금이 감소 표시되어 실질적인 자산의 감소를 수반하지 않는다.

감자시에 자본금의 감소액보다 자산의 감소액이 크면 감자차손이 발생하고, 반대로 자본의 감소액보다 자산의 감소액이 적은 경우에는 감자차익이 발생한다. 감자차익은 자본잉여금으로 처리하고 감자차손은 자기자본의 감소로써 표시하고, 결손금의 처리순서에 준하여 먼저 이익잉여금의 처분으로 상각하고 잔액이 있는 경우에는 자본잉여금의 처분으로 상각한다.

다만, 이익잉여금과 자본잉여금의 처분으로도 감자차손의 잔액이 남을 경우에는 처분가능잉여금이 생길 때까지 자본의 차감항목으로 이연 처리해야 한다.

예제 19. 다음 거래를 분개하라.
① 자본금이 과잉하여 감자하기로 결정하고 액면가액 @₩5,000의 주식 1,000주를 액면대로 주주에게 현금으로 교부하다.
② ①의 경우 주당 @₩6,000의 시가대로 주주에게 현금으로 교부하다.

해답

① (차) 자　　본　　금　　5,000,000　(대) 현　　　　　금　　5,000,000

② (차) { 자　　본　　금　　5,000,000
　　　　감　자　차　손　　1,000,000 }　(대) 현　　　　금　　6,000,000

예제 20. 다음의 분개를 표시하라.
결손금 ₩40,000,000을 보전하기 위하여 감자하기로 하고 액면가액 ₩5,000의 주식 20,000주에 대하여 2주를 1주로 병합하기로 하다.

해답

① (차) 자 본 금   50,000,000   (대) $\begin{cases} \text{이 월 결 손 금} & 40,000,000 \\ \text{감 자 차 익} & 10,000,000 \end{cases}$

제 7 절   자본조정

지금까지 설명한 것은 주식회사의 자본항목 중 자본금·자본잉여금·이익잉여금에 대한 개별적인 성격 및 회계처리와 관련된 내용이었다. 그러나 경우에 따라서는 이들 자본항목의 전체 합계액에 가산시키거나 또는 차감시키는 방법으로 표시하는 회계항목이 있다. 이러한 항목은 대부분이 자본거래에서 발생되는 것이나 상기 자본항목 중의 어느 한가지와 특별히 결부시키기가 곤란하여 총괄적으로 표시될 필요가 있는 것들이다.

자본의 조정항목으로서 자본에서 차감표시해야 할 항목으로 자기주식, 주식할인발행차금, 배당건설이자, 주식선택권, 출자전환채무, 감자차손 및 자기주식처분손실 등이 있다. 자본조정항목중 자기주식은 별도항목으로 표시하고, 주식할인발행차금, 주식선택권, 출자전환채무, 감자차손 및 자기주식처분손실은 기타자본조정으로 통합하여 표시 할 수 있도록 하고 있다.

1. 자기주식(treasury stock)

자기주식은 금고주라고도 하며, 이는 회사가 발행한 주식 중에서 재취득하여 보유하고 있는 주식을 말한다. 이러한 주식의 취득은 자본감소의 우려 때문에 상법상의 엄격한 제한을 받고 있지만, 특별한 경우는 예외적으로 취득이 허용되기도 한다. 어떤 이유에서든 일단 취득한 자기주식은 조속히 재매각 하거나 소각시켜야 한다. 그러나 경우에 따라서는 재매각 또는 소각 이전에 재무제표를 작성해야 하는 상황이 발생할 수도 있다. 이때 자기주식은 재무상태표상에서 자본조정으로 하여 자본에서 차감하는 형식으로 기재하여야 하며, 동시에 자기주식의 취득경위, 향후처리계획 등은 주석사항으로 별도 공시하여야 한다.

예제 21. 다음 거래를 분개하라.

① X상사는 자신이 발행한 주식 100주(1주액면 @₩5,000)를 거래처인 A상회의 외상매출금의 회수대가로 1주당 @₩6,000에 부득이 취득하게 되다.

② 다음 회계연도 초에 1주당 ₩8,000에 위 자기주식을 현금으로 처분한다.

해답

①	(차) 자 기 주 식	600,000	(대) 매 출 채 권	600,000
②	(차) 현 금	800,000	(대) 자 기 주 식	600,000
			자기주식처분이익	200,000
			(자 본 잉 여 금)	

2. 주식할인발행차금(discounts on stocks issued below par)

주식할인발행차금은 회사가 설립 2년 이후에 신주식을 액면가액 이하로 할인 발행하였을 경우 액면가액과 발행가액과의 차액을 말한다. 주식을 할인 발행하는 경우에는 엄격한 규제가 수반된다. 상법에서는 회사가 이것을 자산으로 계상한 경우에는 3년내의 매결산기에 평균액 이상을 상각하도록 규정하고 있으나, 기업회계기준에서는 자본에서 차감하는 조정항목으로 기재하도록 하고 있으며, 주식발행연도부터 3년 이내의 매결산기에 매기균등액으로 상각하도록 규정하고 있다. 다만 처분할 이익잉여금이 부족하거나 결손이 있는 경우에는 차기이후 연도에 이월하여 상각할 수 있도록 하고 있다. 주식할인발행차금의 상각은 이익잉여금의 처분사항으로 하고 있다.

상법에서는 무액면주식의 발행을 허용하지 않는 대신, 주식회사 설립 후 2년이 경과하면 주주총회의 특별결의와 법원의 인가를 얻어 주식을 액면 이하로 발행할 수 있도록 하고 있다.

예제 22. 다음 거래를 분개하라.

① 설립 5년이 된 C주식회사는 자본을 증자하기로 하고 신주 10,000주(액면 : @₩5,000)를 1주당 @₩4,700으로 발행하고 납입금은 당좌예금에 예입하다.

② 결산시 상기 주식할인발행차금 중 ₩1,000,000을 상각하다.

해답

① (차) { 당 좌 예 금　47,000,000　　(대) 자　　본　　금　50,000,000
　　　　 주식할인발행차금　 3,000,000

② (차) { 주식할인발행차금상각　1,000,000　　(대) { 주식할인발행차금　1,000,000
　　　　 미처분이익잉여금　　 1,000,000　　　　　 주식할인발행차금상각　1,000,000

3. 배당건설이자(pre-operating dividends)

이것은 공사이자(工事利子)라고도 하며 전력, 철도사업 등 건설기간이 장기간을 요하는 기업은 그 건설기간 중에 영업활동을 할 수 없기 때문에 배당을 하지 못하는 불리점이 있어 주식모집이 곤란한 경우가 있다. 이에 상법에서는 특칙을 두어 설립 후 2년 이내에 개업할 수 없는 회사는 법원의 인가를 얻어 배당을 할 수 있도록 하였다. 이를 배당건설이자 또는 건설이자라고도 한다.

기업회계기준에서는 배당건설이자를 배당한 때에는 그 금액을 자본조정으로 하여 자본에서 차감하는 형식으로 기재하되, 개업후 연 6% 이상의 이익배당을 하는 경우에는 그 6%를 초과한 금액과 동액 이상의 금액을 상각하도록 규정하고 있다. 배당건설이자의 상각은 이익잉여금의 처분사항으로 한다.

예제 23. 다음 거래를 분개하라.
　① 서울전력주식회사는 법원의 인가를 얻어 정관의 규정에 의해 개업전에 ₩5,000,000을 배당하기로 하고 현금으로 동액을 지급하다.
　② ①의 회사는 제4기에 이르러 위의 금액 중 ₩1,000,000을 상각하다.

해답

① (차) 배 당 건 설 이 자　5,000,000　(대) 현　　　　　금　5,000,000

② (차) { 배당건설이자상각　1,000,000　(대) { 배 당 건 설 이 자　1,000,000
　　　　 미처분이익잉여금　1,000,000　　　　　 배당건설이자상각　1,000,000

제 8 절　기타포괄손익누계액

포괄손익(comprehensive income)은 주주의 투자 및 주주에 대한 분배가 아닌 거래나 회계사건으로 인하여 일정 회계기간 동안 발생한 순자산의 변동액을 말한다. 이러한 순자산의 변동 중 일부는 포괄손익계산서에 표시되고, 다른 일부는 재무상태표에 별도의 항목으로 구분하여 표시된다. 당기순손익에서는 제외되지만 포괄손익에 포함되는 손익항목을 기타포괄손익이라고 하는데, 여기에는 매도가능증권평가손익, 해외사업환산손익, 현금흐름 위험회피파생상품평가손익 등이 포함된다.

  포괄손익을 보고하는 목적은 순자산의 변동 즉, 주주와의 자본거래를 제외한 모든 거래와 기타 경제적 사건을 측정하기 위한 것이며, 우리나라 기업회계기준서에 의하면 포괄포괄손익계산서는 주석으로 작성하도록 규정되어 있다.

1. 매도가능금융자산평가손익

  기업회계에서는 매도가능증권을 공정가치로 평가하지만 법인세법에서는 이를 인정하지 않는다. 이로 인해 장부금액과 세무가액간에 차이가 발생하는데, 이러한 일시적 차이로 인해 발생한 법인세효과는 기타포괄손익에서 조정하여 반영하여야 한다.

2. 해외사업환산손익(overseas operations translation debit(or credit))

  해외지점·사업소 또는 해외종속법인의 외화표시 재무제표를 현행 환율에 의하여 원화로 환산하는 경우에 발생하는 외화환산손익은 외화환산손익 과목으로 하여 자본총액에서 차감 또는 가산하는 형식으로 기재한다. 이것은 외화환산과정에서 발생하는 환산손익이 사외(社外)유출(배당)의 재원으로 사용되는 것을 방지하기 위함이다. 계상 이후에는 차후에 발생하는 해외사업 환산이익 또는 손실과 상계하여 차감 잔액을 같은 방법으로 표시한다.

꼭 바뀌어야 할 것은 삶에 대한 자신의 태도이건만
많은 사람들은 자신의 삶 자체가 바뀌기를 바란다.

연 습 문 제

[1] 다음 항목중 자본잉여금에 해당하는 것에는 "○"표, 이익잉여금에 해당하는 것에는 "X"표, 기타는 "△"표를 (   )안에 표시하라.

(1) (   ) 합 병 차 익   (2) (   ) 영 업 권
(3) (   ) 신 축 적 립 금   (4) (   ) 감 채 적 립 금
(5) (   ) 대 손 충 당 금   (6) (   ) 매도가능증권평가손익
(7) (   ) 감 자 차 익   (8) (   ) 자 가 보 험 적 립 금
(9) (   ) 자 기 주 식 처 분 이 익   (10) (   ) 채 무 면 제 이 익
(11) (   ) 주 식 발 행 초 과 금   (12) (   ) 이 월 이 익 잉 여 금
(13) (   ) 배 당 건 설 이 자   (14) (   ) 배 당 평 균 적 립 금
(15) (   ) 자 기 주 식

[2] 다음의 거래를 분개하라.

① 주식회사의 설립을 위하여 액면주식 10,000주(1주의 액면 ₩5,000)를 1주당 ₩5,000으로 공모하여 전액 납입을 받아 곧 당좌예금하다.

② 회사설립 후 이사회의 결의에 의거 미발행주식 5,000주를 1주당 ₩6,000(1주당 액면 ₩5,000)으로 발행하고 납입금을 전액 당좌예금하다.

[3] 다음 분개를 보고 거래를 추정하라.

① (차)	당 좌 예 금	5,000,000	(대)	주식청약증거금	5,000,000
② (차)	주식청약증거금	5,000,000	(대)	자 본 금	5,000,000
③ (차)	창 업 비	1,000,000	(대)	미 지 급 비 용	1,000,000
④ (차)	신 축 적 립 금	2,500,000	(대)	별 도 적 립 금	2,500,000
⑤ (차)	미 결 산 계 정	700,000	(대)	건 물	700,000

[4] 다음 거래를 분개하라.

① 당기의 순이익이 적으므로 배당평균적립금 ₩1,500,000을 헐어 배당금에 충당하다.

② 자본금 ₩80,000,000 (1주 액면 ₩5,000, 발행주식수 16,000주)의 주식회사에서 결손금 ₩12,000,000을 보전할 목적으로 자기주식 5,000주를 1주당 ₩2,000으로 매입하여 소각하다.

③ 1주 액면 ₩5,000의 주식 10,000주를 평가 발행하여 설립한 A주식회사는 설립연도에 건설이 완료되지 못하여 개업하지 못하였으므로 정관에 따라 연 5%의 건설이자를 현금으로 배당하다.

④ 이익준비금 ₩2,300,000과 자본준비금 ₩700,000을 자본에 전입하기로 하고 액면 주식 ₩5,000의 신주 600주를 무상으로 주주에게 교부하다.

⑤ 전환사채 ₩5,000,000의 전환청구에 응하여 사업연도 말에 보통주식 1,000주(1주 액면 ₩5,000)를 발행하여 주다.

[5] 다음 자료에 의하여 미처분이익잉여금의 처분결의일의 거래를 분개하라. 20×7년 12월 28일 결산 결과 당기순이익 ₩3,250,000을 산정하고 이사회결의에 의하여 다음과 같이 처분 결의하다.

이 익 준 비 금	₩600,000	임 원 상 여 금	₩500,000
배 당 금	1,500,000	별 도 적 립 금	300,000
차기이월미처분이익잉여금	350,000		

[6] 다음거래를 분개하라.

자본금 ₩100,000,000(발행주식수 20,000주, 1주 액면 ₩5,000)인 회사에서 결손금 ₩25,000,000을 보전하기 위하여 무상감자하기로 주주총회의 결의를 얻어 1주 대 0.7주의 비율로 주식을 병합하여 자본금을 ₩70,000,000으로 변경하였다.

[7] 다음거래를 분개하라.

① 주주총회의 결의에 의하여 이익 중에서 ₩1,500,000의 감채적립금을 설정하다.

② 현금 ₩1,500,000을 감채용으로 정기예금하다.

③ 위의 정기예금이자 ₩180,000을 원금에 가산하다.

④ 사채 ₩10,000,000을 감채기금예금으로 상환하다. 감채적립금이 ₩10,000,000이 설정되어있다.

[8] 다음거래를 분개하라.

① 이사회 및 주주총회 결의에 의하여 미처분이익잉여금 ₩3,560,000을 다음과 같이 처분하다.

이 익 준 비 금	₩500,000	주 주 배 당 금	₩1,500,000
별 도 적 립 금	700,000	임 원 상 여 금	500,000

② 주주총회의 결의에 의거 미처리결손금 ₩1,550,000을 전기이월미처분이익잉여금 ₩150,000, 결손보전적립금 ₩500,000, 별도적립금 ₩300,000, 이익준비금 ₩500,000으로 보전하고 잔액은 차기에 이월하다.

③ 위의 회사의 경우 차기 결산의 결과 ₩800,000의 순이익이 확정되었다.

④ 20×7년 7월 20일 법인세 ₩950,000을 중간예납액으로 하여 수표를 발행하여 납입

하다.

⑤ 20×7년 12월 결산에 있어 법인세산출액이 ₩1,450,000이므로 위의 중간예납액을 제외한 금액을 미지급 법인세로 계상하다.

[9] 다음 용어를 간단히 설명하라.

(1)	잉여금	(7)	증자와 감자
(2)	자본잉여금	(8)	자본조정항목
(3)	이익잉여금	(9)	감자차익
(4)	이익준비금	(10)	배당건설이자
(5)	비밀적립금	(11)	배당가능이익
(6)	기타포괄손익누계액	(12)	적극적적립금과 소극적적립금

진정한 스승은 밖에 있지 않고 우리 마음안에 있다.
밖에 있는 스승은 다만 우리 내면의 스승을 만나도록
그 길을 가리켜 줄 뿐이다.

재 무 제 표

제 1 절	재무제표의 의의
제 2 절	재무제표의 종류
제 3 절	재무제표 작성과 표시의 일반원칙
제 4 절	재무상태표
제 5 절	포괄손익계산서
제 6 절	이익잉여금처분계산서와 결손금처리계산서
제 7 절	현금흐름표
제 8 절	자본변동표
제 9 절	재무제표 부속명세서
제 10 절	재무제표의 공개와 회계감사
제 11 절	재무제표의 유용성과 한계
제 12 절	시산표와 정산표의 작성사례연구

재무제표

제17장

제 1 절　재무제표의 의의

　모든 기업의 경영활동은 회계에 의하여 계수적으로 파악되고, 이것이 기록·정리·종합되어 일정한 계산양식으로 표시된다. 이와 같이 일정한 계산양식으로 표시한 것을 재무제표(financial statements : F/S)라 한다. 따라서 재무제표는 기업의 경영성과와 재무상태를 기업 주변의 이해관계자들에게 전달하는 수단이 된다.

　그러므로 재무제표는 우선 경영의 성과와 상태를 간략하게 개관(槪觀)할 수 있어야 하며, 또한 회계의 계산기구와의 유기적인 관련성을 견지하는 것이어야 한다. 즉, 재무제표는 기업의 경영성과와 재무상태를 적절하게 표시한 일람표로서 요약되고, 또한 회계의 계산기구에서 유도되어 작성되어야 한다는 것이다.

제 2 절 재무제표의 종류

회계는 일정한 회계기간의 경영성과와 그 기말의 재무상태에 대한 내용을 주주와 기타 이해관계자 등 정보이용자에게 제공해야 한다. 기본적으로 경영성과는 포괄손익계산서를, 재무상태는 재무상태표를, 이익잉여금 또는 결손금의 처분 및 처리는 이익잉여금처분계산서(또는 결손금처리계산서)를, 현금의 흐름내용은 현금흐름표를, 자본의 변동내용은 자본변동표를 작성하여 표시하고 보고하게 되는 것이다.

『상법 및 외감법상 재무제표 종류 비교』

상법	외감법	일치여부	비고
대차대조표	재무상태표	명칭 불일치	외감법부칙(§8)에서 외감법상 재무상태표는 상법상 대차대조표로 본다고 규정함으로써 旣해소
손익계산서	손익계산서 또는 포괄손익계산서	명칭 불일치	외감법부칙(§8)에서 외감법상 포괄손익계산서는 상법상 손익계산서로 본다고 규정함으로써 旣해소
자본변동표	자본변동표	일치	
이익잉여금처분계산서 (또는 결손금처리계산서)	-	불일치	회계기준상 주석기재[*]토록하여 불일치 해소
현금흐름표	현금흐름표	일치	
주석	주석	일치	

* K-IFRS 제1001호 (재무제표 표시) 문단 한138.1 및 일반기업회계기준 제2장 (재무제표의 작성과 표시I) 문단 2.89
* 중소기업회계기준에서는 현금흐름표를 제외하고 대차대조표, 손익계산서, 자본변동표, 이익잉여금처분계산서(또는 결손금처리계산서)를 재무제표로 규정하고 있다.

제 3 절 재무제표작성과 표시의 일반원칙

경영자는 재무제표를 작성할 때 기업의 존속가능성을 평가하여야 하며, 기업이 경영활동을 청산 또는 중단할 의도가 있거나, 경영활동을 계속할 수 없는 상황에 놓인 경우를 제외하고는 계속기업을 전제로 재무제표를 작성하여야 한다.

또한 재무제표의 작성과 표시에 대한 책임은 경영자에게 있으며, 재무제표는 경제적 사실과 거래의 실질을 반영하여 기업의 재무상태, 경영성과, 이익잉여금처분(결손금처리), 현금흐름 및 자본변동을 공정하게 표시하여야 한다. 따라서 기업회계기준에 따라 적정하게 작성된 재무제표는 공정하게 표시된 재무제표로 보게 된다.

기업은 기업회계기준이 허용하는 범위내에서 회계정책을 선택할 수 있으며, 이들 회계정책은 기업이 재무보고의 목적으로 선택한 기업회계기준과 그 적용방법 등을 말한다.

기업은 재무제표의 기간별 비교가능성을 제고하기 위하여 전기 재무제표의 모든 계량정보를 당기와 비교하는 형식으로 표시하고, 전기 재무제표의 비계량정보가 당기 재무제표를 이해하는데 필요한 경우에는 이를 당기의 정보와 비교하여 주석에 기재하여야 한다.

재무제표의 기간별 비교가능성을 높이기 위하여 재무제표항목의 표시와 분류는 매기 동일하게 적용하는 것을 원칙으로 한다.

제 4 절   재무상태표

1. 재무상태표의 의의

재무상태표(financial statement; F/S 또는   balance sheet : B/S)는 일정시점에 있어서 기업의 재무상태, 즉 기업의 자산·부채 및 자본의 상태를 총괄적으로 명확히 표시하는 결산보고서의 하나이다. 따라서 재무상태표는 정보이용자들이 기업의 유동성, 재무적 탄력성, 수익성과 위험 등을 평가하는데 유용한 정보를 제공한다.

포괄손익계산서가 일정기간의 경영활동결과를 표시하는데 대하여, 재무상태표는 작성일 현재의 자산·부채 및 자본에 관한 사항을 표시하기 때문에 포괄손익계산서를 동태보고서(動態報告書)라 하고 재무상태표를 정태보고서(靜態報告書)라고도 한다.

2. 재무상태표작성 기준

재무상태표를 작성할 때는 일반적으로 다음과 같은 기준에 따라 작성하여야 한다.

1. 재무상태표는 자산·부채 및 자본으로 구분하고, 자산은 유동자산과 비유동자산으로 구분한다. 유동자산은 당좌자산과 재고자산으로 비유동자산은 투자자산, 유형자산, 무형자산, 기타 비유동자산으로, 부채는 유동부채, 비유동부채로, 자본은 자본금·자본잉여금·자본조정, 기타포괄손익누계액 및 이익잉여금(또는 결손금)으로 각각 구분한다.

2. 자산·부채 및 자본은 총액에 의하여 기재함을 원칙으로 하고, 자산의 항목과 부채 또는 자본의 항목과를 상계함으로써 그 전부 또는 일부를 재무상태표에서 제외하여서는 안된다.

3. 자산과 부채는 1년을 기준으로 하여 유동자산 또는 비유동자산, 유동부채 또는 비유동부채로 구분한다.

4. 재무상태표에 기재하는 자산과 부채의 항목배열은 유동성배열법에 의한다.

5. 자본거래에서 발생한 자본잉여금과 손익거래에서 발생한 이익잉여금을 혼동하여 표시하여서는 안된다.

6. 가지급금 또는 가수금 등의 미결산항목은 그 내용을 나타내는 적절한 과목으로 표시하고 대조계정 등의 비망계정은 재무상태표의 자산 또는 부채항목으로 표시하여서는 아니된다.

이것은 재무상태표작성의 기본이 되는 것으로 이는 구분표시기준, 총액표시기준, 1년기준, 배열기준, 잉여금구분기준 및 명료성기준으로 불리어진다.

(1) 구분표시기준

제1단계구분	제2단계구분	제3단계구분	제4단계구분
자 산	Ⅰ. 유 동 자 산	(1) 당 좌 자 산 (2) 재 고 자 산	계 정 과 목
	Ⅱ. 비유동자산	(1) 투 자 자 산 (2) 유 형 자 산 (3) 무 형 자 산 (4) 기 타 비 유 동 자 산	
부 채	Ⅰ. 유 동 부 채	계 정 과 목	
	Ⅱ. 비유동부채		
자 본	Ⅰ. 자 본 금	(1) 보 통 주 자 본 금 (2) 우 선 주 자 본 금	계 정 과 목
	Ⅱ. 자본잉여금	(1) 주 식 발 행 초 과 금 (2) 기 타 자 본 잉 여 금	
	Ⅲ. 자 본 조 정	계 정 과 목	
	Ⅳ. 기타포괄손익누계액	계 정 과 목	
	Ⅴ. 이익잉여금	(1) 법 정 적 립 금 (2) 임 의 적 급 금 (3) 미 처 분 이 익 잉 여 금	

기업회계기준은 자산을 유동자산과 비유동자산으로 구분하고, 비유동자산에는 투자자산, 유형자산, 무형자산, 기타 비유동자산을 포함하도록 하고 있다. 또한 자본조정항목에는 자기주식, 기타자본조정으로 구분하고, 별도로 기타포괄손익누계액을 추가하고 있다. 이익잉여금은 이익잉여금처분계산서 또는 결손금처리계산서의 내용을 반영한 후의 금액을 표시하도록 하고 있다. 이와 같은 이유는 투자가 등 이해관계자에게 기업의 재무상태를 보다 명확히 공시(disclosure)하는데 의미가 있다고 할 수 있다.

(2) 총액표시기준

총액표시기준은 포괄손익계산서와 재무상태표에 공통으로 적용되는 원칙이다. 즉 자산과 부채 및 자본은 서로 상계함으로써 그 전부 또는 일부를 제외하여 표시하여서는 안된다는 것이다. 그리고 부득이 상계시켜야 할 것이 있을 경우에 한해서는 총액에서 차감하는 형식으로 표시하여야 한다는 것이다.

총액표시는 대립항목에 대한 상계금지 그리고 조정항목에 대한 상계금지로 그 내용을 구분할 수 있다.

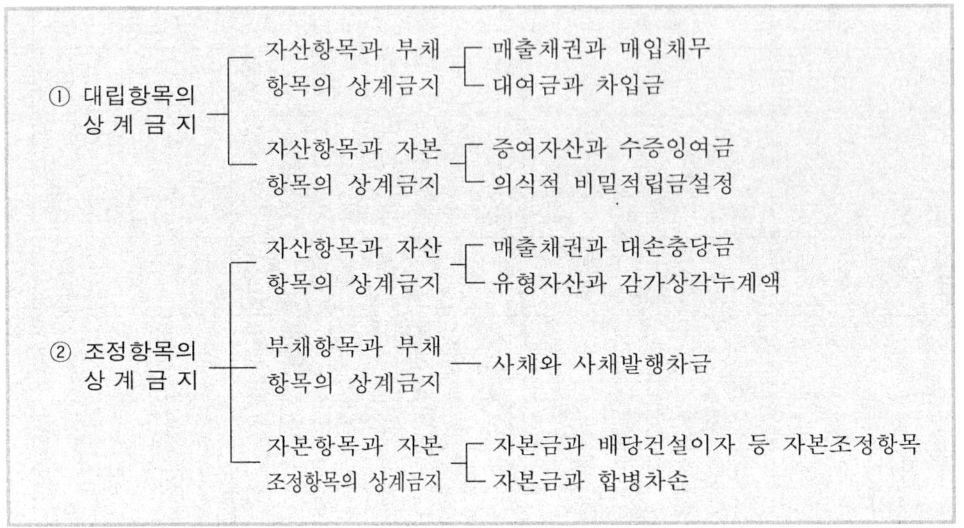

(3) 1년기준(one year rule)

1년기준은 채권의 회수 또는 채무의 결제기간이 1년 이내인가 아니면 1년 이상에 걸쳐 있는가에 따른 구분기준으로서 1년을 기준한 정상영업주기에 따라 이를 유동성 그리고 비유동성으로 구분한다. 일반적으로 1년 이내에 회수 또는 결제되어 순환되는 것을 유동자산 및 유동부채로 하고, 회수 또는 결제가 1년 이상에 걸쳐 순환되는 것을 비유동자산 및 비유동부채라 한다.

일반적으로 기업의 영업기간은 1년을 사업연도로 하므로 당해 사업연도의 채권 혹은 채무가 재무상태표일로부터 1년 이내, 즉 다음 회계연도 말 이전까지 순환된다면 그것은 자금면에서 유동성을 부여하여도 무관하다. 회계에서의 1년기준은 자산의 운용을 인위적으로 측정하는 데 필요한 요소가 되고 거래주기는 재무상태의 변화추이를 판단하는 데 중요한 지표로써의 기준이 된다.

1년기준에 의하여 자산은 유동자산과 비유동자산, 부채는 유동부채와 비유동부채로 나누어지며, 유동자산과 유동부채는 1년 이내에 회수하거나 지급할 채권과 채무를 말하고 비유동자산과 비유동부채는 1년 이상 수년에 걸쳐 회수되거나 반제되는 자산과 부채를 말한다.

(4) 배열기준

유동성배열법(current arrangement method)은 비유동성배열법(non-current arrangement method)에 반대되는 용어로서 계정과목을 배열하는 원칙의 하나이다. 재무상태표를 작성할 때에 비유동자산을 먼저 배열할 것인가 아니면 유동성자산을 먼저 배열할 것인가에 대한 것으로 자금을 현금, 예금, 매출채권 등 환금성이 빠른 계정부터 순차로 배열하고 부채는 갚아야 할 날짜가 빠른 것부터 순차로 배열하는 방법을 유동성배열법이라 한다.

일반적으로 상업, 제조업 등은 유동성배열법을 적용하나 대부분의 자산이 유형자산에 의하여 운영되고 또한 유형자산이 중시되는 제철회사 등 장치산업에서는 비유동배열법을 채택함으로써 당해기업의 중요한 계정을 우선하여 배열하기도 한다.

우리나라의 기업회계기준은 유동성배열법에 의하여 배열함을 원칙으로 하고 있다.

(5) 잉여금구분기준

기업의 이익잉여금은 영업활동에서부터 생성하는 것이 기본이고 또한 그것만이 주주에게 배당될 수 있는 것이다.

그러나 기업경영의 결과는 영업활동의 결과가 아닌 주주자본 그 자체에서도 잉여금이 발생되며 그것이 곧 자본잉여금이다. 자본잉여금에는 그 내용에 있어 주식발행초과금과 감자차익 등의 기타 자본잉여금 등이 있다. 이들은 영업활동에서 획득한 이익잉여금과 본질적으로 다르고 또한 이들을 재원으로 해서 주주에게 배당을 할 성질의 것도 아니다.

이와 같이 주주에게 배당해도 좋은 것과 그렇지 아니한 것을 엄격히 구분하여 재화와 용역의 산출과 매출에서 오는 이익이 아닌 것은 이를 보호하고 유지하는데 이 기준의 근본목적이 있는 것이다.

(6) 명료성기준

명료성기준(clearness)은 재무상태표를 작성함에 있어서 가지급금 또는 가수금 등의 내용이 분명하지 않은 미결산항목이 있을 경우에는 반드시 그 내용을 나타내는 적절한 과목으로 표시하고, 우발채무나 보증채무 등의 대조계정이나 비망 (備忘)계정 등은 재무상태표에 표시하지 않도록 하여 투자자 등 이해관계자에게 불필요한 오해가 없도록 하자는 기준이다. 즉 보다 정확한 재무정보내용을 이해관계자에게 제공하도록 하는데 있다.

3. 재무상태표의 형식

재무상태표의 형식에는 계정식(account form)과 보고식(report form)의 두가지 형식이 있으며, 반드시 전년도와 비교하는 형식으로 작성하여야 한다.

계정식(요약)과 보고식(요약) 재무상태표의 형식은 다음과 같다.

(1) 계정식

재 무 상 태 표

제×기 20××년 ×월 ×일 현재
제×기 20××년 ×월 ×일 현재

회사명________   단위:원(또는 천원,백만원)

자 산	제 × (당)기 금 액		제 × (전)기 금 액		부채·자본	제 × (당)기 금 액		제 × (전)기 금 액	
Ⅰ. 유 동 자 산					부　　　　채				
(1) 당좌자산	×××	×××	×××	×××	Ⅰ. 유 동 부 채		×××		×××
(2) 재고자산	×××		×××		Ⅱ. 비유동 부 채		×××		×××
Ⅱ. 비유동자산개정					부 채 총 계		×××		×××
(1) 투자자산	×××	×××	×××	×××	자　　　　본				
(2) 유형자산	×××		×××		Ⅰ. 자 본 금		×××		×××
(3) 무형자산	×××		×××		Ⅱ. 자 본 잉 여 금		×××		×××
(4) 기타비유동자산	×××		×××		Ⅲ. 자 본 조 정		(−)×××		(−)×××
					(1) 자 기 주 식	(−)×××		(−)×××	
					(2) 기타 자본조정	(−)×××		(−)×××	
					Ⅳ. 기타포괄손익누계액		×××		×××
					Ⅴ. 이 익 잉 여 금		×××		×××
					자 본 총 계		×××		×××
자 산 총 계		×××		×××	부 채 와 자 본 총 계		×××		×××

(2) 보 고 식

재 무 상 태 표

제 × 기 20××년 ×월 ×일 현재
제 × 기 20××년 ×월 ×일 현재

회사명 ________　　　　　　　　　　　단위:원(또는 천원,백만원)

과　　　　　목	제 × (당)기		제 × (전)기	
	금	액	금	액
자　　　　　　　　　산				
Ⅰ. 유　동　자　산		× × ×		× × ×
Ⅱ. 비　유　동　자　산		× × ×		× × ×
(1) 투　자　자　산		× × ×		× × ×
(2) 유　형　자　산		× × ×		× × ×
(3) 무　형　자　산		× × ×		× × ×
(4) 기 타 비 유 동 자 산		× × ×		× × ×
자　　산　　총　　계		× × ×		× × ×
부　　　　　　　　　채				
Ⅰ. 유　동　부　채		× × ×		× × ×
Ⅱ. 비　유　동　부　채		× × ×		× × ×
부　　채　　총　　계		× × ×		× × ×
자　　　　　　　　　본				
Ⅰ. 자　　본　　금		× × ×		× × ×
Ⅱ. 자　본　잉　여　금		× × ×		× × ×
Ⅲ. 자　본　조　정		(−) × × ×		(−) × × ×
(1) 자　기　주　식	(−) × × ×		(−) × × ×	
(2) 기 타 자 본 조 정	(−) × × ×		(−) × × ×	
Ⅳ. 기 타 포 괄 손 익 누 계 액		× × ×		× × ×
Ⅴ. 이　익　잉　여　금		× × ×		× × ×
(또 는 결 손 금)				
자　　본　　총　　계		× × ×		× × ×
부 채 와 자 본 총 계		× × ×		× × ×

4. 재무상태표의 작성방법

　재무상태표의 작성방법에는 재고조사법(실사법 또는 재산목록법, inventory method)과 유도법(誘道法, derivative method)의 두가지 방법이 있다. 재고조사법은 자산과 부채를 실제로 조사하여 그 현재액을 구하고 이때 자산과 부채의 차액으로 자본을 산정하여 재무상태표를 작성하는 방법이다.

　유도법은 회사가 작성하는 장부에 의하여 나타나는 금액을 기초로 하여 재무상태표를 작성하는 방법이다. 따라서 기업의 일체의 거래는 증빙서류를 자료로 하여 원시기록으로 삼아 여기에 근거해서 계정계산이 행하여지고 총계정원장에 기록된다. 총계정원장에 포함되는 계정에는 자산·부채·자본·비용 및 수익에 관한 모든 내용이 포함되고, 여기에 그 증감변화가 기록된다. 그리고 결산에 있어서는 기업회계기준에 따라 수정정리하여야 할 사항을 결정하고 그에 따라 계정잔액을 수정한 후 비용과 수익의 계정잔액을 모두 손익계정과 대체해서 집합한다. 그리하여 포괄손익계산서가 손익계정을 근거로 해서 작성됨과 같이 재무상태표는 남은 자산·부채 및 자본의 계정잔액을 기초로 해서 작성된다. 이것이 유도법에 의한 재무상태표 작성방법이다. 기업회계기준에서 말하는 정규의 부기방법(복식부기를 칭함)에 의한 재무상태표는 유도법에 의하여 작성된다.

5. 재무상태표의 종류

재무상태표에는 회계연도 말의 재무상태를 정확히 행하는 수단으로서 작성되는 결산재무상태표 이외에 회계연도 중간에 작성하는 중간재무상태표 또는 반기재무상태표, 회사창업시점에서 작성하는 개시재무상태표, 회사를 해산하기 위하여 청산시점에서 작성하는 청산재무상태표 등이 있다.

6. 재무상태표의 과목배열

재무상태표에 표시되는 계정과목의 배열방법에는 유동성배열법과 비유동성배열법의 두 가지가 있다. 유동성배열법은 현금화가 빠른 자산순으로 배열하는 방법이고, 비유동성배열법은 이와 반대로 현금화가 느린 자산순으로 배열하는 방법이다. 부채의 경우에도 이와 같다. 기업회계기준에서는 유동성배열법에 의하도록 규정하고 있다.

예제 2. 주식회사 중앙상사의 다음 제8기 총계정원장 계정잔액에 의하여 계정식과 보고식 재무상태표를 작성하라. 단 회계기간은 20 × 7년 1월 1일부터 20 × 7년 12월 31일까지이다.

(1)	현 금 예 금	₩420,000	(2)	단 기 금 용 자 산	₩915,000
(3)	매 출 채 권	660,000	(4)	대 손 충 당 금	75,000
(5)	상 품	1,500,000	(6)	선 급 금	240,000
(7)	장 기 투 자 증 권	360,000	(8)	투 자 부 동 산	390,000
(9)	비 품	2,400,000	(10)	비품감가상각누계액	300,000

(11) 산 업 재 산 권	300,000	(12) 영 업 권	45,000
(13) 개 발 비	75,000	(14) 매 입 채 무	450,000
(15) 미 지 급 법 인 세	180,000	(16) 사 채	1,200,000
(17) 사 채 할 인 발 행 차 금	150,000	(18) 장 기 차 입 금	330,000
(19) 자 본 금	3,000,000	(20) 주 식 발 행 초 과 금	300,000
(21) 감 자 차 익	270,000	(22) 이 익 준 비 금	240,000
(23) 재무구조개선적립금	90,000	(24) 사업확장적립금	30,000
(25) 전기이월미처분이익잉여금	150,000	(26) 자 기 주 식	120,000

㈜ 기업회계기준에 의하면, 당해연도분과 직전연도분을 비교하는 형식으로 작성하도록 되어 있으므로 직전연도분을 포함하여 작성하되 직전연도의 자료 표시는 임의로 하였다.

재 무 상 태 표

제8기 20×7년 12월 31일 현재
제7기 20×6년 12월 31일 현재

회사명: 주식회사 중앙상사　　　　　　　　　　　　　　　　　　(단위:천원)

과 목	제 8 (당)기		제 7 (전)기	
	금	액	금	액
자 산				
Ⅰ. 유 동 자 산				
(1) 당 좌 자 산				
1. 현 금 예 금		420		150
2. 단 기 투 자 자 산		915		750
3. 매 출 채 권	660		450	
대 손 충 당 금	(75)	585	(45)	405
4. 선 급 금		240		150
(당 좌 자 산 계)		(2,160)		(1,455)
(2) 재 고 자 산				
1. 상 품		1,500		1,290
(재 고 자 산 계)		(1,500)		(1,290)
유 동 자 산 합 계		3,660		2,745
Ⅱ. 비 유 동 자 산				
(1) 투 자 자 산				
1. 장 기 투 자 증 권		360		450
2. 투 자 부 동 산		390		300
투 자 자 산 합 계		750		750
(2) 유 형 자 산				
1. 비 품	2,400		2,550	
감 가 상 각 누 계 액	(300)	2,100	(240)	2,310
(유 형 자 산 계)		(2,100)		(2,310)

과 목	제 8 (당)기		제 7 (전)기	
	금	액	금	액
(3) 무 형 자 산				
1. 산 업 재 산 권		300		450
2. 영 업 권		45		70
3. 개 발 비		75		110
무 형 자 산 계		(420)		(630)
비 유 동 자 산 합 계		3,270		3,690
자 산 총 계		6,930		6,435
부 채				
I. 유 동 부 채				
1. 매 입 채 무		450		390
2. 미 지 급 법 인 세		180		120
유 동 부 채 합 계		630		510
II. 비 유 동 부 채				
1. 사 채	1,200		1,200	
사 채 할 인 발 행 차 금	(150)	1,050	(225)	975
2. 장 기 차 입 금		330		420
비 유 동 부 채 합 계		1,380		1,395
부 채 총 계		2,010		1,905
자 본				
I. 자 본 금		3,000		3,000
II. 자 본 잉 여 금				
(1) 자 본 준 비 금				
1. 주 식 발 행 초 과 금		300		300
(자 본 준 비 금 계)		(300)		(300)
(2) 감 자 차 익		270		270
자 본 잉 여 금 합 계		570		570
III. 자 본 조 정				
1. 자 기 주 식		(120)		(180)
IV. 이 익 잉 여 금				
1. 법 정 적 립 금		330		180
2. 임 의 적 립 금		30		60
3. 차기이월미처분이익잉여금		1,110		900
이 익 잉 여 금 합 계		1,470		1,140
자 본 총 계		4,920		4,530
부 채 와 자 본 총 계		6,930		6,435

재무상태표 (계정식)

회사명 : 주식회사 중앙상사

제8기 20×7년 12월 31일 현재
제7기 20×6년 12월 31일 현재

(단위:천원)

자 산	제 8 (당)기 금	제 8 (당)기 액	제 7 (전)기 금	제 7 (전)기 액	부채 · 자본	제 8 (당)기 금	제 8 (당)기 액	제 7 (전)기 금	제 7 (전)기 액
Ⅰ. 유 동 자 산		(3,660)		(2,745)	부　　　　채				
(1) 당 좌 자 산		(2,160)		(1,455)	Ⅰ. 유 동 부 채		(630)		(510)
1. 현 금 예 금		420		150	1. 매 입 채 무		450		390
2. 단기투자자산		915		750	2. 미지급법인세		180		120
3. 매 출 채 권	660		450		Ⅱ. 비 유 동 부 채		(1,380)		(1,395)
대 손 충 당 금	(75)	585	(45)	405	1. 사　　채	1,200		1,200	
4. 선 급 금		240		150	사채할인발행차금	(150)	1,050	(225)	975
(2) 재 고 자 산		(1,500)		(1,290)	2. 장기차입금		330		420
1 . 상 품		1,500		1,290	부 채 총 계		2,010		1,905
Ⅱ. 비 유 동 자 산		(3,270)		(3,690)	자　　　　본				
(1) 투 자 자 산		(750)		(750)	Ⅰ. 자 본 금		3,000		3,000
1. 장기투자증권		360		450	Ⅱ. 자 본 잉 여 금		(570)		(570)
2. 투자부동산		390		300	1. 자본준비금		(570)		(570)
(2) 유 형 자 산		(2,100)		(2,310)	2. 주식발행초과금		300		300
1. 비 품	2,400		2,550		(2) 감 자 차 익		270		270
감가상각누계액	(300)	2,100	(240)	2,310	Ⅲ. 자 본 조 정				
(3) 무 형 자 산		(420)		(630)	1. 자 기 주 식		(120)		(180)
1. 영 업 권		45		70	Ⅳ. 이 익 잉 여 금		(1,470)		(1,140)
2. 산업재산권		300		450	1. 법정적립금		330		180
3. 개 발 비		75		110	2. 임의적립금		30		60
					차기이월미처분이익잉여금 당기순이익(960)		1,110		900
					자 본 총 계		4,920		4,530
자 산 총 계		6,,930		6,435	부 채 와 자 본 총 계		6,930		6,435

제 5 절   포괄손익계산서

1. 포괄손익계산서의 의의

　포괄손익계산서(statement of income : I/S)는 기업의 일정기간의 수익과 비용의 발생원천 등에 관해서 명확하고 상세하게 표시하는 결산보고서의 하나이다. 즉, 회계기간의 경영성과를 명확히 표시·보고하는 계산서이며, 일정기간의 비용과 수익을 대응표시하여 경영성과의 판단과 경영지침에 대한 자료를 제공하여, 기업의 미래의 현금흐름과 수익창출능력 등의 예측에 유용한 정보를 제공하는 것으로 재무상태표와 함께 회계가 만들어내는 가장 중요한 회계보고서 중의 하나이다.

2. 포괄손익계산서 작성기준

　포괄손익계산서를 작성할 때는 외부의 이해관계자에게 판단을 그르치지 않도록, 또한 올바른 손익계산의 결과를 나타내도록 하기 위하여 일반적으로 다음의 기준을 적용하여 작성하여야 한다.

1. 모든 수익과 비용은 그것이 발생한 기간에 정당하게 배분되도록 처리하여야 한다. 다만, 수익은 실현시기를 기준으로 계상하고 미실현수익은 당기의 손익계산에 산입하지 아니함을 원칙으로 한다.

2. 수익과 비용은 그 발생원천에 따라 명확하게 분류하고, 각 수익항목과 이에 관련되는 비용항목을 대응표시하여야 한다.

3. 수익과 비용은 총액에 의하여 기재함을 원칙으로 하고, 수익항목과 비용항목을 직접 상계함으로써 그 전부 또는 일부를 포괄손익계산서에서 제외하여서는 아니된다.

4. 포괄손익계산서는 중단사업이 없을 경우, 매출총손익, 영업손익, 법인세비용차감전 순손익과 당기순손익으로 구분 표시하여야 한다.

이것은 포괄손익계산서 작성의 기본이 되는 기준이 되며, 이는 발생주의기준, 비용·수익대응의 기준, 총액표시의 기준, 그리고 구분계산의 기준으로 불리어 진다.

(1) 발생주의기준

모든 비용과 수익은 그 지출과 수입에 의하여 계상하되 그 수익과 비용이 발생한 기간에 정당하게 배분되어야 하는 것이며, 이것이 포괄손익계산서의 기본인 기간손익계산 개념이 된다.

기간손익계산은 당해기간에 속하는 것과 당해기간 이외의 것으로 구분하는 작업이다. 이것은 수입과 지출, 수익과 비용이 서로 불일치하는데서 발생하는 것이며 이러한 현상은 자본의 고정화와 신용제도의 발달에서 기인한다.

자본의 고정화는 시설투자로의 지출을 의미하고 신용제도의 발달은 외상판매제도를 의미하므로 이러한 사정하에서는 현금은 수지기준에 의할 경우 기간손익계산의 목적을 달성하지 못하는 것이 된다. 여기에 현금주의(cash basis)대신 발생주의가 채용되게 된 동기가 있는 것이다.

발생주의(accrual basis)는 비용과 수익을 그 발생사실로 인식하는 것이며 현금수지와 무관하게 어느 기간의 급부의 소비로서 인식하고 급부의 산출과 용역제공사실로 수익을 인식한다.

이 경우 비용의 발생사실은 「비용발생 확정사실」과 「비용발생 원인사실」로 대별할 수 있게 된다.

「비용발생 확정사실」이란 경제가치의 감소가 객관적으로 인식되고 실제로 발생한 경우로 비용발생이 확정된 경우이다. 예컨대, 판매된 상품의 원가, 일반경상비의 지급 등이 이에 해당된다.

「비용발생 원인사실」이란 경제가치의 감소가 장래 확정되는 것이지만 현재 그 원인이 되는 사실이 이미 발생된 경우이다. 예컨대 사원의 퇴직금은 해가 거듭될수록 퇴직할 것이라는 그 원인이 누적되어 가지만 현실적으로 퇴직이 확정되지 아니함으로써 퇴직급여충당부채를 설정하여 기간손익을 계산하여야 하는 것들이 이에 해당한다.

이것은 가치감소를 예견하여 비용을 인식하는 발생주의이다. 또한 발생주의는 포괄손익계산서와 재무상태표의 상호관계를 명확하게 구분하는 역할을 하는 회계의 기본원칙이다.

즉, 비용을 특정기간에 속하는 것과 특정기간 이후에 속하는 것으로 구분함으로써 전자를 특정기간의 비용으로, 후자의 것을 특정기간의 자산으로 구분한다.

기업회계기준은 미실현수익은 당해기간의 수익으로 계상하지 아니함을 원칙으로 하고, 선급비용과 선수수익을 당기의 손익계산에서 제외하며, 미지급비용 및 미수수익은 이를 당기의 손익으로 계상하는 발생주의를 채택하도록 규정하고 있다.

다만, 수익의 경우에 있어서는 실현시기를 기준으로 하고 손익기간내에 미실현된 수익은 당기의 손익계산에서 제외하고 차기의 기간손익계산에 계상함을 원칙으로 한다.

이하 선급비용과 선수수익, 미지급비용과 미수수익을 간단히 설명함으로써 발생비용과 미실현수익을 명백히 하고자 한다.

선급비용과 선수수익은 이를 당기의 손익계산에서 제외하고, 미지급비용 및 미수수익은 당기의 손익계산에 계상하여야 하는 것으로 결산시 행하는 결산수정사항의 중요한 부분이 된다.

① 선급비용·미지급비용

발생주의회계에서는 비용의 선지급분과 미지급분을 계산하여 이를 당해기간의 수익에 대응시키지 않으면 안된다.

선급비용이란 지출은 되었으나 그 지출이 기간적 개념에서 볼 때 아직 경과하지 않은 비용이다. 따라서 선급비용은 경과하지 않은 원가이며 차기 원가에 해당된다.

즉, 지출중 경과된 원가는 당해기간의 발생비용으로 인식하고 미경과원가는 차기에 발생할 비용으로 인식하므로 경과원가는 손익계산항목으로 미경과원가는 재무상태표항목으로 한다.

미지급비용은 아직 비용으로 지출되지는 아니하였으나 이미 수익에 대응하는 원가로서 발생된 비용이다.

예를 들면 다음과 같다.

예 1. 1월 1일부터 12월 31일까지를 사업연도로 하는 중앙상사는 10월 1일부터 다음해 3월 31일까지의 보험료 ₩1,200,000을 현금으로 지급하다.

10월 1일	(차) 보 험 료	1,200,000	(대) 현 금	1,200,000
12월 31일	(차) 선 급 비 용	600,000*	(대) 보 험 료	600,000
	(미경과보험료)			

* ₩1,200,000 × (3개월 / 6개월) = ₩600,000

예 2. 중앙상사는 12월분 급여 ₩400,000을 1월 10일에 현금으로 지급하다.

    12월 31일 (차) 급   여   400,000   (대) 미 지 급 비 용   400,000

    1월 10일 (차) 미 지 급 비 용   400,000   (대) 현   금   400,000

② 선수수익 · 미수수익

    기업회계기준에서는 선수수익은 당기손익계산에서 제외하고 미수수익은 당기손익계산에 계상하도록 하는 발생주의를 택하고 미실현수익은 계상하지 아니함을 원칙으로 하고 있다 함은 전술한 바 있다.

    선수수익은 이미 수익으로서 기업내부에 유입되었으나 기간손익의 입장에서, 아직 실현되지 아니한 것의 입금이며 수익의 미경과액이다. 따라서 기업내부에 이미 입금된 수익중 실현된 분은 수익으로서 포괄손익계산서에, 미실현된 분은 부채로서 재무상태표에 계상한다.

    미수수익은 이미 수익으로서 실현되긴하였으나 아직 미수로 되어있는 수익이다.

    미수수익은 이미 그에 대응하는 원가(비용)는 지출되고 그에 대응하는 수익도 실현되었으나, 아직 회수하지 못한 채권으로 재무상태표의 자산항목이다. 예를 들면, 다음과 같다.

예 1. 1월 1일부터 12월 31일까지를 사업연도로 하는 중앙상사는 12월 1일에 12월 및 익년 1월, 2월의 3개월분 임대료 ₩1,200,000을 현금으로 수령하였다.

    12월 1일 (차) 현   금   1,200,000   (대) 임 대 료   1,200,000

    12월 31일 (차) 임 대 료   800,000   (대) 선 수 수 익   800,000

예 2. 중앙상사는 흑성상사로부터 12월분 대여금에 대한 이자 ₩150,000을 다음해 1월 10일에 현금으로 받다.

    12월 31일 (차) 미 수 수 익   150,000   (대) 이 자 수 익   150,000

    1월 10일 (차) 현   금   150,000   (대) 미 수 수 익   150,000

(2) 수익비용 대응표시의 기준

    급부의 산출과 제공은 기업활동에서 얻은 성과와 그를 위하여 소비한 노력의 대비이다. 손익계산에 있어서의 이익은 수익이 그 수익에 대응하는 원가를 초과할 때에 생기는 것이므로 이는 곧 수익과 비용을 대응함으로써 계산된다.

이와 같이 비용이 지출되게 되는 원인과 과정을 표시하고 비용의 지출에 의하여 생기는 수익을 손익계산에 반영시킬 때 비용과 수익은 자연적으로 대응되는 것이 일반적 결과이다.

수익비용의 대응은 발생주의에 따라 인식된 수익과 비용을 원인과 결과에 맞게 대응시켜 포괄손익계산서에 표시하기 위한 것이며, 이것을 수익비용의 대응원칙(principles of matching)이라 한다.

그러나 일반적으로 수익과 비용이 대응되는 관계는 필연적인 경우에 해당되며 수익과 무관하게, 혹은 간접적으로 수익에 대응되는 경우도 있게 된다. 비용이 수익에 필연적으로 대응되는 경우란, 수익과 비용 상호간에 인과관계가 있는 개별적·직접적 대응이며, 매출에 대응하는 매출원가의 상호관계이다.

수익과 비용의 간접적 대응이란 수익과 필요적 관계를 이루는 관리비, 대손상각비, 평가손실 등 대응관계가 필연적인 것은 아니나 기간손익과 총원가 개념상 간접적으로 대응되는 관계이다. 더욱 임시적 손실 등은 수익과 무관하게 기간수익에 대응관계를 갖는 경우이다.

이를 요약해 보면, 수익과 비용이 필연적인 관계에 있음에도 대응되고 있지 않거나 혹은 인과관계가 없는 비용이 수익에 대응될 때 우리는 일반적으로 수익·비용대응기준에 위배되어 있다고 하며, 그외 수익에 간접적이며 무관한 관계에 있는 비용은 대응개념보다는 기간손익개념으로 이해하여야 할 것이다.

(3) 총액표시의 기준

비용·수익의 대응은 손익의 상관관계를 명확히 하는 것이고 또한 구분계산은 손익발생의 사실과 원천을 파악하고 이를 그 성질별(영업거래와 영업외거래)로 구분함으로써 발생과정을 알고자 하는 것이다.

손익계산은 손익의 발생사실과 원천을 과정 또는 성질별로 구분하여 표시하는 것이다. 그러나 구분된 비용과 수익을 서로 상계하고 남은 손익만을 발생원천별로 구분할 경우에, 이해관계자는 거래의 양과 질을 파악하지 못하게 된다.

모든 수익과 비용은 이를 성질별로 구분하여 총액으로 대응시킬 때에 비로소 보고의 목적을 다 할 수 있는 것이므로 이러한 목적을 위하여 포괄손익계산서에는 모든 비용과 모든 수익을 생략하거나 상계하지 말고 총액으로 기록 표시하여야 하며, 이것을 총액표시의 기준이라 한다.

총액표시기준과는 반대로 순액표시주의가 있다. 이것은 관계수익과 비용을 상계하여 그 결과만을 수익과 비용으로 보고·기재하는 것이다 순액주의는 학계나 실무에서 채택되지 못하고 있다.

총액표시에 관한 예를 들면 다음과 같다.

포괄손익계산서 총액표시(광의) — 대 립 항 목 의 상계금지(협의) — ① 동일거래의 총액표시 : 매출액과 매출원가 ② 동종항목의 총액표시 : 단기투자증권처분이익과 단기투자증권처분손실

(4) 구분계산의 기준

비용과 수익을 손익계산에 대응표시하는 것은 전술한 바와 같이 수익과 비용의 대응에 의하여 기간손익을 계산하려는 것이며, 이는 다시 본래의 영업활동에 의한 것과 본래의 영업활동과는 무관한 것을 구분하여 각각 비용과 수익을 대응시켜야 한다.

순손익 발생원인을 그 원천별로 구분함으로써 진정한 경영성과를 분석하고 평가할 수 있으며 결과적으로 구분계산은 손익의 발생원인이 영업활동의 결과인지 아니면 비영업활동에 의한 결과인지를 분명하게 한다. 구분계산이 되어 있지 아니함으로써 비경상적 거래에서 발생한 이익이 일반적 상거래의 결과인 경상손익과 혼합되어 상계될 경우에는 손익발생의 진정한 사실과 원천을 모르게 된다.

손익계산은 포괄손익계산서를 통하여 손익발생의 사실과 원천을 파악할 수 있도록 구분하여 체계화시킨 것으로 이를 구분계산의 기준이라 한다.

구분계산은 중단사업이 없을 경우에는 매출총손익, 영업손익, 법인세비용 차감전 순손익과 당기순손익으로, 중단사업이 있을 경우에는 매출총손익, 영업손익, 법인세비용차감전 계속사업손익, 중단사업손익 및 당기 순손익, 주당순손익계산으로 구분하며, 그 체계는 다음과 같다.

<table>
<tr><td colspan="3" align="center">포 괄 손 익 계 산 서</td></tr>
<tr><td>Ⅰ. 매　　　출　　　액</td><td></td><td>× × × ×</td></tr>
<tr><td>Ⅱ. 매　　출　　원　　가</td><td>(−)</td><td>× × × ×</td></tr>
<tr><td>Ⅲ. 매　출　총　손　익</td><td></td><td>× × × ×</td></tr>
<tr><td>Ⅳ. 판 매 비 와　관 리 비</td><td>(−)</td><td>× × × ×</td></tr>
<tr><td>Ⅴ. 영　　업　　손　　익</td><td></td><td>× × × ×</td></tr>
<tr><td>Ⅵ. 영　업　외　손　익</td><td>(±)</td><td>× × × ×</td></tr>
<tr><td>Ⅶ. 법인세비용차감순손익</td><td>(±)</td><td>× × × ×</td></tr>
<tr><td>Ⅷ. 법　　인　　세　　등</td><td>(−)</td><td>× × × ×</td></tr>
<tr><td>Ⅸ. 당　기　순　손　익</td><td></td><td>× × × ×</td></tr>
<tr><td>Ⅹ. 기　타　포　괄　손　익</td><td></td><td>× × × ×</td></tr>
<tr><td>Ⅺ. 총　포　괄　손　익</td><td></td><td>× × × ×</td></tr>
<tr><td>Ⅻ. 기 본 주 당 순 손 익</td><td></td><td>× × × ×</td></tr>
</table>

3. 포괄손익계산서의 형식

　포괄손익계산서의 형식에는 계정식(account form)과 보고식(report form)이 있다. 기업회계기준에서는 포괄손익계산서를 보고식으로 작성하는 것을 원칙으로 하고 반드시 전년도와 비교하는 형식으로 작성 하도록 규정하고 있다. 계정식(요약)과 보고식(요약) 포괄손익계산서의 형식을 중단사업이 있을 경우의 예를 표시하면 다음과 같다.

(1) 계 정 식

포 괄 손 익 계 산 서

제×기 20××년 ×월 ×일부터 20××년 ×월 ×일까지
제×기 20××년 ×월 ×일부터 20××년 ×월 ×일까지

회사명 : ________   단위 : 원(또는 천원)

비　용	제×(당)기 금액	제×(전)기 금액	수　익	제×(당)기 금액	제×(전)기 금액
매 출 원 가	×××	×××	매　출　액	×××	×××
매 출 총 이 익	×××	×××			
	×××	×××		×××	×××
판매비와관리비	×××	×××	매 출 총 이 익	×××	×××
영 업 이 익	×××	×××			
	×××	×××		×××	×××
영 업 외 비 용	×××	×××	영 업 이 익	×××	×××
법인세비용차감전순이익	×××	×××	영 업 외 수 익	×××	×××
	×××	×××		×××	×××
법 인 세 등	×××	×××	법인세비용차감전순이익	×××	×××
당 기 순 이 익	×××	×××			
기본주당순손익	×××	×××		×××	×××

(2) 보 고 식

포 괄 손 익 계 산 서

제×기 20××년 ×월 ×일부터 20××년 ×월 ×일까지
제×기 20××년 ×월 ×일부터 20××년 ×월 ×일까지

회사명 : ________   단위 : 원(또는 천원)

과　　목	제×(당)기 금 액	제×(전)기 금 액
Ⅰ. 매 출 액	×××	×××
Ⅱ. 매 출 원 가	(× × ×)	(× × ×)
Ⅲ. 매 출 총 이 익	×××	×××
Ⅳ. 판 매 비 와 관 리 비	(× × ×)	(× × ×)
Ⅴ. 영 업 이 익	×××	×××
Ⅵ. 영 업 외 수 익	×××	×××
Ⅶ. 영 업 외 비 용	(× × ×)	(× × ×)
Ⅷ. 법 인 세 비 용 차 감 전 순 이 익	×××	×××
Ⅸ. 법 인 세 등	×××	×××
Ⅹ. 당 기 순 이 익	×××	×××
Ⅺ. 기 본 주 당 순 손 익	×××	×××

4. 재무상태표와 포괄손익계산서와의 관계

　기업의 경영활동의 과정은 재화 또는 용역을 획득하여 그것을 소비하고 그에 의하여 급부를 생산하고 그것을 외부에 제공하여 수익을 획득하게 되는 것이다. 재화 또는 용역은 소비되는 것으로 회계상 비용이 된다. 당기중에 소비한 것은 당기의 비용이 되지만, 당기에 소비되지 않고 차기에 이월되는 것은 장래 소비되는 것이므로 자산이 된다. 그 자산은 장래 소비됨에 따라 비용화하고, 따라서 장래의 포괄손익계산서에 옮겨진다. 수익의 관점에 있어서도 같은 말이 된다. 이미 급부의 제공을 끝내고 대가를 획득한 것은 당기의 수익으로 포괄손익계산서에 계상되지만, 대가만 얻고 장래에 급부를 제공하는 것은 장래의 수익으로서 부채 항목으로 되어 재무상태표에 계상, 차기로 이월되어 장래 급부제공을 하는 연도의 포괄손익계산서에 계상하게 되는 것이다. 즉, 전기간을 총합한 비용·수익을 기간적으로 구분하면 다음과 같이 분류될 수 있으며, 이를 포괄손익계산서와 재무상태표에 적용시킬 수 있다. 다만, 재무상태표에는 손익에 관계없이 자본과 부채의 증감거래의 결과로 표시되는 것은 물론이다.

　재무상태표는 어느 일정시점에 있어서의 기업의 재무상태를 표시하는 것으로서 자산·부채 및 자본의 현재액을 기재한다. 포괄손익계산서는 어느 일정기간의 기업의 경영성과를 표시하는 것으로 동 기간의 수익·비용을 관련되는 항목별로 대응하여 기재한다. 포괄손익계산서는 수익과 비용을 상세히 표시하고 양자를 비교하여 순손익을 계산하므로 순손익의 발생내용과 수익력을 명백히 한다. 재무상태표는 자산·부채 및 자본의 차액으로 순손익을 표시하고 있다. 즉 순손익에 대하여 재무상태표는 그 실재를 표시하고, 포괄손익계산서는 그 발생원인의 내용을 표시하고 있는 것이다.

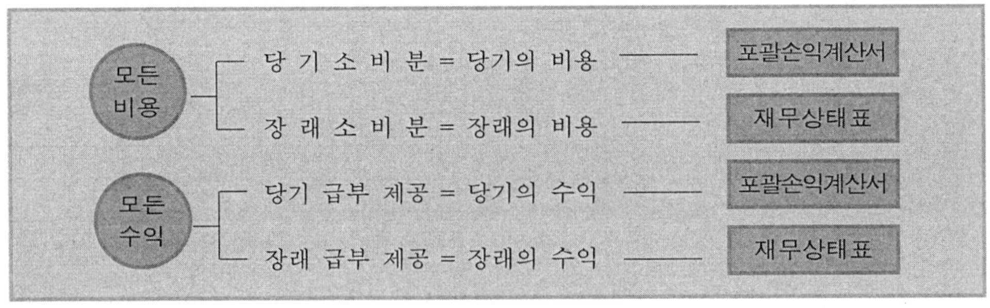

예제 3. 주식회사 중앙상사의 다음 자료로 계정식과 보고식 포괄손익계산서를 작성하라.
단, 회계기간은 20×7년 1월 1일부터 20×7년 12월 31일까지이다.

(1) 매 출 액	₩11,400,000	(2) 매 출 에 누 리	₩450,000
(3) 기초상품재고액	1,290,000	(4) 기 말 상 품 재 고 액	1,500,000
(5) 매 입 액	8,160,000	(6) 환 출 액	300,000
(7) 급 여	525,000	(8) 감 가 상 각 비	120,000
(9) 경 상 개 발 비	60,000	(10) 대 손 상 각 비	75,000
(11) 산업재산권상각비	150,000	(12) 잡 비	90,000
(13) 이 자 수 익	60,000	(14) 배 당 금 수 익	15,000
(15) 임 대 료	30,000	(16) 이 자 비 용	480,000
(17) 화 재 손 실	15,000	(18) 기 부 금	45,000
(19) 재고자산평가손실	35,000	(20) 단기매매증권처분손실	40,000
(21) 사 채 상 환 손 실	150,000	(22) 장기투자증권처분이익	30,000
(23) 상각채권추심이익	30,000	(24) 유형자산처분손실	15,000
(25) 재 해 손 실	90,000	(26) 법 인 세 비 용	675,000
(27) 자 산 수 증 이 익	30,000	(28) 보 험 차 익	30,000

㈜ 기업회계기준에 의하면, 당해연도분과 직전연도분을 비교하는 형식으로 작성하도록 되
어 있으므로 직전연도를 포함하여 작성하되 그 직전연도의 자료표시는 임의로 하였다.
회사의 발행주식 총수는 3000주 (1주액면 1000원).

해답

포 괄 손 익 계 산 서

제 8 기 20 × 7 년 1 월 1 일부터 20 × 7 년 12 월 31 일까지
제 7 기 20 × 6 년 1 월 1 일부터 20 × 6 년 12 월 31 일까지

회사명 : 주식회사 중앙상사 (단위 : 천원)

비 용	제8(당)기 금	액	제7(전)기 금	액	수 익	제8(당)기	제7(전)기
매 출 원 가					매 출 액	10,950	9,150
1. 기 초 상 품 재 고 액	1,290		1,125		1. 총 매 출 액	11,400	
2. 당 기 매 입 액	7,860		7,080		2. 매출에누리	(450)	
3. 기 말 상 품 재 고 액	(1,500)	7,650	(1,290)	6,915			
매 출 총 이 익		3,300		2,235			
		10,950		9,150			
판 매 비 와 관 리 비						10,950	9,150
1. 급 여	525		405		매 출 총 이 익	3,300	2,235
2. 감 가 상 각 비	120		150				
3. 경 상 개 발 비	60		30				
4. 대 손 상 각 비	75		45				
5. 산업재산권상각비	150		150				
6. 잡 비	90	1,020	75	855			
영 업 이 익		2,280		1,380			
		3,300		2,235		3,300	2,235

비 용	제8(당)기 금	액	제7(전)기 금	액	수 익	제8(당)기 금	액	제7(전)기 금	액
영 업 외 비 용					영 업 이 익		10,950		9,150
1. 이 자 비 용	480		240		영 업 외 수 익				
2. 기 부 금	45				1. 이 자 수 익	60		45	
3. 재고자산평가손실	35				2. 배 당 금 수 익	15		60	
4. 단기매매증권처분손실	40				3. 임 대 료	30		45	
5. 사 채 상 환 손 실	150				4. 장기투자증권처분이익	30			
6. 유형자산처분손실	15		120		5. 상각채권추심이익	30			
7. 화 재 손 실	15		45		6. 자 산 수 증 이 익	30		60	
8. 재 해 손 실	90	870	30	435	7. 보 험 차 익	30	225	15	225
법인세비용차감전순이익		1,635		1,170					
		2,505		1,605	법인세비용차감전순이익		2,505		1,605
손 익 법 인 세 비 용		675		36			1,635		1,170
당 기 순 이 익		960		810					
		1,635		1,170			1,635		1,170
기 본 주 당 순 이 익 :		320		270					

포 괄 손 익 계 산 서

제 8 기 20×7년 1월 1일부터 20×7년 12월 31일까지
제 7 기 20×6년 1월 1일부터 20×6년 12월 31일까지

회사명 : 주식회사 중앙상사   (단위 천원)

과 목	제 8 (당)기		제 7 (당)기	
	금 액		금 액	
I. 매 출 액		10,950		9,150
II. 매 출 원 가				
1. 기 초 상 품 재 고 액	1,290		1,125	
2. 당 기 매 입 액	7,680		7,080	
3. 기 말 상 품 재 고 액	(1,500)	7,650	(1,290)	6,915
III. 매 출 총 이 익		3,300		2,235
IV. 판 매 비 와 관 리 비				
1. 급 여	525		405	
2. 감 가 상 각 비	120		150	
3. 경 상 개 발 비	60		30	
4. 대 손 상 각 비	75		45	
5. 산 업 재 산 권 상 각 비	150		150	
6. 잡 비	90	1,020	75	855
V. 영 업 이 익		2,280		1,380
VI. 영 업 외 수 익				
1. 이 자 수 익	60		45	
2. 배 당 금 수 익	15		60	
3. 임 대 료	30		45	
4. 장기투자자산처분이익	30			
5. 상 각 채 권 추 심 이 익	30	165		150
6. 자 산 수 증 이 익	30		60	
7. 보 험 차 익	30	60	15	75
8. 화 재 손 실	15		45	
9. 재 해 손 실	90	105	30	75
VII. 영 업 외 비 용				
1. 이 자 비 용	480		240	
2. 기 부 금	45			
3. 재 고 자 산 평 가 손 실	35			
4. 단기매매증권처분손실	40			
5. 사 채 상 환 손 실	150			
6. 단기금융자산처분손실	15	765	120	360
VIII. 법인세비용차감전순이익		1,635		1,170
IX. 손 익 법 인 세 비 용		675		360
X. 당 기 순 이 익		960		810
기 본 주 당 순 이 익		320		270

5. 기본주당순이익(Earning Per Share : EPS)

기본주당순이익은 주주나 잠재적 투자희망자들에게 투자지표중 중요한 것의 하나로 인식되고 있다.

기본주당순이익은 당기순이익을 발행보통주식총수로 나눈 것으로 다음과 같은 공식으로 표시된다.

우선주(preferred stock)가 발행되어 있을 경우에는 당기순이익에서 우선주배당금을 차감하여 계산한다.

$$기본주당순이익 = \frac{당기순이익\ -\ 우선주배당금}{발행보통주식\ 총수}$$

또한 기중에 증자 등으로 자본변동이 있으면 다음과 같이 계산한다.

$$기본주당순이익 = \frac{당기순이익\ -\ 우선주배당금}{가중평균발행보통주식\ 총수}$$

또한 기본주당순이익 이외에 주가수익비율(price earnings ratio : PER)도 중요한 투자지표로서 많이 사용된다.

$$주가수익비율 = \frac{주\quad 가}{주당순이익}$$

이것은 기본주당순이익에 비하여 주가(株價)가 얼마나 높은가를 나타내는 것으로 비율이 높을수록 기업의 수익성에 대한 평가가 높은 것을 의미한다.

제 6 절　이익잉여금처분계산서와 결손금처리계산서

1. 이익잉여금처분계산서
(statement of appropriation of retained earnings)

이익잉여금처분계산서는 미처분 이익잉여금의 처분내용, 즉 기업의 전기(前期)
이월미처분이익잉여금과 당기순이익의 처분사항을 명확히 보고하기 위하여 미처
분 이익잉여금의 총변동사항을 표시한 재무제표이다. 결산종료후 이사회는 전기
이월미처분이익잉여금과 당기순이익의 합계액으로 성립되는 미처분 이익잉여금
의 처분안을 작성하고, 결산후에 개최되는 주주총회에 제출하여 이익잉여금의 처
분안을 통과시킨다. 만일 임의적립금의 이입액이 있을 경우에는 이 금액을 미처
분 이익잉여금에 가산한 합계로서 이익잉여금의 처분안을 작성한다.

상법에서는 재무제표의 종류로 열거되어 있으나, 외감법에는 재무제표에서 제
외되어있다. 그러나 기업회계기준상 주석으로 기재토록하고 있다.

이익잉여금 처분계산서의 작성방법은 다음과 같다.

(1) 미처분이익잉여금

전기이월미처분이익잉여금에 전기오류수정손익과 당기순이익을 가감하는 형식
으로 기재한다.

(2) 임의적립금이입액

임의적립금 등을 헐어 당기의 이익잉여금의 처분에 충당하는 경우에는 그 금
액을 미처분 이익잉여금에 가산하는 형식으로 기재한다.

(3) 이익잉여금처분액

이익준비금과 기타 법정적립금, 자본조정항목인 주식할인발행차금 및 배당건설
이자의 상각, 배당금과 임의적립금 등의 처분액을 기재한다.

(4) 차기이월미처분이익잉여금

처분후의 미처분 이익잉여금의 잔액을 기재한다.

한편, 이익잉여금처분계산서의 형식은 다음과 같다.

이익잉여금처분계산서

제 8 기   20×7년 1월 1일부터 20×7년 12월 31일까지   처분확정일 20×8년 3월 10일

제 7 기   20×6년 1월 1일부터 20×6년 12월 31일까지   처분확정일 20×7년 3월 5일

회사명 : ________   (단위: 원)

과 목	제 8 (당)기 금	액	제 7 (전)기 금	액
Ⅰ. 미처분이익잉여금				
1. 전기이월미처분이익잉여금	×××		×××	
2. 전기오류수정손익	×××		×××	
3. 당기순이익	×××	×××	×××	×××
Ⅱ. 임의적립금등의이입액				
1. ××적립금	×××		×××	
2. ××적립금	×××	×××	×××	×××
합계		×××		×××
Ⅲ. 이익잉여금처분액				
1. 이익준비금	×××		×××	
2. 기타법정적립금	×××		×××	
3. 배당금				
가. 현금배당	×××		×××	
나. 주식배당	×××		×××	
4. 사업확장적립금	×××		×××	
5. 감채적립금	×××		×××	
6. 배당평균적립금	×××		×××	
7. …………………………	×××	×××	×××	×××
Ⅳ. 차기이월미처분이익잉여금		×××		×××

2. 결손금처리계산서(statement of disposition of deficit)

결손금처리계산서는 미처리 결손금의 처리내용을 밝히는 재무제표이다.

미처리 결손금이 있는 경우에는 이익잉여금처분계산서 대신에 결손금처리계산
서를 작성한다. 당기에 순손실이 발생하였더라도 전기이월미처분이익잉여금이 있
으면, 자동적으로 그 손실이 메꾸어지는데, 그래도 부족한 경우에는 이사회의 결

의와 주주총회의 결의에 의하여 적립금·준비금을 처분하여 보전한다.

결손금처리계산서의 작성방법은 다음과 같다.

(1) 미처리결손금

전기이월미처분이익잉여금 또는 전기이월미처리결손금에 전기오류수정손익과 당기순손실을 가감하는 형식으로 기재한다.

(2) 결손금처리액

임의적립금·법정적립금·자본준비금으로부터의 이입액을 기재한다.

(3) 차기이월미처리결손금

처리후의 미처리 결손금의 잔액을 기재한다.

한편, 결손금처리계산서의 형식은 다음과 같다.

결손금처리계산서

제 8 기　20×7년 1월 1일부터 20×7년 12월 31일까지 처분확정일 20×8년 3월 10일

제 7 기　20×6년 1월 1일부터 20×6년 12월 31일까지 처분확정일 20×7년 3월 5일

회사명 : ________　　　　　　　　　　(단위 : 원)

과　목	제 8 (당)기 금 액		제 7 (전)기 금 액	
Ⅰ. 미 처 리 결 손 금				
1. 전기이월미처분이익잉여금	× × ×		× × ×	
2. 전 기 오 류 수 정 손 익	× × ×		× × ×	
3. 당 기 순 손 실	× × ×	× × ×	× × ×	× × ×
Ⅱ. 결 손 금 처 리 액				
1. 임 의 적 립 금 이 입 액	× × ×		× × ×	
2. 기타법정적립금이입액	× × ×		× × ×	
3. 이 익 준 비 금 이 입 액	× × ×		× × ×	
4. 자 본 준 비 금 이 입 액	× × ×	× × ×	× × ×	× × ×
Ⅲ. 차기이월미처리결손금		× × ×		× × ×

예제 4. 주식회사 중앙상사의 다음 제8기의 자료에 의하여 이익잉여금처분계산서를 작성하라. 단, 회계기간은 20×7년 1월 1일부터 12월 31일까지이고, 처분확정일은 20×8년 1월 20일이다.

(1) 미처분 이익잉여금

　　전기이월미처분이익잉여금　　₩150,000　　당 기 순 이 익　　₩960,000

(2) 임의적립금이입액

　　사 업 확 장 적 립 금　　₩30,000

(3) 이익잉여금처분액

　　이 익 준 비 금　　₩120,000　　기 타 법 정 적 립 금　　₩60,000
　　배　　당　　금　　690,000　　주식할인발행차금상각　　60,000

해답

이익잉여금처분계산서

제 8 기　20×7년 1월 1일부터　　제 7 기　20×6년 1월 1일부터
　　　　20×7년 12월 31일까지　　　　　　20×6년 12월 31일까지
처분확정일　20×8년 1월 20일　　처분확정일　20×7년 2월 21일

회사명 : 주식회사 중앙상사　　　　　　　　　　(단위 : 천원)

과　　목	제 8 (당)기		제 7 (전)기	
	금	액	금	액
Ⅰ. 미 처 분 이 익 잉 여 금				
1. 전기이월미처분이익잉여금	150		90	
2. 당 기 순 이 익	960	1,110	810	900
Ⅱ. 임 의 적 립 금 이 입 액				
1. 사 업 확 장 적 립 금	30	30	30	30
합　　　　　계		1,140		930
Ⅲ. 이 익 잉 여 금 처 분 액				
1. 이 익 준 비 금	120		90	
2. 임 의 적 립 금	60		60	
3. 배　　　　당　　　　금				
가. 현 금 배 당	690		540	
4. 주식할인발생차금상각	60	930	60	750
Ⅳ. 차기이월미처분이익잉여금		210		180

예제 5. 주식회사 현대상사의 다음 제4기의 자료에 의하여 결손금처리계산서를 작성하라. 단, 회계기간은 20×7년 1월 1일부터 12월 31일까지이다. 처분확정일은 20×8년 1월 20일이다.

(1) 미처리 결손금

이 월 결 손 금	₩68,000
당 기 순 손 실	600,000

(2) 결손금처리액

① 임의적립금에 의한 보전액

결 손 보 전 적 립 금	160,000	사 업 확 장 적 립 금	₩80,000

② 기타법정적립금에 의한 보전액

	재무구조개선적립금　₩90,000

③ 이익준비금에 의한 보전액

이 익 준 비 금　₩100,000

④ 자본준비금에 의한 보전액

주 식 발 행 초 과 금　₩183,000

해답

결손금처리계산서

제 4 기　20×7년 1월 1일부터 20×7년 12월 31일까지　처분확정일 20×8년 1월 20일

제 3 기　20×6년 1월 1일부터 20×6년 12월 31일까지　처분확정일 20×7년 2월 21일

회사명 : 주식회사 중앙상사　　　　　　　　　(단위 : 천원)

과　　목	제 4 (당)기 금	제 4 (당)기 액	제 3 (전)기 금	제 3 (전)기 액
Ⅰ. 미 처 리 결 손 금				
1. 전기이월미처리결손금	68		58	
2. 당 기 순 손 실	600	668	260	318
Ⅱ. 결 손 금 처 리 액				
1. 임 의 적 립 금 이 입 액	240		210	
2. 기타법정적립금이입액	90			
3. 이 익 준 비 금 이 입 액	100			
4. 자 본 준 비 금 이 입 액	183	613		210
Ⅲ. 차기이월미처리결손금		55		108

제 7 절 현금흐름표

1. 현금흐름표의 의의

현금흐름표(statement of cash flow)는 기업의 현금흐름을 나타내는 표로서 현금의 변동내용을 명확하게 구분하여 보고하고 당해 회계기간에 속하는 현금의 유입(流入 ; inflow)과 유출(流出 ; out-flow)내용을 적절하게 표시하는 결산 보고서이다.

즉, 현금흐름표는 일정기간 중에 현금이 어떻게 조달되어 어떻게 사용되었는가를 현금의 흐름형태로 표시하여 주는 보고서이다.

예를 들면, 기업이 새로운 투자 사업을 행하였을 경우 이들의 자금이 어떻게 조달 되었는가 또는 경영성과가 좋지 않은 기업이 어떻게 하여 당해연도에 신규투자와 유형자산 등을 취득할 수 있었는가 또는 현금배당을 할 수 있었는가, 반면에 경영성과와 재무구조가 좋다고 생각되는 기업에 부도(不渡)가 왜 발생하였는가의 의문들이 투자자, 채권자, 내부경영자 등 이해관계자들에 의하여 종종 제기된다.

그러나 재무상태표와 포괄손익계산서로는 이러한 의문에 적절한 대답을 할 수가 없다. 즉, 재무상태표는 일정시점에 있어서의 재무상태를 나타내며, 포괄손익계산서는 일정기간에 있어서의 경영성과를 나타내어 일정기간의 한정적이고 단편적인 회계정보를 제공한다. 따라서 어느 것도 일정기간에 조달된 모든 현금과 사용된 용도에 대한 상세한 정보를 제공하지는 못한다.

이러한 정보들을 제공하기 위해서 특별히 작성하는 것이 현금흐름표인 것이다. 현금흐름표와 다른 재무제표와의 관계를 도시해 보면 다음과 같다.

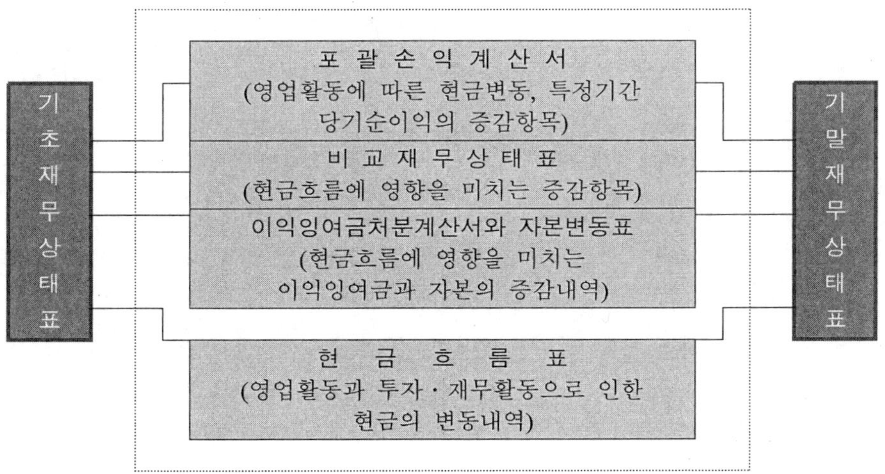

2.　현금흐름표의 작성목적과 유용성

현금흐름표의 작성목적은 기업의 일정기간의 영업활동과 재무활동 및 투자활동의 명확화와 현금흐름상태변동의 설명으로 크게 나누어 볼 수 있다.

첫번째 목적은, 기업의 이해관계자들을 위하여 기업의 영업활동과 재무활동 및 투자활동상태를 명확하게 보고하는 것으로서 기업의 영업활동, 재무활동 및 투자활동을 분석·비판하는데 필요한 회계정보를 제공하여 이해관계자들로 하여금 투자, 자금조달, 재무위험, 배당예측 등을 함에 있어서 합리적 판단기준을 제공하는데 있다.

두번째 목적은, 기업의 두 시점간의 재무상태의 변동, 즉 현금흐름상태의 변동을 설명하는 것으로서 경영자가 합리적 의사결정은 물론 기업의 경영활동을 조직적으로 파악할 수 있게 하는데 있다.

이외의 현금흐름표의 유용성을 구체적으로 열거하면 다음과 같다.

(1) 발생주의 회계에서 산출되는 정보는 회계실체에 내재하는 현금흐름과 불일치하게 되는데 현금흐름표를 작성함으로써 발생주의 회계의 문제점을 보완하여 재무정보의 유용성을 제고한다.

(2) 기존양식에 입각해서 작성되는 재무제표는 물가변동의 영향을 반영하고 있지 않기 때문에 기업성과평가에 보다 나은 표준이 필요하게 되는데 그 중 하나가 현금흐름표이다. 물가가 지속적으로 상승하는 인플레이션 하에 있어서 장기간에 걸쳐 회계 처리하는 유형자산과 무형자산은 취득원가만으로 감가상각하기 때문에 그것을 그대로 투자의사결정에 이용한다면 매우 곤란한 상황에 처하게 된다. 특히 우리나라는 유형자산의 시가변동이 매우 크기 때문에 취득원가기준의 재무제표는 회사의 재무상태를 적정하게 표시할 수가 없게 된다. 또한 감가상각비가 역사적 원가인 취득원가를 기준으로 계상되기 때문에 감가상각비가 과소계상되고 이익은 과대계상되며 이에 따라 법인세나 소득세가 과대 납부되어 결과적으로 기업의 재무구조를 악화시키게 된다. 이러한 문제점이 크게 작용하므로 대체적인 방법으로 현금흐름을 기준으로 한 재무보고가 필요하게 되었다.

(3) 현금흐름이 순운전자본보다 기업의 유동성과 재무탄력성을 평가하는데 더

유용한 정보를 제공한다. 유동성(liquidity)이란 자산을 현금으로 환전할 수 있는 능력으로 기업의 단기적 채무지급능력을 측정하는 기준으로 사용될 수 있고, 재무탄력성(financial liquidity)은 기업이 예측하지 못한 우발사건에 대비하거나 유리한 투자기회를 이용하기 위하여 단기간에 현금을 조달할 수 있는 능력이다. 즉, 현금흐름은 정보이용자가 기업의 영업자금을 조달하는 능력과 단기부채의 지급능력을 평가하는데 유용한 정보를 제공한다.

⑷ 기업의 이익이 현금흐름과의 상관관계가 얼마나 높은가 하는「이익의 질(質 ; quality)」에 관한 정보를 제공해 준다. 기업이 영업활동으로부터 이익을 많이 냈음에도 불구하고 이러한 이익이 현금화되지 못해서 파산하게 되는 경우를 많이 볼 수 있다. 즉, 포괄손익계산서에 의한 당기순이익이 현금흐름에 대한 충분한 정보를 제공하지 못한다. 따라서 기업의 이익이 현금흐름과의 상관관계가 클 때 그 이익이 실제적으로 유용한 가치가 있으며 이를 측정하기 위해 현금흐름표가 작성된다.

⑸ 기업의 고정설비를 대체하기 위한 자금조달능력이나 기업활동의 확장능력을 평가하는데 현금흐름분석이 유용하다.

3. 현금의 개념

현금흐름표에서 사용되는 현금은 재무상태표상의 현금과 현금성자산을 말한다.
현금과 현금성자산이란 통화 및 타인발행수표 등 통화대용증권과 만기가 취득일로부터 3개월 이내에 도래하는 채권 등을 말한다.
즉, 현금성자산은 현금의 단기적 운용을 목적으로 한 유동성이 높은 유가증권과 단기금융상품으로, 첫째 큰 거래비용이나 이자 없이 현금으로 전환이 용이하고, 둘째 이자율변동에 따른 가치변동의 위험이 중요하지 않은 것 등의 조건을 충족하는 것(단, 상환조건이 없는 주식 등은 제외)을 말한다.
그 예를 들면 다음과 같다.
① 취득당시 만기가 3개월 이내에 도래하는 채권
② 취득당시 상환일 까지의 기간이 3개월 이내인 상환우선주
③ 3개월 이내 환매조건의 환매채

4. 현금흐름표의 구조

(1) 현금흐름표의 기본구조

현금흐름표의 기본구조는 다음과 같이 4구분으로 성립된다.

<표 17-1> 현금흐름표

[제 1 구분]

과 목	금 액
영업활동으로 인한 현금흐름	
현 금 유 입 액	× × ×
현 금 유 출 액	(× × ×)
	× × ×

[제 2 구분]

과 목	금 액
투자활동으로 인한 현금흐름	
현 금 유 입 액	× × ×
현 금 유 출 액	(× × ×)
	× × ×

[제 3 구분]

과 목	금 액
재무활동으로 인한 현금흐름	
현 금 유 입 액	× × ×
현 금 유 출 액	(× × ×)
	× × ×

[제 4 구분]

과 목	금 액
현 금 의 증 가	× × ×
기 초 의 현 금	× × ×
기 말 의 현 금	× × ×

제 1구분은 회계기간 중의 제품의 생산, 상품이나 용역의 구매·판매 등의 영업활동으로 인한 현금의 유입액과 유출액을 표시하여 영업활동으로 인한 현금의 흐름액을 표시한다.

제 2구분은 회계기간 중의 투자활동, 즉 현금의 대여나 회수, 비유동자산의 취득이나 처분 등에 의한 현금의 유입액과 유출액을 표시하여 투자활동에 따른 현금의 흐름액을 표시한다.

제 3구분은 회계기간 중의 재무활동, 즉 차입금의 상환이나 신규차입, 어음이나 사채 등의 발행, 배당금의 지급, 자본금의 증자·감자 등의 활동으로 인한 현금의 유입액과 유출액을 표시한다.

제 4구분에서는 위의 영업활동·투자활동 및 재무활동에 의한 현금의 순증가액을 표시하고, 여기에 기초의 현금을 가산하여 기말 현재의 현금을 표시한다.

(2) 현금흐름의 구분

현금흐름표는 위의 기본구조에서 설명한 바와 같이 현금의 유입과 유출을 영업활동·투자활동 그리고 재무활동 등의 활동으로 구분하여 표시한다. 활동별로 구분하여 분류함으로써 각 활동이 기업의 재무상태와 현금흐름에 미치는 영향을 분석할 수 있는 정보를 제공하며, 활동 상호간의 관련성에 관한 정보도 제공하게 된다. 각 종류의 활동과 관련되는 거래를 요약하면 다음과 같다.

① 영업활동(operating activities)

투자활동이나 재무활동에 속하지 않는 모든 거래가 포함된다. 영업활동은 순이익의 결정에 영향을 미치는 모든 거래를 포함하는데, 여기에는 일반적으로 제품의 생산과 상품 및 용역의 구입·판매활동 등을 말한다.

② 투자활동(investing activities)

여기에는 ① 자금의 대여나 회수활동, ② 유가증권(현금성자산 제외), 투자자산 및 유·무형자산의 취득과 처분활동 등과 같이 일반적으로 비유동자산에 영향을 미치는 거래를 포함한다.

③ 재무활동(financing activities)

부채와 자본에 관련된 항목으로서 여기에는 ① 현금의 차입과 상환활동, ② 신주발행, ③ 배당금의 지급활동 등과 같이 부채 및 자본계정에 영향을 미치는 거래를 모두 포함한다.

이러한 활동에 따른 현금흐름을 요약하면 다음 <표 17-2>와 같다.

<표 17-2> 현금흐름의 구분

(1) 영업활동으로 인한 현금흐름

현 금 유 입	현 금 유 출

① 제품 등의 판매
  (매출채권의 회수 포함)
② 이자수익과 배당금수익
	① 상품 등의 구입(매입채무결제 포함)
	② 기타 상품 및 용역의 공급자와 종업원
	  에 대한 지출
	③ 법인세비용
	④ 이자비용

* 투자활동과 재무활동에 속하지 않는 거래에서 발생한 기타의 모든 거래를 포함한다.

(2) 투자활동으로 인한 현금흐름

현 금 유 입	현 금 유 출
① 대여금 회수 ② 유가증권(현금성자산 제외)의 처분 ③ 투자자산과 유형·무형자산의 처분	① 현금의 대여 ② 유가증권(현금성자산 제외)의 취득 ③ 투자자산과 유형·무형자산의 취득

(3) 재무활동으로 인한 현금흐름

현 금 유 입	현 금 유 출
① 당좌차월을 포함한 단기차입금과 장기차입금의 차입 ② 어음·사채의 발행 ③ 신주식의 발행	① 배당금 지급 ② 유상감자 ③ 자기주식의 취득 ④ 차입금의 상환

　　현금과 현금성자산의 유입과 유출내용에 대하여는 기중 증가 또는 기중 감소를 상계하지 아니하고 각각 총액을 기재한다. 따라서 사채발행 또는 주식발행으로 인한 현금유입액은 발행가액으로 기재한다. 그러나 거래가 빈번하여 회전율이 높으며 총금액이 크고 단기간에 만기가 도래하는 현금과 현금성자산의 유입과 유출항목은 총액으로 표시함으로써 오히려 재무정보이용자를 오도할 수가 있다. 따라서 이러한 항목은 순액으로 표시한다. 그 구체적인 예를 들면 다음과 같다.

　　① 취득당시 만기가 3개월 이내인 단기대여금 및 단기차입금

② 회전약정이 있는 단기차입금(당좌차월 등)및 상업어음할인
③ 신용카드회사의 신용카드 채권
④ 은행의 요구불예금

제 8 절 자본변동표

1. 자본변동표의 의의와 목적

(1) 자본변동표의 의의

자본변동표는 자본 즉, 자기자본의 크기와 그 변동에 관한 정보를 제공하는 재무보고서로서, 자본을 구성하고 있는 자본금, 자본잉여금, 자본조정, 기타 포괄 손익누계액, 이익잉여금(또는 결손금)의 변동에 대한 포괄적인 정보를 제공하는 보고서를 말한다.

(2) 자본변동표의 목적

자본변동표의 의의에서도 알 수 있는 것과 같이 자본변동표는 투자자인 주주와 투자희망자인 장래의 주주들의 몫인 자본("자기자본"이라고도 함)의 변동 내역 즉, 회계연도 초와 회계연도 말 사이의 자본의 변동 상태가 어떤지를 설명하는 것이다. 그래서 주주와 투자자들로 하여금 합리적인 투자결정을 할 수 있도록 하는데 있다.

2. 자본변동표의 기본구조

(1) 자본변동표의 기본 구조

자본변동표에는 자본금, 자본잉여금, 자본조정, 기타 포괄 손익 누계액, 이익잉여금(또는 결손금)의 각 항목별 기초 잔액, 변동사항, 기말잔액을 표시한다.
① 자본금은 유상증자(감자), 무상증자(감자)와 주식배당 등에 의하여 변동되며, 자본금은 보통주자본금과 우선주자본금으로 구분하여 표시한다.

유상증자란 주주로부터 현금 등 자산을 납입받아 자본금을 증가시키는 것을 말하며, 무상증자란 잉여금의 자본전입에 의하여 즉, 주주로 부터 현금 등 자산의 출연없이 자본금을 증가시키는 것을 말한다.

② 자본잉여금은 유상증자(감자), 무상증자(감자), 결손금 처리 등에 의하여 변동되며, 주식발행초과금과 기타자본잉여금으로 구분하여 표시한다.

③ 자본조정의 변동은 다음과 같은 항목으로 구분하여 표시한다.

　　가. 자기주식

　　나. 주식할인발행차금

　　다. 주식매수 선택권

　　라. 출자전환채무

　　마. 청약기일이 경과된 신주청약증거금 중 신주납입금으로 충당될 금액

　　바. 감자차손

　　사. 자기주식처분손실

④ 기타포괄손익누계액의 변동은 다음과 같은 항목으로 구분하여 표시한다.

　　가. 매도가능증권 평가손익

　　나. 해외사업환산손익

　　다. 현금흐름 위험회피 파생상품평가손익

⑤ 이익잉여금 변동은 다음과 같은 항목으로 구분하여 표시한다.

　　가. 회계정책의 변경으로 인한 누적효과

　　나. 중대한 전기 오류 수정 손익

　　다. 연차배당과 기타 전기말 미처분 이익잉여금의 처분

　　라. 중간배당

　　마. 당기 순손익

3. 자본변동표의 구성

(1) 자본변동표의 구성

자 본 변 동 표

제×기 20×5년 1월 1일부터 20×5년 12월 31일까지

제×기 20×6년 1월 1일부터 20×6년 12월 31일까지

회사명   단위 : 원(또는 천원)

구 분	자본금	자본잉여금	자본조정	기타포괄손익누계액	이익잉여금	총 계
20×5.1.1(보고금액)	×××	×××	×××	×××	×××	×××
회계정책변경누적효과					(×××)	(×××)
전기오류수정손실					(×××)	(×××)
수정후 이익잉여금					×××	×××
연차배당					(×××)	(×××)
처분후 이익잉여금					×××	×××
중간배당					(×××)	(×××)
유상증자(감자)	×××	×××				×××
당기순이익(손실)					×××	×××
자기주식취득			(×××)			(×××)
해외사업환산손익				(×××)		(×××)
20×5.12.31.	×××	×××	×××	×××	×××	×××
20×6.1.1(보고금액)	×××	×××	×××	×××	×××	×××
회계정책변경누적효과					(×××)	(×××)
전기오류수정손실					(×××)	(×××)
수정후이익잉여금					×××	×××
연차배당					(×××)	(×××)
처분후이익잉여금					×××	×××
중간배당					(×××)	(×××)
유상증자(감자)	×××	×××				×××
당기순이익(손실)					×××	×××
자기주식취득			(×××)			(×××)
매도가능증권평가손익				×××		×××
20×6.12.31	×××	×××	×××	×××	×××	×××

4. 재무제표의 연계성

재무상태표는 일정시점의 정보인데 반해 자본변동표는 포괄손익계산서, 현금흐름표와 같이 기간정보이다. 이익잉여금은 포괄손익계산서와 재무상태표를 연결하는 고리이며, 포괄손익계산서상의 당기순이익은 현금흐름표의 출발점이 된다. 각 재무제표는 이익잉여금과 기타포괄손익누계액의 흐름을 통하여 상호검증기능을 발휘하고 그 적부를 판단할 수 있게 한다. 재무제표간에 존재하는 이러한 상호관련성을 재무제표의 연계성(articulation)이라 한다.

제 9 절 재무제표 부속명세서

1. 재무제표 부속명세서의 의의

재무제표의 부속명세서는 재무상태표나 포괄손익계산서가 기업의 경영성과와 재무상태를 총괄적으로 표시하기 때문에 그것을 보충하여 상세히 표시하기 위하여 작성된다. 이해관계자는 기업의 경영성과와 재무상태에 대해 총괄적으로 검토를 하는 동시에 중요항목에 대하여는 구체적으로 그 상세한 내역명세를 알고, 기업재무에 대한 판단에 잘못이 없도록 해야 한다. 그 목적에 따른 것이 이 명세서이다. 부속명세서는 기본적 재무제표의 중요항목의 내역명세를 표시하는 것외에 해당 기간중의 증감변화도 표시한다. 즉, 기말의 정태적 보유액 명세 표시만이 아니고 동태적 표시도 하는 것이다.

2. 재무제표 부속명세서의 종류

재무제표 부속명세서에는 다음과 같은 종류가 있다.

(1) 필수적 부속명세서

   1. 단기투자증권명세서
   2. 장기투자증권명세서
   3. 특수관계자간의 채권·채무명세서

　4. 재고자산명세서

　5. 투자부동산명세서

　6. 유형자산명세서

　7. 무형자산명세서

　8. 단기차입금명세서

　9. 장기차입금명세서

10. 사채명세서

11. 채무보증명세서

12. 충당부채명세서

13. 제조원가명세서

14. 매출액명세서

15. 매출원가명세서

16. 판매비와 관리비명세서

17. 감가상각비명세서

(2) 임의적 부속명세서

　1. 현금 및 현금성자산 명세서

　2. 매출채권명세서

　3. 대여금명세서

　4. 기타유동자산명세서

　5. 투자자산명세서

　6. 투자자산처분명세서

　7. 유형자산처분명세서

　8. 매입채무명세서

　9. 수선비명세서

지배하거나 복종하지 않으면서도 무언가 하고 있는 사람만이 참으로
행복하고 위대하다

제 10 절   재무제표의 공개와 회계감사

1. 재무제표의 공개

기업회계정보를 일반대중에게 전달하여 기업의 내용을 알게 하려는 제도는 프랑스의 루이14세때 부터 시작되었다고 한다. 루이 14세 시대에 제정된 프랑스의 상사왕령은 회계제도의 기원이라고 주장되고 있으며, 동 법령은 상인들에게 재산목록을 2년마다 작성하도록 규정하고 있다.

기업의 내용을 공개하는데 비교적 편리한 수단으로 알려져 있는 재무제표는 그 내용이 일반 이해관계자에게 알려짐에 따라 비로소 그 가치를 지니게 된다. 물론 기업의 경영상황에 대해서 가장 많은 관계를 맺고 있는 것은 경영자이지만, 기업규모의 확대와 소유와 경영의 분리에 따라 기업은 경영자 자신만의 것이 아니라는 데서 기업회계정보의 공개가 요구된다.

기업은 많은 이해관계자 집단의 이해가 복잡하게 관련을 맺고 있기 때문에 이들에게 기업내용을 공개함으로써 각 이해관계자들은 자신의 투자결정과 같은 의사결정을 할 수 있게 되는 것이다.

그러나 우리 나라의 경우에 있어서 모든 기업이 재무제표를 공개하는 것은 아니다. 비교적 이해관계자 집단과 관련이 많다고 생각되는 기업일수록 기업 정보의 공개에 대한 요구가 강해지게 된다. 따라서 우리 나라 상법은 주식회사는 재무제표를 작성하고, 이를 정기 주주총회에서 승인을 받은 다음에 재무상태표를 공고하도록 규정하고, 주주와 회사채권자는 영업시간 내에 재무제표, 영업보고서, 감사보고서 등을 열람할 수 있도록 규정하고 있다.

그리고 법인세법에서도 「외감법」 대상법인의 경우에는 세무신고기한 내에 재무상태표의 각 계정과목의 명칭과 금액을 공인회계사나 세무사가 작성한 세무조정계산서를 첨부하여 결산일로 부터 3월 이내에, 일간신문에 공고하도록 규정하고 있다. 그래서 매년 3월 전후에 12월말 결산법인의 결산공고를 신문지상에서 많이 보게 된다. 하지만 우리가 신문을 통해 볼 수 있는 재무제표는 재무상태표만 볼 수 있을 뿐이다. 경우에 따라서 일부 기업은 포괄손익계산서도 같이 공고하는 사례가 있으나 이것은 매우 적은 경우이다.

그러나 이해관계자로서는 재무에 관련된 여러가지 표를 같이 보아야 이해할 수 있는데, 이런 의미에서 재무제표 공개는 그 정보를 필요로 하는 사람에게만 공개될 뿐인 것이다.

2. 기업공시제도

기업정보를 공개하는 제도를 「기업공시제도」라고 한다. 특히 증권거래소에 상장되어 있는 상장기업들의 경우에는 투자자들을 보호하기 위하여 각종 공시의무를 두고 있다.

그러나 상장기업이라고 해서 기업공시제도가 완벽하게 이루어지는 것은 아니다. 신문지상에 보도되는 것처럼 「공시번복」이나 「불성실 공시」 등으로 투자자들의 신뢰를 져버리는 경우가 많아 사회적인 물의를 제기하기도 한다.

결과적으로 기업이 작성·공표하는 재무제표를 어떻게 믿을 수 있게 하는가 하는 제도가 마련되어야 한다. 다시 말해 기업공시정보는 정보를 이용하는 사람에게 미래의 사태에 대한 불확실성을 감소시켜서 그의 판단에 도움을 줄 수 있어야 한다. 또한 전달된 정보를 평가할 수 있게 비교가능성과 계속성이 유지되어야 한다.

기업공시제도에 있어서 가장 큰 비중을 차지하는 회계정보는 바로 이러한 속성을 가지고 있는 것이다. 기업공시와 관련된 자료는 해당기업 이외에 증권거래소, 금융감독원과 한국공인회계사회의 공시실을 이용하면 회계정보 등을 쉽게 얻을 수가 있다.

3. 회계감사제도

이러한 회계정보의 속성을 유지시켜서 이해관계자가 신뢰할 수 있게 재무제표를 감사할 필요가 생기게 된다. 이를 「회계감사제도」라고 한다.

회계감사는 상법상 주식회사 3대 기관의 하나인 감사(監事)의 고유권한이며 의무이다. 감사는 재무제표를 정기주주총회 개최날짜 6주 전에 회사로부터 제출받아 4주간 내에 감사보고서를 이사에게 제출하여야 한다.

그러나 이 감사는 상법상의 규정에 따라 엄격하게 선임되어 재임기간 동안 감사를 계속 실시하지만, 외부 이해관계자들이 볼 때에는 감사가 기업의 임원인 내부자라고 생각되어, 이해관계자가 특히 많은 상장기업이나 비록 상장은 안됐지만 비상장 대기업의 경우에는 감사가 실시하는 회계감사 이외에 외부의 독립적인 제3자인 회계전문가가 이에 대한 감사의견을 제시할 수 있다. 이 외부의 독립적인 회계전문가를 「공인회계사」라 한다.

공인회계사는 기업이 작성한 재무제표에 대해 외부전문가로서 감사의견을 표명함으로써 사회적인 공신력을 부여하게 한다. 따라서 공인회계사는 재무제표의 파수꾼인 셈이다. 신문지상에서 재무상태표의 공고와 함께 그 끝부분에 기재되어 있는 공인회계사의 감사의견은 바로 이러한 이유 때문에 기재된 것이다.

공인회계사에 의한 외부 회계감사제도는 상장법인은 증권거래법에 의해, 일정 규모 이상의 비상장법인은 외감법에 의해 공인회계사로부터 회계감사를 받도록 의무화하였다.

따라서 한국 증권거래소에 상장되어 있는 상장회사는 물론 자산총액이 100억원 이상인 주식회사는 공인회계사의 외부감사를 받게 된다. 다만, 정부투자관리기본법의 적용을 받는 정부투자기관과 회계연도 개시일로부터 5월 이내에 부도, 휴·폐업, 회사정리, 합병 등의 사유가 발생하고 있는 주식회사는 감사대상에서 제외한다.

그리고 위의 규모에 미달하는 회사는 감사제도(監事制度)를 두어 이의 적용을 받게 된다. 그러나 비록 감사제도를 두었다 하더라도 공인회계사의 외부감사를 받는 것은 자유이며, 이들 회사의 재무제표에 외부감사의견을 같이 기재하게 되면, 그 기업의 공신력은 더욱 높아지게 된다. 따라서 은행으로부터 대출을 받거나 세무신고를 할 때, 또는 정부보조금을 신청할 때 자율적으로 공인회계사의 감사를 받거나 요구하는 일이 많아지고 있다.

상장기업은 물론 외부감사대상인 주식회사는 재무제표와 함께 감사인의 감사보고서를 비치·공시하여야 하며, 재무상태표를 일간신문에 공고할 때에는 감사인의 명칭과 감사의견을 병기하여야 한다.

신문지상에서 볼 수 있는 재무상태표와 감사의견은 바로 이와 같은 근거에서 마련된 것이다.

감사인의 재무제표에 대한 감사결과로서 표시되는 감사의견에는 적정의견, 한정의견, 부적정의견, 의견거절의 4가지가 있다. 여기에서 적정의견과 한정의견이 감사의 합격선이고 부적정의견이나 의견거절은 불합격이 되는 셈이다.

(1) 적정의견(unqualified opinion)

감사인이 재무제표를 회계감사기준에 따라 감사범위의 제한을 받지 않고 감사한 결과, 일반적으로 인정된 기업회계기준에 맞추어 지적할 문제가 없다고 판단할 때 내리는 감사의견이다. 이것은 가장 간단한 의견이지만 이해관계자가 제일 믿을 수 있는 재무제표이다. 감사대상회사와 감사인이 감사한 의견을 교환하여 문제가 있다 하더라도 이를 완전히 수정하게 되면 적정의견이 표명된다.

(2) 한정의견(qualified opinion)

재무제표 작성에 적용된 회계처리방법과 재무제표 표시방법 중 일부가 기업회계기준에 위배되거나 감사의견을 형성하는 데 필요한 합리적인 증거를 얻지 못하여 이에 관련된 사항이 재무제표에 중요한 영향을 미칠 때에는 한정의견을 표시한다.

따라서 한정의견까지는 일단 합격선으로 보게 되는데, 이 한정의견을 표명하게 된 한정사항의 내용이 무엇인지를 명확하게 이해해야 한다. 한정사항은 대체로 복잡하지만 당기순이익에 미친 영향을 반드시 표시하게 되어 있으므로 과대계상 되었는지, 과소계상 되었는지를 알 수 있다.

(3) 부적정의견(adverse opinion)

이 의견은 기업회계기준에 위배되는 사항이 매우 중대하여 재무제표가 전체적으로 왜곡 표시되어 무의미하다고 인정될 때에 표명되는 의견이다. 감사 의견으로서는 재무제표가 불합격이 되는 것으로 상장법인에 있어서는 투자자들의 주의를 환기하기 위하여 증권거래소에서 관리포스트로 특별취급을 받게 된다.

(4) 의견거절(disclaimer of opinion)

감사의견을 형성하는 데 필요한 합리적인 증거를 얻지 못하여 재무제표 전체에 대한 의견표명이 불가능하거나, 기업의 존립에 의문을 제기할 정도로 중대하고 객관적인 사항이 있거나 또는 감사인이 감사를 수행함에 있어 독립성이 결여되어 있는 경우에는 이러한 사유를 기재하고, 이로 인하여 재무제표에 대한 의견을 표명할 수 없다는 의견거절을 하게 된다.

의견거절은 부적정의견과 같이 감사의견으로서는 불합격이며 상장법인의 경우에는 증권거래소에서 관리포스트로 특별 취급을 하게 된다.

위의 4가지 감사의견 중에서 한정의견, 부적정의견, 의견거절 등의 경우에는 감사보고서의 내용을 확인해 볼 필요가 있다. 그리고 부적정의견이나 의견거절을 받은 기업과 거래를 하거나 투자를 할 때는 신중한 주의가 요구된다.

제 11 절   재무제표의 유용성과 한계

1. 재무제표의 유용성

이제까지 우리가 공부한 재무제표의 유용성 또는 회계의 유용성을 요약하면 다음과 같다.

(1) 재무제표는 기업 등 경제적 실체(economic entity)의 재무상황을 기록하여 재무회계의 기초가 된다.

재무상황은 재무상태, 경영성과, 이익잉여금의 처분, 현금흐름으로 표시되며, 이러한 재무상황은 기업의 외부이용자에게 보고(외부보고)되고, 재무상황을 기록한 재무제표는 재무적 역사의 기록으로 남게 된다.

(2) 재무제표는 이해관계자의 경제적 의사결정에 유용한 정보가 된다.

투자자·채권자 등 이해관계자가 투자의사결정, 신용의사결정 등의 경제적 의사결정을 할 때에 가장 중요시하는 정보의 하나가 회계정보이다. 특히 재무제표는 중요한 정보가 된다. 오늘날 재무제표가 여러 용도로 이용되고 있는 것은 이러한 의사결정유용성 또는 목적적합성(relevance)을 갖고 있기 때문이다.

(3) 재무제표는 경영자가 회계정보를 관리적으로 이용하는 데에 도움이 되는 관리회계의 기초가 된다.

즉, 경영자가 기업목적을 달성하기 위하여 효과적·효율적인 경영계획의 수립과 경영통제를 수행하는 데에 도움이 된다. 재무제표는 경영자가 장·단기의 계획을 세우거나 업적평가를 하는 등 관리회계를 수행하는 데 도움이 되는 정보를 제공한다.

(4) 재무제표는 이해관계자간의 이해관계의 조정을 위한 정보를 제공한다.

　재무제표는 이해관계자의 이해관계를 조정하는 기능을 갖고 있다. 주주가 경영자에게 재산을 관리하고 증식시킬 것을 의뢰하는 수탁책임은 두 이해관계자간의 이해관계를 조정하는 예이다. 그 밖에도 투자자, 채권자, 노동조합, 소비자, 과세권자 등 이해관계가 대립되는 경우 이들간의 이해관계를 조정하는 기능을 하게 된다. 이러한 이해관계의 조정은 적정한 회계처리와 회계보고를 통하여 이루어질 수 있다.

(5) 재무제표는 이익배당의 기초자료가 된다.

　기업의 이익배당은 회계연도가 종료된 후 기업의 재무상태와 경영성과를 고려하여 주주들에게 이익을 분배하는 것으로, 재무제표에 수록된 회계수치는 배당금의 결정에 중요한 영향을 미친다. 주주총회에 재무제표가 제출되고 승인을 받는 것은 주주들의 이익배당과도 관련되기 때문이다.

(6) 재무제표는 기업의 부채의 차입, 합병, 영업양도 또는 영업양수, 파산 또는 회사정리 등에 중요한 자료가 된다.

　자금을 차입하기 위해서는 기업이 부채의 상환능력과 이자지급능력이 있다는 것을 나타내는 신용평가를 좋게 받아야 하는데, 이를 위해서 기업은 금융기관에 재무제표를 제출하여야 한다. 합병, 영업양도, 파산, 회사정리 등에 있어서도 재무제표는 이들 행위가 이루어지는 중요한 기초자료가 된다.

(7) 재무제표는 재무분석·기업평가의 중요자료가 된다.

　재무분석 중 재무비율분석은 특히 재무제표의 여러 계정간의 관계에 대한 비율을 분석하는 방법이다. 재무비율분석으로 기업의 유동성, 안정성, 수익성, 활동성 등을 알 수 있고 재무구조의 취약 여부도 알 수 있다. 기업의 재력, 건실성, 성장성 등을 평가하는 기업평가에 있어서도 재무제표는 중요자료가 된다.

위에서 열거한 유용성 이외에도 정부의 각종 경제정책이나 과세당국의 과세결정 등 여러 가지 방면에서 재무제표가 활용되고 있다. 따라서 재무제표를 이해하는 것은 현대사회를 올바로 살아가는데 반드시 필요한 수단이요, 방편이기도 하다.

2. 재무제표의 한계

위에서 설명한 바와 같이 재무제표가 갖고 있는 유용성은 매우 크지만 재무제표 그 자체가 갖고 있는 한계점도 많다. 이러한 한계점도 이해하여야만 재무제표를 올바로 활용할 수 있게 된다. 재무제표의 한계로는 다음과 같은 것을 들 수 있다.

(1) 일반적으로 인정된 회계원칙에 의하여 재무제표가 작성되므로, 현행의 회계기준에 대한 비판이 바로 재무제표의 한계가 되고 있다.

재무제표는 기업회계기준 등 일반적으로 인정된 회계원칙에 의하여 작성된다. 따라서 회계기준에 문제점이 있을 경우 재무제표도 그 문제점을 갖게 된다. 이 한계는 재무분석 또는 재무제표분석에서도 부딪치는 한계가 된다.

(2) 자산을 평가하는데 시가(時價;현행가치)로 표시하지 않고 있어 화폐가치의 변동을 무시하고 있다.

인플레이션하의 경제상황에서 화폐가치의 변동은 회계상 다음과 같은 문제들을 발생시킨다.

① 자산의 원가가 시가(현행가치)보다 상당히 낮게 표시될 수 있다. 이로써 자산가치가 경제적 실질가치와 다른 가치가 될 수 있다.
② 화폐성 자산·부채에 구매력손익이, 비화폐성 자산·부채에 보유손익이 발생하나 보고되지 않는다.
③ 물가변동에 따라 화폐단위가 통일적 측정단위나 공통적 척도로서의 역할을 할 수 없게 된다.
④ 역사적 원가주의에 의하여 수익과 비용을 대응시키면 수익은 현행수익, 비용은 역사적 원가로 되어 순이익이 과대표시되는 결과가 된다. 따라서 잘못된 수익—비용의 대응(mismatching)이 된다. 적절한 수익 비용의 대응을 위해서는 현행수익과 현행원가가 대응되어야 할 것이다.

(3) 많은 질적 정보(質的 情報;qualitative information)또는 비량적 정보(比量的 情報; nonquantitative information)가 생략되고 있다.

재무제표에는 많은 재무적 가치(financial value)가 있는 정보가 생략되고 있다. 특히 인적 자원정보, 경영자의 능력 등 화폐액으로 표시될 수 없는 질적 정보, 비량적 정보가 표시되지 않고 있다.

⑷ 많은 추정(推定;estimates)이 적용된다.

현재 재무제표를 작성하기 위해서는 많은 추정을 하여야 하는데, 미래의 불확실성 때문에 정확한 추정은 어렵다. 추정의 예로 매출채권의 회수가능성, 진부화한 재고자산의 판매(실현)가능성, 유형자산의 내용연수·잔존가액의 추정, 우발채무의 추정 등이 있다. 추정의 문제점은 합리적인 측정기준·측정방법의 결여로 심화되기도 한다. 예를 들면, 유형자산의 내용연수·잔존가액이 합리적으로 추정되었더라도 어떤 감가상각방법을 적용하는가에 따라 기간별 감가상각비가 다르고 그에 따라 유형자산의 장부가액도 다르게 계산된다.

⑸ 대체적 회계방법(代替的 會計方法;alternative accounting methods)이 다수 인정되고 있다.

대체적 회계방법이 회계실무에 많이 인정되고 있어 기업간 서로 다른 회계처리가 이루어지기도 한다. 대체적 회계방법은 일반적으로 인정된 회계원칙, 즉 기업회계기준에서도 공식적으로 인정하고 있다. 예를 들면 감가상각방법에 있어서 정액법과 정률법, 유가증권의 평가시 취득원가와 시가, 재고자산평가방법에 있어서 선입선출법과 후입선출법, 유형자산 취득시의 자본적 지출과 수익적 지출의 선택이 있다.

제 12 절 시산표와 정산표의 작성사례연구

위에서 재무제표의 의의와 종류 및 작성방법에 대하여 살펴보았다. 그러나 재무제표를 작성하기 전에 반드시 작성해야만 하는 것이 제5장 제2절에서 이미 설명한 시산표(trial balance)와 정산표(working sheet, work sheet : W/S)이다. 회계학을 처음 배우는 대부분의 학생들이 제일 어렵게 생각하는 부분이 이 단계라고 생각한다. 즉, 결산수정사항을 이해하여 결산수정분개를 할 수 있어야만 정산표 작성이 가능한 것이다. 정산표를 작성하면 이를 기초로 포괄손익계산서와 재무상태표를 작성하고 또 현금흐름표를 작성하게 된다. 여기에서는 시산표와 정산표의 작성사례를 몇가지 열거하여 재무제표의 작성방법을 이해하고 또 작성할 수 있도록 설명하고자 한다.

예제 6. 중앙상점의 20×7년 5월 중의 총계정원장의 기록은 다음과 같다. 이에 의하여 합계잔액시산표를 작성하라.

총 계 정 원 장

	현 금	1
5/1 자 본 금 500,000	5/3 비 품 12,000	
7 단기차입금 200,000	5 상 품 300,000	
9 제 좌 230,000	17 매 입 채 무 80,000	
13 수 수 료 수 익 6,000	23 제 좌 102,000	
20 매 출 채 권 130,000	25 급 여 30,000	
	31 임 차 료 8,000	

	매 출 채 권	2
5/15 제 좌 176,000	5/20 현 금 130,000	

	상 품	3
5/5 현 금 300,000	5/9 현 금 180,000	
11 매 입 채 무 120,000	15 매 출 채 권 140,000	

	비 품	4
5/3 현 금 12,000		

	매 입 채 무	5
5/17 현 금 80,000	5/11 상 품 120,000	

	단 기 차 입 금	6
5/23 현 금 100,000	5/7 현 금 200,000	

	자 본 금	7
	5/1 현 금 500,000	

	상품매출이익	8
	5/9 현 금 50,000	
	15 매 출 채 권 36,000	

	수 수 료 수 익	9
	5/13 현 금 6,000	

	급 여	10
5/25 현 금 30,000		

	임 차 료	11
5/31 현 금 8,000		

	이 자 비 용	12
5/23 현 금 2,000		

합 계 잔 액 시 산 표
20×7년 5월 31일

차 변		원 면	계 정 과 목	대 변	
잔 액	합 계			합 계	잔 액

해답

① 계정과목과 계좌번호를 계정과목란과 원면란에 각각 기입한다.

② 각계정의 차변합계액과 대변합계액을 구하여 각각 해당 계정의 차변합계란과 대변합계란에 기입한다.

③ 각 계정의 잔액을 계산하여, 잔액이 생기는 쪽(합계액이 큰 쪽)의 잔액란에 기입한다. 원칙적으로 자산·비용의 계정잔액은 차변에, 부채·자본·수익의 계정잔액은 대변에 기입된다.

④ 차변·대변의 합계란 및 잔액란의 총합계액을 계산하여, 그 금액을 기입하고 마감한다. 차변·대변의 총합계액이 일치하지 않으면, 먼저 시산표의 작성과정에 오류가 있는가를 조사한다.

⑤ 시산표의 작성과정에 오류가 없는데도, 차변·대변의 총합계액이 일치하지 않으면, 각 계정별로 전기과정을 검토하여 오류를 발견하고 이를 수정하여야 한다. 시산표의 대차합계액의 불일치는 이밖에도 분개장 기입의 오류(대차금액의 불일치)에 의해서도 생긴다.

⑥ 한 거래의 분개 전부가 전기(posting) 누락되었을 경우 또는 두개 이상의 오류가 우연히 상계하는 경우 등에도 시산표의 대차합계액은 일치한다. 따라서, 시산표의 작성으로 모든 오류를 발견할 수 있는 것은 아니다(제5장 참조)

합 계 잔 액 시 산 표
20 × 7년 5월 31일

차변 잔액	차변 합계	원면	계 정 과 목	대변 합계	대변 잔액
534,000	1,066,000	1	현　　　　　금	532,000	
46,000	176,000	2	매 출 채 권	130,000	
100,000	420,000	3	상　　　　　품	320,000	
12,000	12,000	4	비　　　　　품		
	80,000	5	매 입 채 무	120,000	40,000
	100,000	6	단 기 차 입 금	200,000	100,000
		7	자　　본　　금	500,000	500,000
		8	상 품 매 출 이 익	86,000	86,000
		9	수 수 료 수 익	6,000	6,000
30,000	30,000	10	급　　　　　여		
8,000	8,000	11	임　　차　　료		
2,000	2,000	12	이 자 비 용		
732,000	1,894,000			1,894,000	732,000

예제 7. 다음의 잔액시산표에 틀린 곳이 있으면 이를 고치고, 정확한 시산표를 작성하라.

잔 액 시 산 표

차　　변	원면	계　정　과　목	대　　변
200,000		현　　　　　　　　　　금	
450,000		상　　　　　　　　　　품	
5,000		미　　　지　　　급　　　금	
10,000		수　　수　　료　　수　　익	
200,000		매　　　출　　　채　　　권	
		자　　　　본　　　　금	800,000
		매　　　입　　　채　　　무	85,000
200,000		단　　기　　차　　입　　금	
		급　　　　　　　　　여	180,000
70,000		잡　　　　　　　　　비	
1,135,000			1,065,000

해답

① 각 계정과목에 대하여 그 잔액이 차변 또는 대변에 옳게 기입되어 있는가를 검토한다. 차변에 잔액을 가지는 계정은 자산계정과 비용계정이며, 대변잔액의 계정은 부채·자본·수익의 계정이므로 이 원칙에 맞는가를 일일이 조사해 본다.

② 미지급금·수수료수익·단기차입금·급여 등의 계정은 대차의 기입이 반대로 되어 있으므로 이것을 정정(訂正)한다.

③ 정정한 뒤 시산표의 차변합계와 대변합계가 일치하는가를 조사한다.

잔 액 시 산 표

차　　변	원면	계　정　과　목	대　　변
200,000	1	현　　　　　　　　　　금	
200,000	2	매　　　출　　　채　　　권	
450,000	3	상　　　　　　　　　　품	
	4	매　　　입　　　채　　　무	85,000
	5	미　　　지　　　급　　　금	5,000
	6	단　　기　　차　　입　　금	200,000
	7	자　　　　본　　　　금	800,000
	8	수　　수　　료　　수　　익	10,000
180,000	9	급　　　　　　　　　여	
70,000	10	잡　　　　　　　　　비	
1,100,000			1,100,000

예제 8. 다음의 총계정원장 각 계정의 잔액과 정리사항을 자료로 정산표를 작성하라. 단, 결산일은 20×7년 6월 30일이다.

(1) 원장계정잔액

현　　　금	₩54,000	매 출 채 권	₩150,000
단 기 대 여 금	50,000	단기투자증권	20,000
건　　　물	150,000	상　　　품	59,000
자 　본 　금	350,000	매 입 채 무	101,000
이 자 수 익	3,000	보 　험 　료	5,000
급　　　여 (각자 계산할 것)		상품매출이익	46,000

(2) 기말정리사항

① 상품의 기말재고액은 ₩55,000이다.
② 건물에 대하여 4%의 감가상각을 행하다.
③ 매출채권잔액에 대하여 2%의 대손충당금을 설정하다.
④ 단기투자증권을 ₩18,000으로 평가하다.
⑤ 급여의 미지급분 ₩3,000을 계상하다.
⑥ 보험료의 미경과분 ₩1,500을 계상하다.
⑦ 이자의 미수분 ₩1,000을 계상하다.

해답

(1) 자산 및 비용의 계정잔액은 정산표의 시산표란 차변에, 또 부채·자본 및 수익의 계정잔액은 그 대변에 각각 계정과목과 금액을 기입한다.

(2) 결산정리사항에 대하여, 정리기입란에 다음의 분개에 해당하는 기입을 행한다. 이 때 추가로 필요한 계정과목(감가상각비·대손상각비·대손충당금·단기투자증권평가손실·미지급급여·선급보험료·미수이자)은 계정과목란에 추가기입한다.

①	(차)	상 품 평 가 손 실	4,000	(대)	상　　　　　품	4,000
②	(차)	감 가 상 각 비	6,000	(대)	건물감가상각누계액	6,000
③	(차)	대 손 상 각 비	3,000	(대)	대 손 충 당 금	3,000
④	(차)	단기투자증권평가손실	2,000	(대)	단 기 투 자 증 권	2,000
⑤	(차)	급　　　　　여	3,000	(대)	미 지 급 급 여	3,000
⑥	(차)	선 급 보 험 료	1,500	(대)	보 　　험 　　료	1,500
⑦	(차)	미 수 이 자	1,000	(대)	이 자 수 익	1,000

(3) 정리기입란 기입 이후의 정산표작성절차는 다음과 같다.

① 시산표란의 각 계정잔액에 정리기입란의 금액을 같은 쪽일 때는 더하고, 반대 쪽일 때는 공제하여 비용·수익의 계정은 포괄손익계산서란에 옮기고, 자산·부채·자본의 계정은 재무상태표란에 기입한다.

② 정리기입이 없는 계정 또는 추가 기입된 계정에 대해서는 시산표란 또는 정리

기입란의 금액을 그대로 포괄손익계산서란과 재무상태표란에 옮겨 적으면 된다.

③ 포괄손익계산서란과 재무상태표란에서 대차 차액(₩16,500)을 당기순이익으로 하여, 금액이 적은 편에 붉은 글씨로 기입한다.

정 산 표

20 × 7년 6월 30일

계정과목	시산표		정리기입		포괄손익계산서		재무상태표	
	차 변	대 변	차 변	대 변	차 변	대 변	차 변	대 변
현　　금	54,000						54,000	
매 출 채 권	150,000						150,000	
단 기 대 여 금	50,000						50,000	
단기투자증권	20,000			④2,000			18,000	
상　　품	59,000			①4,000			55,000	
건　　물	150,000						150,000	
매 입 채 무		101,000						101,000
자 본 금		350,000						350,000
상품매출이익		46,000				46,000		
이 자 수 익		3,000		⑦1,000		4,000		
보 험 료	5,000			⑥1,500	3,500			
급　　여	12,000		⑤3,000		15,000			
	500,000	500,000						
상품평가손실			①4,000		4,000			
감 가 상 각 비			②6,000		6,000			
감가상각누계액				②6,000				6,000
대 손 상 각 비			③3,000		3,000			
대 손 충 당 금				③3,000				3,000
선 급 보 험 료			⑥1,500				1,500	
미 지 급 급 여				⑤3,000				3,000
단기투자증권평가손실			④2,000		2,000			
미 수 이 자			⑦1,000				1,000	
당 기 순 이 익					16,500			16,500
			20,500	20,500	50,000	50,000	479,500	479,500

[주] 1. 정산표 작성과정에서의 혼동을 막기 위하여 기입순서를 지킬 것(시산표란→정리기입란 기입 및 마감→포괄손익계산서란 이기 및 마감→재무상태표란 이기 및 마감).

1. 작성후에 당기순손익의 대차 반대로의 일치 여부를 반드시 확인할 것.

예제 9. 다음의 결산정리사항을 자료로 하여 아래의 정산표를 완성하라.

① 기말상품재고액 ₩70,000

② 건물감가상각 5%(정률법)

③ 대손충당금 매출채권 잔액의 2%

④ 가지급금은 모두 여비로 판명된다.

⑤ 수수료선수분 ₩1,000

⑥ 보험료미경과액 ₩1,500

⑦ 소모품미사용액 ₩500

정 산 표

20×7년 6월 30일

계 정 과 목	시 산 표		정 리 기 입		포괄손익계산서		재무상태표	
	차 변	대 변	차 변	대 변	차 변	대 변	차 변	대 변
현 금	95,000							
당 좌 예 금	61,500							
매 출 채 권	50,000							
이 월 상 품	60,000							
가 지 급 금	3,000							
건 물	120,000							
매 입 채 무		40,000						
자 본 금		250,000						
대 손 충 당 금		300						
감가상각누계액		20,000						
매 출		660,000						
수 수 료 수 익		5,000						
매 입	550,000							
급 여	290,000							
광 고 비	3,300							
보 험 료	2,000							
소 모 품 비	1,500							
	975,300	975,300						

해답

(1) 결산정리사항에 대해서 정리기입란에 다음의 분개에 해당하는 기입을 행한다.

$$① \ (차) \begin{cases} 매 \qquad 입 \quad 600,000 \\ 이 \ 월 \ 상 \ 품 \quad 70,000 \end{cases} (대) \begin{cases} 이 \ 월 \ 상 \ 품 \quad 60,000 \\ 매 \qquad 입 \quad 70,000 \end{cases}$$

② (차)	감 가 상 각 비	5,000	(대)	감가상각누계액	5,000		
③ (차)	대 손 상 각 비	700	(대)	대 손 충 당 금	700		
④ (차)	여 비	3,000	(대)	가 지 급 금	3,000		
⑤ (차)	수 수 료 수 익	1,000	(대)	선 수 수 수 료	1,000		
⑥ (차)	선 급 보 험 료	1,500	(대)	보 험 료	1,500		
⑦ (차)	소 모 품	500	(대)	소 모 품 비	500		

(2) 정리기입란 기입 이후의 정산표 작성절차는 위 예제에 따르면 된다.

(3) 상품관계계정(이월상품계정, 매출계정, 매입계정)에 대해서 정리할 경우, 정산표에는 다음과 같이 기입된다. 따라서 포괄손익계산서의 매입계정에 매출원가가 표시된다.

계 정 과 목	시 산 표		정 리 기 입		포괄손익계산서		재무상태표	
	차 변	대 변	차 변	대 변	차 변	대 변	차 변	대 변
이 월 상 품	60,000	(−)	70,000	60,000			70,000 (+)	
매 출		660,000				660,000		
매 입	550,000	(+)	60,000	70,000 (−)	540,000			

[주] 이월상품·매입계정(3분법)을 정리하는 데는 다음과 같은 방법도 있다. 이 방법에 의하면 포괄손익계산서란에 상품의 기초재고액과 기말재고액이 표시되는 이점이 있다.

계 정 과 목	시 산 표		정 리 기 입		포괄손익계산서		재무상태표	
	차 변	대 변	차 변	대 변	차 변	대 변	차 변	대 변
이 월 상 품	60,000		70,000	70,000	60,000	70,000	70,000	
매 출		660,000				660,000		
매 입	550,000				550,000			

정 산 표

계 정 과 목	시 산 표		정 리 기 입		포괄손익계산서		재무상태표	
	차 변	대 변	차 변	대 변	차 변	대 변	차 변	대 변
현 금	95,000						95,000	
당 좌 예 금	61,500						61,500	
매 출 채 권	50,000						50,000	
이 월 상 품	60,000		①70,000	①60,000			70,000	
가 지 급 금	3,000			④3,000				
건 물	120,000						120,000	
매 입 채 무		40,000						40,000
자 본 금		250,000						250,000
대 손 충 당 금		300		③700				1,000
감가상각누계액		20,000		②5,000				25,000
매 입	550,000		①60,000	①70,000	540,000			
매 출		660,000				660,000		
급 여	29,000				29,000			
광 고 비	3,300				3,300			
보 험 료	2,000			③1,500	500			
소 모 품 비	1,500			⑦500	1,000			
수 수 료 수 익		5,000	⑤1,000			4,000		
	975,300	975,300						
여 비			④3,000		3,000			
대 손 상 각 비			③700		700			
감 가 상 각 비			②5,000		5,000			
선 급 보 험 료			⑥1,500				1,500	
소 모 품			⑦500				500	
선 수 수 료				⑤1,000				1,000
당 기 순 이 익					81,500			81,500
			141,700	141,700	664,000	664,000	398,500	398,500

연 습 문 제

[1] 다음 자료에 의하여 보고식과 계정식에 의한 포괄손익계산서를 작성하라(단, 기업회계
기준에 준거하여 작성할 것).

총 매 출 액	₩7,850,000	환 입 액	₩250,000
기 초 상 품 재 고 액	1,200,000	환 출 액	140,000
당 기 상 품 총 매 입 액	6,500,000	외 환 차 손	120,000
기 말 상 품 재 고 액	3,800,000	임 대 료	75,000
매 출 에 누 리	150,000	급 여	1,150,000
매 입 에 누 리	180,000	복 리 후 생 비	250,000
접 대 비	125,000	기 부 금	65,000
이 자 비 용	15,000	재 고 자 산 평 가 손 실	80,000
단기투자증권평가손실	24,000	단기투자증권처분이익	36,000
배 당 금 수 익	180,000	유 형 자 산 처 분 손 실	143,000
외 화 환 산 손 실	64,000	대 손 상 각 비	85,000
상 각 채 권 추 심 이 익	50,000	자 산 수 증 이 익	25,000
전 기 오 류 수 정 손 실	30,000	보 험 차 익	10,000

법인세비용은 법인세차감전 순이익의 30% 계상

[2] 다음 잔액시산표와 결산정리사항에 의하여 정산표를 작성한 후 재무상태표와 포괄손
익계산서를 작성하라

잔 액 시 산 표

현 금 및 현 금 성 자 산	550,000	매 입 채 무	900,000
매 출 채 권	1,210,000	대 손 충 당 금	45,000
미 수 금	100,000	건 물 감 가 상 각 누 계 액	520,000
단 기 투 자 증 권	450,000	비 품 감 가 상 각 누 계 액	200,000
단 기 대 여 금	150,000	자 본 금	2,500,000
이 월 상 품	500,000	매 출	4,900,000
건 물	2,000,000	수 수 료 수 익	150,000
비 품	400,000	잡 이 익	80,000
매 입	3,500,000	자 산 수 증 이 익	150,000
보 험 료	85,000	단 기 금 융 자 산 처 분 이 익	47,000
급 여	450,000		
잡 비	72,000		
이 자 비 용	15,000		
재 해 손 실	10,000		
	9,492,000		9,492,000

<결산정리사항>

① 기말상품재고액　　　　₩850,000

② 대손충당금은 매출채권의 4% 설정

③ 감가상각 비품 : 정률법 20%

　　　　　　건물 : 정률법 5%

④ 단기투자증권미수이자　₩60,000

⑤ 보험료 중 미경과액　　₩15,000

⑥ 법인세 비용은 법인세차감전 순이익의 35% 계상

[3] 흑석공업주식회사의 제4기(20 × 8.1.1.~ × 8.6.30) 말의 잔액시산표는 다음과 같다. 결산
　　정리사항에 의하여 정산표를 작성한 후 재무상태표와 포괄손익계산서를 작성하라.

잔 액 시 산 표

현금및현금성자산	393,200	매　입　채　무	670,000
매　출　채　권	750,000	대　손　충　당　금	15,000
단 기 투 자 증 권	210,000	비품감가상각누계액	20,000
이　월　상　품	300,000	건물감가상각누계액	100,000
가　지　급　금	40,000	자　　본　　금	1,000,000
비　　　　품	80,000	이　익　준　비　금	80,000
건　　　　물	300,000	별　도　적　립　금	90,000
영　　업　　권	44,800	이 월 이 익 잉 여 금	20,000
매　　　　입	2,500,000	매　　　　출	2,950,000
급　　　　여	120,000	배　당　금　수　익	13,000
보　　험　　료	60,000		
잡　　　　비	110,000		
접　　대　　비	50,000		
	4,958,000		4,958,000

<결산정리사항>

① 기말상품재고액　　　　₩500,000

② 비품감가상각 : 정액법 내용연수 5년

③ 건물감가상각 : 정률법 연 20%

④ 영업권 상각 : 연 20%(단, 영업권은 20 × 6년 7월 1일에 취득하고 직접법에 의하여
　　상각하여 왔다)

⑤ 단기투자증권평가액　　₩190,000

⑥ 보험료 미경과액　　　　₩30,000

⑦ 대손충당금은 매출채권의 4% 설정

⑧ 가지급금은 매입상품계약금의 지급액이다.

⑨ 법인세 비용은 법인세비용차감전 순이익의 30% 계상

[4] 상도상사주식회사의 제3기(20 × 8.4.1~20 × 8.3.31) 기말잔액시산표와 기말정리사항은 다음과 같다. 이것에 의하여 수정분개를 표시하고 재무상태표와 포괄손익계산서를 작성하라.

잔 액 시 산 표

현 금 예 금	363,000	매 입 채 무	1,507,000
매 출 채 권	700,000	단 기 차 입 금	800,000
미 수 금	190,000	미 지 급 금	175,000
단 기 투 자 증 권	198,000	대 손 충 당 금	8,000
이 월 상 품	292,000	건물감가상각누계액	500,000
건 물	5,000,000	비품감가상각누계액	60,000
비 품	160,000	자 본 금	2,400,000
토 지	330,000	이 익 준 비 금	50,000
매 입	3,927,000	별 도 적 립 금	980,000
환 입 품	59,000	이 월 이 익 잉 여 금	12,000
급 여	240,000	매 출	5,321,000
보 험 료	90,000	배 당 금 수 익	12,000
이 자 비 용	20,000	임 대 료	100,000
잡 비	320,000	잡 이 익	48,000
단기투자증권처분손실	81,000	상 각 채 권 추 심 이 익	33,000
잡 손 실	37,000	전 기 오 류 수 정 이 익	20,000
유 형 자 산 처 분 손 실	24,000	보 험 차 익	30,000
재 해 손 실	25,000		
	12,056,000		12,056,000

<정리사항>

① 기말상품재고액　　　₩368,000

② 단기투자증권평가액　　₩195,000

③ 건물감가상각 : 정률법 상각률 5%

④ 비품감가상각 : 정률법 상각률 10%

⑤ 이자미지급액　　　₩60,000

⑥ 보험료선급액　　　₩30,000

⑦ 매출채권의 5%로 대손충당금 설정

⑧ 임대료미수액　　　₩50,000

[5] 다음 자료에 의하여 남산공업주식회사의 이익잉여금처분계산서를 작성하라.

(1) 사업연도 : 제6기 20 × 8.1.1~20 × 8.12.31.

(2) 주주총회일 : 20 × 9. 2.20.

　　(3) 미처분이익잉여금
　　　　① 전기이월미처분이익잉여금 기말잔액　　　₩1,500,000
　　　　② 당기순이익　　　　　₩7,260,000
　　(4) 미처분이익잉여금 처분내용
　　　　① 이익준비금　　　　　₩1,200,000
　　　　② 배　당　금　　　　　₩3,500,000(자본금의 20%)
　　　　③ 임원상여금　　　　　₩800,000
　　　　④ 임의적립금　　　　　₩2,000,000

[6] 다음 자료에 의하여 중앙공업주식회사의 결손금처리계산서를 작성하라. 단, 회계연도
　　와 주주총회일은 문제[5]를 참고할 것.
　　(1) 미처리결손금
　　　　① 전기이월결손금 기말잔액　　　　₩350,000
　　　　② 당　기　순　손　실　　　　₩2,840,000
　　(2) 결손금 처리액
　　　　① 임의적립금에 의한 보전　　　₩850,000
　　　　② 이익준비금에 의한 보전　　　₩1,100,000
　　　　③ 자본준비금에 의한 보전　　　₩500,000

[7] 다음 자료에 의하여 영업활동으로 인한 현금흐름액을 계산해라.

당　기　순　이　익	₩620,000
사　채　상　환　손　실	16,000
건　물　감　가　상　각　비	21,000
단기매매증권평가이익	8,000
개　발　비　상　각	10,000
투자부동산처분이익	43,000
재　해　손　실	100,000

[8] 다음 용어를 간단히 설명하라.
　　(1) 재무제표　　　　　　　　　(6) 기본주당순이익
　　(2) 재무제표 표시의 일반원칙　　(7) 자본변동표
　　(3) 회계감사제도　　　　　　　(8) 이익잉여금처분계산서
　　(4) 재무상태표의 작성방법　　　(9) 결손금처리계산서와 결손금보전순서
　　(5) 유동성배열법　　　　　　　(10) 현금흐름표

18

재무분석과 의사결정

제 1 절	재무분석과 개요
제 2 절	재무분석의 전제조건
제 3 절	재무분석의 한계
제 4 절	재무분석방법의 분류와 체계
제 5 절	백분비 재무제표분석
제 6 절	비율분석
제 7 절	원가—조업도—이익분석
제 8 절	예산관리

재무분석과 의사결정 제18장

제 1 절 재무분석의 개요

재무분석(finance analysis)이란 재무제표분석 또는 경영분석(business analysis)이라고도 하며, 재무제표를 기초로 하여 기업의 재무상태 및 경영성과를 분석적 방법에 의하여 판단·인식하는 방법을 말한다. 즉, 재무상태표나 포괄손익계산서 및 이익잉여금처분계산서 등의 재무제표나 기타 회계자료에 표시된 숫자를 분석·검토 및 비교하거나 두 숫자간의 관계를 비율로 나타내어 기업의 재무상태 및 경영성과를 과학적으로 측정하는 기법이라 할 수 있다.

일반적으로 기업의 모든 이해관계자들은 기업에 관한 재무정보, 특히 기업의 지급능력(solvency)과 수익성(profitability)에 관심을 가지고 있다.

지급능력이란 부채(장기 및 단기)의 만기일이 도래했을 때 이 부채를 상환할 수 있는 기업의 재무적 능력이며, 이는 기업의 재무상태표에 나타나 있다.

수익성이란 기업이 수익을 창출할 수 있는 능력을 가리키는 것으로, 이는 기업의 포괄손익계산서에 나타나 있다.

기업의 재무제표는 내부적으로 경영자에 의해, 또한 외부적으로는 투자자 및 채권자에 의해 분석되어진다. 경영자가 재무제표를 분석하는데 있어서는 기업내의 계획·평가·통제를 위하여 기본적으로 기업내부의 각 부분(parts)에 관심을 두고 분석하는 반면에 투자자 및 채권자들은 기업에 대해 투자를 할 것인지 또는 자금을 더 차용해 줄 것인지 여부를 결정하기 위해 재무제표를 분석하며, 일반적으로 기업을 전체(a whole)로서 분석한다.

재무분석은 재무제표에 있는 항목과 시간에 대한 개별항목과의 추세관계를 나타내도록 하여 이들 관계와 추세를 파악함으로써 이용자들이 기업의 현재 또는 미래의 성과에 관한 판단을 하는데 보다 정확한 판단을 하게 할 수 있다.

제2절　재무분석의 전제조건

1. 분석자료(재무제표)에 대한 판단의 한계성

이는 회계자료의 판단상의 한계를 말하는 것으로서 분석자가 미리 이해해야할 전제조건이다. 즉, 재무제표는 기업의 실태를 계수적으로 집약표현한 것이므로 재무분석의 자료로서 가장 중요시되고 중심이 되기는 하나 재무제표에 중점을 두는 재무분석방법에는 어떤 한계가 있다는 것을 먼저 염두에 두어야 한다.

이에 대해서는 다음 두 가지 관점에서 인식하지 않으면 안된다. 하나는 "재무제표 자체가 갖는 성격과 한계에 의하여 제약된다"는 점이고 또 하나는 "회계숫자만에 의한 재무분석이 할 수 있는 능력과 한계"이다.

첫째, "재무제표는 관습적인 회계절차(accounting conventions)에 의하여 작성되는 것이므로 그 기업의 사정에 밝은 개인적 판단이 가해지게 된다"는 점이다. 이렇게 될 경우에는 기업의 실질적인 재무상태에 대한 정확한 자료를 얻지 못하게 되는 셈이 된다. 이와 같은 사실은 오직 일정한 관습적 회계절차의 범위 내에서만 행해진 결과에서 오는 폐단일 뿐만 아니라, 재무제표가 갖는 기본적인 성격에서 유래한 것이다.

둘째, "기업의 재무사정에는 중요한 관계를 가지면서도 재무제표에는 표시되지 않는 요소가 있으므로, 재무제표는 반드시 기업의 모든 재무사정을 명확히 해주지는 못하고 있다"는 것이다. 현재는 화폐가치로 측정할 수는 없으나, 장래 그것이 기업의 재정에 Plus 또는 Minus가 될 요소를 다분히 갖는 것이 있다. 이를 도

외시하고는 기업의 재무상태를 판단할 수가 없다.

셋째, "재무제표에 표시되고 있는 숫자에는 약간의 분식(粉飾; window-dressing)이 가미(加味)되어지는 일이 때때로 있다"는 것이다. 이는, 첫째의 문제인 「개인적 판단의 가미」에 포함되어 있을지도 모르나 여기서는 통상 인정하고 있는 회계관습을 넘어서 행하여지는 것을 지적하는 것이다. 물론 이는 기업회계의 원칙적인 입장에서 보면 있을 수 없는 일이다. 그러나 실제문제로서는 배당정책, 자본조달정책, 조세정책 또는 노동조합정책, 기타 경영유지상의 필요에서 행하여지는 경우가 많으며, 어느 정도까지는 필요악으로서 간과하지 않을 수 없는 것이 현실이다. 이와 같은 분식은 기업 외부자는 발견하기가 힘들며, 따라서 외부자에 의한 재무분석을 위한 중요자료로서 재무제표가 갖는 가치를 그만큼 저하시키는 결과가 된다.

넷째로, "화폐가치변동과 재무제표와의 관계"이다. 즉, 화폐가치가 변동했을 때 재무제표에 표시된 회계숫자를 그대로 비교분석한다면 정확한 판단을 할 수 없으므로, 이러한 화폐가치의 변동적 요소를 가능한 한 제거하는 것이 좋으며, 그러기 위하여 물가지수에 의한 가치수정이나 자산재평가와 같은 방법을 채용하는 경우가 많다.

2. 분석자료(회계자료)에 대한 통일성과 계속성

재무제표 자체의 한계성에 대한 이해와 고려로 분석자료의 진실성이 파악되었다 하더라도 그것이 통일성과 계속성을 가지지 않는다면 유효한 재무분석이 이루어질 수 없다. 더욱이, 오늘날 경영분석방법에서 비교(기간비교, 상호비교)의 방법이 가장 많이 사용되고 있음을 감안할 때, 분석자료의 통일성이 없이는 비교에 의한 기업경영의 양부(良否; good or bad)를 판단할 수 없게 된다. 그러므로 분석자료에 의한 통일성과 계속성을 각각 구체적으로 파악할 필요성이 생기게 된다. 분석자료의 통일성은 ① 모든 형식을 갖추는 형식적 통일과 ② 실질적 통일로 나누어 생각할 수 있다. 먼저, 형식적 통일이란 「용어의 통일화」, 「회계제도의 통일화」, 「회계기간의 통일화」를 말한다.

용어의 통일화는 사용용어의 동일내용화를 말하는 것으로서 기업상호비교를 위한 선결요건의 하나이다. 회계제도의 통일화는 계정조직의 통일화, 즉 계정과목, 계정분류, 배열 등의 표준화에 의한 표준형의 제정 등을 의미하며, 이의 통일이 없이는 상호비교는 불가능한 것이다. 회계기간의 통일화는 결산일의 통일을 의미하는 것으로서 기간비교(주로 동일기업의 기간비교)에서나 상호비교(타기업과의 비교)에 있어서 회계기간이 통일되지 않고서는 비교 불가능한 것이다.

다음으로, 실질적 통일이란 분석자료에 대한 평가원칙의 통일을 의미하는 것으로서 특히 재고자산과 비유동자산의 평가가 문제되므로 이에 대한 통일적인 평가기준을 정하여 이 기준에 의해 평가됨으로써 실질적으로 상호비교가 가능케 하는 것이다.

한편, 분석자료(주로 재무제표)의 계속성이란 전술한 분석자료의 통일뿐만 아니라 일단 정해서 종전에 채용해 오던 회계처리방법, 예컨대 자산평가방법, 원가계산, 감가상각, 기타 회계제도 등을 정당한 이유없이 변경해서는 안되며 계속해서 비교성이 유지되어야 한다는 요건을 말한다. 그 이유는 매년 동일한 방법을 채용하지 않을 때는 비교(상호비교나 기간비교)가 불가능하기 때문이다.

3. 기업 및 경제사정에 대한 지식의 필요성

현대기업은 규모가 커지고 복잡·다양해짐에 따라 각종 기업은 상이한 방법으로 회계숫자를 산출한다든가, 그 기업의 특성에 맞추어 경영을 하고 있으므로, 회계 기타 보고서류를 통한 기업의 실태를 파악하기 위해서는 그 기업의 특수사정이나 각종 산업부분의 실정에 대하여 깊은 이해와 충분한 자식이 있어야 한다. 그리고 한편으로는 국민경제·국제경제에 대한 정세에 대하여도 충분한 이해와 지식이 필요하다.

기업의 상태를 나타내는 재무계수도 국민경제나 국제경제의 테두리 안에서의 숫자의 표현에 불과하기 때문에, 그에 대한 영향의 배경인 경제정세를 무시하고 단지 재무계수만을 분석한다면, 진실한 기업활동에 대한 정확한 파악은 할 수 없을 것이다. 따라서 항상 재무분석의 결과를 전체경제와 관련해서 해석하고 이해하는 것이 중요하다.

4. 기타의 조건

앞에서와 같이, 몇 가지 적극적인 전제조건을 들어 보았으나 이외에도 비교성의 입장에서 여러 가지로 고려하여 조정 또는 제거하지 않으면 안전한 재무분석을 바랄 수 없게 되는 조건들이 많다.

그 중에 대표적인 몇 가지만 들어보면, 경영규모, 입지조건, 생산방법, 조업률 등이다. 경영규모는 기업의 규모를 말하는 것으로서 보통 대기업, 중소기업으로 분류된다. 따라서 동종기업을 비교하는데 있어서도 그 경영규모의 대소에 따라 기업의 재무구성이 달라지며 비용구성도 달라지게 되므로 두 기업을 그대로 비교해서는 안된다. 다시 말하면 규모가 크고 자기자본이 많은 회사와 규모가 적고 막대한 타인자본으로 이자지급액이 많은 회사가 있을 때 두 회사를 어떠한 조정 없이 단순하게 비교할 수는 없는 것이다.

한편, 입지조건은 여러 가지 경제성이 고려되는 것이므로 입지조건이 서로 다르면 우선 구매 및 판매에 따른 운임, 하역비 등이 크게 달라질 것이다. 예를 들면 대도시와 농촌에서의 지급임금 또는 세금·공과 등은 많이 다르므로 어떠한 고려없이 단순하게만 비교할 수 없다는 것이다.

또한 생산방법에 있어서도 생산방법이 동일하지 않을 경우에는 비교관찰하기가 곤란하다. 생산방법이 동일하지 않다면 역시 재무구성·비용구성 등도 달라지므로, 이러한 점에 대한 고려없이 단순하게 재무분석을 할 수는 없다.

그리고 조업률에 있어서도 조업률이 서로 다르면 총비용 중에서 고정비의 비중이 달라지므로, 조업률의 변경에 의한 비교장해를 고려하지 않고 단순하게 재무비교를 할 수는 없는 것이다.

이상에서와 같이, 재무분석을 하는 데는 여러 가지 전제조건이 구비되어야 한다. 그러나 실제로는 외부분석자가 그처럼 많은 조건들을 일일이 조정제거하기란 거의 불가능하다. 이러한 점에서 재무분석의 한계문제가 존재하게 되는 것이다.

제 3 절 재무분석의 한계

재무분석은 재무제표나 기타 자료를 분석하여 기업의 재무상태와 경영활동성과의 양부를 판단하는 방법이므로, 이들 분석자료는 어디까지나 재무제표나 기타 부속자료가 중심이 되고 있어 이들 자료에만 한정되어 있다. 그러므로 분석결과에도 필수적인 한계가 존재하게 된다.

이러한 재무분석의 한계는 다음과 같이 인위적 한계(또는 기술적 한계)와 본질적 한계로 구분해 볼 수 있다.

1. 인위적인 한계

인위적인 한계란 재무분석의 기본요소인 재무제표의 계수가 선의이든 악의이든 실제이익보다 많이 계상하는 분식(粉飾, makeup, embellishment)이나, 또는 반대로 실제이익보다 적게 계상하는 역분식 등의 경우를 말한다. 따라서 재무제표가 회사의 재무상태 및 경영성과를 100% 정확하게 표시하고 있지 않다는 것이 재무분석의 한계이다.

2. 본질적인 한계

재무분석자료의 중심이 재무제표와 기타 부속자료에 한정되어 있으므로 재무분석의 대상은 쉽게 말해서 회계숫자이며, 회계숫자는 자산·자본의 변동을 화폐가치로써 계산·표시한 것이다. 그러나 재무분석의 대상에는 기업경영성과에 영향을 주는 요소라 하더라도 화폐가치로 표시하기 힘든 것들이 있다. 즉, 기업의 신용, 설비의 우열, 경영자의 성격과 능력, 종업원의 기술과 사기, 더 나아가서는 경영조직, 인사관리 등은 기업경영에 직접 영향을 미치고 있으나 이들을 계수로 정확하게 표시하기란 불가능하다. 그러므로 회계숫자를 자료로 하는 재무분석이란 결국 종합적 판단이 되지 못하고 부분적 관찰에 불과하다는 결론이 나온다. 이러한 점에서 재무분석은 본질적인 한계성을 가진다.

이상에서와 같이 재무분석에는 인위적(기술적) 또는 본질적 한계가 있으나 이것 때문에 재무분석의 의의가 없어지는 것은 결코 아니며 그것은 어디까지나 이론에 근거를 둔 과학적 방법임에는 틀림이 없으므로 이러한 한계를 최소한으로 줄이는 일이 재무분석의 성과와 목적을 달성하는 길이 될 것이다.

제 4 절 재무분석방법의 분류와 체계

재무분석의 방법을 크게 분류하면 먼저 비율법(ratio method)과 실수법(real figure method)으로 대별된다.

비율법이란 재무제표상의 두 가지 항목의 계수를 백분율로 산출하여 분석 판단하는 방법이며, 실수법은 기업계수를 실수 그대로 분석하고 판단하는 방법이다. 그리고 비율법은 전체에 대한 부분의 비중을 검토하는 구성비율법(component ratio method)과 한 부분과 다른 한 부분의 비중을 비율로서 검토하는 관계비율법(salient ratio method), 추세비율법(trend ratio method) 등으로 구분되며, 다시 이 관계비율은 어떻게 이용하는가에 따라 표준비율법(standard ratio method), 지수법(index method) 등으로 구분된다.

또한 이외에도 원가분석, 생산성분석, 기타 관련정보 등을 분석하여 재무분석을 더욱 충분한 자료분석으로 보충해 나간다. 오늘날의 재무분석은 비율분석(비율법)이 많이 이용되고 있다.

여기에서는 비율법과 손익분기점법 및 예산관리 등을 중심으로 간단한 방법을 설명하기로 한다.

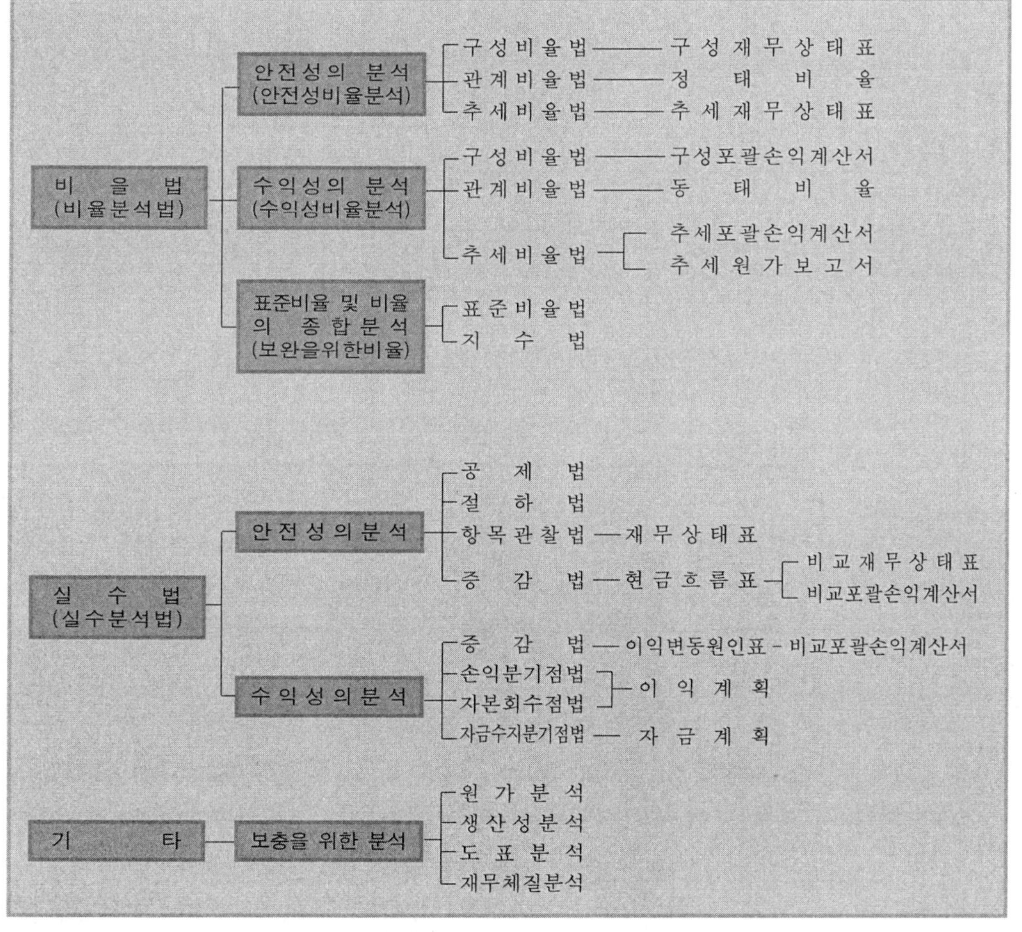

제 5 절   백분비재무제표 분석

1. 수평적 분석

수평적 분석(horizontal analysis)은 추세분석(trend analysis)이라고도 하며, 두 개이상의 회계기간에 대해 재무제표의 계정·금액을 비교하는 것으로, 이 방법은 기업의 영업활동의 변동을 파악하는 데 유용하다.

수평적 분석에는 두 가지 유형이 있다. 각 항목을 기준기간금액의 백분율로 나타내는 방법과 다른 하나는 각 항목을 직전기간금액의 백분율로 나타내는 방법이다.

<표 18-1>

기준기간 수평적 분석

(주) 서울 (금액단위:₩1,000)

	20 × 4		20 × 5		20 × 6	
	금 액	백분율	금 액	백분율	금 액	백분율
순 매 출 액	₩100,000	100%	₩120,000	120%	₩132,000	132.0%
차감 : 매출원가	(60,000)	100	(75,000)	125.0	(81,000)	135.0
매 출 총 이 익	40,000	100	45,000	112.5	51,000	127.5
차감 : 영업비용	(20,000)	100	(24,000)	120.0	(29,000)	145.0
차감 : 법 인 세	(8,000)	100	(9,000)	112.5	(10,000)	125.0
당 기 순 이 익	₩12,000	100	₩12,000	100.0	₩12,000	100.0

<표 18-1>에서 기준연도가 20×4년인 것에 유의해야 한다. 다음해의 모든 직선(line) 금액은 기준연도의 금액과 비교가 된다. 예를 들면 20×6년 매출액은 20×4년 매출액의 백분율로 나타난다. 각각의 그 이후 금액을 기준연도와 비교함으로써 그 추세(trend)를 알 수 있다.

위의 자료를 보면 매출액이 3년에 걸쳐 32% 증가하였다는 것을 볼 수 있다. 매출액이 크게 증가하였기 때문에 많은 사람들은 순이익도 또한 그에 상당하게 증가하였을 것이라고 기대할 것이다. 그러나 위의 백분율분석(percentage analysis)을 보면 순이익이 기준연도와 변화가 없다는 것을 알 수 있다. 비용과 세금이 역시 증가하였기 때문에 순이익은 균등하게 남아있다.

즉, 매출원가(cost of goods sold)가 35%, 영업비용이 45%, 그리고 세금이 25% 증가하였다. 백분율분석의 결과로써 기업의 경영자는 원가 및 영업비관리에 좀더 주의를 기울여야 할 것이다.

<표 18-2>

전년도 수평적 분석

(주) 서울   (금액단위:₩1,000)

	20×4		20×5		20×6	
	금 액	백분율	금 액	백분율	금 액	백분율
순 매 출 액	₩100,000	100%	₩120,000	120.0%	₩132,000	110.0%
차감 : 매출원가	(60,000)	100	(75,000)	125.0	(81,000)	108.0
매 출 총 이 익	40,000	100	45,000	12.5	51,000	113.3
차감 : 영업비용	(20,000)	100	(24,000)	120.0	(29,000)	120.8
차감 : 법 인 세	(8,000)	100	(9,000)	112.5	(10,000)	111.1
당 기 순 이 익	₩12,000	100	₩12,000	100.0	₩12,000	100.0

위 <표 18-2>는 매년기준(year to year basis)에 따라 직전연도와 비교하여 백분율이 변하는 것을 나타낸다. 이 접근방법은 재무제표 이용자에게 각 항목의 변화 비율을 평가하게 함으로써 보다 정확한 의사결정을 할 수 있게 한다.

예를 들면, 서울주식회사에 대한 위의 분석은 매출액이 20×4년부터 20×5년 까지 20% 만큼 증가하였다는 것을 나타낸다. 그러나 증가율은 다음해에 10%로 상당히 감소되고 있다. 왜 증가율이 감소되었는가를 발견하여 분석을 하는 것도 이해관계자에게 의사결정을 하는 데 있어 중요한 단서를 제공할 수 있다.

2. 수직적 분석

수평적 분석은 여러 기간에 걸친 각 항목간의 관계에 관한 것이지만, 수직적 분석(vertical analysis)은 구성비분석(component percentage analysis)이라고도 하며, 특정기간에 있어서의 각 항목간의 관계에 관한 분석을 말한다.

포괄손익계산서에 있는 각 항목은 일반적으로 순매출액(net sales)의 백분율로 나타내고, 재무상태표에 있는 각 항목은 흔히 총자산(total assets)의 백분율로 나타낸다.

<표 18-3>은 <표 18-1>과 <표 18-2>에서 사용된 예를 가지고 수직적 분석을

한 것이다.

<표 18-3>

매출액기준을 사용한 수직적 분석

(주) 서울   (금액단위:₩1,000)

	20×4		20×5		20×6	
	금 액	백분율	금 액	백분율	금 액	백분율
순 매 출 액	₩100,000	100%	₩120,000	100%	₩132,000	100%
차감 : 매출원가	(60,000)	60.0	(75,000)	62.5	(81,000)	61.4
매 출 총 이 익	40,000	40.0	45,000	37.5	51,000	38.6
차감 : 영업비용	(20,000)	20.0	(24,000)	20.0	(29,000)	21.9
차감 : 법 인 세	(8,000)	8.0	(9,000)	7.5	(10,000)	7.6
순 이 익	₩12,000	12.0	₩12,000	10.0	₩12,000	9.1

   비록 수직적 분석의 주요목적이 기업재무제표의 구성요소관계를 강조하는 것이지만 경과연도에 따른 이들 관계의 변화는 유용한 정보가 될 수 있다. 예를 들면 <표 18-1>과 <표 18-2>는 시간에 대한 영업비의 큰 증가를 나타낼지라도 <표 18-3>은 이들 비용의 상대적인 금액이 실제로 매우 작다는 것을 나타낸다. 20×4년의 영업비용은 매출액의 20%를 나타내는 반면에 20×6년에는 매출액의 21.9%를 나타낼 뿐이다. 즉 매출액에 대한 영업비용의 증가는 순이익의 감소를 가져왔다고 판단하게 된다.

제 6 절 비 율 분 석

   비율분석(ratio analysis)은 재무제표분석의 중요한 기법의 하나이다. 비율은 한 계정 또는 각 항목의 금액을 다른 것으로 나눔으로써 계산되는 분수 또는 백분율이다. 즉, 재무제표상의 숫자로서 여러 가지 비율을 산정하여 기업의 재무구조나 기업의 경영성과의 양부를 판단하는 기법이다. 이 방법은 비율법(ratio method)이라고도 하며 재무제표 분석에서 가장 많이 사용되는 기법이다.

   비율은 세 가지 일반적인 범주 중에서 하나로 분류된다. 즉 유동성, 레버리지 그리고 수익성이다. 유동성비율(liquidity ratios)은 기업이 유동부채를 해결할 수

있는 능력을 측정한다. 레버리지비율(leverage ratios)은 기업이 장기와 단기부채를
해결할 수 있는 능력을 측정하는데 사용된다. 이들 비율들은 기업의 채권자에게
그들의 의사결정에 적합한 정보를 제공한다. 수익성비율(profitability ratios)은 기
업이 이익을 창출할 수 있는 능력을 측정한다. 이 비율은 투자자, 경영자, 채권자
가 투자자금이 효율적으로 사용되는 정도를 평가할 수 있도록 한다.

　성장성비율(growth ratios)과 활동성비율(activity ratios)은 기업의 성장성과 활동
성을 측정하는 비율로서 이 비율들은 투자자, 경영자, 채권자가 기업의 활동능력
과 성장성을 평가할 수 있는 지표로서 활용된다.

<표 18-4>

포 괄 손 익 계 산 서

20 × 6. 1/1 ～ 12/31

(주) 서울　　　　　　　　　　　　　　　　　　　　　　　(금액단위:￦1,000)

순　매　출　액	50,000	100.0%
차감: 매 출 원 가	(35,000)	(70.0)
매　출　총　이　익	15,000	30.0
차감: 영　업　비	(10,000)	(20.0)
영　업　이　익	5,000	10.0
차감: 이 자 비 용	(400)	(0.8)
법인세비용차감전순이익	4,600	9.2
차감: 법 인 세 (5 0 %)	(2,300)	(4.6)
당　기　순　이　익	2,300	4.6%

<표 18-5>

이익잉여금처분계산서(안)

20 × 6. 12/31

(주) 서울　　　　　　　　　　　　　　　　　　　　　　　(금액단위:￦1,000)

전 기 이 월 이 익 잉 여 금	1,000
당　기　순　이　익	2,300
합　　　　　계	3,300
차감: 이 익 준 비 금	(300)
임 의 적 립 금	(500)
보 통 주 배 당	(1,000)
기　말　잔　액	1,500

<표 18-6>

비 교 재 무 상 태 표

(주) 서울   (금액단위:₩1,000)

자 산	20×6	20×5	부 채	20×6	20×5
유 동 자 산			유 동 부 채		
현 금	1,600	2,500	매 입 채 무	9,200	8,000
단기투자증권	1,600	2,000	미 지 급 금	400	800
매 출 채 권	8,000	10,000	단 기 차 입 금	400	400
재 고 자 산	10,000	3,000	미 지 급 비 용	2,000	1,876
기 타	800	1,500	유 동 부 채 합 계	12,000	11,076
유동자산합계	22,000	19,000			
			비 유 동 부 채		
비 유 동 자 산			장 기 차 입 금	3,700	3,800
토 지	4,000	6,000	사 채 (10%)	5,000	5,000
건물과비품(순액)	6,000	5,000	부 채 합 계	20,700	19,876
비유동자산합계	10,000	11,000	자 본		
			자 본 금		
			보통주(@₩5)	5,000	5,000
			자 본 잉 여 금	2,800	2,800
			이 익 잉 여 금	3,500	2,324
			자 본 합 계	11,300	10,124
자 산 합 계	32,000	30,000	부채와 자본합계	32,000	30,000

1. 유동성비율(liquidity ratio)

유동성비율은 기업의 단기채무 지불능력을 평가하는데 사용된다. 만일 기업이 현행 채무를 지불할 단기재력을 갖고 있지 않는다면 장기채무를 지불하는데 어려움을 가질 것이다. 따라서 기업의 단기재력을 평가하는 것은 재무분석에 있어서 좋은 출발점이다. 여기서는 가장 일반적인 비율에 대해서만 설명하겠다.

(1) 유동비율(current ratio)

유동비율은 유동자산을 유동부채로 나눔으로써 계산된다.

유동부채는 보통 1년 이내인 영업주기내에 지불되어야 하고 유동자산은 영업주기내에 현금으로 전환될 수 있기 때문에 유동비율은 단기채무를 지불할 수 있는 기업능력의 직접적인 척도를 제공한다. 서울주식회사의 20×6년의 유동비율은 <표 18-6>으로부터의 자료를 이용하여 계산하면 된다.

$$\begin{aligned} 유동비율 &= 유동자산\ /\ 유동부채 \\ &= (22,000,000\ /\ 12,000,000) \times 100 \\ &= 183\% \end{aligned}$$

서울주식회사의 유동비율은 해석하기 위해서는 추가적인 정보가 필요하다. 183%의 비율이 좋은 또는 나쁜 부채지불능력의 신호를 보내는 것인가? 서울주식회사가 속해 있는 유리제품산업에 대한 상한 4분위수(upper quartile), 중앙치(median), 하한 4분위수(lower quartile)가 각각 220%, 170% 그리고 130%라고 가정하면, ㈜서울의 유동비율 183%는 그 산업에 대한 중간값 비율, 즉 170%보다 높으므로 위 회사가 유동성에 문제를 가지고 있지 않다는 것을 암시한다.

⑵ 당좌 또는 산성시험비율(quick or acid test ratio)

많은 기업에서 총유동자산의 50% 또는 그 이상을 차지하는 재고자산은 현금화하기에 앞서 판매과정을 거쳐야 하므로 당좌자산에 비해 유동성이 적다. 더욱이 재고자산은 질적인 가치절하의 우려성은 물론 그 평가가 기업 자체에 의해 주관적으로 행하여지기 때문에 정확성이 결여될 가능성이 있다. 그러므로 이러한 유동자산 중 용이하게 현금화할 수 있는 당좌자산만으로 단기채무에 충당할 수 있는 정도를 측정하기 위해 기업의 직접적인 지급능력을 나타내는 당좌비율을 산출함으로써 기업의 유동성분석에 보조적으로 사용하고 있다.

$$\begin{aligned} 당좌비율 &= (현금 + 단기투자증권 + 수취채권)\ /\ 유동부채 \\ &= (1,600,000\ +\ 1,600,000\ +\ 8,000,000)\ /\ 12,000,000 \\ &= 93.3\% \end{aligned}$$

일반적으로 유동비율이 200%를 넘고 동시에 당좌비율이 100%를 상회하면 유동성이 양호하다고 볼 수 있다.

⑶ 매출채권회전율(receivable turnover ratio)

(주)서울의 유동성문제는 그 회사의 수취채권의 유동성을 검토함으로써 더욱 깊이 파악될 수 있다.

매출채권(받을어음 + 외상매출금)의 현금화속도를 측정하는 비율로서 이 비율은 일정한 표준비율은 없으나 일반적으로 높으면 매출채권의 현금화속도가 빠르다는 것을 표시한다. 이 비율은 유동비율이나 당좌비율이 과거의 기업유동성 측정에 사용되는 것과는 달리 주로 미래의 기업유동성 예측에 이용되고 있다.

$$매출채권회전율 = 매출액 \;/\; (받을어음 + 외상매출금)$$
$$= 50,000,000 \;/\; 8,000,000$$
$$= 연 \; 6.25회$$

유리제품에 대하여 20×6년 상한 4분위수, 중앙치, 하한 4분위수 회전율이 각각 11, 7.5, 5.3 이라고 가정하면 ㈜서울의 매출채권회전율은 하한 4분위수에 놓인다. 이와 같은 낮은 회전율은 그 기업의 경영자가 수취채권을 현금으로 전환시키도록 신용판매와 회수정책을 수정할 필요성을 제시해준다.

(4) 재고자산회전율(inventory turnover ratio)

연간 매출원가를 평균재고자산으로 나눈 것으로서 기업의 재고자산의 회전속도, 즉 재고자산이 당좌자산으로 변화하는 속도를 나타낸다. 재고자산의 과부족을 판단하는데 가장 적합한 지표로서 일정한 표준비율은 없으나 일반적으로 이 비율이 높을수록 ① 자본수익률이 높아지고, ② 매입채무가 감소되며, ③ 상품의 재고손실을 막을 수 있고 ④ 보관료·보험료를 절약할 수 있어 기업측에 유리하다. 그러나 과도하게 높은 경우는 원재료, 상품 등의 부족으로 계속적인 생산·판매활동에 지장을 초래하게 되는 경우도 있다.

$$재고자산회전율 = 매출원가 \;/\; 재고자산$$
$$= 35,000,000 \;/\; 6,500,000$$
$$= 연 \; 5.38회$$

20×6년 유리제품산업에 대한 상한 4분위수, 중앙치, 하한 4분위수 회전숫자가 각각 5.7, 7.9, 9.5라고 가정하면 동 회사의 낮은 재고자산회전율은 재고자산이 너무 과대하거나 매출이 활발하지 못하다는 신호(signal)가 될 수 있다. 재고자산정책과 판매활동에 대한 보다 많은 주의가 필요하다 하겠다.

2. 안전성비율(safety ratio)

이 분석은 기업이 내적으로 단기적 지급능력을 갖추고 있음은 물론 장기적으로 경기변동이나 시장여건변화 등 외적인 경제여건변화에 대응할 수 있는 능력을 가지고 있는가를 측정하기 위한 것이다. 안전성비율은 레버리지비율(leverage measures)이라고도 하며 주주들에 의해 조달된 자기자본과 채권자들로부터 조달된 타인자본간의 구성비를 나타내는 것으로 기업의 부채의존도를 나타내는 비율이다.

기업은 부채에 대해서 만일 그 약정지급일에 원금 및 이자를 지급하지 못하면 지급불능사태, 더 나아가서는 파산선고를 받는 수가 있는데 안전성비율은 이러한 사태를 미리 발견할 수 있도록 신호해 주는 역할을 하기 때문에 장기지급능력비율(long term solvency ratio)이라고도 한다.

(1) 부채비율(debt equity ratio)

타인자본과 자기자본의 관계를 나타내는 비율이며 일반적으로 100% 이하를 표준비율로 보고 있다. 그러나 이 표준은 채권자측의 채권회수의 안전성만을 고려한 것으로 기업측면에서는 단기적 채무변제의 압박을 받지 않는 한 자본수익률이 이자율을 상회하기만 하면 타인자본의 조달을 계속해도 무방하다.

$$
\begin{aligned}
부채비율 &= 총부채 \;/\; 총자산 \\
&= (20,700,000 \;/\; 32,000,000) \times 100 \\
&= 65\%
\end{aligned}
$$

(주)서울의 부채비율은 자산의 65%가 채권자에 의해서 조달된 것을 나타낸다. 20×6년 상한 4분위수, 중앙치, 하한 4분위수가 각각 47%, 55% 그리고 69%라 할 때, 위 회사는 상한 4분위수인 69%에 가깝다. 이는 동 회사가 여전히 추가적 신용을 사용할 수 있다는 것을 나타내는 것이다.

또한 부채비율을 다음과 같이 계산하여 사용하기도 한다.

$$
\begin{aligned}
부채비율 &= 총부채 \;/\; 자기자본 \\
&= (20,700,000 \;/\; 11,300,000) \times 100 \\
&= 183\%
\end{aligned}
$$

이때 부채비율은 일반적으로 200% 이내 이어야 하며, 200%를 초과하게 되면 지급능력에 문제가 있는 것으로 판단된다.

(2) 비유동비율·비유동장기적합율
(non-current ratio, ratio of non-current assets to net worth and non-current liabilities)

장기적으로 기업의 지급능력을 알기 위해서는 자기자본이 어느 정도 비유동자산에 투입되어 있는가를 알 필요가 있다. 그러기 위하여 비유동비율을 분석하게 된다.

$$비유동비율 = \frac{비유동자산}{자기자본} \times 100\%$$

$$= \frac{10,000,000}{11,300,000} \times 100\%$$

$$= 88\%$$

비유동비율이 100% 이하가 되면 비유동자산은 자기자본으로 충당한 것이 되며, 잔여분은 운전자본으로 활용되어 지급능력을 강화하는 데 기여하고 있음을 의미한다. 반대로 이 비율이 100% 이상이라고 하면 자기자본만으로서는 비유동자산을 조달할 수 없어 부족분은 타인자본에 의하여 충당하였음을 의미한다. 그러므로 이때는 비유동자산이 과다하여 지급능력을 저하시킬 위험성이 있다. 그러나 부채가 장기의 저리에 의한 것이라고 하면 운전자본의 부족에 의한 경영상의 곤란한 문제는 어느 정도 피할 수 있기 때문에 비유동비율과 아울러 다음의 비유동장기적합률을 산출하여 보는 것이 좋다.

$$비유동장기적합률 = \frac{비유동자산}{자기자본+비유동부채} \times 100\%$$

$$= \frac{10,000,000}{11,300,000+8,700,000} \times 100\%$$

$$= 50\%$$

비유동장기적합률이 100% 이상이 된다고 하면 재무상태와 자산운용구조는 좋지 아니한 것으로 판단할 수 있다.

3. 수익성비율(profitability ratio)

투자자들은 배당금과 그들 소유주식의 시세차익에 주된 관심이 있다. 배당금과 주식가격차익 모두는 기업에 의해서 창출되는 이익과 깊은 관련이 있다. 또한 기업의 수익창출능력은 기업의 유동성과도 깊은 관계가 있기 때문에 채권자들이 항상 관심을 가지고 있다. 아울러 기업경영자의 보수, 보너스, 명예 등은 기업의 보고이익과 연결되어 있다.

그러므로 일정한 기간에 있어서의 기업활동의 최종적인 성과, 즉 손익의 상태를 측정하고 그 성과의 원인을 분석·검토하는 수익성분석을 행함으로써 재무제표의 내부 및 외부이용자들은 보다 합리적인 의사결정을 할 수 있다. 수익성비율을 산정하는데 사용하는 자본은 기초와 기말잔액의 평균치가 된다.

(1) 매출액순이익율(profit margin ratio, ratio of net profit to sales)

매출액에 대한 순이익의 비율로서 당기의 순이익이 매출액에 비하여 얼마만한 비중을 차지하고 있는가를 나타내는 비율이다. 일반적으로 매출액이익률이 높으면 높을수록 좋다고 볼 수 있으나 이 비율은 기업의 이익창출과정에 사용되어진 자산의 활용에 대한 정보를 제공해 주지 못한다는 단점이 있다.

$$\text{매출액순이익률} = \text{순이익} / \text{매출액}$$
$$= 2,300,000 / 50,000,000$$
$$= 4.6\%$$

(2) 총자본영업이익율(ratio of operating profit to total capital)

총자본에 대한 영업이익의 비율을 말하며, 이 비율은 기업이 영업이익을 창출하기 위하여 자산이 얼마나 효율적으로 사용되었는가, 그리고 기업의 배당능력을 판단하기 위한 기초자료로써 중요시되며 투자자들이 그들의 의사결정을 하는데 널리 이용되고 있는 지표이다.

$$\text{총자본영업이익률} = \text{영업이익} / \text{평균총자산 또는 총자본}$$
$$= 5,000,000 / 31,000,000$$
$$= 16.1\%$$

동일한 산업에 대하여 ㈜서울의 16.1%인 총자본영업이익률은 하한 4분위수와 중앙치 사이의 약 절반이라 할 때 이는 위 회사의 경영자가 회사자산을 좀더 효율적으로 사용할 필요가 있다는 것을 암시한다.

(3) 자기자본영업이익률(ratio of operating profit to net worth)

이것은 자기자본에 대한 영업이익의 비율을 말하며, 기업이 영업이익을 창출하기 위하여 자기자본(자산－부채)을 얼마나 효율적으로 사용하였는가, 그리고 기업의 배당능력은 어느 정도인가를 판단하기 위한 기초자료로서 활용된다.

$$\text{자기자본영업이익률} = \frac{\text{영업이익}}{\text{자기자본}}$$
$$= \frac{5,000,000}{10,712,000}$$
$$= 46.7\%$$

(4) 자기자본순이익률(ratio of net profit to net worth or return on equity : ROE)

이것은 자기자본에 대한 순이익의 비율을 말하며, 기업이 순이익을 창출하기 위하여 자기자본이 얼마나 효율적으로 사용되었는가? 그리고 기업의 배당능력은 어떠한가? 등을 판단하기 위한 기초자료로 중요시된다.

$$\text{자기자본순이익률} = \frac{\text{순 이 익}}{\text{자기자본}}$$
$$= 2,300,000 / 10,712,000$$
$$= 21.5\%$$

(5) 기본주당순이익(earning per share : EPS)

기본주당이익은 주식을 평가할 때 가장 기본이 되는 자료로서, 발행주식 1주당 순이익이 얼마인가를 나타내는 수치이다. 일반적으로 기본주당순이익이 클수록 그 기업의 주식가격은 높게 된다.

$$기본주당순이익 = 순이익 / 보통주식수$$
$$= 2,300,000 / 1,000$$
$$= 2,300$$

(6) 주가수익비율(price-earnings ratio : PER)

주가수익비율은 많은 투자자들에게 주가의 중요한 척도로 고려된다. 만일 투자자들이 회사에 대해 좋은 성장기대를 가질 때는 주가수익비율이 높아야 하고, 만일 투자자들이 그 기업이 성장하리라는 그들의 기대에 비해 현 주가수익비율이 낮다고 판단한다면 주식의 시장가격은 올라갈 가능성이 크다. 주가수익비율은 주당시가를 주당이익으로 나누어 계산한다.

$$주가수익비율 = 주당시가 / 주당이익(주당시가는 ₩15,000로 간주)$$
$$= 15,000 / 2,300$$
$$= 6.52$$

(7) 배당수익성(dividend yield)과 배당성향(dividend payout ratio)

배당수익률은 주식투자자가 주식투자로부터 얻은 수익의 일부를 나타내는 지표로서 보통주당 배당액을 보통주당 시장가격으로 나눔으로써 계산한다.

$$배당수익률 = 주당배당금 / 주당시가$$
$$= 1,000 / 15,000$$
$$= 6.7\%$$

주당배당금 ₩1,000은 배당금 ₩1,000,000을 1,000주로 나눈 것이다.

배당성향은 기업이 법인세 등의 세금공제 후 당기순이익으로 어느 정도 배당을 실시하였는가를 나타내는 지표로 사외배분율(pay-out ratio)이라고도 한다. 가격상승으로 인한 이익 대신에 정기적인 현금지불액을 선호하는 투자자들은 높은 배당성향을 가진 회사에 투자하기를 원할 것이지만 그 반대의 경우에는 투자자들은 일반적으로 낮은 배당성향을 선호할 것이다.

$$배당성향 = 1,000,000 / 2,300,000$$
$$= 43.5\%$$

배당성향에 대한 산업평균이 가령 62%라 한다면 이는 ㈜서울이 같은 산업체에 있는 기업과 관련하여 낮은 배당성향을 가지고 있는 것을 나타낸다.

4. 활동성비율(activity ratio)

투자자들은 기업의 경영활동상황에도 매우 많은 관심을 가지고 있다. 기업 경영활동의 활동성을 측정하기 위한 자료로서는 다음과 같은 비율을 많이 활용하며, 직전기와 비교 검토하게 된다.

구 분	산 식
총 자 본 회 전 율	$\dfrac{순매출액}{총 자 본}$
매 출 채 권 회 전 율	$\dfrac{순매출액}{매출채권}$
재 고 자 산 회 전 율	$\dfrac{매출원가}{재고자산}$
비 유 동 자 산 회 전 율	$\dfrac{순매출액}{비유동자산}$

위 산식에서 자산과 자본은 기초와 기말잔액의 평균치이며 자본은 당기순손익이 가감된 것으로 사용된다.

5. 성장성비율(growth ratio)

투자자들은 기업의 안전성·수익성 및 활동성비율 등에 관심을 가질 뿐만 아니라 기업의 성장성에도 또한 많은 관심을 갖는다. 기업의 성장성을 판단하고 또한 예측하기 위해서는 다음과 같은 비율을 많이 사용한다.

과거 수년간의 이러한 비율들을 비교·분석함으로써 보다 효율적인 판단자료로서 기업경영에 활용하게 된다.

구 분	산 식
매 출 액 증 가 율	$\dfrac{\text{당기매출액}}{\text{전기매출액}} \times 100 - 100$
총 자 산 증 가 율	$\dfrac{\text{당기총자산}}{\text{전기총자산}} \times 100 - 100$
영 업 이 익 증 가 율	$\dfrac{\text{당기영업이익}}{\text{전기영업이익}} \times 100 - 100$
당 기 순 이 익 증 가 율	$\dfrac{\text{당기순이익}}{\text{전기순이익}} \times 100 - 100$

6. 비교표준

산출된 비율 그 자체로서는 기업의 경영성과 및 재무상태를 파악할 수 없다. 그러므로 의미있는 분석을 하기 위해서는 산출된 비율을 표준비율과 비교해 보아야 한다. 재무제표를 이용하는 경영자·이해관계자는 산출된 비율과 표준비율을 상호비교해 봄으로써 기업의 재무상태 및 경영성과에 대하여 좀더 정확한 평가를 할 수 있게 된다.

표준비율로서는 한국은행과 같은 금융기관에서 발표하고 있는 동종기업의 비율이나 또는 과거의 경험에 따라 비교기준을 설정한 경험적 비율 등이 있다. 표준비율은 보통 다음과 같은 방법에 따라 구하게 된다.

(1) 산술평균법

산술평균법은 동종의 다수기업의 수치를 평균하여 표준비율을 구하는 방법으로서 이에는 비율평균법과 기초숫자평균법의 두 가지 방법이 있다.

비율평균법은 각 기업에 대한 비율을 구하고 이들 각 기업의 비율을 평균하여 표준비율을 구하는 방법이다. 예를 들어 A, B, C, D, E 등 5개 기업의 유동비율을 구한 결과 다음 <표 18-7>과 같을 경우 유동비율의 표준비율을 구하면 다음과 같다.

<표 18-7>

회 사 명	유동자산	유동부채	유동비율
A 회 사	₩1,200,000	₩500,000	240%
B 회 사	2,000,000	800,000	250
C 회 사	3,000,000	1,500,000	200
D 회 사	5,000,000	1,800,000	277
E 회 사	4,500,000	2,500,000	180
계	₩15,700,000	₩7,100,000	

표준비율 = (240% + 250% + 200% + 277% + 180%) / 5

= 229.4%

기초숫자평균법은 각 기업의 회계자료 중에서 비율에 관계가 되는 항목의 숫자를 집계하여 그 비율을 구하여 표준비율로 하는 비율이다.

표준비율 = 15,700,000 / 7,100,000 = 221%

예를 들어 5개 회사에 위와 같은 유동자산과 유동부채가 있을 경우 유동비율의 표준비율은 221%가 된다.

(2) 병수법

병수법(竝數法)은 동종의 다수기업에 대해서 비율을 구하고 각 기업의 비율 중에서 어느 비율이 가장 많으며 가장 보통의 비율이 무엇인가를 알아내어 이것을 표준비율로 하는 것이다. 예를 들면, 동종의 기업이 25개 회사이고 그의 유동비율이 다음과 같다고 하면 가장 많은 것이 210%이므로 이 210%를 표준비율로 하는 것이다.

210% - 1회사   180% - 2회사   200% - 6회사   210% - 9회사

(3) 중위수법

이것은 다수기업으로부터 동종비율을 구하여 각 기업의 비율을 대소의 순위에 따라 나열하고 그 숫자 중에서 중앙의 수치를 표준비율로 하는 방법이다. 예를 들어 5개 회사의 유동비율이 각각 위의 표와 같을 경우 그 중위수인 A 회사의 240%가 표준비율이 된다.

⑷ 지수법

표준비율을 판단기준으로 하여 기업의 개개 실제비율의 양부를 판단할 수 있음은 앞에서 본 바와 같다.

그러나 어떤 하나의 실제비율은 표준비율보다 좋으나 다른 비율은 불량하다고 할 경우에 그 경영내용에 대한 종합적 판단을 내린다는 것은 아주 어려운 일이다.

이와 같은 경우에 종합적인 판단을 하기 위해서 월(A. Wall)의 지수법(index method)을 많이 사용한다. 지수법에 의한 분석은 다음과 같은 순서로 하게 된다.

① 분석목적에 따라 중요한 비율을 선정하고 각각에 상대적인 중요도(weight)를 부여한다. 이 중요도의 합계는 항상 100으로 한다. 예를 들면, 기업의 건전성을 판단하려고 할 때 이와 관계가 깊은 비율로서 ㉠ 유동비율 ㉡ 부채비율 ㉢ 비유동비율 ㉣ 매출채권회전율 ㉤ 재고자산회전율 ㉥ 유동부채회전율 등이 중요하므로 이 중요한 비율에 대해서 중요도가 100이 되도록 각각의 비율에 중요도를 둔다. 예를 들면 유동비율을 25, 부채비율을 20, 매출채권회전율, 재고자산회전율, 유동부채회전율을 각각 15, 그리고 비유동비율을 10, 합계 100으로 한다.

② 각 비율에 대해서 표준비율을 구하고 실제비율을 표준비율에 대한 백분비로 표시하는 관계비율을 산출한다.

③ 이 관계비율에 그의 중요도를 곱하여 각 비율의 평점을 구하고 이 평점을 합계하여 기업의 종합평점을 산출하게 된다. 그리하여 이 종합평점이 꼭 100점이 되었다고 하면 그 기업의 표준에 일치하고 100 이상이 되었다고 하면 그 기업은 표준이상이 된다.

따라서 위 서울주식회사의 경우는 평점합계가 다음 <표 18-8>과 같이 120점이 되므로 양호한 것으로 평가된다.

그러나 이 지수법에서 문제가 되는 것은 각 비율의 중요도를 어떻게 부여하느냐 하는 것이다. 각 비율이 가지는 중요성은 간단히 측정할 수는 없는 문제이므로 제비율 상호간의 관계를 고려하여 결정하여야 한다.

<표 18-8>

비 율	중요도 (A)	표준비율 (B)	실제비율 (C)	관계비율 (D=C/B)	평 점 (E=AD)
유 동 비 율	25%	200%	183%	92%	23%
부 채 비 율	20	110	200	182	36
매 출 채 권 회 전 율	15	650	625	96	14
재 고 자 산 회 전 율	15	900	538	60	9
유 동 부 채 회 전 율	15	300	400	133	20
비 유 동 비 율	10	130	160	123	18
지 수	100	—	—	—	120

(주) 부채비율과 비유동비율은 높을수록 양호한 결과가 되도록 분자와 분모를 바꾸어 계산한
다. 왜냐하면 단일 지수화를 위한 관계비율을 산출하여야 하며, 관계비율에는 높은 비율
일수록 양호한 것으로 나타나기 때문이다.

> 부 채 비 율 = (부채 / 자기자본) × 100을 (자기자본 / 부채) × 100으로
> 비유동비율 = (비유동자산 / 자기자본) × 100을 (자기자본 / 비유동자산) × 100으로

제 7 절   원가－조업도－이익분석

1. 원가－조업도－이익분석의 의의

원가－조업도－이익분석은 여러 가지 명칭으로 불리우고 있다. 이를 손익분
기점분석(breakeven point analysis), 원가－조업도－이윤관계(cost volume profit
relationships) 등에 사용한다. 용어 자체에 포함되어 있는 원가, 조업도, 이익의
세 가지 변수가 기업의 목적을 달성하는 데 어떠한 관계가 있는지를 검토하는
것이다.

즉, 기업은 성장·유지발전하기 위하여 또한 많은 이해관계자의 욕구충족을
위하여 이익을 획득하지 않으면 안된다. 그렇게 하기 위하여 기업은 우선적으로
목표이익을 설정하여야 한다. 이런 목표이익을 산정하는 식은 다음과 같다.

> 목표이익 = 목표매출액 － 허용원가

이 식에서 볼 때 목표이익을 설정한다는 것은 목표매출액과 허용원가를 결정하는 것이다. 다시 말하면 매출액에 따라서 원가는 어떻게 변동하며 그 결과, 이익은 어떻게 변화하는가의 회계정보를 필요로 한다. 바로 이러한 것이 원가-조업도-이익분석이다.

이 분석의 주요 목적은 단기 이익계획과 관련하여 예산편성의 기초자료를 제공하는 데 있으며 때때로 경영자의 업적평가, 단기적 경영의사결정에도 이용된다.

원가-조업도-이익분석은 경영자가 수행할 업무와 책임이 되고 있다. 왜냐하면 이것은 경영자의 계획이나 통제에 있어서, 그리고 단기적·장기적 의사결정에 있어서 통찰력을 제공해 주고 기업을 경영하는 데 좋은 수단이 되고 있기 때문이다.

원가-조업도-이익의 최적조합은 기업이 이익을 추구하는 데 있어서 최선의 조합이 될 것이다.

2. 손익분기점의 계산방법

CVP분석을 구체적으로 이해하기 위한 방법으로 손익분기점을 산출하는 방법에는 다음과 같은 3가지 방법이 있다.

① 등식법(equation method)

② 공헌이익법(contribution margin method)

③ 도표법(graphic method)

(1) 등식법

손익분기점을 계산하는 일반적 방법은 등식법이다. 모든 포괄손익계산서는 다음과 같은 등식으로 표시할 수 있다.

$$\text{매출액} - \text{변동비} - \text{고정비} = \text{순이익}$$

또는,

$$\text{매출액} = \text{변동비} + \text{고정비} + \text{순이익}$$

그러므로

$$\text{손익분기점(매출액)} = \text{고정비} \div \left(1 - \frac{\text{변 동 비}}{\text{매 출 액}} \right)$$

이러한 등식은 손익분기점이나 이익예측을 해야만 하는 상황에서 가장 일반적으로 사용하는 방법이다.

예제 1. 서울상회의 20×6년도 포괄손익계산서를 요약표시하면 다음과 같다. 손익분기점을 계산하라. 또한 목표이익 ₩15,000,000을 달성하려면 얼마를 매출해야 할 것인가?

포 괄 손 익 계 산 서

1. 매 출 액	₩25,000,000
2. 총 비 용	
① 고 정 비	6,000,000
② 변 동 비	15,000,000
3. 당 기 순 이 익	4,000,000

해답

① 손익분기점 = 고정비 ÷ $\left(1 - \dfrac{\text{변 동 비}}{\text{매 출 액}} \right)$

$$= 6,000,000 \div \left(1 - \frac{15,000,000}{25,000,000} \right)$$

$$= 6,000,000 \div (1 - 0.6)$$

$$= 6,000,000 \div 0.4$$

$$= 15,000,000$$

② 목표이익 : ₩15,000,000을 달성하기 위한 매출액

$$= (\text{고정비} + \text{목표이익}) \div \left(1 - \frac{\text{변 동 비}}{\text{매 출 액}} \right)$$

$$= (6,000,000 + 15,000,000) \div \left(1 - \frac{15,000,000}{25,000,000} \right)$$

$$= 21,000,000 \div (1 - 0.6)$$

$$= 21,000,000 \div 0.4$$

$$= \underline{52,500,000}$$

(2) 공헌이익법

두번째 방법은 공헌이익 또는 한계이익(marginal-income)방법이다. 공헌이익은 매출액에서 변동비를 차감한 것이다. 매출액과 비용은 다음과 같이 계산된다.

① 고정비와 목표이익을 보상하기 위한 제품단위당 공헌이익을 계산한다.

$$\text{제품단위당 공헌이익} = \text{판매단가} - \text{단위당 변동비}$$

② 판매된 수량으로 표시되는 손익분기점을 계산한다.

$$\text{손익분기점(단위)} = \frac{\text{고정비} + \text{목표이익}}{\text{단위당 공헌이익}}$$

공헌이익법은 등식법을 다른 형태로 표시한 것에 불과하다. 어느 방법을 선택
하느냐는 이용자 자신에게 달려있다.

(3) 도표법

조업도에 대한 변동비, 고정비와 매출액의 관계를 다음 <그림 18-1>로 설명할
수 있다.

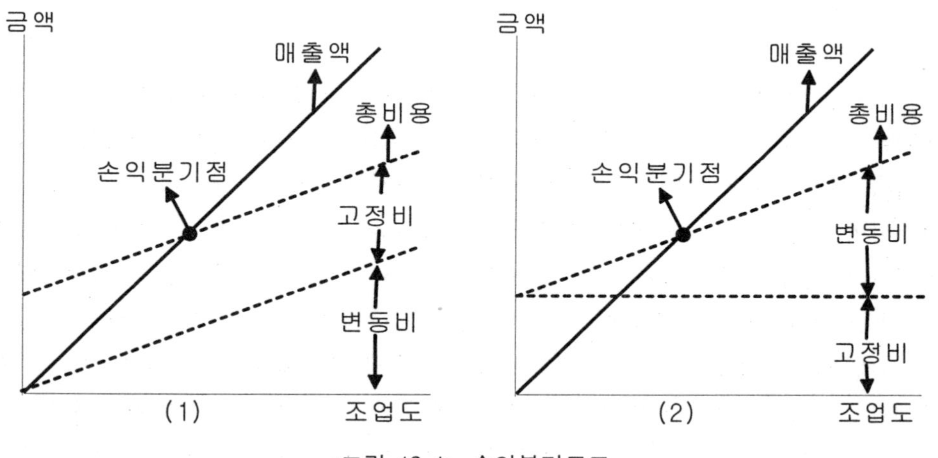

<그림 18-1> 손익분기도표

매출액과 총비용선은 모두 원점에서 출발하고 있으며 그들의 수직선상의 차이
는 공헌이익을 나타낸다. 조업도 수준이 손익분기점을 넘어섰건, 그렇지 못하건
간에 매출액과 변동비선간의 수직적인 차이는 항상 매출액이 고정비를 보상하는
총공헌이익액을 나타낸다.

　　<그림 18-1>에서 보는 바와 같이 손익분기점은 총매출액선과 총비용선이 교차하는 점이다. 그러나 <그림 18-1>은 모든 조업도수준에 대하여 개괄적인 이익이나 손실을 예시해 준다는 점에 주목하여야 한다.

　　원가-조업도-이익 사이의 관계를 비교적 정확하게 나타낼 수 있다면, 그 손익분기분석도표는 신뢰할 수 있을 것이다. 손익분기도표는 주로 보고용으로 작성하고 정확한 손익분기점은 앞에서 설명한 등식법이나 공헌이익법에 의해서 계산하면 된다.

　　손익분기점을 분석할 때 손익분기점은 될 수 있는 한 작아야 기업에 유리하다. 그렇게 하기 위해서는 고정비를 줄이고 변동비를 낮추는 것이다. 이러한 과정을 「합리화」라고 한다.

제 8 절　예 산 관 리

1. 예산관리의 의의

　　기업은 격동하고 발전하는 경영환경에 대처해 나가면서 가능한 한, 이익의 극대화를 추구하지 않으면 안된다. 그러나 기업경영규모가 확대되어 가면서 기업에 있어서 생산·판매·재무의 각 부분활동이 자칫하면 각각 제멋대로의 방향으로 진행되어 기업 전체로서 기업 외부의 변화에 대처하는 것이 극히 곤란하게 된다. 이러한 어려움을 극복하기 위해서 고안된 것이 기업예산이다. 즉, 기업예산이라는 것은 장기계획에 입각하여 장래의 일정 기간에 있어서 기업전체의 경영활동을 전체적인 관점에서 조정한 계수적 실시계획을 의미하며, 구체적으로는 각 부문예산을 종합한 예정 포괄손익계산서와 예정 재무상태표로 나타내기도 한다.

　　따라서 이것은 예산간에 있어서 기업 전체 및 여러 부문이 달성해야 할 목표로서 최고경영자가 표명한 공식적인 의사표시인 것이다. 예산은 실적과 비교하여 그 차이를 분석함으로써 개선대책이 강구되어야 한다. 이와 같은 기업예산에 의한 종합관리를 예산관리라고 한다.

2. 예산관리의 구조와 기능

예산관리는 예산편성과 예산통제로 되어 있다. 예산은 경영활동의 단순한 예상이 아니라 예산초안을 작성함에 있어서는 개별계획을 실시함으로써 가능한 장래의 경영활동을 합리화하여 원래의 안이 최종적으로 결정될 때까지는 여러 번을 수정하게 된다.

따라서 예산편성과정은 광의의 이익계획 바로 그 자체를 말하며, 예산통제는 이익통제의 역할을 한다.

예산편성의 방법에는 다음의 세가지 방법이 있다.

① 각 업무부분으로부터 각 부문예산안을 제출하게 하는 방법

② 최고경영자층에서 미리 결정한 각 부문예산을 지시하는 방법

③ 최고경영자층으로부터 각 부문예산안을 해당 부문에 제시하여 결정하기 전에 각부문의 의향을 듣는 방법 등이 있으나 원칙적인 예산편성방법은 ①의 방법을 따른다.

예산편성방침의 내용으로는 일반적으로 목표이익률이나 매출액 목표, 최고경영자가 생각하는 중요한 사항 등이 될 수 있다. 이 범위 안에서 각 업무부문은 각각 그 예산안을 작성 제출하게 된다. 이 때에 예산담당자는 각 부문예산안을 검토하고 해당 업무부분과 절충하여 필요하면 다시 한번 예산안을 작성하게 된다.

3. 예산관리의 절차

일반적으로 예산관리는 다음의 6단계로 나눌 수 있다.

(1) 이익목표의 설정

이익목표는 경영활동이 지향할 목표이며 동시에 기업이 생존, 성장할 목표인 것이다. 이는 손익분기점분석 등 회계정보를 토대로 해서 설정된다.

(2) 예산편성지침의 설정

기업의 각 부문에 부문예산편성지침을 작성한다. 이는 물량과 화폐액으로 표시된다.

⑶ 종합예산의 편성

각 부문이 작성한 부문예산만을 조정·통합하여 종합예산으로 편성하는데, 이 단계에서 부문예산 상호간의 조정 및 전체적인 목표와 부문목표의 조정이 중시된다.

⑷ 실행예산의 시달

편성된 종합예산이 각 부문에 배분되어, 회계수치로서 표시된 달성목표는 통제과정에 투입된다.

⑸ 실적의 측정

각 부문의 업무활동을 물량과 화폐액으로 측정한다.

⑹ 예산차이 분석

달성목표와 실적을 비교·분석하여 그 결과를 통제과정에 투입하여 각 부문의 목표달성에 대한 업적을 평가한다.

4. 기업예산의 체계

<표 18-9> 기업예산의 체계

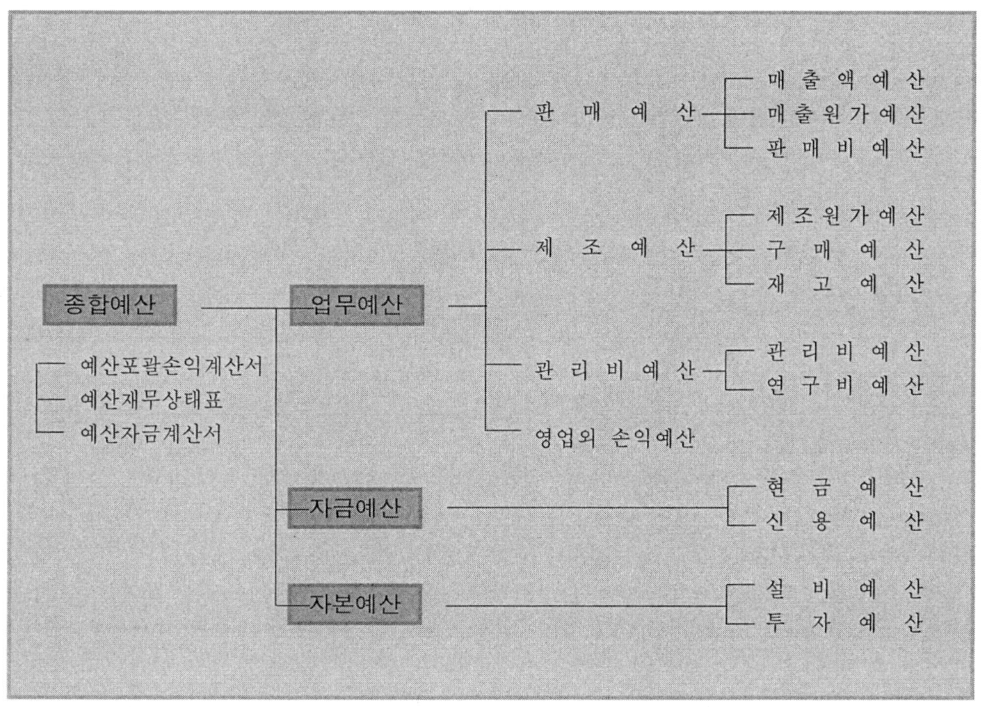

기업예산은 <표 18-9>와 같이 전체적이고 최종적인 종합예산으로서 ① 예산포괄손익계산서 ② 예산재무상태표 ③ 예산자금계산서가 있으며 그 하위에 업무예산, 자금예산과 자본예산이 있다.

예산체계를 업무예산, 자금예산과 자본예산으로 구분하는 것은 이익계획의 체계가 비용·수익계획과 자금계획으로 이루어지고 있는 것을 대응시킨 것이다. 또한 여기에는 장기적인 계획에서 새로운 신규투자계획과 관계되는 자본지출계획 등도 포함된다.

연 습 문 제

[1] 다음은 중앙주식회사의 20×5년과 20×6년의 비교재무제표이다.

(단위 ₩1,000)

비교포괄손익계산서	20×5	20×6
순 매 출 액	800	700
매 출 원 가	(497)	(427)
매 출 이 익	303	273
영 업 비 용	(220)	(198)
법인세비용차감전 순이익	83	75
법 인 세 비 용	(33)	(30)
당 기 순 이 익	50	45

비교재무상태표	20×5	20×6
자 산		
현　　　　금	23	24
매 출 채 권	51	58
재 고 자 산	85	63
비유동자산(순)	177	178
총 　 자 　 산	336	323
부 채 및 자 본		
유 동 부 채	60	52
비 유 동 부 채	70	70
자 　 본 　 금	180	180
이 익 잉 여 금	26	21
부 채 및 자 본	336	323

질문

(1) 20×5년과 20×6년의 비교백분비포괄손익계산서를 작성하라.

(2) 위 비교재무상태표의 수평적 분석을 하라.

(3) 위 (1)과 (2)의 결과에 대하여 설명하라.

[2] 청룡주식회사의 재무상태표와 기타사항이 아래에 주어져 있다.

현　　　　금		50,000	매 입 채 무	30,000
단 기 투 자 증 권		30,000	단 기 차 입 금	10,000
매 출 채 권		70,000	미 지 급 금	40,000
재 고 자 산		150,000	사채(이자율10%)	100,000
건　　　　물	400,000		자본금(1주액면 @₩100)	300,000
차감: 감가상각누계액			이 익 잉 여 금	120,000
	(100,000)	300,000		
총 　 자 　 산		600,000	부 채 및 자 본	600,000

<기타사항>

① 당기순이익   ₩60,000
② 당기 매출원가   540,000
③ 당기 매출액   900,000

질문

다음의 비율을 구하고 그 의의를 설명한 후 양부를 구하라.

(1) 유동비율   (5) 부채비율
(2) 당좌비율   (6) 기본주당순이익
(3) 매출채권회전율   (7) 비유동비율
(4) 재고자산회전율   (8) 총자본이익률

[3] 다음의 용어를 간단히 설명하라.

(1) 재무분석의 의의   (6) 성장성비율
(2) 재무분석의 한계   (7) 손익분기점
(3) 유동성비율   (8) 고정비와 변동비
(4) 수익성비율   (9) 예산관리
(5) 활동성비율   (10) 공헌이익

사랑에 대하여 생각하고 사랑에 대하여 이야기하고 또 사랑을 꿈꾸기는
무척 쉬운 일이다. 하지만 사랑을 깨닫기란 사랑을 하고 있는 그 순간에도
그리 쉬운 일이 아니다.

부 록

1. 현 가 표

2. 중소기업회계기준

3. 찾아보기

<표 1>　미래가치표　　　복리이자요소 $P = (1+r)^n$

n＼r	1%	2%	3%	4%	5%	6%	7%	8%	9%	10%
1	1.0100	1.0200	1.0300	1.0400	1.0500	1.0600	1.0700	1.0800	1.0900	1.1000
2	1.0201	1.0404	1.0609	1.0816	1.1025	1.1236	1.1449	1.1664	1.1881	1.2100
3	1.0612	1.0612	1.0927	1.1249	1.1576	1.1910	1.2250	1.2597	1.2950	1.3310
4	1.0303	1.0824	1.1255	1.1699	1.2155	1.2625	1.3108	1.3605	1.4116	1.4641
5	1.1510	1.1041	1.1593	1.2167	1.2763	1.3382	1.4026	1.4693	1.5386	1.6105
6	1.0615	1.1262	1.1941	1.2653	1.3401	1.4185	1.5007	1.5869	1.6771	1.7716
7	1.0721	1.1487	1.2299	1.3159	1.4071	1.5036	1.6058	1.7138	1.8280	1.9487
8	1.0829	1.1717	1.2668	1.3686	1.4775	1.5938	1.7182	1.8509	1.9926	2.1436
9	1.0937	1.1951	1.3048	1.4233	1.5513	1.6895	1.8385	1.9990	2.1719	2.3579
10	1.1046	1.2190	1.3439	1.4802	1.6289	1.7908	1.9672	2.1589	2.3674	2.5937
11	1.1157	1.2434	1.3842	1.5395	1.7103	1.8983	2.1049	2.3316	2.8504	2.8531
12	1.1268	1.2682	1.4258	1.6010	1.7959	2.0122	2.2522	2.5182	2.8127	3.1384
13	1.1381	1.2936	1.4685	1.6651	1.8856	2.1329	2.7196	2.7196	3.0658	3.4523
14	1.1495	1.3195	1.5126	1.7317	1.9799	2.2609	2.9372	2.9372	3.3417	3.7975
15	1.1610	1.3459	1.5580	1.8009	2.0789	2.3966	3.1722	3.1722	3.6425	4.1772
16	1.1726	1.3728	1.6047	1.8730	2.1829	2.5404	2.9522	3.4259	3.9703	4.5950
17	1.1843	1.4002	1.6528	1.9479	2.2920	2.6928	3.1588	2.7000	4.3276	5.0545
18	1.1961	1.4282	1.7024	2.0258	2.4066	2.8543	3.3799	3.9960	4.7171	5.5599
19	1.2081	1.4568	1.7535	2.1068	2.5270	3.0256	3.6165	4.3157	5.1417	6.1159
20	1.2202	1.4859	1.8061	2.1911	2.6533	3.2071	3.8697	4.6610	5.6044	6.7275
21	1.2324	1.5157	1.8603	2.2788	2.7860	3.3996	4.1406	5.0338	6.1088	7.4002
22	1.2447	1.5460	1.9161	2.3699	2.9253	3.6035	4.4304	5.4365	6.6586	8.1403
23	1.2572	1.5769	1.9736	2.4647	3.0715	3.8197	4.7405	5.8715	7.2579	8.9543
24	1.2697	1.6084	2.0328	2.5633	3.2251	4.0489	5.0724	6.3412	7.9111	9.8497
25	1.2824	1.6406	2.0938	2.6658	3.3864	4.2919	5.4274	6.8485	8.6231	10.835
26	1.2953	1.6734	2.1565	2.7725	3.5557	4.5494	5.8074	7.3964	9.3992	11.918
27	1.3082	1.7069	2.2213	2.8834	3.7335	4.8223	6.2139	7.9881	10.245	13.110
28	1.3213	1.7410	2.2879	2.9987	3.9201	5.1117	6.6488	8.6271	11.167	14.421
29	1.3345	1.7758	2.3566	3.1187	4.1161	5.4184	7.1143	9.3173	12.172	15.863
30	1.3478	1.8114	2.4273	3.2434	4.3219	5.7435	7.6123	10.063	13.268	17.449
35	1.4166	1.9999	2.8139	3.9461	5.5160	7.6861	10.676	14.785	20.414	28.102
40	1.4889	2.2080	3.2620	4.8010	7.0400	10.286	14.974	21.725	31.409	45.259
45	1.5648	2.4379	3.7816	5.8412	8.9850	13.765	21.002	31.921	48.327	72.891
50	1.6446	2.6916	4.3839	7.1067	11.467	18.420	29.457	46.902	74.358	117.39

n\r	11%	12%	13%	14%	15%	16%	17%	18%	19%	20%
1	1.1100	1.1200	1.1300	1.1400	1.1500	1.1600	1.1700	1.1800	1.1900	1.2000
2	1.2321	1.2544	1.2769	1.2996	1.3225	1.3456	1.3698	1.3924	1.4161	1.4400
3	1.3676	1.4049	1.4429	1.4815	1.5209	1.5609	1.6016	1.6430	1.6852	1.7280
4	1.5180	1.5735	1.6305	1.6890	1.7490	1.8106	1.8739	1.9388	2.0053	2.0736
5	1.6851	1.7623	1.8424	1.9254	2.0114	2.1003	2.1924	2.2878	2.3864	2.4883
6	1.8704	1.9738	2.0820	2.19502	2.3131	2.3131	2.4364	2.6996	3.8398	2.9860
7	2.0762	2.2107	2.3526	2.5023	2.5023	2.6600	3.0012	3.1855	3.3793	3.5832
8	2.3045	2.4760	2.6584	2.8526	2.8526	3.0590	3.5115	3.7589	4.0214	4.2998
9	2.5580	2.7731	3.0040	3.2519	3.2519	3.5179	4.1084	4.4355	4.7854	5.5198
10	2.8394	3.1058	3.3946	3.7072	3.7072	4.0456	4.8068	5.2338	5.6947	6.1917
11	3.1518	3.4785	3.8359	4.2262	4.9524	5.1173	5.6240	6.1759	6.7767	7.4301
12	3.4985	3.8960	4.3356	4.8179	5.3503	5.9360	6.5801	732876	8.0642	8.9161
13	3.8833	4.3635	4.8980	5.4924	6.1528	6.8858	7.6987	835994	9.5964	10.699
14	4.3104	4.8871	5.5348	6.2613	7.0757	7.9875	9.0075	10.147	11.420	12.839
15	4.7846	5.4736	6.2543	7.1379	8.1371	9.2655	10.539	11.974	13.589	15.407
16	5.3109	6.1304	7.0673	8.1372	9.3576	10.748	12.330	14.129	19.172	18.488
17	5.8951	6.8660	7.9861	9.2765	10.761	12.468	14.427	16.672	19.244	22.186
18	6.5436	7.6900	9.0243	10.575	12.375	14.463	16.879	19.673	22.901	26.623
19	7.2633	8.6128	10.197	12.056	14.232	16.777	19.748	23.214	27.252	31.948
20	8.0623	9.6463	11.523	13.743	16.367	19.461	23.106	27.393	32.429	38.338
21	8.9492	10.804	13.021	15.668	18.822	22.574	27.034	32.324	38.591	46.005
22	9.9336	12.100	14.714	17.861	21.645	26.186	31.629	38.142	45.923	55.206
23	11.026	13.552	16.626	20.362	24.891	30.376	37.006	45.008	54.648	66.247
24	12.239	15.179	18.788	23.212	28.625	35.236	43.297	53.109	65.032	79.497
25	13.586	17.000	21.231	26.462	32.919	40.874	50.658	62.669	77.388	92.396
26	15.080	19.040	23.991	30.167	37.827	47.414	59.270	73.949	92.092	114.48
27	16.738	21.325	27.109	34.690	35.535	55.000	69.345	87.260	109.59	137.37
28	18.580	23.884	30.634	39.204	50.066	63.800	81.134	102.97	130.41	164.84
29	20.624	26.750	34.617	44.693	57.575	74.009	94.947	121.50	155.19	197.81
30	22.892	29.960	39.116	50.950	66.212	85.850	111.06	143.37	184.67	237.38
35	38.575	52.800	72.068	98.100	133.18	180.31	243.56	327.99	440.70	590.67
40	65.001	93.051	132.78	188.88	267.86	378.72	533.86	750.38	1051.6	1469.8
45	109.53	163.99	244.64	363.68	538.77	795.44	1170.5	1716.7	2509.6	3657.3
50	184.56	2890.00	450.74	700.23	1083.7	1670.7	2566.2	3927.4	5988.4	9100.4

<표 2> 현재가치표

$$\text{현가이자요소}(r, \ n) = \frac{1}{(1 + r)^n}$$

n \ r	1%	2%	3%	4%	5%	6%	7%	8%	9%	10%
1	.9901	.9804	.9709	.9615	.9524	.9434	.9434	.9259	.9174	.9090
2	.9803	.9612	.9426	.6266	.9070	.8900	.8734	.8573	.8417	.8264
3	.9706	.9423	.9151	.8890	.8438	.8396	.8163	.7938	.7722	.7513
4	.9610	.9238	.8885	.8548	.8227	.7921	.7329	.7350	.7084	.6830
5	.9515	.9057	.8626	.8219	.7825	.7473	.7130	.6806	.6499	.6209
6	.9420	.8880	.8375	.7903	.7462	.7050	.6663	.6303	.5963	.5645
7	.9327	.8706	.8131	.7599	.7107	.6651	.6227	.5835	.5470	.5132
8	.9235	.8535	.7894	.7307	.6768	.6274	.5820	.5403	.5019	.4665
9	.9143	.8368	.7664	.7026	.6446	.5919	.5439	.5002	.4604	.4241
10	.9515	.8203	.7441	.6756	.6139	.5584	.5083	.4632	.4224	.3855
11	.8963	.8043	.7224	.6496	.5847	.5268	.4751	.4289	.3875	.3505
12	.8863	.7885	.7014	.6246	.5568	.4970	.4440	.3971	.3555	.3186
13	.8787	.7730	.6810	.6006	.5303	.4688	.4150	.3677	.3562	.2897
14	.8700	.7579	.6611	.5775	.5051	.4423	.3878	.3405	.2992	.2633
15	.8613	.7430	.6419	.5553	.4810	.4173	.3624	.3152	.2745	.2394
16	.8528	.7284	.6232	.5339	.4581	.3936	.3387	.2919	.2519	.2176
17	.8444	.7142	.6050	.5134	.4363	.3714	.3166	.2703	.2311	.1978
18	.8360	.7002	.5874	.4936	.4155	.3503	.2959	.25025	.2120	.1799
19	.8277	.6864	.5703	.4746	.3957	.3305	.2765	.2317	.1945	.1635
20	.8195	.6730	.5537	.4564	.3769	.3118	.2584	.2145	.1784	.1486
21	.8114	.6598	.5375	.4388	.3589	.2942	.2415	.1987	.1637	.1351
22	.8034	.6468	.5219	.4220	.3418	.27475	.2257	.1839	.1502	.1228
23	.7954	.6342	.5067	.4057	.3256	.2618	.2109	.1703	.1378	.1117
24	.7876	.6217	.4919	.3901	.3101	.2470	.1971	.1577	.1264	.1015
25	.7798	.6095	.4776	.3751	.2953	.2330	.1842	.1460	.1160	.0923
26	.7720	.5976	.4637	.3607	.2812	.2198	.1722	.1352	.1064	.0839
27	.7644	.5859	.4502	.3468	.2678	.2074	.1609	.1252	.0976	.0763
28	.7568	.5744	.4371	.3335	.2551	.1956	.1504	.1159	.0895	.0693
29	.7493	.5631	.4243	.3207	.2429	.1846	.1406	.1073	.0822	.0630
30	.7419	.5521	.4120	.3083	.2314	.1741	.1314	.0994	.0754	.0573
35	.7059	.5000	.3554	.2534	.1813	.1301	.0937	.0676	.0490	.0356
40	.6717	.429	.3066	.2083	.1420	.0972	.0668	.0460	.0318	.0221
45	.6391	.4102	.2644	.1712	.1113	.0727	.0476	.0313	.0207	.0137
50	.6080	.3715	.2281	.1407	.0872	.0543	.0339	.0213	.0134	.0085

n \ r	11%	12%	13%	14%	15%	16%	17%	18%	19%	20%
1	.9009	.8929	.8850	.8772	.8696	.8621	.8547	.8547	.8403	.8333
2	.8116	.7972	.7831	.7695	.7561	.7432	.7305	.7182	.7182	.6944
3	.7312	.7118	.3931	.6750	.6575	.6407	.6407	.6086	.6086	.5787
4	.6587	.6355	.6133	.5921	.5718	.5523	.5523	.5158	.5158	.4823
5	.5935	.5674	.5428	.5194	.4972	.4761	.4761	.4371	.4371	.4019
6	.5346	.5266	.4803	.455+	.4323	.4104	.3898	.3704	.3521	.3379
7	.4819	.4523	.4251	.3996	.3759	.3538	.3332	.3139	.3959	.2791
8	.4339	.4039	.3762	.3606	.3269	.3050	.2848	.2660	32487	.2326
9	.3909	.3606	.3329	.3075	.2743	.3630	.2434	.2255	.2090	.1938
10	.3522	.3220	.2946	.2697	.2472	.2267	.2080	.1911	.1756	.1615
11	.3173	.2875	.2607	.2366	.2149	.1954	.1779	.1619	.1476	.1346
12	.2858	.2567	.2307	.2076	.1869	.1685	.1520	.1372	.1240	.1122
13	.2575	.2292	.2042	.1821	.1625	.1452	.1299	.1163	.1042	.0935
14	.2320	.2046	.1807	.1597	.1413	.1252	.1110	.0985	.0876	.0779
15	.2090	.1827	.1599	.1401	.1229	.1079	.0949	.0835	.0736	.0649
16	.1883	.1631	.1415	.1229	.1069	.0930	.0811	.0708	.0618	.0541
17	.1696	.1456	.1252	.1078	.0929	.0802	0693	.0600	.0520	.0451
18	.1528	.1300	.1108	.0946	.0808	.0691	.0592	.0508	.0437	.0376
19	.1377	.1161	.0981	.0829	.0703	.0596	.0506	.0431	.0367	.0313
20	.1240	.1037	.0868	.0728	.0611	.0514	.0433	.0365	.0308	.0261
21	.1117	.0926	.0768	.0638	.0531	.0443	.0370	.0309	.0259	.0217
22	.1007	.0326	.0680	.0560	.0462	.0382	.0316	.0262	.0218	.0181
23	.0907	.0738	.0601	.0491	.0402	.0329	.0270	.0222	.0183	.0151
24	.0817	.0659	.0532	.0431	.0349	.0284	.0231	.0188	.0154	.0126
25	.0736	.0588	.0471	.0378	.0304	.0245	.0197	.0160	.0129	.0105
26	.0663	.0525	.0417	.0331	.0264	.0211	.0169	.0135	.0109	.0087
27	.0597	.0469	.0369	.0291	.0230	.0182	.0144	.0115	.0091	.0073
28	.0538	.0419	.0326	.0255	.0200	.0157	.0123	.0097	.0077	.0061
29	.0485	.0374	.0289	.0224	.0174	.0135	.0105	.0082	.0064	.0051
30	.0437	.0334	.0256	.0196	.0151	.0116	.0090	.0070	.0054	.0042
35	.0259	.0189	.0139	.0102	.0075	.0055	.0041	.0030	.0023	.0017
40	.0154	.0107	.0042	.0053	.0037	.0026	.0019	.0013	.0010	.0007
45	.0091	.0061	.0041	.0027	.0019	.0013	.0009	.0006	.0004	.0003
50	.0054	.0035	.0022	.0014	.0009	.0006	.0004	.0003	.0002	.0001

<표 3>　연금미래가치표

$$연금미래가치요소\ (r, n) = \sum_{t=1}^{n} (1+r)^{t-1}$$

n\r	1%	2%	3%	4%	5%	6%	7%	8%	9%	10%
1	1.0000	1.0000	1.0000	1.0000	1.0000	1.0000	1.0000	1.0000	1.0000	1.0000
2	2.0100	2.0200	2.0300	2.0400	2.0500	2.0600	2.0700	2.0800	2.0900	2.100
3	3.0301	3.0604	3.0909	3.1216	3.1836	3.1836	3.2149	3.2464	3.2781	3.3100
4	1.0604	4.1216	4.1836	4.2465	4.3746	4.3746	4.4399	435061	4.5731	4.6410
5	5.1010	5.2040	5.3091	5.4163	5.6371	5.6371	5.7517	8.8666	5.9847	6.1051
6	6.1520	6.3081	6.4684	6.6330	6.8019	6.9753	7.1533	7.3359	7.5233	7.7156
7	7.2135	7.4343	7.6625	7.8983	8.1420	8.3938	8.6540	89228	9.2004	9.4872
8	8.2857	8.5830	8.8923	9.2142	9.5491	9.8975	10.260	10.637	11.028	11.436
9	9.3685	9.7546	10.159	10.583	11.027	11.491	11.978	12.488	13.021	13.579
10	10.462	10.950	11.464	12.006	12.578	13.181	13.816	14.487	15.193	15.937
11	11.567	13.169	12.808	13.486	14.207	14.972	15.784	16.645	17.560	18.531
12	12.683	13.412	14.192	15.026	15.917	16.870	17.888	18.977	20.141	21.384
13	13.809	14.680	15.618	16.627	17.713	18.882	20.141	21.495	22.953	24.523
14	14.947	15.974	17.086	18.292	19.599	21.015	22.550	24.215	26.019	27.975
15	16.097	17.293	18.599	20.024	21.579	23.276	25.129	27.152	29.316	31.772
16	17.258	18.639	20.157	21.825	23.657	25.673	27.888	30.324	33.003	35.950
17	18.430	20.012	21.762	23.698	25.840	28.213	30.840	33.750	36.974	40.545
18	19.615	21.412	23.414	25.645	28.132	30.906	33.999	37.450	41.301	45.599
19	20.811	22.841	25.117	27.671	30.539	33.760	37.379	41.446	46.018	51.159
20	22.019	24.297	26.870	29.778	33.066	36.786	40.995	45.762	51.160	57.275
21	23.239	25.783	28.676	31.969	35.719	39.993	44.865	50.423	56.765	64.002
22	24.472	27.299	30.537	34.248	28.505	43.392	49.006	55.457	62.873	71.403
23	25.716	28.845	32.453	36.618	41.430	46.996	53.436	60.893	69.532	79.543
24	26.973	30.422	24.426	39.083	44.502	50.816	58.177	66.765	76.790	88.497
25	28.243	32.030	36.459	41.646	47.727	54.865	63.249	73.106	84.701	98.347
26	29.526	33.671	38.553	44.312	51.113	59.156	68.676	79.954	93.324	109.18
27	30.821	35.344	40.710	47.084	54.669	63.706	74.484	87.351	102.72	121.10
28	32.129	37.051	42.931	49.968	58.403	68.528	80.698	95.339	112.97	134.21
29	33.450	38.792	45.219	52.966	62.323	73.640	87.347	103.97	124.14	148.63
30	34.785	40.568	47.575	56.085	66.439	79.058	94.461	113.28	136.31	164.49
35	41.660	49.994	60.462	73.652	90.320	111.43	138.24	172.32	215.71	271.02
40	48.886	60.402	75.401	95.026	120.80	154.76	199.64	269.06	337.88	442.59
45	56.481	71.893	92.720	121.03	159.70	212.74	285.75	386.51	525.86	718.90
50	64.463	84.579	112.80	152.67	209.35	290.34	406.53	573.77	815.08	1163.9

n＼r	11%	12%	13%	14%	15%	16%	17%	18%	19%	20%
1	1.0000	1.0000	1.0000	1.0000	1.0000	1.0000	1.0000	1.0000	1.0000	1.0000
2	2.1100	2.1200	2.1300	2.1400	2.1500	2.1600	2.1700	2.1800	2.1900	2.2000
3	3.3421	3.744	3.4069	3.4396	3.4725	3.5056	3.5389	3.5724	3.6061	3.6400
4	4.7097	4.7793	4.8498	4.9211	4.9934	5.0665	5.1405	5.2154	5.2913	5.3680
5	6.2278	6.3528	6.4803	6.6101	6.7424	6.8771	7.0144	7.1542	7.2966	7.4416
6	7.9130	8.1152	8.3230	8.5355	8.7537	8.9775	9.2068	9.4420	9.6830	9.9299
7	9.7830	10.089	10.405	10.703	11.067	11.414	11.772	12.142	12.523	12.916
8	11.859	12.300	12.757	13.233	13.727	14.240	14.773	15.327	15.920	16.499
9	14.163	14.776	15.416	16.085	16.786	17.519	18.285	19.086	19.923	20.799
10	16.722	17.549	18.419	19.337	20.304	21.321	22.393	23.521	24.709	25.959
11	19.561	20.665	21.814	23.045	34.349	25.733	27.199	28.755	30.404	32.150
12	22.713	24.133	25.650	27.271	29.002	30.850	32.823	34.931	37.180	39.581
13	26.211	28.393	29.984	32.089	34.352	36.786	39.404	42.219	45.244	48.497
14	30.095	32.393	34.883	37.581	40.505	43.672	47.103	50.818	54.841	59.196
15	34.405	37.280	40.418	43.842	47.580	51.660	56.110	60.965	66.261	72.035
16	39.199	42.753	46.672	50.980	55.717	60.925	66.649	72.939	79.850	87.442
17	44.501	78.884	53.739	59.118	65.075	71.673	78.979	87.068	96.022	105.93
18	50.396	55.750	61.725	68.394	75.836	84.141	93.406	103.74	115.26	128.12
19	56.939	63.440	70.749	78.969	88.212	98.603	110.29	123.41	138.16	154.74
20	64.203	72.052	80.947	91.025	102.44	115.38	130.03	146.63	1658.42	186.69
21	72.265	81.699	92.469	104.77	118.81	134.84	153.14	174.02	197.85	225.03
22	81.214	92.503	105.49	120.44	137.63	157.41	180.17	206.34	236.44	271.03
23	91.148	104.60	120.20	138.30	159.28	183.60	211.80	244.49	282.36	326.24
24	102.17	118.16	136.86	158.66	184.17	213.98	248.81	489.49	337.01	392.48
25	114.41	133.33	155.62	181.87	212.79	249.21	292.10	342.60	402.04	471.98
26	127.99	150.33	176.85	208.33	245.71	290.09	342.76	405.27	479.43	567.38
27	143.08	169.37	200.84	238.50	283.57	337.50	402.03	479.22	571.52	681.85
28	159.82	190.70	227.95	272.89	327.10	392.50	471.38	566.48	681.11	819.22
29	178.39	214.58	258.58	312.09	377.17	456.30	552.51	669.45	811.52	984.07
30	199.02	241.33	293.19	356.79	434.75	530.31	647.44	790.95	866.71	1181.9
35	341.59	431.66	546.68	693.57	881.17	1120.7	1426.4	1816.7	2314.2	2948.3
40	581.83	747.09	1013.7	1342.0	1779.1	2360.8	3134.5	4163.2	5529.8	7343.9
45	986.84	1358.3	1874.2	2590.6	3585.1	4965.6	6879.2	9531.6	13203.	18281.
50	1668.7	2400.0	3459.5	4994.5	7217.7	10436.	16589.	2181.	21515.	45497.

<표 4> 연금현재가치표

$$\text{연금현가요소 } (r, n) = \sum_{t=1}^{n} \frac{1}{(1+r)^t}$$

n \ r	1%	2%	3%	4%	5%	6%	7%	8%	9%	10%
1	0.9901	0.9804	0.9709	0.9615	0.9524	0.9434	0.9346	0.9259	0.9174	0.9091
2	1.9704	1.9716	1.9135	1.8861	1.8594	1.8334	1.8080	1.7833	1.7591	1.7355
3	.29410	2.8839	2.8286	2.7751	2.7232	2.6730	2.6243	2.5771	2.5313	2.4869
4	.39020	3.8077	3.7171	3.6299	3.5460	3.4651	3.3872	3.3121	3.2397	3.1699
5	.48534	4.7135	4.5797	4.4518	4.3295	4.2124	4.1002	3.9927	3.8897	3.7908
6	5.7995	5.6014	5.5172	5.2421	5.0757	4.9176	4.7665	4.6229	4.4859	4.3553
7	6.7282	6.4720	6.2303	6.0021	5.7864	5.5824	5.3893	5.2064	5.0330	4.8684
8	7.6417	7.3255	7.0197	6.7327	6.4632	6.2098	5.9713	5.7466	5.5348	5.3349
9	8.5660	8.1622	7.7861	7.4353	7.1078	6.8017	6.5152	6.2469	5.9952	5.7590
10	9.4713	8.9826	8.5302	8.1109	7.7217	7.3601	7.0236	6.7101	6.4177	6.1446
11	10.368	9.7868	9.2526	8.7605	8.3064	7.8869	7.4987	7.1390	6.8052	6.4951
12	11.255	10.575	9.9540	9.3851	8.8633	8.3838	7.9427	7.5361	7.1607	6.8137
13	12.134	11.348	10.635	9.9856	9.3936	8.8527	8.3577	7.9038	7.4869	7.1034
14	13.004	12.106	11.296	10.563	9.8986	9.2950	8.7455	8.2442	7.7862	7.3667
15	13.865	12.849	11.938	11.118	10.380	9.7122	9.1079	8.5595	8.0607	7.6061
16	14.718	13.578	12.561	11.625	10.828	10.106	9.4466	8.8514	8.3126	7.8237
17	15.562	14.292	13.166	12.166	11.274	10.477	9.7632	9.1216	8.5436	8.0216
18	16.398	14.992	13.756	12.659	11.690	10.828	10.059	9.3719	8.7556	8.2014
19	17.226	15.679	14.324	13.134	12.085	11.158	10.336	9.6036	8.9501	8.3649
20	18.046	16.351	14.877	13.590	12.462	11.470	10.594	9.8181	9.1285	8.5136
21	18.857	17.011	15.415	14.029	12.821	11.764	10.835	10.017	9.2922	8.6487
22	19.660	17.658	15.937	14.451	13.163	12.042	11.061	10.201	9.4424	8.7715
23	20.456	18.292	16.444	14.857	13.489	12.303	11.272	10.371	9.5803	8.8832
24	21.243	18.914	16.935	15.247	13.799	12.550	11.469	10.529	9.7066	8.9847
25	22.023	19.524	17.413	15.622	14.094	12.783	11.654	10.675	9.8226	9.0770
26	22.795	20.121	17.877	15.983	14.375	13.003	11.826	10.810	9.9290	9.1609
27	23.560	20.707	18.327	16.330	14.643	13.210	11.987	10.935	10.027	9.2372
28	26.316	21.281	17.764	16.663	14.898	13.406	12.137	11.051	10.116	9.3066
29	25.066	21.844	19.188	16.984	15.141	13.591	12.278	11.158	10.198	9.3696
30	25.808	22.397	19.600	17.292	15.373	13.765	12.409	11.258	10.274	9.4269
35	29.409	24.999	21.487	18.665	16.374	14.498	12.948.	11.655	10.567	9.6442
40	32.835	27.356	23.115	19.793	17.159	15.046	13.332	11.925	10.757	9.7791
45	36.095	29.490	24.519	20.720	17.774	15.456	13.605	12.108	10.881	9.8628
50	39.196	31.424	25.730	21.482	18.256	15.762	13.801	12.233	10.962	9.9148

n＼r	11%	12%	13%	14%	15%	16%	17%	18%	19%	20%
1	0.9009	0.8929	0.8850	0.8772	0.8696	0.8621	0.8547	0.8475	0.8403	0.8333
2	1.7125	1.6901	1.6681	1.6467	1.6257	1.6052	1.5852	2.5656	1.5465	1.5278
3	2.4437	2.4018	2.3621	2.3216	2.2832	2.2459	2.2096	2.1743	2.1399	2.1065
4	3.1024	3.0373	2.9745	2.9137	2.8550	2.7892	2.7432	2.6901	2.6386	2.5887
5	3.6959	3.6048	3.5172	3.4331	3.3522	3.2743	3.1993	3.1272	3.0576	2.9906
6	4.2305	4.1114	3.9975	3.8887	3.7845	3.6847	3.5892	3.4976	3.4098	3.3255
7	4.7122	4.5638	4.4226	4.2883	4.1604	4.0386	3.9224	3.8115	3.7057	3.6046
8	5.1461	4.9676	4.7988	4.6389	4.4873	4.3436	4.2072	4.0776	3.9544	3.8372
9	5.5370	5.3282	5.1317	4.9464	4.7716	4.4506	4.4506	4.3030	4.1633	4.0310
10	5.8892	506502	5.4262	5.2161	5.0188	4.8332	4.6586	4.4941	4.3389	4.1925
11	6.2065	5.9377	5.6869	5.4527	5.2337	5.0286	4.8364	4.6560	4.4865	4.6271
12	6.4924	6.1944	5.9176	5.6603	5.4206	5.1971	4.9884	4.7932	4.6105	4.4392
13	6.7499	6.4235	6.1218	5.8424	5.5831	5.3423	5.1183	4.9095	4.7147	4.5327
14	6.9819	6.6282	6.3025	6.0021	5.7245	5.4675	5.2293	5.0081	4.8023	4.616
15	7.1909	6.8109	6.4624	6.1422	5.8474	5.5755	5.3242	5.0916	4.8759	4.6755
16	7.3792	6.9740	6.6037	6.2651	5.9542	5.6685	5.4053	5.1624	4.9377	4.7296
17	7.5488	7.1196	6.7291	6.3729	6.0472	5.7487	5.4746	5.2223	4.9898	4.7746
18	7.7016	7.2497	6.8399	6.4674	6.1280	5.8178	5.5339	5.2732	5.0333	4.8122
19	7.8393	7.3658	6.9380	6.5504	6.1982	5.8775	5.5845	5.2162	5.0700	4.8435
20	7.9633	7.4694	7.0248	6.6231	6.2593	5.9288	5.6278	5.6257	5.1009	4.8696
21	8.0751	7.5620	7.1015	6.6870	6.3125	5.9731	5.6648	5.3837	5.1268	4.8913
22	8.1757	7.6446	7.1695	6.7429	6.3587	6.0113	5.6964	5.4099	5.1486	4.9094
23	8.2664	7.7184	7.2297	6.7921	6.3988	6.0442	5.7234	5.4321	5.1668	4.9245
24	8.3481	7.7843	7.2829	6.8651	6.4338	6.0726	5.7465	5.4509	5.1822	4.9371
25	8.4217	7.8431	7.3300	6.8729	6.4641	6.0971	5.7662	5.4669	5.1951	4.9476
26	8.4884	7.8957	7.3717	6.6061	6.4906	6.1182	5.7831	5.4804	5.2060	9.9563
27	8.5478	7.9426	7.4086	6.9352	6.5135	6.1364	5.7975	5.4919	5.2151	4.9636
28	8.6016	7.9844	7.4412	6.9607	6.5335	6.1520	5.8099	5.5016	5.2228	4.9697
29	8.6501	8.0218	7.4701	6.9830	6.5509	6.1656	5.8204	5.5098	5.2292	4.9747
30	8.6938	8.0552	7.4957	7.0027	6.5660	6.1772	5.8294	5.5168	5.2347	4.9789
35	8.8552	8.1755	7.5856	7.0700	6.6166	6.2153	5.8582	5.5386	5.2512	4.9915
40	8.9511	8.2344	7.6344	7.1050	6.6418	6.2335	5.8713	5.5482	5.2582	4.9966
45	8.0079	8.2825	7.6609	7.1232	6.6543	6.2421	5.8773	5.5523	5.2611	4.9989
50	7.0417	8.3045	7.6752	7.1327	6.6605	6.2463	5.8801	5.5541	5.2623	4.9995

「중소기업회계기준」고시

〔시행 2014. 1. 1.〕 〔법무부고시 제2013-0029호, 2013. 2. 1. 제정〕

법무부 법무실 상사법무과

「상법」 제446조의2 및 같은 법 시행령 제15조 제3호에 따라 법무부 장관이 금융위원회 및 중소기업청장과 협의하여 고시하는 회계기준은 다음과 같다.

< 목차 >

제1장　총칙

제1조　목적

제2조　적용

제3조　회계정책의 선택

제4조　재무제표

제5조　항목의 통합 및 구분 표시

제2장　대차대조표

제6조　대차대조표 작성기준

제7조　당좌자산

제8조　매출채권 등의 양도

제9조　재고자산

제10조　투자자산

제11조　유형자산

제12조　무형자산

제13조　기타비유동자산

제14조　유동부채

제15조　비유동부채

제16조　매입채무 등의 제거

제17조　종업원급여

제18조 그 밖의 충당부채

제19조 자본금

제20조 자본잉여금

제21조 자본조정

제22조 이익잉여금 또는 결손금

제3장   손익계산서

제23조 손익계산서 작성기준

제24조 수익의 인식 시점

제25조 수익의 측정

제26조 매출액

제27조 매출원가

제28조 매출총이익

제29조 판매비와관리비

제30조 영업이익

제31조 영업외수익

제32조 영업외비용

제33조 법인세차감전순이익

제34조 법인세비용

제35조 당기순이익

제4장   자산·부채의 평가

제36조 자산의 평가기준

제37조 재고자산의 평가

제38조 유형자산과 무형자산의 평가

제39조 유가증권의 평가

제40조 매출채권 등의 평가
제41조 매입채무 등의 평가
제42조 외화거래

제5장 회계정책·회계추정의 변경과 오류수정

제43조 회계정책 및 회계추정의 변경
제44조 오류수정

제6장 자본거래

제45조 주식의 발행
제46조 자기주식의 취득과 처분
제47조 주식의 소각
제48조 배당

제7장 특수 거래

제49조 리스거래
제50조 정부보조금과 공사부담금
제51조 사업결합

제8장 자본변동표

제52조 자본변동표

제9장 이익잉여금처분계산서 및 결손금처리계산서

제53조 이익잉여금처분계산서
제54조 결손금처리계산서

제10장 주석

제55조 주석의 정의
제56조 주석 기재 사항

부칙

제1조   시행일
제2조   최초 적용에 관한 경과조치

「중소기업회계기준」

제1장 총칙

제1조(목적) 중소기업회계기준(이하 '이 기준'이라 한다)은 상법 시행령 제15조제3호에 따른 주식회사의 회계처리와 재무보고에 관한 기준을 정함을 목적으로 한다.

제2조(적용) 이 기준은 상법 시행령 제15조제3호에 따른 주식회사(이하 '회사'라 한다)의 회계처리에 적용한다. 다만, 회사가 주식회사의 외부감사에 관한 법률 제13조에 따른 회계기준(한국채택국제회계기준 또는 일반기업회계기준을 말한다)을 적용하는 경우에는 그러하지 아니하다.

제3조(회계정책의 선택) 거래, 그 밖의 사건 또는 상황에 적용되는 회계정책은 이 기준을 적용하여 결정한다. 다만, 구체적으로 적용할 수 있는 기준이 없는 경우 일반기업회계기준을 참조하여 회계처리한다.

제4조(재무제표)

① 이 기준에서 재무제표는 다음 각 호의 서류로 구성된다. 다만, 제3호와 제4호의 경우 하나를 선택하여 작성한다.

1. 대차대조표

2. 손익계산서

3. 자본변동표

4. 이익잉여금처분계산서 또는 결손금처리계산서

② 재무제표는 직전 회계연도 분과 해당 회계연도 분을 비교하는 형식으로 작성한다. 다만, 해당 회계연도 분만 작성할 수 있다.

③ 재무제표가 이 기준에 따라 작성된 경우에는 각 재무제표 아래에 중소기업회계기준에 따라 작성되었다는 사실을 기재한다.

제5조(항목의 통합 및 구분 표시)

① 성격이나 금액이 중요하지 아니한 항목은 성격이 비슷한 항목에 통합하여 표시할 수 있다.

② 성격과 금액이 중요한 항목은 그 내용을 잘 나타낼 수 있는 적절한 항목으로 구분하여 표시한다.

제2장 대차대조표

제6조(대차대조표 작성기준)

① 대차대조표는 회계연도 말 현재 회사의 자산, 부채와 자본에 대한 정보를 제공하는 재무보고서이다.

② 대차대조표에는 회계연도 말 현재의 모든 자산, 부채 및 자본을 적정하게 표시한다. [별지 제1호 서식 참조]

③ 대차대조표 구성요소의 정의는 다음 각 호와 같다.

1. '자산'이란 과거의 거래나 사건의 결과로 현재 회사가 통제하고 미래에 경제적 효익을 창출할 것으로 예상되는 자원을 말한다.

2. '부채'란 과거의 거래나 사건의 결과로 현재 회사가 부담하고 있고 미래에 자원이 유출되거나 사용될 것으로 예상되는 의무를 말한다.

3. '자본'이란 회사의 자산 총액에서 부채 총액을 차감한 잔여 금액으로 회사의 자산에 대한 주주의 잔여청구권을 말한다.

④ 자산과 부채는 각각 다음 각 호의 조건을 충족하는 경우에 대차대조표에 인식한다.

1. 자산: 해당 항목에서 발생하는 미래경제적 효익이 회사에 유입될 가능성이 매우 높고, 그 원가를 신뢰성 있게 측정할 수 있다.

2. 부채: 해당 의무를 이행하기 위하여 경제적 자원이 유출될 가능성이 매우 높고, 의무의 이행에 소요되는 금액을 신뢰성 있게 측정할 수 있다.

⑤ 자산, 부채 및 자본은 다음 각 호에 따라 구분한다.

1. 자산은 회계연도 말부터 1년 이내에 현금화되거나 실현될 것으로 예상되면 유동자산으로, 그 밖의 경우는 비유동자산으로 구분하고, 유동자산과 비유동자산은 다음 각 목과 같이 구분한다.

　가. 유동자산: 당좌자산, 재고자산

　나. 비유동자산: 투자자산, 유형자산, 무형자산, 기타비유동자산

2. 부채는 회계연도 말부터 1년 이내에 상환 등을 통하여 소멸할 것으로 예상되면 유동부채로, 그 밖의 경우는 비유동부채로 구분한다.

3. 자본은 자본금, 자본잉여금, 자본조정과 이익잉여금 또는 결손금으로 구분한다.

⑥ 자산과 부채는 유동성이 높은 항목부터 배열한다.

⑦ 자산과 부채는 상계하여 표시하지 않는다. 다만, 회사가 채권과 채무를 상계할 수 있는 법적 권리를 가지고 있고, 채권과 채무를 차액으로 결제하거나 동시에 결제할 의도가 있다면 상계하여 표시한다.

⑧ 가지급금이나 가수금 등은 그 내용을 나타내는 적절한 항목으로 표시한다.

제7조(당좌자산)

① '당좌자산'이란 재고자산에 속하지 않는 유동자산을 말한다.

② 당좌자산에는 현금및현금성자산, 단기금융자산, 매출채권, 선급비용, 미수수익, 미수금과 선급금 등이 포함된다.

③ 매출채권, 대여금, 미수금, 미수수익 등에 대한 대손충당금은 해당 자산의 차감계정으로 대차대조표에 표시한다.

제8조(매출채권 등의 양도) 매출채권, 대여금 등을 양도하는 경우, 그 자산을 대차대조표에서 제거하고 장부금액과 수취한 대가의 차액은 매출채권처분손익 등 당기손익으로 인식한다.

제9조(재고자산)

① '재고자산'이란 일상적인 사업과정에서 판매하기 위하여 보유하거나 생산과정에 있는 자산과 생산 또는 용역 제공 과정에 투입될 자산을 말한다.

② 재고자산에는 상품, 제품, 반제품, 재공품, 원재료와 저장품 등이 포함된다.

③ 재고자산평가충당금은 재고자산 각 항목의 차감계정으로 대차대조표에 표시한다.

제10조(투자자산)

① '투자자산'이란 장기적인 투자 수익 등과 같이 주된 영업활동이 아닌 부수적인 활동의 결과로 보유하는 자산을 말한다.

② 투자자산에는 투자부동산, 장기투자증권과 장기대여금 등이 포함된다.

제11조(유형자산)

① '유형자산'이란 재화를 생산하거나 용역을 제공하기 위하여, 또는 타인에게 임대하거나 직접 사용하기 위하여 보유한 물리적 형체가 있는 자산으로 1년을 초과하여 사용할 것으로 예상되는 자산을 말한다.

② 유형자산에는 토지, 건물, 구축물, 기계장치, 차량운반구와 건설중인자산 등이 포함된다.

③ 유형자산의 감가상각누계액과 손상차손누계액은 유형자산 각 항목의 차감계정으로 대차대조표에 표시한다.

④ 유형자산을 폐기하거나 처분하는 경우 그 자산을 대차대조표에서 제거하고 처분금액과 장부금액의 차액을 유형자산처분손익으로 인식한다.

제12조(무형자산)

① '무형자산'이란 재화를 생산하거나 용역을 제공하기 위하여, 또는 타인에게 임대하거나 직접 사용하기 위하여 보유한, 물리적 형체가 없는 비화폐성자산을 말한다.

② 무형자산에는 지식재산권, 개발비, 컴퓨터소프트웨어, 광업권, 임차권리금과 영업권 등이 포함된다.

③ 무형자산은 상각누계액과 손상차손누계액을 취득원가에서 직접 차감한 잔액으로 대차대조표에 표시한다.

④ 무형자산을 처분하는 경우 그 자산을 대차대조표에서 제거하고 처분금액과 장부금액의 차액을 무형자산처분손익으로 인식한다.

제13조(기타비유동자산)

① '기타비유동자산'이란 투자자산, 유형자산 및 무형자산에 속하지 않는 비유동자산을 말한다.

② 기타비유동자산에는 임차보증금, 장기매출채권, 장기선급비용과 장기미수금 등이 포함된다.

제14조(유동부채)

① '유동부채'란 회계연도 말부터 1년 이내에 상환 등을 통하여 소멸할 것으로 예상되는 부채를 말한다.

② 유동부채에는 단기차입금, 매입채무, 미지급법인세, 미지급비용, 미지급금, 선수금, 선수수익, 예수금과 유동성장기부채 등이 포함된다.

제15조(비유동부채)

① '비유동부채'란 유동부채를 제외한 모든 부채를 말한다.

② 비유동부채에는 장기매입채무, 사채, 장기차입금과 퇴직급여충당부채 등이 포함된다.

제16조(매입채무 등의 제거) 매입채무, 차입금, 사채 등이 소멸하거나 제3자에게 이전되는 경우, 그 부채를 대차대조표에서 제거하고 장부금액과 지급한 대가(양도한 비현금자산이나 부담한 부채를 포함한다)의 차액은 당기손익으로 인식한다.

제17조(종업원급여)

① 종업원이 근무용역을 제공한 때 이에 대한 대가의 금액을 신뢰성 있게 측정할 수 있다면 급여로 인식하고, 이미 지급한 금액을 차감한 후 추가로 지급해야 하는 금액을 미지급비용으로 인식한다.

② 퇴직금제도의 경우 회계연도 말 현재 모든 종업원이 일시에 퇴직한다면 지급해야 할 퇴직일시금에 상당하는 금액을 퇴직급여충당부채로 인식한다.

③ 확정급여형퇴직연금제도의 경우 다음 각 호에 따라 회계처리한다.

 1. 회계연도 말 현재 모든 종업원이 일시에 퇴직한다면 지급해야 할 퇴직일시금에 상당하는 금액을 퇴직급여충당부채로 인식한다.

2. 확정급여형퇴직연금제도에서 운용되는 자산은 하나로 통합하여 퇴직연금운용자산으로 표시한다.

3. 퇴직연금운용자산은 퇴직급여충당부채의 차감계정으로 표시한다. 다만, 퇴직연금운용자산이 퇴직급여충당부채보다 큰 경우에는 그 초과액을 투자자산의 퇴직연금운용자산으로 표시한다.

④ 확정기여형퇴직연금제도의 경우 해당 회계연도에 대해 회사에서 납부해야 하는 부담금(기여금)을 퇴직급여로 인식하고, 회계연도 말 현재 아직 납부하지 않은 기여금은 미지급비용으로 인식한다.

제18조(그 밖의 충당부채)

① 타인의 채무 등에 관한 보증, 계류 중인 소송사건, 하자보수 약정 등은 지출의 시기 또는 금액이 확실하지 않더라도 제6조제3항제2호 부채의 정의와 같은 조 제4항제2호 부채의 인식조건을 모두 충족한다면 충당부채를 인식한다.

② 충당부채로 인식하는 금액은 현재의무의 이행에 소요되는 지출에 대해 회계연도 말 현재 관련된 사건과 상황에 대한 불확실성을 고려한 최선의 추정치이다.

③ 상황이 달라져서 더 이상 제1항의 충당부채의 인식 조건을 충족하지 아니하게 되면, 관련 충당부채는 환입하여 당기에 이익으로 인식한다.

제19조(자본금) ‘자본금’이란 상법 제451조에 따른 자본금을 말한다.

제20조(자본잉여금)

① ‘자본잉여금’이란 주주와의 자본거래에서 발생하여 자본을 증가시키는 잉여금을 말한다.

② 자본잉여금에는 주식발행초과금, 자기주식처분이익과 감자차익 등이 포함된다.

제21조(자본조정)

① '자본조정'이란 자본거래에 해당하지만 자본금 또는 자본잉여금으로 분류할 수 없는 항목과 당기에 손익으로 인식되지 않은 평가차손익의 누계액을 말한다.

② 자본조정에는 자기주식, 주식할인발행차금, 감자차손, 자기주식처분손실, 해외사업환산손익 등이 포함된다.

제22조(이익잉여금 또는 결손금) 이익잉여금(또는 결손금)이란 손익계산서에 보고된 손익에 다른 자본항목에서 이입된 금액을 가산한 금액에서 주주에 대한 배당, 자본금 전입과 자본조정 항목의 상각 등으로 처분된 금액을 차감한 잔액을 말한다.

제3장 손익계산서

제23조(손익계산서 작성기준)

① 손익계산서는 한 회계연도의 회사의 경영성과에 대한 정보를 제공하는 재무보고서이다.

② 손익계산서에는 그 회계연도에 속하는 모든 수익과 이에 대응하는 모든 비용을 적정하게 표시한다.

③ 손익계산서는 다음 각 호에 따라 작성한다. [별지 제2호 서식 참조]

1. 모든 수익과 비용은 그것이 발생한 회계연도에 배분되도록 회계처리한다. 이 경우 발생한 원가가 자산으로 인식되는 경우를 제외하고는 비용으로 인식한다.

2. 수익과 비용은 그 발생 원천에 따라 명확하게 분류하고, 수익항목과 이에 관련되는 비용항목은 대응하여 표시한다.

3. 수익과 비용은 총액으로 표시하는 것을 원칙으로 한다. 다만, 이 기준에서 수익과 비용을 상계하도록 요구하는 경우에는 상계하여 표시하고, 허용하는 경우에는 수익과 비용을 상계하

여 표시할 수 있다.

4. 손익계산서는 다음 각 목과 같이 구분하여 표시한다. 다만, 제조업, 판매업 및 건설업 외의
   회사는 매출총이익(또는 손실)을 구분하여 표시하지 아니할 수 있다.

　　가. 매출액

　　나. 매출원가

　　다. 매출총이익(또는 손실)

　　라. 판매비와관리비

　　마. 영업이익(또는 손실)

　　바. 영업외수익

　　사. 영업외비용

　　아. 법인세비용차감전순이익(또는 손실)

　　자. 법인세비용

　　차. 당기순이익(또는 손실)

제24조(수익의 인식 시점)

① 재화를 판매하거나 용역을 제공하고 이에 대한 대가를 받을 권리를 갖게 되었을 때 수익을
   인식한다. 다만, 회수기간이 1년 이상인 할부매출은 할부금회수기일에 수익을 인식할 수 있
   다.

② 용역 제공과 건설형 공사계약의 경우, 진행률과 이미 발생한 원가와 거래를 완료하기 위하여 투입해야 할 원가를 신뢰성 있게 측정할 수 있다면 대가를 받을 권리를 갖게 된 것으로 보아 진행률에 따라 용역이 제공되거나 공사 또는 제작이 진행되는 회계연도에 걸쳐 수익을 인식한다. 다만, 1년 내에 완료·완성되는 용역 및 건설형 공사계약은 각각 용역 제공을 완료한 날과 공사 또는 제작을 완성한 날에 수익을 인식할 수 있다.

③ 이자수익과 배당금수익은 다음 각 호에 따라 인식한다. 다만, 각 회계연도의 손익에 미치는 영향이 중요하지 않다면 실제로 현금을 받은 시점에 수익을 인식할 수 있다.

  1. 이자수익: 유효이자율법이나 정액법을 적용하여 기간의 경과에 따라 인식한다.

  2. 배당금수익: 배당금을 받을 권리와 금액이 확정되는 시점에 인식한다.

제25조(수익의 측정) 수익은 재화를 판매하거나, 용역을 제공하거나, 자산을 사용하게 하여 받았거나 받을 대가로 측정하고, 매출에누리, 매출할인과 매출환입은 수익에서 차감한다.

제26조(매출액) '매출액'이란 회사의 주된 영업활동에서 발생한 제품, 상품 또는 용역 등의 총매출액에서 매출에누리, 매출할인과 매출환입을 차감한 금액을 말한다. 이 경우 일정 기간의 거래수량 또는 거래금액에 따라 매출액을 실질적으로 감소시키는 것은 매출에누리에 포함한다.

제27조(매출원가)

① '매출원가'란 제품, 상품 또는 용역 등의 매출액에 직접 대응되는 원가를 말한다.

② 재고자산의 순실현가능가치(일상적인 사업과정의 추정판매가격에서 판매할 때까지 발생하는 추정원가를 차감한 금액을 말한다. 이하 같다)가 장부금액보다 하락하여 발생한 평가손실은 매출원가에 가산한다.

③ 재고자산의 평가손실환입은 최초 장부금액을 초과하지 않는 범위로 한정하고, 매출원가에서 차감한다.

④ 재고자산의 장부 수량과 실제 수량의 차이에서 발생하는 재고자산감모손실 가운데 정상적으로 발생한 부분은 매출원가에 가산한다.

제28조(매출총이익) 매출총이익(또는 손실)은 매출액에서 매출원가를 차감하여 산출한다.

제29조(판매비와관리비)

① '판매비와관리비'란 제품, 상품 또는 용역 등의 판매활동과 회사의 관리활동에서 발생하는 비용을 말하며, 매출원가에 속하지 아니하는 모든 영업비용이 포함된다.

② 판매비와관리비에는 급여, 퇴직급여, 복리후생비, 임차료, 접대비, 감가상각비, 무형자산상각비, 세금과공과, 광고선전비, 연구비, 경상개발비와 대손상각비 등이 포함된다.

③ 영업활동과 관련된 비용이 감소하여 발생하는 퇴직급여충당부채환입과 대손충당금환입 등은 판매비와관리비의 부(-)의 금액으로 표시한다.

④ 연구단계와 개발단계에서 발생한 지출은 발생한 회계연도에 판매비와관리비로 인식한다. 다만, 개발단계에서 발생한 지출이 제6조제3항제1호 자산의 정의와, 같은 조 제4항제1호 자산의 인식 조건을 모두 충족한다면 무형자산의 개발비로 인식한다.

제30조(영업이익) 영업이익(또는 손실)은 매출총이익(또는 손실)에서 판매비와관리비를 차감하여 산출한다.

제31조(영업외수익)

① '영업외수익'이란 회사의 주된 영업활동이 아닌 활동에서 발생한 수익과 차익을 말한다.

② 영업외수익에는 이자수익, 배당금수익(주식배당액은 제외한다), 임대료, 단기금융자산처분이익, 단기금융자산평가이익, 외환차익, 외화환산이익, 장기투자증권손상차손환입, 유형자산처분이익, 사채상환이익과 전기오류수정이익 등이 포함된다.

제32조(영업외비용)

① '영업외비용'이란 회사의 주된 영업활동이 아닌 활동에서 발생한 비용과 차손을 말한다.

② 영업외비용에는 이자비용, 기타대손상각비, 단기금융자산처분손실, 단기금융자산평가손실, 재고자산감모손실(비정상적으로 발생한 부분에 한정한다), 외환차손, 외화환산손실, 기부금, 장기투자증권손상차손, 유형자산처분손실, 사채상환손실과 전기오류수정손실 등이 포함된다.

제33조(법인세비용차감전순이익) 법인세비용차감전순이익(또는 손실)은 영업이익(또는 손실)에 영업외수익을 가산하고 영업외비용을 차감하여 산출한다.

제34조(법인세비용) '법인세비용'이란 법인세법에 따라 납부하여야 할 금액인 법인세와 이에 부가되는 세액을 말하며, 과거 회계연도와 관련된 법인세 추납액 또는 환급액도 포함한다.

제35조(당기순이익) 당기순이익(또는 손실)은 법인세비용차감전순이익(또는 손실)에서 법인세비용을 차감하여 산출한다.

제4장 자산·부채의 평가

제36조(자산의 평가기준)

① 자산은 최초에 취득원가로 인식한다.

② 교환, 현물출자, 증여, 그 밖에 무상으로 취득한 자산은 공정가치(합리적인 판단력과 거래 의사가 있는 독립된 당사자 사이의 거래에서 자산이 교환되거나 부채가 결제될 수 있는 금액을 말한다. 이하 같다)를 취득원가로 한다. 다만, 같은 종류의 자산(토지와 건물을 제외한다)을 교환하였을 때에는 제공한 자산의 장부금액을 취득원가로 한다.

③ 이 기준에서 별도로 정하는 경우를 제외하고는, 자산의 진부화, 물리적인 손상 또는 시장가치의 급격한 하락 등으로 자산의 순공정가치(공정가치에서 처분부대원가를 차감한 금액을 말한다. 이하 같다)가 장부금액보다 중요하게 낮으면 장부금액을 순공정가치로 조정하고, 그

차액을 손상차손으로 인식한다.

④ 과거 회계연도에 인식한 손상차손이 더 이상 존재하지 않거나 감소하였다면 자산의 순공정가치가 장부금액을 초과하는 금액은 손상차손환입으로 인식한다. 다만, 손상차손환입으로 증가된 장부금액은 과거에 손상차손을 인식하기 전 장부금액의 감가상각 또는 상각 후 잔액을 초과할 수 없다.

제37조(재고자산의 평가)

① 재고자산의 취득원가는 매입원가 또는 제조원가를 말한다.

② 재고자산의 취득 과정에서 정상적으로 발생한 부대원가는 취득원가에 포함하고, 매입에누리, 매입할인과 매입환출은 취득원가에서 차감한다. 이 경우 일정 기간의 거래 수량 또는 금액에 따라 매입액을 실질적으로 감소시키는 것은 매입에누리에 포함한다.

③ 취득이 시작된 날부터 의도한 용도로 사용·판매할 수 있는 상태가 될 때까지 1년 이상이 걸리는 재고자산의 취득 자금에 포함된 차입금의 이자비용 등은 법인세법 제28조를 준용하여 해당 자산의 취득원가에 포함할 수 있다.

④ 재고자산이 파손, 부패 등과 같이 물리적으로 손상되거나, 장기간 판매되지 아니하거나, 진부화되어 판매가치가 하락하는 등으로 순실현가능가치가 취득원가보다 중요하게 낮아지면 순실현가능가치를 장부금액으로 한다.

⑤ 재고자산의 단위원가는 개별법, 선입선출법, 평균법, 후입선출법 또는 매출가격환원법(소매재고법)을 사용하여 결정한다.

제38조(유형자산과 무형자산의 평가)

① 유형자산과 무형자산의 취득원가는 구입가격 또는 제작원가와 의도하는 방식으로 자산을 가동하는 데 필요한 장소와 상태에 이르게 하는 데 직접 관련되는 원가를 포함하며, 매입에누리, 매입할인과 매입환출을 차감한 금액을 말한다.

② 유형자산과 무형자산의 취득 자금에 포함된 차입금의 이자비용 등은 법인세법 제28조에 따라 해당 자산의 취득원가에 포함할 수 있다.

③ 유형자산과 무형자산의 생산능력을 향상시키거나 내용연수를 연장시키는 등 자산의 가치를 실질적으로 높이는 지출(이하 '자본적 지출'이라 한다)은 해당 자산의 장부금액에 가산하고, 원상을 회복시키거나 능률을 유지하기 위한 지출은 발생한 회계연도의 비용으로 인식한다.

④ 최초 인식 후에 유형자산과 무형자산의 장부금액은 다음 각 호에 따라 결정한다.

 1. 유형자산: 취득원가(자본적 지출을 포함한다. 이하 이 조에서 같다)에서 감가상각누계액과 손상차손누계액을 차감한 금액

 2. 무형자산: 취득원가에서 상각누계액과 손상차손누계액을 차감한 금액

⑤ 취득원가에서 잔존가치를 차감하여 결정되는 유형자산의 감가상각대상금액과 무형자산의 상각대상금액은 해당 자산을 사용할 수 있는 때부터 내용연수에 걸쳐 배분한다.

⑥ 잔존가치는 다음 각 호에 따라 결정한다. 다만, 잔존가치는 법인세법 제23조에 따라 결정할 수 있다.

 1. 유형자산: 내용연수가 끝나는 시점의 예상처분대가에서 예상처분원가를 차감한 금액으로 추정한다.

 2. 무형자산: 잔존가치는 없는 것으로 한다. 다만, 경제적 내용연수보다 짧은 상각기간을 정한 경우, 상각기간이 끝나는 시점에 잔존가치가 존재할 가능성이 매우 높다면 제1호를 준용할 수 있다.

⑦ 유형자산과 무형자산의 내용연수는 자산의 예상 사용기간이나 생산량 등을 고려하여 합리적으로 결정한다. 이 경우 무형자산의 상각기간은 독점적·배타적인 권리를 주는 관계 법령이나 계약에서 정해진 경우를 제외하고는 20년을 초과할 수 없다. 다만, 내용연수는 법인세법 제23조에 따라 결정할 수 있다.

⑧ 유형자산의 감가상각방법과 무형자산의 상각방법은 다음 각 호에서 정하는 방법 중 하나를 선택한다. 다만, 사업결합에서 발생한 영업권에는 정액법을 사용한다.

 1. 유형자산: 정액법, 정률법, 생산량비례법

 2. 무형자산: 정액법, 생산량비례법

⑨ 잔존가치 또는 내용연수에 대한 추정이 변경되거나 감가상각방법·상각방법이 변경되는 경우에는 전진적으로 회계처리하여 그 효과를 당기와 그 이후의 회계연도에 반영한다.

제39조(유가증권의 평가)

① 유가증권의 취득원가에는 거래원가를 포함한다. 다만, 시장가격이 있는 유가증권의 경우 해당 자산의 거래원가를 최초 인식하는 시점에 비용으로 회계처리한다.

② 시장가격이 있는 유가증권은 시장가격으로 평가하고 시장가격 변동에 따른 보유손익은 단기금융자산평가손익 등으로 회계처리한다. 이 경우 시장가격이 있는 유가증권이란 한국거래소가 개설한 유가증권시장, 코스닥시장 또는 공신력 있는 외국의 증권거래시장(뉴욕증권거래소, 런던증권거래소 등)에서 거래되는 지분증권과 채무증권을 말한다. 다만, 시장가격으로 평가해 온 유가증권이 시장성을 잃으면 그 시점의 장부금액으로 평가한다.

③ 시장가격이 없는 주식, 출자금 등의 지분증권은 취득원가로 측정한다.

④ 시장가격이 없는 국채·공채, 회사채 등의 채무증권은 장부금액과 만기금액에 차이가 있는 경우 그 차이를 상환기간에 걸쳐 유효이자율법이나 정액법으로 상각하여 장부금액과 이자수익에 반영한다.

⑤ 시장가격이 없는 유가증권에 손상이 발생하였다는 객관적인 증거가 있으면 회수가능액을 추정하여 장부금액과의 차이를 손상차손으로 인식한다. 다만, 손상차손을 인식할 필요가 없다는 명백한 증거가 있거나 손상차손 금액이 중요하지 않은 경우에는 손상차손을 인식하지 않을 수 있다.

⑥ 손상차손이 회복된 경우에는 이전에 인식하였던 손상차손 금액을 한도로 하여 회복된 금액을 손상차손환입으로 인식한다.

제40조(매출채권 등의 평가)

① 제36조제1항에도 불구하고 매출채권, 대여금, 미수금, 미수수익 등(이하 '매출채권 등'이라 한다)은 현재가치평가를 아니할 수 있다.

② 매출채권 등의 장부금액과 만기금액에 차이가 있는 경우 그 차이를 상환기간에 걸쳐 유효이자율법이나 정액법으로 상각하여 장부금액과 이자수익에 반영한다.

③ 원금이나 이자 등의 일부 또는 전부를 회수하지 못할 가능성이 있는 매출채권 등은 합리적이고 객관적인 기준에 따라 대손추산액을 산출하여 대손충당금으로 설정하고, 기존 대손충당금 잔액과의 차이는 대손상각비로 인식한다.

④ 매출채권 등의 원금이나 이자 등의 일부 또는 전부를 회수할 수 없게 된 경우, 대손충당금과 상계하고, 대손충당금이 부족한 경우에는 그 부족액을 대손상각비로 인식한다.

⑤ 제3항과 제4항의 경우 매출채권에 대한 대손상각비는 판매비와관리비의 대손상각비로, 그 밖의 채권에 대한 대손상각비는 영업외비용의 기타대손상각비로 구분한다.

제41조(매입채무 등의 평가)

① 매입채무, 차입금, 사채, 미지급금, 미지급비용, 예수금 등(이하 '매입채무 등'이라 한다)은 부담하는 채무액으로 최초에 측정한다. 다만, 현재가치평가를 아니할 수 있다.

② 매입채무 등의 장부금액과 만기금액에 차이가 있는 경우 그 차이를 상환기간에 걸쳐 유효이자율법이나 정액법으로 상각하여 장부금액과 이자비용에 반영한다.

제42조(외화거래)

① 외화로 이루어지는 거래는 최초에 그 거래일의 외화와 원화 사이의 현물환율을 외화금액에 적용하여 인식한다.

② 화폐성외화자산·부채는 매 회계연도 말에 마감환율로 다시 환산하고, 비화폐성외화자산·부채는 해당 자산을 취득하거나 해당 부채를 부담한 당시의 환율로 환산한다.

③ 화폐성외화자산·부채의 환산에서 발생하는 외화환산손익 및 결제시점에 발생하는 외환차손익은 해당 손익이 발생하는 회계연도의 손익으로 인식한다.

제5장 회계정책·회계추정의 변경과 오류수정

제43조(회계정책 및 회계추정의 변경)

① 재무제표를 작성할 때 채택한 회계정책이나 회계추정은 비슷한 종류의 사건 또는 거래의 회계처리에도 동일하게 적용한다.

② '회계정책의 변경'이란 재무제표의 작성에 적용하던 회계정책을 다른 회계정책으로 바꾸는 것을 말한다. 이 경우 회계정책의 변경에는 재고자산의 단위원가결정방법 변경과 유형자산의 감가상각방법 변경 등이 포함된다.

③ 이 기준에서 변경을 요구하거나, 회계정책의 변경을 반영한 재무제표가 신뢰성 있고 더 목적적합한 정보를 제공하는 경우에만 회계정책을 변경할 수 있다.

④ '회계추정의 변경'이란 환경의 변화, 새로운 정보의 입수 또는 경험의 축적에 따라 회계적 추정치의 근거와 방법 등을 바꾸는 것을 말한다. 이 경우 회계추정에는 대손의 추정, 재고자산의 진부화 여부에 대한 판단과 평가, 충당부채의 추정, 감가상각자산의 내용연수 또는 잔존가치의 추정 등이 포함된다.

⑤ 회계정책 또는 회계추정의 변경은 전진적으로 회계처리하여 그 효과가 당기와 그 이후의 회계연도에 반영되도록 한다.

제44조(오류수정)

① '오류수정'이란 전기 또는 그 이전 회계연도의 재무제표에 포함된 회계적 오류를 당기에 발견하여 수정하는 것을 말한다.

② 당기에 발견한 전기 또는 그 이전 회계연도의 오류는 당기에 영업외손익의 전기오류수정손익으로 회계처리한다.

제6장 자본거래

제45조(주식의 발행)

① 주식(상환우선주 등을 포함한다)을 발행하는 경우에는 다음 각 호에 따라 회계처리한다.

 1. 주식의 발행금액이 액면금액보다 큰 경우: 그 차액을 자본잉여금의 주식발행초과금으로 회계처리한다.

 2. 주식의 발행금액이 액면금액보다 작은 경우: 그 차액을 주식발행초과금의 범위에서 상계하고, 남아있는 금액이 있으면 자본조정의 주식할인발행차금으로 회계처리한다.

② 이익잉여금 처분 등으로 상각되지 않은 주식할인발행차금은 향후 발생하는 주식발행초과금과 우선적으로 상계한다.

③ 자본잉여금이나 이익잉여금을 자본금에 전입하여 주주에게 무상으로 신주를 발행하는 경우에는 주식의 액면금액을 주식의 발행금액으로 한다.

제46조(자기주식의 취득과 처분)

① 주식을 발행한 회사가 발행된 주식을 다시 취득하는 경우에는 그 취득원가를 자본조정의 자기주식으로 회계처리한다.

② 자기주식을 처분하는 경우에는 다음 각 호에 따라 회계처리한다.

 1. 처분금액이 장부금액보다 큰 경우: 그 차액을 자본잉여금의 자기주식처분이익으로 회계처리한다.

 2. 처분금액이 장부금액보다 작은 경우: 그 차액을 자기주식처분이익의 범위에서 상계하고, 남아 있는 금액이 있으면 자본조정의 자기주식처분손실로 회계처리한다.

③ 이익잉여금 처분 등으로 상각되지 않은 자기주식처분손실은 향후 발생하는 자기주식처분이익과 우선적으로 상계한다.

제47조(주식의 소각)

① 자기주식을 소각하는 경우에는 다음 각 호에 따라 회계처리한다.

 1. 주식의 취득원가가 액면금액보다 작은 경우: 그 차액을 자본잉여금의 감자차익으로 회계처리한다.

 2. 주식의 취득원가가 액면금액보다 큰 경우: 그 차액을 감자차익의 범위에서 상계하고, 남아있는 금액이 있으면 자본조정의 감자차손으로 회계처리한다.

② 감자차손이 이익잉여금 처분 등으로 상각되지 않고 남은 잔액은 향후 발생하는 감자차익과 우선적으로 상계한다.

③ 발행한 주식을 이익으로 소각하는 경우에는 소각하는 주식의 취득원가에 해당하는 이익잉여금을 감소시킨다.

④ 주주에게 순자산을 반환하지 않으면서 주식의 액면금액이나 주식 수를 감소시키는 경우에는 감소되는 액면금액 또는 감소되는 주식 수에 해당하는 액면금액을 자본잉여금의 감자차익으로 회계처리한다.

제48조(배당)

① 주주에게 현금으로 배당하는 경우에는 그 배당액을 이익잉여금에서 차감한다.

② 주주에게 주식으로 배당하는 경우에는 발행주식의 액면금액을 배당액으로 하여 자본금을 증가시키고 이익잉여금을 감소시킨다.

제7장 특수 거래

제49조(리스거래)

① '리스거래'란 리스제공자가 자산의 사용권을 합의된 기간 동안 리스이용자에게 이전하고, 리스이용자는 사용료를 지급하는 계약을 말한다.

② 자산의 소유권이 실질적으로 리스이용자에게 이전되는 리스거래는 금융리스로, 그 밖의 경우는 운용리스로 분류한다. 이 경우, 소유권이 실질적으로 이전되는지는 계약의 형식이 아닌 거래의 실질적인 내용에 따라 판단한다.

③ 운용리스이용자는 보증잔존가치를 차감한 최소리스료를 보다 체계적으로 인식할 수 있는 기준이 없다면, 리스기간에 걸쳐 균등하게 배분하여 비용으로 인식한다. 이 경우 '최소리스료'란 리스이용자가 리스제공자에게 지급해야 하는 금액을 말한다.

④ 금융리스이용자는 리스자산을 장기할부로 구입한 것으로 보아 최소리스료를 리스제공자의 내재이자율로 할인한 금액과 리스자산의 공정가치 중 적은 금액을 금융리스자산과 금융리스부채로 인식하고, 금융리스자산은 리스이용자가 보유한 다른 유사한 자산과 일관성 있게 감가상각한다.

제50조(정부보조금과 공사부담금)

① 정부보조금은 해당 보조금에 부수되는 조건을 준수하고, 이를 수취할 것이라는 확신이 있을 때 인식한다.

② 자산의 취득과 관련하여 정부보조금(비화폐성자산을 포함한다)을 받은 경우에는 다음 각 호에

따라 회계처리한다.

1. 관련 자산을 취득하기 전: 정부보조금의 금액을, 받은 자산(받은 자산을 일시적으로 운용하기 위해 취득한 다른 자산을 포함한다)의 차감계정으로 회계처리한다.

2. 관련 자산을 취득하는 시점 및 이후: 정부보조금의 금액을 관련 자산의 차감계정으로 회계처리하고, 관련 자산의 내용연수에 걸쳐 (감가)상각금액과 상계하며, 해당 자산을 처분할 때 그 잔액을 처분손익에 반영한다. 다만, 정부보조금의 금액을 관련 자산의 취득금액에서 직접 차감할 수 있다.

③ 수익과 관련하여 정부보조금을 받은 경우에는 다음 각 호에 따라 회계처리한다.

1. 정부보조금을 사용하기 위하여 특정한 조건을 충족해야 하는 경우: 조건을 충족하기 전까지는 받은 정부보조금을 부채(선수수익)로 회계처리한다.

2. 정부보조금이 특정 비용을 보전할 목적으로 지급된 경우: 해당 비용과 상계한다.

3. 정부보조금에 대응되는 비용이 없는 경우: 회사의 주된 영업활동과 직접적인 관련이 있다면 영업수익으로, 그 밖의 경우에는 영업외수익으로 회계처리한다.

④ 공사부담금의 회계처리는 제1항부터 제3항까지를 준용한다.

제51조(사업결합)

① 합병, 영업양수도 등과 같은 사업결합을 하는 경우, 취득일에 별도로 식별되는 취득 자산과 인수 부채는 취득일의 공정가치로 측정한다. 다만, 다음 각 호의 어느 하나에 해당하면 해당 자산이나 부채를 피취득자의 장부금액으로 측정할 수 있다.

1. 취득일의 공정가치가 피취득자의 장부금액과 중요한 차이가 없는 경우

2. 공정가치를 측정하기 어려운 경우

② 이전대가가 제1항에 따라 측정된 자산과 부채의 순액보다 큰 경우 그 차이를 무형자산의 영업권으로 인식한다.

③ 이전대가가 제1항에 따라 측정된 자산과 부채의 순액보다 작은 경우 그 차이를 염가매수차익으로 하여 당기에 이익으로 인식한다. 다만, 법인세법 제44조의2에 따라 회계처리할 수 있다.

제8장 자본변동표

제52조(자본변동표)

① 자본변동표는 자본의 크기와 그 변동에 관한 정보를 제공하는 재무보고서이다.

② 자본변동표에는 자본의 각 항목별로 다음 각 호와 같이 구분하여 기초 잔액, 변동사항과 기말 잔액을 표시한다. [별지 제3호 서식 참조]

1. 자본금의 변동: 유상증자(감자), 무상증자(감자)와 주식배당 등에 의하여 발생한다.

2. 자본잉여금의 변동: 유상증자(감자), 무상증자(감자), 결손금처리 등에 의하여 발생하며, 주식발행초과금과 기타자본잉여금으로 구분하여 표시한다.

3. 자본조정의 변동: 자기주식은 구분하여 표시하고, 기타자본조정은 통합하여 표시할 수 있다.

4. 이익잉여금의 변동: 연차배당(현금배당과 주식배당으로 구분한다), 중간배당, 그 밖의 전기 말 미처분이익잉여금의 처분 및 당기순이익(또는 당기순손실)으로 구분하여 표시한다.

제9장 이익잉여금처분계산서 및 결손금처리계산서

제53조(이익잉여금처분계산서)

① 이익잉여금처분계산서는 이익잉여금의 처분사항을 보고하는 재무보고서이다.

② 이익잉여금처분계산서의 항목은 다음 각 호와 같이 구분하여 표시한다. [별지 제4호 서식 참조]

1. 미처분이익잉여금: 전기이월미처분이익잉여금(또는 전기이월미처리결손금)에 중간배당액 및 당기순이익(또는 당기순손실) 등을 차감하거나 가산한 금액으로 한다.

2. 임의적립금등의 이입액: 임의적립금 등을 이입하여 당기의 이익잉여금처분에 충당하는 경우에는 그 금액을 미처분이익잉여금에 가산하는 형식으로 표시한다.

3. 이익잉여금처분액: 이익잉여금의 처분은 다음 각 목의 항목으로 구분하여 표시한다.

　가. 이익준비금

　나. 기타법정적립금

　다. 이익잉여금처분에 의한 상각 등: 주식할인발행차금상각, 자기주식처분손실잔액 등으로 구분한다.

　라. 배당금: 당기에 처분할 배당액을 현금배당과 주식배당으로 구분하여 표시한다.

　마. 임의적립금

4. 차기이월미처분이익잉여금: 미처분이익잉여금과 임의적립금이입액의 합계에서 이익잉여금처분액을 차감한 금액으로 한다.

제54조(결손금처리계산서)

① 결손금처리계산서는 결손금의 처리사항을 보고하는 재무보고서이다.

② 결손금처리계산서의 항목은 다음 각 호와 같이 구분하여 표시한다. [별지 제5호 서식 참조]

1. 미처리결손금: 전기이월미처리결손금(또는 전기이월미처분이익잉여금)에 중간배당액 및 당기순이익(또는 당기순손실) 등을 차감하거나 가산한 금액으로 한다.

2. 결손금처리액: 임의적립금이입액, 기타법정적립금이입액, 이익준비금이입액, 자본잉여금이입액으로 구분하여 표시한다.

3. 차기이월미처리결손금: 미처리결손금에서 결손금처리액을 차감한 금액으로 한다.

제10장 주석

제55조(주석의 정의) '주석'이란 대차대조표·손익계산서와 자본변동표 또는 이익잉여금처분계산서(또는 결손금처리계산서)에 표시된 항목을 구체적으로 설명하거나 세분화하는 정보와 해당 재무제표의 인식 조건을 충족하지 못하는 항목에 대해 추가적으로 제공하는 정보를 말한다.

제56조(주석 기재 사항) 다음 각 호의 사항은 주석으로 기재할 수 있다.

1. 중소기업회계기준에 따라 재무제표를 작성하였다는 사실

2. 이 기준에서 둘 이상의 회계정책 가운데 하나를 선택할 수 있게 하는 경우, 적용된 회계정책

3. 회계정책의 변경과 오류수정의 내용

4. 매입채무, 차입금, 사채, 미지급금 등 현금 등으로 상환하여야 하는 부채의 주요 내용

5. 제공한 담보·보증의 주요 내용

6. 특수관계인(법인세법 시행령 제87조의 정의에 따른다)과의 중요한 거래의 내용

7. 타인으로부터 제기된 회계연도 말 현재 진행 중인 소송 사건의 내용, 소송금액, 진행 상황 등

8. 매출채권 등을 양도한 경우, 만기가 도래하지 않은 부분의 금액과 양도의 조건

9. 정부보조금 또는 공사부담금을 관련 자산에서 직접 차감한 경우 해당 회계연도에 수령한 정부보조금 또는 공사부담금의 금액 및 관련 내용

10. 대차대조표, 손익계산서, 자본변동표 또는 이익잉여금처분계산서(또는 결손금처리계산서)의 본문에 표시되지 않는 사항으로서 재무제표를 이해하는 데 필요한 추가 정보

부 칙 (2013. 2. 1.)

제1조(시행일) 이 기준은 2014년 1월 1일 이후 최초로 시작되는 회계연도부터 적용한다. 다만, 2013년 1월 1일 이후 최초로 시작되는 회계연도부터 적용할 수 있다.

제2조(최초 적용에 관한 경과조치)

① 이 기준을 처음 적용한 회계연도 전에 발생한 거래 또는 사건 등으로 인하여 재무제표에 표시되는 항목은 그 직전 회계연도 말의 장부금액을 이 기준에 따른 최초 장부금액으로 본다. 다만, 특정 항목이 실질을 반영하지 못하는 경우 최초 장부금액을 수정하고, 그에 따른 영향은 기초 이익잉여금(적절하다면 자본의 다른 항목)에 반영한다.

② 제1항 본문에 따라 재무제표를 작성하는 경우 종전 회계기준에 따른 기타포괄손익누계액(해외사업환산손익, 현금흐름위험회피 파생상품평가손익은 제외한다)은 이익잉여금으로 재분류한다.

③ 다음 각 호의 사항은 주석으로 기재할 수 있다.

 1. 직전 회계연도까지 적용한 회계기준의 명칭

 2. 제1항 단서에 따라 이 기준을 처음 적용하면서 일부 항목을 수정한 경우 다음 각 목의 사항

 가. 수정한 항목

 나. 자산 또는 부채의 기초 장부금액에 미친 영향

 다. 이익잉여금 등 기초 자본에 미친 영향

[별지 제1호 서식]

대 차 대 조 표

제×기 20××년×월×일 현재
제×기 20××년×월×일 현재

회사명 (단위 : 원)

과　　목	당　기		전　　기	
자　　산				
유동자산		×××		×××
당좌자산		×××		×××
현금및현금성자산	×××		×××	
단기금융자산	×××		×××	
매출채권	×××		×××	
(-) 대손충당금	(×××)		(×××)	
선급비용	×××		×××	
미수수익	×××		×××	
미수금	×××		×××	
(-) 대손충당금	(×××)		(×××)	
선급금	×××		×××	
……	×××		×××	
재고자산		×××		×××
상품	×××		×××	
제품	×××		×××	
재공품	×××		×××	
원재료	×××		×××	
저장품	×××		×××	
……	×××		×××	
비유동자산		×××		×××
투자자산		×××		×××
투자부동산	×××		×××	
장기투자증권	×××		×××	
장기대여금	×××		×××	
……	×××		×××	

과　목	당　기		전　기	
유형자산		×××		×××
토지	×××		×××	
건물	×××		×××	
(-) 감가상각누계액	(×××)		(×××)	
구축물	×××		×××	
(-) 감가상각누계액	(×××)		(×××)	
기계장치	×××		×××	
(-) 정부보조금	(×××)		(×××)	
(-) 감가상각누계액	(×××)		(×××)	
차량운반구	×××		×××	
(-) 감가상각누계액	(×××)		(×××)	
건설중인자산	×××		×××	
……	×××		×××	
무형자산		×××		×××
지식재산권	×××		×××	
개발비	×××		×××	
컴퓨터소프트웨어	×××		×××	
광업권	×××		×××	
임차권리금	×××		×××	
영업권	×××		×××	
……	×××		×××	
기타비유동자산		×××		×××
임차보증금	×××		×××	
장기매출채권	×××		×××	
장기선급비용	×××		×××	
장기미수금	×××		×××	
……	×××		×××	
자 산 총 계		×××		×××
부　　채				
유동부채		×××		×××
단기차입금	×××		×××	
매입채무	×××		×××	
미지급법인세	×××		×××	
미지급비용	×××		×××	
미지급금	×××		×××	
선수금	×××		×××	
선수수익	×××		×××	
예수금	×××		×××	

과 목	당 기		전 기	
유동성장기부채	×××		×××	
……	×××		×××	
비유동부채		×××		×××
장기매입채무	×××		×××	
사채	×××		×××	
장기차입금	×××		×××	
퇴직급여충당부채	×××		×××	
……	×××		×××	
부 채 총 계		×××		×××
자 본				
자본금		×××		×××
보통주자본금	×××		×××	
우선주자본금	×××		×××	
자본잉여금		×××		×××
주식발행초과금	×××		×××	
자기주식처분이익	×××		×××	
감자차익	×××		×××	
……	×××		×××	
자본조정		×××		×××
주식할인발행차금	×××		×××	
자기주식	×××		×××	
자기주식처분손실	×××		×××	
감자차손	×××		×××	
……	×××		×××	
이익잉여금(또는 결손금)		×××		×××
법정적립금	×××		×××	
임의적립금	×××		×××	
미처분이익잉여금	×××		×××	
(또는 미처리결손금)				
자 본 총 계		×××		×××
부 채 및 자 본 총 계		×××		×××

이 대차대조표는 중소기업회계기준에 따라 작성되었습니다.

[별지 제2호 서식]

손 익 계 산 서

제×기　20××년×월×일부터　　20××년×월×일까지

제×기　20××년×월×일부터　　20××년×월×일까지

회사명　　　　　　　　　　　　　　　　　　(단위 : 원)

과　　　　　　　목	당　기		전　기	
매출액		×××		×××
매출원가		×××		×××
기초제품(또는 상품)재고액	×××		×××	
당기제품제조원가	×××		×××	
(또는 당기상품매입액)				
기말제품(또는 상품)재고액	(×××)		(×××)	
매출총이익(또는 매출총손실)		×××		×××
판매비와관리비		×××		×××
급여	×××		×××	
퇴직급여	×××		×××	
복리후생비	×××		×××	
임차료	×××		×××	
접대비	×××		×××	
감가상각비	×××		×××	
무형자산상각비	×××		×××	
세금과공과	×××		×××	
광고선전비	×××		×××	
연구비	×××		×××	
경상개발비	×××		×××	
대손상각비	×××		×××	
……	×××		×××	
영업이익(또는 영업손실)		×××		×××
영업외수익		×××		×××
이자수익	×××		×××	
배당금수익	×××		×××	
임대료	×××		×××	

과　　　　　　　　목	당　기	전　기
단기금융자산처분이익	×××	×××
단기금융자산평가이익	×××	×××
외환차익	×××	×××
외화환산이익	×××	×××
장기투자증권손상차손환입	×××	×××
유형자산처분이익	×××	×××
사채상환이익	×××	×××
전기오류수정이익	×××	×××
……	×××	×××
영업외비용	×××	×××
이자비용	×××	×××
기타대손상각비	×××	×××
단기금융자산처분손실	×××	×××
단기금융자산평가손실	×××	×××
재고자산감모손실	×××	×××
외환차손	×××	×××
외화환산손실	×××	×××
기부금	×××	×××
장기투자증권손상차손	×××	×××
유형자산처분손실	×××	×××
사채상환손실	×××	×××
전기오류수정손실	×××	×××
……	×××	×××
법인세비용차감전순이익(또는 법인세비용차감전순손실)	×××	×××
법인세비용	×××	×××
당기순이익(또는 당기순손실)	×××	×××

이 손익계산서는 중소기업회계기준에 따라 작성되었습니다.

[별지 제3호 서식]

자 본 변 동 표

제×기 20××년×월×일부터　20××년×월×일까지
제×기 20××년×월×일부터　20××년×월×일까지

회사명　　　　　　　　　　　　　　　　　　　　(단위 : 원)

구　분	자본금	자본잉여금	자본조정	이익잉여금	총　계
20××.×.×(보고금액)	×××	×××	×××	×××	×××
연차배당				(×××)	(×××)
처분후 이익잉여금				×××	×××
중간배당				(×××)	(×××)
당기순이익(손실)				×××	×××
자기주식 취득			(×××)		(×××)
20××.×.×	×××	×××	×××	×××	×××
20××.×.×(보고금액)	×××	×××	×××	×××	×××
연차배당				(×××)	(×××)
처분후 이익잉여금				×××	×××
중간배당				(×××)	(×××)
유상증자(감자)	×××	×××			×××
당기순이익(손실)				×××	×××
해외사업환산손익			×××		×××
20××.×.×	×××	×××	×××	×××	×××

이 자본변동표는 중소기업회계기준에 따라 작성되었습니다.

[별지 제4호 서식]

이익잉여금처분계산서

제 × 기	20××년×월×일부터 20××년×월×일까지	제 × 기	20××년×월×일부터 20×× 년×월×일까지
처분예정일	20××년×월×일	처분확정일	20××년×월×일

회사명 (단위 : 원)

구　　　　분	당　기		전　기	
미처분이익잉여금		×××		×××
전기이월미처분이익잉여금	×××		×××	
(또는 전기이월미처리결손금)				
중간배당액	×××		×××	
당기순이익(또는 당기순손실)	×××		×××	
임의적립금등의이입액		×××		×××
×××적립금	×××		×××	
×××적립금	×××		×××	
합　　　계		×××		×××
이익잉여금처분액		×××		×××
이익준비금	×××		×××	
기타법정적립금	×××		×××	
주식할인발행차금상각액	×××		×××	
배당금	×××		×××	
현금배당	×××		×××	
주식배당	×××		×××	
……	×××		×××	
차기이월미처분이익잉여금		×××		×××

이 이익잉여금처분계산서는 중소기업회계기준에 따라 작성되었습니다.

[별지 제5호 서식]

결손금처리계산서

제 × 기	20××년×월×일부터 20××년×월×일까지		제 × 기	20××년×월×일부터 20××년×월×일까지
처리예정일	20××년×월×일		처리확정일	20××년×월×일

회사명   (단위 : 원)

구 분	당 기		전 기	
미처리결손금		×××		×××
전기이월미처리결손금 　(또는 전기이월미처분이익잉여금)	×××		×××	
중간배당액	×××		×××	
당기순이익(또는 당기순손실)	×××		×××	
결손금처리액		×××		×××
임의적립금이입액	×××		×××	
법정적립금이입액	×××		×××	
자본잉여금이입액	×××		×××	
차기이월미처리결손금		×××		×××

이 결손금처리계산서는 중소기업회계기준에 따라 작성되었습니다.

고 성 삼 ■

약 력

미 일리노이주립대학교, 죠지와싱톤대학교 교환교수
(사) 한국회계정보학회 회장 역임, 고문
(사) 대한경영학회 회장 역임, 고문
공인회계사시험 출제위원
한국생산성본부 원가관리사 시험위원
국세청 부기검정시험위원
증권관리위원회 회계제도 자문위원
(사)한국경영지도연구원 이사장
전, 중앙대학교 회계연구소 소장
전, 중앙대학교 경영대학 교수(경영학 박사)
현, 공인회계사, 중앙세무회계사무소 대표
　　중앙대학교 경영대학 명예교수
　　(사)한국경영지도연구원 이사장

주요 논문 및 저서

물가변동과 재무제표수정에 관한 연구
외화환산회계에 관한 연구
사립대학의 재정합리화방안에 관한 연구
한국 공인회계사제도 개선에 관한 연구 외
현대부기회계
회계원리
회계학원론
최신회계감사론
모의 공인회계사 제1차시험문제집
국세기본법
세법의 이해, 회계의 이해
세무.회계용어 사전
최신원가관리회계 외

정석 회계학 원론　　　정가 **30,000**원

2016년　3월　05일　개정판 인쇄
2016년　3월　10일　개정판 발행
저　　자 / 고 성 삼
발 행 인 / 김 현 호
발 행 처 / 법 문 북 스
공 급 처 / 법률미디어
주　　소 / 서울 구로구 경인로 54길4(구로동 636-62)
전　　화 / (02) 2636-2911(대표번호)
팩　　스 / (02) 2636-3012
Hompage / http://www.lawb.co.kr

❙ ISBN 978-89-7535-342-0 13320
❙ 이 도서의 국립중앙도서관 출판예정도서목록(CIP)은 서지정보유통지원시스템 홈페이
　지(http://seoji.nl.go.kr)와　국가자료공동목록시스템(http://www.nl.go.kr/kolisnet)
　에서 이용하실 수 있습니다.(CIP제어번호: CIP2016005714)
❙ 파본은 교환해 드립니다.
❙ 본서의 무단 전재·복제행위는 저작권법에 의거, 3년 이하의　징역 또는
　3,000만원 이하의 벌금에 처해집니다.

본서는 한국채택국제회계기준(K-IFRS)과 중소기업회계기준
종전의 기업회계기준들이 공통적으로 채택하고 있는
재무제표의 종류와 명칭 관련 계정과목의 명칭과
회계처리방법의 변경내용 등을 적극 반영하여 보완하였다
초심자는 물론 공인회계사, 세무사 등
시험준비생이나 실무자에게 도움을 주기 위하여 집필하였다

ISBN 978-89-7535-342-0

30,000원